회사 실무에 힘을 주는

# 엑셀 &
# 파워포인트
# 2019

회사 실무에 힘을 주는

# 엑셀&파워포인트 2019

초판 1쇄 발행 | 2019년 7월 25일
초판 2쇄 발행 | 2022년 4월 15일

지  은  이 | 서정아, 김은정
발  행  인 | 이상만
발  행  처 | 정보문화사

편 집 진 행 | 노미라

주        소 | 서울시 종로구 동숭길 113
전        화 | (02)3673-0037(편집부) / (02)3673-0114(代)
팩        스 | (02)3673-0260
등        록 | 1990년 2월 14일 제1-1013호
홈 페 이 지 | www.infopub.co.kr

I  S  B  N | 978-89-5674-836-8

회사 실무에 힘을 주는

# 엑셀&
# 파워포인트
# 2019

서정아, 김은정 지음

정보문화사
Information Publishing Group

# 머리말

엑셀은 대표적인 스프레드시트 프로그램으로, 일을 간소화하고 데이터를 효율적으로 가공할 수 있어서 직장인들의 필수 프로그램입니다. 많은 데이터를 가공할 수 있으며, 간단하고 다양한 방법으로 요약 및 분석할 수 있고, 데이터를 효과적으로 표현하기 위해 차트와 슬라이서 등 다양한 기능을 사용할 수 있습니다.

엑셀을 공부할 때 한 땀 한 땀 많은 시간을 사용하여 결과를 얻을 수도 있을 것이며, 응용을 통해 빠르게 결과를 얻는 수도 있을 것입니다. 이 책은 필자가 대기업 및 주요 공공기관에서 데이터 관리 실무자들을 대상으로 강의를 한 경험을 토대로 반복 작업을 줄이고 회사에서 사용하는 주요 기능 위주로 예제를 구성했습니다.

엑셀을 익히는 데 있어서 결과는 많이 다르지 않더라도 결과에 이르는 데까지 소요 시간은 몇 배에서 몇십 배까지 차이가 날 수 있습니다.

기본 기능을 사용하는 방법과 활용 방법들을 체계적으로 설명했으며 실무에서 어떤 예제들을 이용하고 어떤 기능을 활용하는지에 대해 응용 방법들을 깊이 있게 서술하였습니다. 이 책으로 엑셀과 좀 더 친해지고 업무 활용성과 생산성을 높일 수 있기를 바랍니다.

한 권의 책이 나오기까지 수많은 사람들의 정성과 노력을 거친다는 것을 느끼게 되었습니다. 내용 구성을 위해 힘쓰신 분들께 감사드리며, 무엇보다 항상 함께 해 준 가족과 응원해 준 지인분들께 감사드립니다.

서정아

"강사님 머리에 있는 디자인 감각을 제 머릿속에 그대로 옮겨 주세요."

파워포인트 강의를 하면서 교육생으로부터 자주 들었던 말입니다. 불가능한 것은 아니지만 무엇이든 짧은 시간 안에 이뤄지는 것은 없습니다. 꾸준한 시간 투자와 노력이 있어야 원하는 결과를 얻을 수 있겠지요.

디자인 감각은 타고 나는 것일 수도 있지만 훈련을 통해서도 키울 수 있습니다. 이 책은 그 훈련에 포인트를 맞추어 집필했습니다.

슬라이드를 세련되게 표현할 수 있는 기술을 소개하였고, 쉬운 단계부터 시작하여 조금씩 난이도가 올라가는 스텝 바이 스텝 형식으로 다양한 예제를 구성했습니다. 예제를 따라 하면 할수록 실력이 차곡차곡 쌓이는 것을 느낄 수 있을 것입니다.

파워포인트는 엑셀, 워드와 달리 업무에서 자주 사용하는 프로그램이 아닙니다. 그래서 갑자기 발표할 기회가 생기면 우왕좌왕하는 경우가 많습니다. 회사마다 사용하는 파워포인트 발표 템플릿이 있기 때문에 기존 템플릿에 내용만 수정하는 것인데도 이 또한 어렵게 느끼는 분들이 많습니다. 이 책에서는 그런 초보자분들을 위해 기초 예제부터 시작하여 파워포인트 기본기를 다질 수 있도록 하였고, 새로운 표현 기법에 목말라하는 파워포인트 중급 사용자를 위해 다양한 고급 예제들까지 소개하려고 노력했습니다.

마지막 예제까지 포기하지 말고 잘 따라 해 보면 초보자들도 어느새 파워포인트 고수가 되어 있을 것입니다.

김은정

# 이 책의 구성 미리 보기

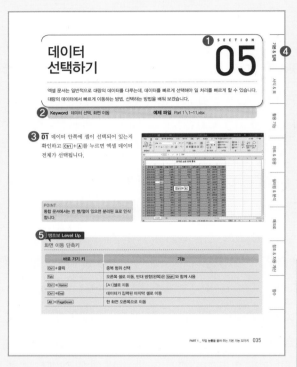

**① 섹션 도입부**
제목과 도입문을 통해 섹션에서 배울 내용을 한눈에 파악할 수 있습니다.

**② Keyword**
섹션에서 중요하게 다루는 명령어를 표시하였습니다.

**③ 따라 하기**
실무 예제를 따라 하는 내용입니다. 친절한 설명과 그림을 참고하여 실습해 봅니다.

**④ 탭**
기능별 탭을 이용하여 원하는 기능을 빠르게 찾을 수 있습니다.

**⑤ 쌩초보 Level Up**
배우는 내용에 대한 추가적인 설명, 각 항목에 대한 자세한 설명을 담고 있습니다.

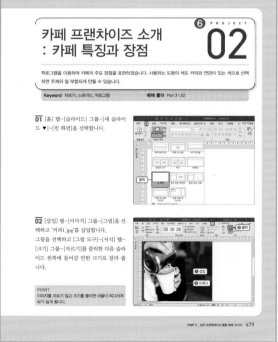

**⑥ 프로젝트**
Part 1~2에서 배운 내용을 바탕으로 카페 프랜차이즈 소개, 애견 사업 슬라이드 등 실무 문서를 만들어 봅니다.

이 책은 기본, 활용, 실무(프로젝트)의 총 세 개의 파트로 구성되어 있으며 최적화된 예제만 선별하여 수록했습니다. 초보자가 쉽게 이해할 수 있도록 실습에 필요한 내용을 빠짐없이 설명하고 있으며 단계별로 학습할 수 있습니다.

**⑦ Special**

새로운 기능 중 익혀 두면 좋을 기능들을 모아 책 뒷부분에 스페셜로 실었습니다.

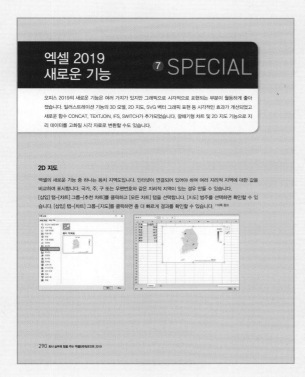

**⑧ 단축키**

파워포인트에서 다양한 기능을 빠르게 실행할 수 있는 단축키를 정리하였습니다.

# 가장 많이 사용되는 기능 빠르게 찾기

엑셀에서 가장 많이 사용하는 주요 기능을 빠르게 찾아 보세요. 해당 기능은 책 오른쪽 끝에 있는 탭을 기준으로 묶어 표시하였습니다.

**엑셀**

파워포인트에서 가장 많이 사용하는 주요 기능을 빠르게 찾아 보세요. 해당 기능은 책 오른쪽 끝에 있는 탭을 기준으로 묶어 표시하였습니다.

**파워포인트**

# 학습 계획표

**[엑셀] 이 책을 교재로 사용하는 경우 또는 자기 주도 학습 계획표**

| 순서 | 파트 | 페이지 | 학습 내용 |
|---|---|---|---|
| 1 | | 24~34쪽 | 엑셀 화면을 익히고 파일을 다루어 봅니다. |
| 2 | Part 1 | 35~64쪽 | 문자를 다양한 형식으로 입력해 봅니다. |
| 3 | | 65~86쪽 | 서식을 적용해 보고 표 서식을 사용해 봅니다. |
| 4 | | 87~114쪽 | 셀을 편집해 보고 시트를 다룬 다음 활용 기능을 익혀 봅니다. |
| 5 | | 115~135쪽 | 다양한 차트를 만들어 봅니다. |
| 6 | Part 2 | 136~153쪽 | 조건부 서식과 피벗 테이블을 만들어 봅니다. |
| 7 | | 154~179쪽 | 데이터 그룹을 이용해 피벗 테이블을 만들어 보고 필터링 및 분석 방법을 익힌 다음 매크로를 사용해 봅니다. |
| 8 | | 182~198쪽 | 참조 및 자동 계산 방법을 익히고 간단한 함수를 사용해 봅니다. |
| 9 | Part 3 | 199~218쪽 | 본격적으로 함수를 익혀 원하는 값을 구해 봅니다. |
| 10 | | 219~241쪽 | 중첩 함수를 익히고 활용해 봅니다. |
| 11 | | 242~257쪽 | 다양한 데이터를 추출하는 함수를 익혀 봅니다. |
| 12 | Part 4 | 260~277쪽 | 실무에서 필요한 문서를 만듭니다. |
| 13 | | 278~289쪽 | 앞에서 배운 기능을 통해 다양하게 활용해 봅니다. |

공부하고자 마음먹고 책은 샀는데, 어떻게 학습 계획을 세워야 할지 막막한가요? 정보문화사가 스케줄러까지 꼼꼼하게 책임지겠습니다. 난이도별로 차근차근 공부하다보면 어느새 한 권의 책이 뚝딱 끝나는 마법이 벌어집니다. 13주차로 나누어 제공하는 이 스케줄러를 기본으로 학습자의 진도에 맞춰 수정하며 실습하여 실력이 향상되길 바랍니다.

**[파워포인트] 이 책을 교재로 사용하는 경우 또는 자기 주도 학습 계획표**

| 순서 | 파트 | 페이지 | 학습 내용 |
|---|---|---|---|
| 1 | | 298~306쪽 | 파워포인트 화면을 익히고 슬라이드를 다루어 봅니다. |
| 2 | Part 1 | 307~320쪽 | 슬라이드 배경을 변경하고 텍스트를 입력해 봅니다. |
| 3 | | 321~354쪽 | 워드아트로 꾸미고 도형을 그립니다. |
| 4 | | 355~375쪽 | 도형 편집하고 스마트 아트로 도해를 삽입합니다. |
| 5 | | 378~403쪽 | 이미지를 편집해 봅니다. |
| 6 | | 404~408쪽 | ① 표와 차트를 만들어 봅니다. |
| 7 | | 409~416쪽 | ② 표와 차트를 만들어 봅니다. |
| 8 | Part 2 | 417~421쪽 | ③ 표와 차트를 만들어 봅니다. |
| 9 | | 422~431쪽 | ④ 표와 차트를 만들어 봅니다. |
| 10 | | 432~449쪽 | 애니메이션을 적용해 봅니다. |
| 11 | | 450~473쪽 | 슬라이드 마스터를 사용해 보고 원하는 형식으로 출력합니다. |
| 12 | Part 3 | 476~492쪽 | 카페 프랜차이즈 소개 슬라이드를 만들어 봅니다. |
| 13 | | 493~508쪽 | 애견 사업 슬라이드를 만들어 봅니다. |

# 이 책을 공부하는 방법

## 엑셀 & 파워포인트를 처음 접하는 초보자라면?

책을 차례대로 따라해 보세요. 이전 페이지에서 제공하는 학습 계획표를 참고하여 꾸준히 학습하는 것이 중요합니다. 책에서 제공하는 [POINT]와 [쌩초보 Level Up] 코너를 꼭 확인 후 넘어 가세요.

## 회사에서 사용하는 기본 기능을 익히고자 한다면?

목차에서 Part 1을 살펴보고 필요한 기능이 있다면 골라가며 익히세요. Part 2는 회사에서 사용하는 주요 기능 및 활용 기능이 있으므로 꼭 실습해 보고, 마지막 파트에서 제공하는 회사 실무 예제(프로젝트)를 만들어 보세요.

## 엑셀 & 파워포인트를 한 번 이상 학습해 본 사람이라면?

8쪽에서 제공하는 주요 기능을 살펴보고 모르는 기능이 있다면 실습하세요. 기본 기능을 어느 정도 알고 있다면 탭을 이용해 알고자 하는 기능을 찾아 따라해 보세요. 가까운 곳에 두고 필요할 때마다 찾아 쓰세요.

### 예제 및 완성 파일 다운로드

본문 실습에 필요한 예제 파일과 완성 파일은 정보문화사 (www.infopub.co.kr) 홈페이지의 '자료실'에서 '회사 실무에 힘을 주는 엑셀&파워포인트 2019'를 검색하여 다운로드할 수 있습니다. 다운로드는 회원 가입을 하지 않아도 됩니다.

예제 파일은 파트별로 묶여 압축되어 있습니다. 편한 경로에 압축을 풀어 사용하세요.

※이 책으로 강의를 진행하고자 한다면 정보문화사 홈페이지에 교수 회원으로 가입 및 전환하여 강의 자료 PPT를 얻을 수 있습니다.

# 목차_엑셀

## 01

### 작업 능률을 올려 주는 기본 기능 32가지

# 02

## 야근을 없애는 활용 예제 33가지

# 03

## 복잡한 계산을 쉽게 하는 함수 예제 32가지

# 04

## 필요한 곳에 응용하는 실무 예제 7가지

# 목차_파워포인트

## 01

### 천리 길도 한 걸음부터, 기본 기능 29가지

# 02

## 청중들의 눈을 사로잡는 활용 기능 36가지

## 실무 프레젠테이션 활용 예제 10가지

# EXCEL 2019

 INTEGRITY   INNOVATION   COMMITMENT   CREATIVITY   PASSION   GOALS   CONNECTION   GROWTH

# 1

# 작업 능률을
# 올려 주는
# 기본 기능 32가지

대부분의 회사의 다양한 분야에서 많은 사람들이 엑셀을 사용하고 있습니다. 그러나 작업 시간을 줄여 주는 기능을 알고 쓰는 사람은 많지 않습니다. 엑셀을 보다 효율적으로 쓰기 위하여 기본 기능부터 체계적으로 배워서 엑셀 능력자로 거듭나 봅시다.

# 엑셀 시작하고
# 종료하기

# 01

단순한 계산 작업부터 복잡한 계산까지 쉽게 할 수 있고, 시각 데이터까지 멋지게 구성할 수 있는 스프레드시트 프로그램인 엑셀 2019를 실행하고 종료하는 방법을 살펴보겠습니다.

**Keyword** 새 통합 문서, 닫기, 저장

**01** 윈도우 버튼을 누르고 [Excel]을 찾아 클릭합니다. 엑셀 2019의 초기 화면에서 [홈], [새로 만들기], [열기] 작업을 할 수 있습니다. 최근에 편집했던 문서는 [최근 항목]에서 선택할 수 있으며, 지금은 새롭게 문서를 만들기 위해 [새 통합 문서]를 클릭합니다.

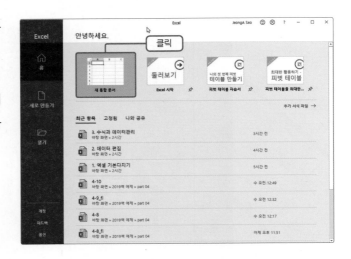

**02** 새 통합 문서를 만들 준비가 되었습니다. 화면 위쪽은 기능 각각을 다룰 수 있는 메뉴가 있고, 화면 아래쪽은 데이터를 입력하고 편집할 수 있는 영역으로 구성되어 있습니다.

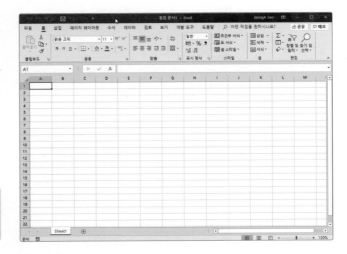

**POINT**
엑셀 파일은 하나의 통합 문서 안에 여러 개의 워크시트가 있습니다.

**03** [A1]셀에 'Excel 2019'를 입력하고 Enter를 누릅니다.

Enter를 누르면 편집 중인 셀 아래로 이동하며 데이터 입력이 완료됩니다. 방향키를 누르면 해당 방향의 셀로 이동할 수 있습니다.

**POINT**
데이터를 입력할 때 F2를 누르면 셀 안에서 커서를 이동하여 편집할 수 있습니다.

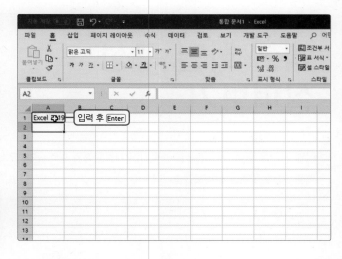

**04** 화면 오른쪽 윗부분에서 [닫기] 아이콘(✕)을 클릭하여 엑셀을 종료합니다.

편집한 다음 저장하지 않고 [닫기] 아이콘을 클릭했기 때문에 변경 내용을 저장할 것인지 묻는 대화상자가 표시됩니다. [저장 안 함] 버튼을 클릭합니다.

**POINT**
버튼을 클릭하면 변경 내용을 저장하고 엑셀이 종료되며, [취소] 버튼을 클릭하면 현재 명령을 취소하고 편집 중인 화면으로 돌아 갑니다.

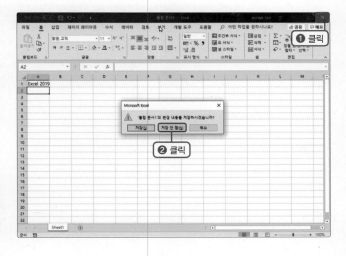

기본 & 입력

서식 & 표

활용 기능

차트 & 응용

필터링 & 분석

매크로

참조 & 자동 계산

함수

# 엑셀 화면 구성 살펴보기

작업 시간을 줄여 주는 엑셀을 능숙하게 사용하려면 화면 구성 요소를 먼저 알아야 합니다. 구성 요소를 알기 위해
엑셀 2019 화면을 살펴보겠습니다.

**Keyword** 화면, 리본 메뉴, 시트

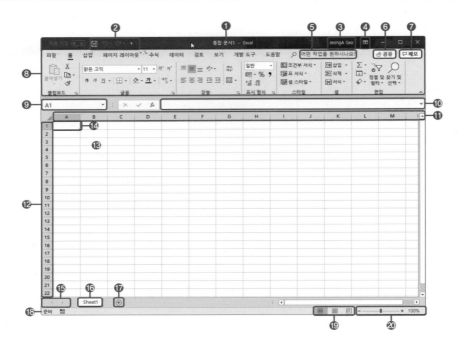

❶ **제목 표시줄:** 현재 작업 중인 통합 문서 이름이 표시되고 저장되어 있지 않았다면 '통합 문서1', '통
합 문서2'와 같이 나타나며, 상황에 따라 [호환 모드], [읽기 전용], [안전 모드], [그룹] 등이 추가
로 표시됩니다.

❷ **빠른 실행 도구 모음:** 빠르게 작업하기 위해 사용자가 임의로 추가 및 삭제할 수 있는 도구 모음입
니다. 저장, 실행 취소, 다시 실행으로 구성되어 있으며, [빠른 실행 도구 모음 사용자 지정] 기능
으로 추가하거나 삭제할 수 있습니다.

❸ **오피스 로그인:** 마이크로소프트 계정으로 로그인하여 웹 클라우드인 원드라이브(OneDrive)에 오피스 문서를 온라인으로 [업로드], [열기], [공유]할 수 있습니다.

❹ **리본 메뉴 표시 옵션:** [자동 숨기기], [탭 표시], [탭 및 명령 표시]로 작업 영역 넓이를 조절할 수 있습니다.

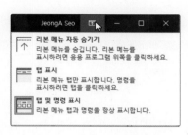

❺ **Tell Me:** 작업에 필요한 키워드나 단어를 입력하면 관련 기능, 도움말, 스마트 조회 창이 표시됩니다.

❻ **공유:** 웹 클라우드인 원드라이브에 저장한 오피스 문서를 다른 사용자와 공유합니다. 공유 대상자를 추가하거나 보기, 편집 링크를 활용해 공동으로 작업할 수 있습니다.

❼ **메모:** 메모를 입력한 경우 한눈에 파악할 수 있도록 작업 창에 표시합니다.

❽ **리본 메뉴:** 엑셀의 모든 기능을 모은 메뉴와 도구들입니다. [파일], [홈], [그리기] 등을 '탭'이라고 하며 이를 클릭하면 해당 메뉴가 리본처럼 펼쳐집니다. 탭을 클릭하면 여러 개의 관련 '그룹'으로 구성되어 있고, '그룹'은 클릭하면 실행되는 '명령 버튼'으로 이루어져 있습니다. 리본 메뉴는 사용자가 임의로 추가 및 삭제할 수 있습니다.

- 리본 메뉴 구성: [파일] 탭에서는 문서 정보, 개인 정보를 설정하고 저장, 공유, 게시, 인쇄 및 옵션 등 설정을 수행할 수 있습니다. 또한 탭은 여러 개의 그룹으로 구성되어 있고 관련 있는 명령 도구가 하나의 그룹에 포함되어 있습니다. 기본 구성 메뉴 외에 표, 차트, 스파크라인, 수식, 피벗 테이블 등 개체에 따라 관련 메뉴가 추가 구성되어 나타나기도 합니다.

- 화면 해상도와 리본 메뉴: 리본 메뉴의 각 탭에 있는 도구들은 작업 창 크기 또는 화면 해상도에 따라 표시되는 형태가 다를 수 있습니다. 창이 작다면 모든 도구를 표시하기 위해 도구 크기가 줄어들거나 위치가 이동됩니다.

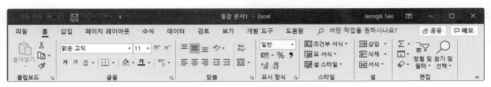

▲ 해상도: 1024×768

▲ 해상도: 1920×1080

- [리본 메뉴 축소] 아이콘(∧, Ctrl+F1): 리본 메뉴를 축소하여 리본 메뉴 탭만 표시합니다. 화면에서 차지하는 리본 메뉴를 줄여 편집하는 화면을 보다 넓게 쓸 수 있습니다. 탭을 클릭하면 리본 메뉴가 표시됩니다.

❾ **이름 상자:** 현재 선택하고 있는 셀 주소나 셀 이름이 표시되는 곳입니다. 셀 주소는 선택된 셀의 열 머리글과 행 머리글이 합쳐져서 표시됩니다. 이름 상자에 'D10'이 표시되어 있다면 셀 포인터가 D열 10행에 있다는 것입니다.

❿ **수식 입력줄:** 이름 상자에 나타나 있는 현재 선택한 셀의 원 데이터나 수식이 표시됩니다. 셀에 표시된 것과 다르게 원본 데이터를 확인할 수 있고, 수식 입력줄을 클릭하여 수식이나 데이터를 수정할 수 있습니다.

- 함수 삽입($f_x$) : [함수 삽입]을 클릭하면 [함수 마법사] 대화상자가 표시되어 다양한 함수를 시작할 수 있습니다.

⓫ **열 머리글:** 열 이름이 표시되는 곳으로 하나의 워크시트에 A열부터 XFD열까지 있습니다.

⓬ **행 머리글:** 행 이름이 표시되는 곳으로 하나의 워크시트에 1행부터 1,048,576행까지 있습니다.

⓭ **셀:** 행과 열이 교차하면서 만들어진 영역으로 엑셀에서 데이터를 입력하는 기본 단위입니다.

⓮ **셀 포인터:** 워크시트 여러 셀 중에서 현재 선택된 셀을 나타내며 굵은 사각형으로 표시됩니다. Enter를 누르면 아래 셀로 이동되며, Tab을 누르면 오른쪽 셀로 이동됩니다.

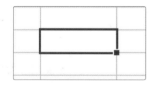

**⑮ 시트 탭 이동 버튼:** 시트 수가 많아서 화면에 표시되지 않을 때 가려져 있는 시트를 볼 수 있도록 시트 탭 화면을 이동하는 아이콘입니다. Ctrl을 누른 채로 이동 아이콘을 클릭하면 시트의 처음 또는 마지막으로 빠르게 이동할 수 있으며, 마우스 오른쪽 버튼으로 클릭하면 워크시트 이름을 모두 볼 수 있습니다. 시트 탭의 표시 위치만 이동할 뿐 실제로 시트를 선택하지는 않습니다.

**⑯ 시트 탭:** 현재 통합 문서에 있는 시트 이름이 표시됩니다. 선택한 시트 내용이 화면에 표시되고 선택한 시트는 흰색으로 표현됩니다.

| 29 | 1.4 | 2.11 | 1.71 |
| 30 | 3.24 | 2.11 | 1.84 |

| ◀ | ▶ | 시간 | 위치 | | ⊕ |

준비 🖩

**⑰ 새 시트:** 새로운 시트를 추가할 수 있습니다. 선택한 시트 오른쪽으로 만들어집니다.

**⑱ 상태 표시줄:** 현재 작업 상태 셀 모드 정보를 표시하며, 준비, 입력, 편집 등 셀 작업 상태와 선택한 셀의 자동 계산 결과(평균, 개수, 합계) 등을 확인할 수 있습니다.

**⑲ 화면 보기:** 워크시트의 보기를 [기본(⊞)], [페이지 레이아웃(▤)], [페이지 나누기 미리 보기(凹)]로 변경하여 나타낼 수 있습니다.

**⑳ 확대/축소:** 워크시트의 현재 화면 비율을 표시하고, 확대하거나 축소합니다.

# 암호 사용하여 저장하기

엑셀에서 중요한 문서를 다룰 때가 많습니다. 이때 암호를 설정하여 저장할 수 있는데 두 가지 방식(열기 암호, 쓰기 암호)을 사용할 수 있습니다. 여러 가지 방법이 있지만 그중에서 가장 간단하게 사용할 수 있는 [다른 이름으로 저장] 대화상자를 이용해 저장해 보겠습니다.

**Keyword** 문서 보호, 열기 암호, 쓰기 암호　　　　**예제 파일** Part 1 \ 1-5.xlsx

**01** [파일] 탭-[다른 이름으로 저장]-[찾아보기]를 클릭합니다.

**02** [다른 이름으로 저장] 대화상자가 표시되면 [도구] 버튼을 클릭하고 **[일반 옵션]**을 실행합니다.

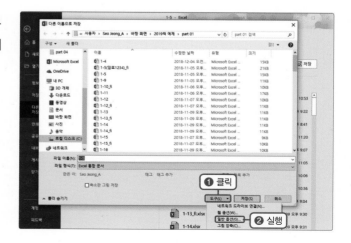

**03** [일반 옵션] 대화상자에서 열기 암호를 입력합니다.

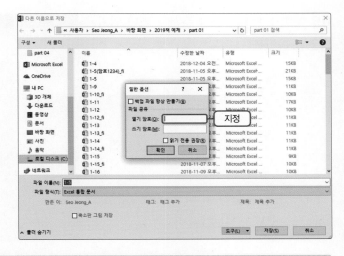

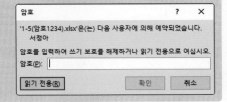

**04** 암호를 입력하면 다시 확인하는 대화상자가 나오며 똑같은 암호를 다시 입력하고 [확인] 버튼을 클릭한 다음 [저장] 버튼을 클릭합니다.

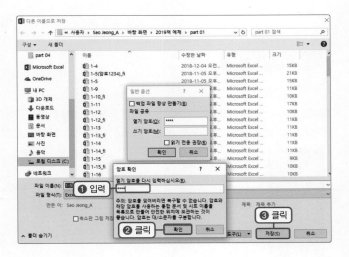

**05** 암호가 설정된 통합 문서를 열면 열기 암호를 확인합니다.

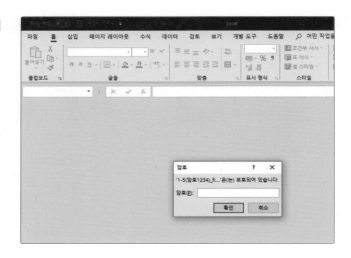

**쌩초보 Level Up**

## 암호를 설정하는 또 다른 방법

[파일] 탭-[정보]-[통합 문서 보호]-[암호 설정]을 클릭하면 암호를 설정할 수 있습니다. [다른 이름으로 저장] 대화상자에서는 열기 암호와 쓰기 암호를 설정할 수 있지만 통합 문서 보호에서는 열기 암호만 설정할 수 있습니다.

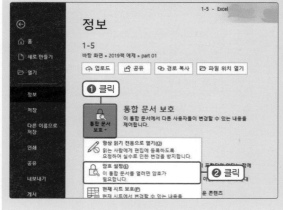

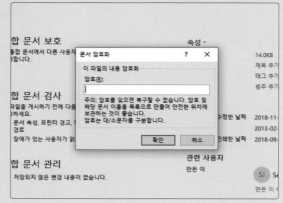

기초 & 입력

서식 & 표

활용 기능

차트 & 응용

필터링 & 분석

매크로

참조 & 자동 계산

함수

# 호환 모드 문서
# 엑셀 통합 문서로 변환하기

SECTION

# 04

드물긴 하지만 아직도 2003 버전 이하의 통합 문서를 상위 버전에서 실행해야 하는 경우가 있습니다. 당연히 그 이후 생긴 기능들은 작업 제한이 있습니다. 통합 문서를 변환 과정을 거쳐 2019 버전으로 실행해 보겠습니다.

**Keyword** 호환 모드, 변환          **예제 파일** Part 1 \ 1-10.xls

**01** 예제 파일을 열고 [파일] 탭-[정보]-[변환]을 클릭합니다.

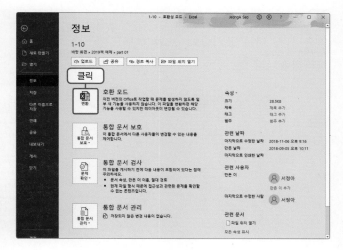

**POINT**
97-2003 통합 문서는 XLS 확장자로 저장되지만 2007 이상은 모두 XLSX로 저장됩니다.

**02** 형식을 변환하는 메시지 대화상자가 표시되면 [확인] 버튼을 클릭합니다. 이 작업을 수행하면 새 기능을 수행할 수 있는 현재 파일 형식으로 변환되며 파일 크기가 줄어들고, XLS 형식의 문서는 삭제됩니다.

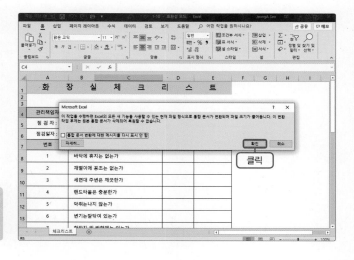

**POINT**
97-2003 형식의 통합 문서가 열리면 제목 표시줄에 '호환성 모드' 또는 [호환 모드]라고 표시됩니다.

**03** 변환이 된 문서를 다시 열기 위한 메시지 대화상자가 나타나면 [예] 버튼을 클릭합니다.

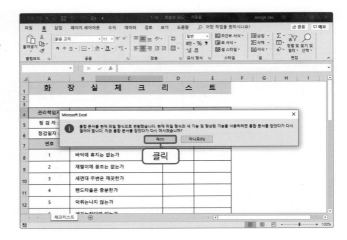

**04** 통합 문서가 XLSX 형식으로 변환되었습니다. 제목 표시줄에 '호환성 모드'가 사라졌습니다.

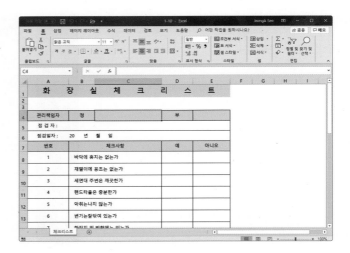

# 데이터
# 선택하기

엑셀 문서는 일반적으로 대량의 데이터를 다루는데, 데이터를 빠르게 선택해야 일 처리를 빠르게 할 수 있습니다.
대량의 데이터에서 빠르게 이동하는 방법, 선택하는 방법을 배워 보겠습니다.

**Keyword** 데이터 선택, 화면 이동      **예제 파일** Part 1 \ 1-11.xlsx

**01** 데이터 안쪽에 셀이 선택되어 있는지
확인하고 Ctrl + A 를 누르면 엑셀 데이터
전체가 선택됩니다.

**POINT**
통합 문서에서는 빈 행/열이 있으면 분리된 표로 인식
합니다.

**02** 엑셀 통합 문서의 데이터를 빠르게
이동하기 위해 [A3]셀을 클릭하고 Ctrl +
↓ 를 누릅니다. 데이터 끝으로 셀이 이동
하는 것을 확인할 수 있습니다.

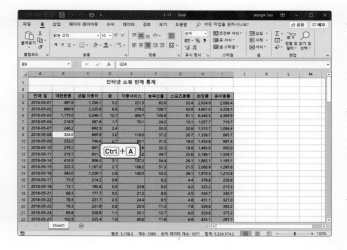

**03** Ctrl+↑를 눌러 화면을 위로 올리고 Shift와 방향키를 누릅니다. 한 셀 한 셀 추가 선택되는 것을 확인할 수 있습니다.

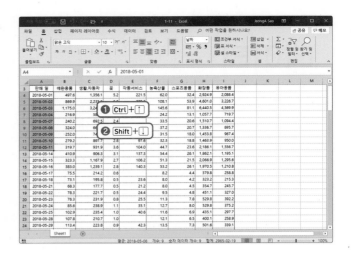

**04** Ctrl과 Shift를 함께 누르면 데이터의 끝을 선택하면서 빠르게 이동할 수 있습니다. [A4]셀을 클릭하고 Ctrl+Shift+↓를 눌러 [A4:A123]을 선택합니다.

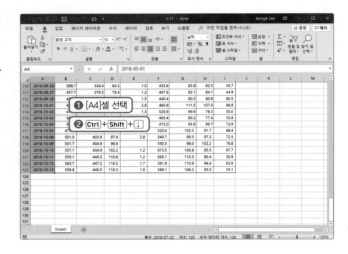

**05** 부분적으로 데이터를 선택하고자 할 때, [D3:F3]을 선택하고 Ctrl+Shift+↓를 누르면 [D3:F123]이 선택됩니다.

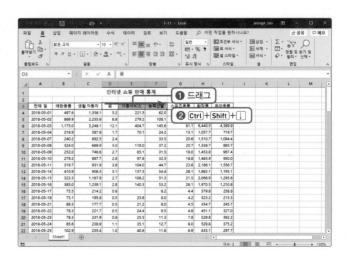

**06** 중간중간 빈 데이터를 선택할 때 [Ctrl]
+[Shift]+[↓]를 이용한다면 오히려 여러 번
에 걸쳐 선택을 하게 됩니다.

[E4]셀을 클릭하고 스크롤바로 화면을 이
동한 다음 [Shift]를 누른 채 [E123]셀을 클
릭합니다. [E4:E123]이 선택됩니다.

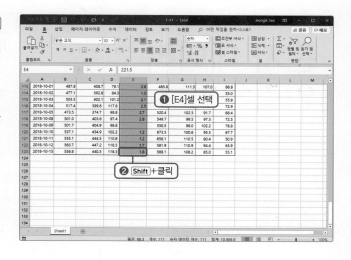

기본 & 입력

서식 & 표

활용 기능

차트 & 응용

필터링 & 분석

매크로

참조 & 자동 계산

함수

### 쌩초보 Level Up

## 화면 이동 단축키

| 바로 가기 키 | 기능 |
| --- | --- |
| [Ctrl]+클릭 | 중복 범위 선택 |
| [Tab] | 오른쪽 셀로 이동. 반대 방향(왼쪽)은 [Shift]와 함께 사용 |
| [Ctrl]+[Home] | [A1]셀로 이동 |
| [Ctrl]+[End] | 데이터가 입력된 마지막 셀로 이동 |
| [Ctrl]+[Shift]+방향키 | 선택된 셀부터 방향키 방향으로 데이터 마지막 셀까지 선택 |
| [Ctrl]+[Spacebar] | 선택된 셀의 열 전체 선택 |
| [Shift]+[Spacebar] | 선택된 셀의 행 전체 선택 |
| [Alt]+[PageUp] | 한 화면 왼쪽으로 이동 |
| [Alt]+[PageDown] | 한 화면 오른쪽으로 이동 |

# 문자 데이터
# 입력하기

엑셀 데이터는 문자 데이터와 숫자 데이터로 구분되는데 계산할 수 없는 데이터를 문자 데이터라 하고, 계산할 수 있는 데이터를 숫자 데이터라고 합니다. 문자 데이터를 입력하는 방법과 편집하는 방법을 알아보겠습니다.

**Keyword** 문자 데이터, 자동 완성, 동시 입력　　　　**예제 파일** Part 1 \ 1-12.xlsx

**01** [A1]셀에 '데이터 입력'을 입력하고 Enter를 입력합니다. [A2]셀에 '데이터'를 입력하기 위해 '데'를 입력하면 '데이터 입력'이 자동 완성 기능으로 보입니다.

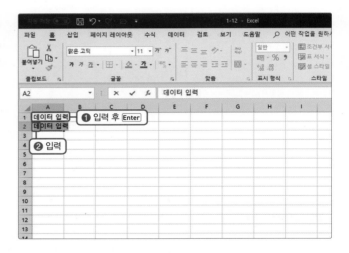

**02** '입력'을 Backspace를 눌러 삭제한 다음 Enter를 누릅니다.

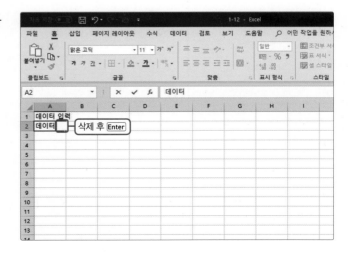

**03** '데'로 입력한 데이터가 두 개이니 자동 완성 기능이 제공되지 않습니다. 그러나 `Alt`+`↓`를 누르면 제공되는 문자 중에서 선택하여 입력할 수 있습니다.

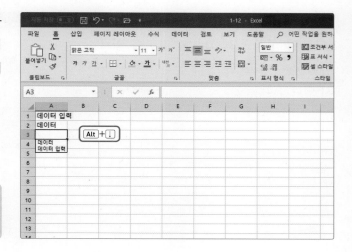

**POINT**
하나의 열에 입력된 데이터만 제공되며 빈 셀 이후에는 `Alt`+`↓`를 눌러도 데이터가 제공되지 않습니다.

**04** 하나의 셀에 두 줄을 입력하기 위해 '프로그램' 시트에서 [B6]셀을 클릭하고 '스포츠'를 입력합니다. `Alt`+`Enter`를 누르고 '주요행사'를 입력한 다음 `Enter`를 누릅니다.

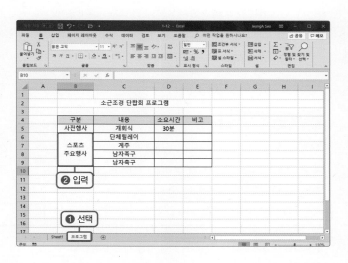

**05** [D5]셀을 선택하고 채우기 핸들을 더블클릭하여 [D9]셀까지 채우기 합니다. [자동 채우기 옵션(⊞)]-[셀 복사]를 클릭하여 '30분'이라는 데이터를 복사하여 채우기 합니다.

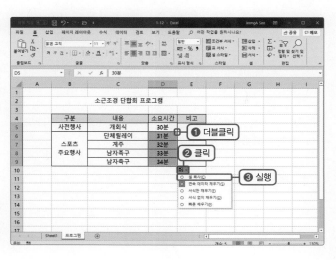

**POINT**
문자와 숫자가 포함되어 있는 데이터라면 숫자가 증가되는 것이 기본 채우기 양식입니다.

기본 & 입력

서식 & 표

활용 기능

차트 & 응용

필터링 & 분석

매크로

참조 & 자동 계산

함수

**06** [E5]셀을 클릭하고 Ctrl 을 누른 채 [E8]셀을 중복 선택합니다. '강당'을 입력 하고 Ctrl + Enter 를 눌러 선택한 셀에 동 시 입력합니다.

### POINT
떨어진 셀에 데이터를 입력할 때는 채우기 핸들로 복 사할 수 없기 때문에 같은 기능을 하는 Ctrl + Enter 를 사용합니다. Ctrl + Enter 는 선택된 셀에 동시 입력하 는 특징을 갖고 있어서, 미리 입력할 곳을 선택하고 사 용합니다.

---

**쌩초보 Level Up**

## 채우기 핸들 사용하기

셀을 선택하면 오른쪽 아랫부분 모서리에 표시되는 작은 사각형이 채우기 핸들입니다. 채우기 핸들에 마 우스 포인터를 가져가면 마우스 포인터가 + 모양으 로 변경됩니다. 이때 원하는 만큼 드래그하거나 더블 클릭하여 데이터 끝까지 복사하는 것을 자동 채우기 라고 합니다.

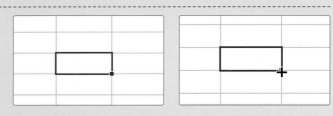

## 한/영 자동 고침 해제

엑셀에서 데이터를 입력할 때 자음을 연속으로 입력하게 되면 영문으로 변 경되는데 이는 한글과 영어가 자동으로 고쳐지는 기능을 가지고 있기 때문 입니다. 이를 해제하는 방법을 알아보겠습니다.
[파일] 탭-[옵션]-[언어 교정] 범주에서 [자동 고침 옵션] 버튼을 클릭합니 다. '한/영 자동 고침'의 체크 표시를 해제합니다.

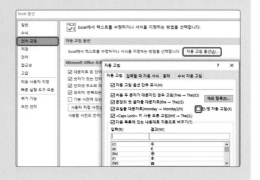

# 한자 입력하기

## SECTION 07

한글 음을 입력하고 한자를 누르면 원하는 한자를 선택할 수 있으며, 단어를 변환하여 입력 형태를 변경할 수도 있습니다. [검토] 탭-[언어] 그룹-[한글/한자 변환]을 사용할 수도 있습니다.

**Keyword** 한자, 한자 변환　　　　　　　　　　　**예제 파일** Part 1 \ 1-13.xlsx

**01** [D11]셀에 '2019年 1月'을 입력하기 위해 '2019년'을 입력하고 한자를 누른 다음 '年'으로 변경합니다.

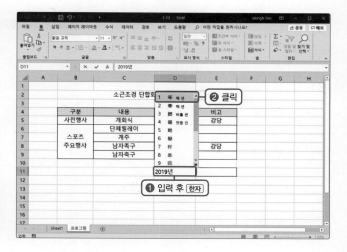

**POINT**
한자 목록에서 Tab을 누르면 현재 전체 한자 목록을 표시할 수 있습니다.

**02** 같은 방법으로 '1월'을 '1月'로 변경합니다.

**03** [E11]셀을 선택하고 '종료'를 입력합니다. [한자]를 세 번 누르면 [한글/한자 변환] 대화상자가 표시되면서 단어 변환을 할 수 있습니다.

입력 형태를 '한글(漢字)'로 지정하고 [변환] 버튼을 클릭합니다.

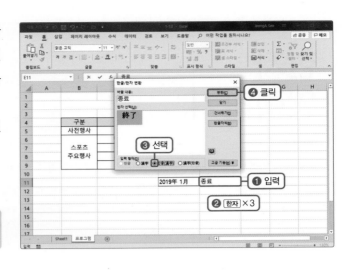

**POINT**
한글/한자 변환의 입력 형태는 네 가지입니다.

**04** '종료(終了)'로 변경된 것을 확인할 수 있습니다.

**POINT**
한자 단어 변환 단축키는 [Ctrl]+[Alt]+[F7]입니다.

**쌩초보 Level Up**

**한자 사전 보기**

[한글/한자 변환] 대화상자에서 [한자 사전(📖)]을 클릭하면 한자의 음과 뜻, 부수, 획수 등을 볼 수 있습니다.

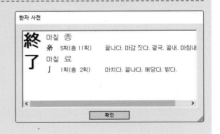

# 기호
# 입력하기

키보드에 없는 기호를 특수 문자라고 합니다. [삽입] 탭–[기호] 그룹–[기호]를 사용하거나, 한글 자음을 입력하고
한자 를 눌러 특수 문자를 입력할 수 있습니다.

**Keyword** 특수 문자, 기호 　　　　　　　　　　　　**예제 파일** Part 1 \ 1–14.xlsx

**01** 제목에 특수 문자를 입력해 보겠습니
다. [B2]셀을 더블클릭하고 자음 'ㅁ'을 입
력한 다음 한자 를 누릅니다. Tab 을 누르면
목록이 펼쳐져 보입니다.

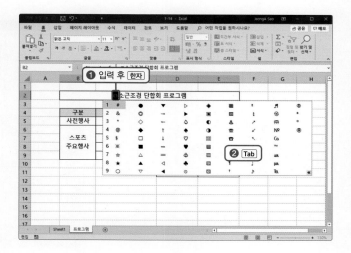

**02** '◖', '◗'를 선택하여 제목 앞뒤에 입
력합니다.

**03** [E6]셀을 클릭하고, [삽입] 탭-[기호] 그룹-[기호]를 클릭합니다. 글꼴을 'Webdings'로 지정하고 '⚐'를 선택합니다. [삽입] 버튼을 클릭하고 [닫기] 버튼을 클릭합니다.

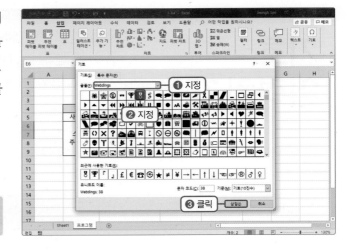

**04** 기호를 삽입하고 채우기 핸들을 [E7] 셀까지 드래그하여 수식을 복사한 다음 작업을 마무리합니다.

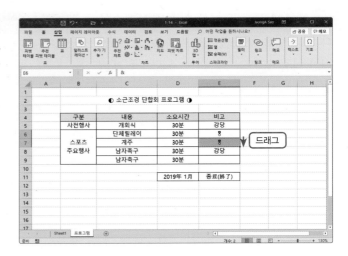

**쌩초보 Level Up**

## 자주 입력하는 특수 문자

키보드에 있는 자음에 따라 특수 문자들이 할당되어 있습니다. 자주 사용하는 특수 문자는 다음과 같습니다.

| 자음 | 특수 문자 |
|---|---|
| ㅁ | ※ ◎ ▲ ☎ |
| ㄴ | 「」『』 |
| ㅇ | ① ② ③ ⓐ ⓑ ⓒ |
| ㄹ | ℃ ㎣ ㎢ |
| ㅌ | · (중간 점) |

# 숫자 데이터 입력하기

엑셀은 숫자 데이터로 기본적인 계산을 합니다. 하나의 셀에 숫자로만 입력되어 있거나 수식에 의한 결과가 숫자인 경우 계산이 가능한 숫자 데이터라 할 수 있습니다.

**Keyword** 숫자 데이터, 지수 형식, 분수 입력　　　　**예제 파일** Part 1 \ 1-15.xlsx

기본 & 입력

서식 & 표

활용 기능

차트 & 응용

필터링 & 분석

매크로

참조 & 자동 계산

함수

**01** [B4]셀을 선택하고 '6370'을 입력합니다. 정수, 소수, 분수 등 모든 숫자는 오른쪽 정렬됩니다.

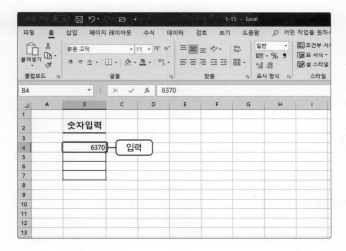

**02** [B5]셀에 '0'을 입력하고 Enter를 누른 다음 [B6]셀에 '123456789012'를 입력합니다.

**POINT**
숫자 데이터는 아무런 표시 형식 없이 한 셀에 12글자 이상 입력하면 지수승으로 표시됩니다.

**03** [B7]셀을 선택하고 '0 1/4'를 입력합니다. 분수로 인식되며, 수식 입력줄에 0.25로 보이는 것을 확인할 수 있습니다.

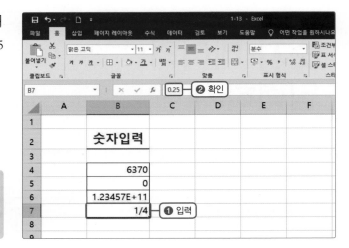

**POINT**
'1/4'로 입력하면 날짜 '01월 04일'로 입력되므로 분수 입력을 하려면 '0'과 띄어쓰기 한 칸을 입력한 다음 입력합니다.

**04** [B4:B6]을 선택하고 [홈] 탭-[표시 형식] 그룹-[쉼표 스타일( **,** )]을 클릭합니다.

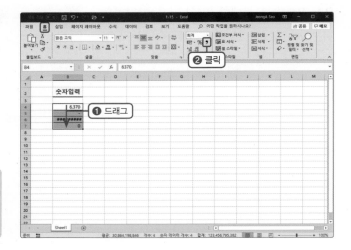

**POINT**
[쉼표 스타일]을 클릭하면 회계와 연동되어 [B5] 데이터는 '-'로 변경되며, 지수 형식으로 표시된 [B6]셀은 셀 너비가 좁기 때문에 '#'으로 표시됩니다.

**05** 좁게 표시된 [B6]셀의 데이터를 제대로 표시하기 위해 B열 머리글 오른쪽 경계를 더블클릭합니다.

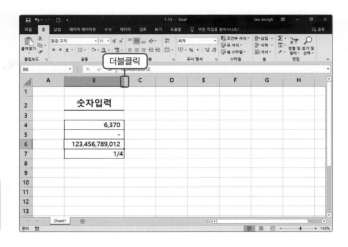

**POINT**
B열 머리글 경계를 오른쪽으로 드래그하여 너비를 수동으로 조절할 수도 있습니다.

SECTION

**10**

기본 & 입력

서식 & 표

활용 기능

차트 & 응용

필터링 & 분석

매크로

참조 & 자동 계산

함수

# 날짜와 시간 입력하기

엑셀에서는 날짜와 시간을 계산할 수 있습니다. 그러므로 형식에 따라 입력하는 것이 중요한데 날짜는 슬래시(/), 하이픈(–)을 구분 기호로 사용하고, 시간은 콜론(:)을 구분 기호로 사용합니다.

**Keyword** 날짜, 시간 　　　　　　　　　　　**예제 파일** Part 1 \ 1-16.xlsx

---

**01** 날짜를 입력하기 위해 [B9]셀을 클릭하고 '3-27'을 입력한 다음 Enter를 누릅니다.

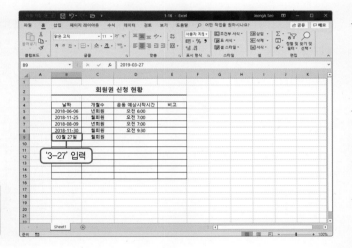

**POINT**
올해의 날짜를 입력할 때는 연도를 입력하지 않아도 자동 올해의 날짜로 입력됩니다.

**02** [홈] 탭-[표시 형식] 그룹에서 형식을 '간단한 날짜'로 지정합니다.

**POINT**
Ctrl+;를 누르면 컴퓨터에 설정된 오늘 날짜가 자동으로 입력되고, Ctrl+Shift+;를 누르면 현재 시각이 입력됩니다.

**03** 시간을 입력하기 위해 [D9]셀에 '10:' 을 입력하고 Enter 를 누릅니다. '10:00'이 입력됩니다.

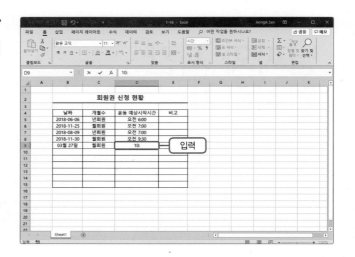

**04** 시간을 입력한 [D9]셀을 클릭하고 수 식 입력줄을 보면 '10:00:00 AM'으로 나 타납니다.

**05** [B10]셀을 클릭하고 '3-28'을 입력합 니다. [D10]셀을 클릭하고 오후 6시를 입 력하기 위해 '18:'을 입력합니다.

기본 & 입력

서식 & 표

활용 기능

차트 & 응용

필터링 & 분석

매크로

참조 & 자동 계산

함수

# 메모
# 삽입하기

SECTION

11

메모는 셀에 직접 입력하지 못하는 추가적인 설명글을 쓸 수 있는 기능입니다. 다른 데이터에 방해되지 않도록 메모를 숨기거나, 반대로 계속 볼 수 있도록 펼쳐 놓을 수 있습니다.

**Keyword** 메모, 메모 편집, 메모 표시          **예제 파일** Part 1 \ 1-17.xlsx

**01** [D6] 셀을 클릭하고 [검토] 탭-[메모] 그룹-[새 메모]를 클릭합니다. 나타난 메모지에 'pt해주기로 함'을 입력하고 임의의 다른 셀을 클릭합니다.

**POINT**
셀을 마우스 오른쪽 버튼으로 클릭하고 [메모 삽입]을 실행할 수 있습니다. 단축키는 Shift+F2입니다.
메모를 삽입했을 때 기본으로 설정되는 이름은 [파일] 탭-[옵션]-[일반] 범주에서 Microsoft Office 개인 설정 항목의 사용자 이름에 설정된 문자가 자동으로 표시됩니다.

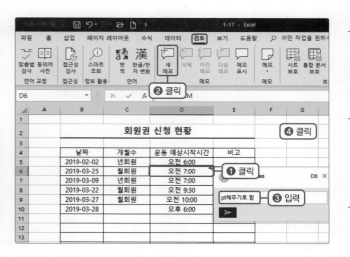

**02** [D6]셀에 표식이 남아 있습니다. 엑셀 2019에서는 다른 셀을 클릭하고 있더라도 [D6]셀에 마우스 포인터를 위치하고 텍스트를 클릭하면 메모 편집을 할 수 있습니다.

**POINT**
메모 기능은 엑셀 2019 세부 버전에 따라 다를 수 있습니다. 숨겨진 메모는 마우스 포인터를 메모 표식에 가져가면 확인할 수 있습니다. 마우스 오른쪽 버튼을 클릭하고 [메모 편집]을 실행할 수 있습니다.

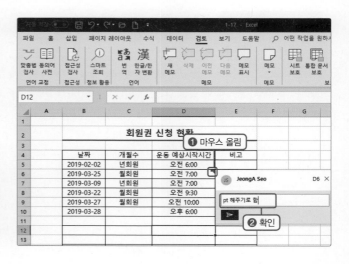

**03** 메모의 [게시] 아이콘(▶)을 클릭하면
첫 번째 메모에 답글을 달 수 있습니다. 세
번째 부터는 글을 입력하고 [게시] 아이콘
만 클릭합니다.

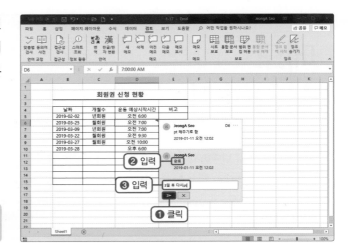

**POINT**
답글 기능은 엑셀 2019부터 사용할 수 있습니다.

**04** 입력된 메모를 마우스 포인터 위치와
상관없이 계속 표시하려면 [메모] 그룹-
[메모 표시]를 클릭합니다.
엑셀 2019에서는 메모 작업 창이 열려서
현재 시트에 적용된 모든 메모를 볼 수 있
습니다.

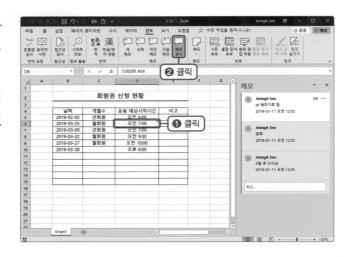

**쌩초보 Level Up**

**메모와 함께 인쇄하기**

삽입된 메모는 기본적으로 인쇄되지 않습니다. 메모를 인쇄하기 위해 추가 설정이 필요합니다.
[페이지 레이아웃] 탭-[페이지 설정] 그룹에서 설정 아이콘(▫)을 클릭하고 [시트] 탭을 선택합
니다. 메모를 '시트 끝'과 '시트에 표시된 대로' 중 한 개로 지정합니다.

기본 & 입력

서식 & 표

활용 기능

차트 & 응용

필터링 & 분석

매크로

참조 & 자동 계산

함수

# 데이터 편집 및 옵션 사용하기

입력된 데이터를 편집할 때 여러 가지 방법이 있습니다. F2를 눌러 커서가 있는 편집 상태로 수정하는 방법과 수식 입력줄에서 편집하는 방법을 알아보고 또한 옵션 아이콘을 이용하여 데이터를 빠르게 편집할 수 있는 방법을 알아보겠습니다. 옵션 아이콘은 현재 기능을 수행했을 때만 편집할 수 있습니다.

**Keyword** F2, 데이터 편집, 옵션 아이콘      **예제 파일** Part 1 \ 1-19.xlsx

**01** [E1]셀을 '25%'로 수정합니다.

| | A | B | C | D | E | F | G |
|---|---|---|---|---|---|---|---|
| 1 | | | | 할인 비율 | 25% | 수정 | |
| 2 | | | | | | | |
| 3 | 이름 | 품목 | 단가 | 수량 | 금액 | | |
| 4 | 이덕민 | 파랑잉크 | 490 | 5,700 | 2,793,000 | | |
| 5 | 김남옥 | A4용지 | 490 | 5,650 | 2,768,500 | | |
| 6 | 김현석 | CASIO 계산기 | 770 | 7,840 | 6,036,800 | | |
| 7 | 김재홍 | 제도샤프 | 720 | 6,780 | 4,881,600 | | |
| 8 | 김민정 | 파랑잉크 | 500 | 6,450 | 3,225,000 | | |
| 9 | 강민욱 | 투명테이프 | 460 | 9,840 | 4,526,400 | | |
| 10 | 김길수 | 키보드 | 420 | 2,430 | 1,020,600 | | |

**02** 4행에서 빈 행을 삽입하기 위해 4행을 마우스 오른쪽 버튼으로 클릭하고 **[삽입]**을 실행하여 행을 추가합니다.

| | A | B | C | D | E | F | G |
|---|---|---|---|---|---|---|---|
| 1 | | | | 할인 비율 | 15% | | |
| | | | 단가 | 수량 | 금액 | | |
| | 이덕민 | 파랑잉크 | 490 | 5,700 | 2,793,000 | | |
| | | 4용지 | 490 | 5,650 | 2,768,500 | | |
| | | 계산기 | 770 | 7,840 | 6,036,800 | | |
| | | 도샤프 | 720 | 6,780 | 4,881,600 | | |
| | | 랑잉크 | 500 | 6,450 | 3,225,000 | | |
| | | 테이프 | 460 | 9,840 | 4,526,400 | | |
| | | 보드 | 420 | 2,430 | 1,020,600 | | |

**1** 오른쪽 클릭

잘라내기(T)
복사(C)
붙여넣기 옵션:
선택하여 붙여넣기(S)...
삽입(I)
삭제(D)
내용 지우기(N) **2** 실행
셀 서식(F)...
행 높이(R)...
숨기기(H)
숨기기 취소(U)

Sheet1

**POINT**
삽입 단축키는 Ctrl + + 입니다.

**03** [삽입 옵션(🖉)]-[아래와 같은 서식]을 클릭합니다.

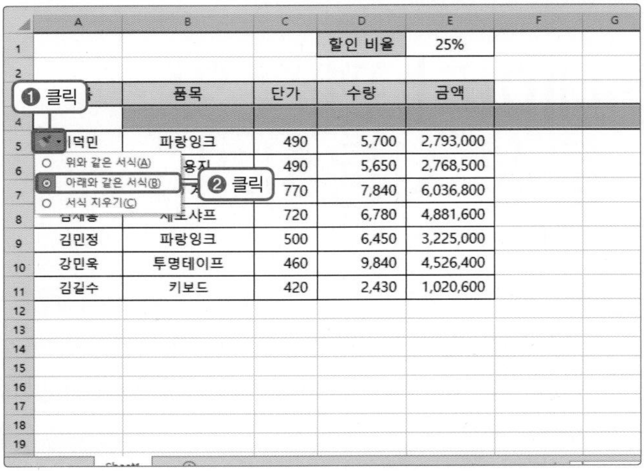

| | A | B | C | D | E | F | G |
|---|---|---|---|---|---|---|---|
| 1 | | | | 할인 비율 | 25% | | |
| 2 | | | | | | | |
| ① 클릭 | | 품목 | 단가 | 수량 | 금액 | | |
| 4 | | | | | | | |
| 5 | ▼▼ 이덕민 | 파랑잉크 | 490 | 5,700 | 2,793,000 | | |
| 6 | ○ 위와 같은 서식(A) 용지 | | 490 | 5,650 | 2,768,500 | | |
| 7 | ◉ 아래와 같은 서식(B) ② 클릭 | | 770 | 7,840 | 6,036,800 | | |
| 8 | ○ 서식 지우기(C) 제도샤프 | | 720 | 6,780 | 4,881,600 | | |
| 9 | 김민정 | 파랑잉크 | 500 | 6,450 | 3,225,000 | | |
| 10 | 강민욱 | 투명테이프 | 460 | 9,840 | 4,526,400 | | |
| 11 | 김길수 | 키보드 | 420 | 2,430 | 1,020,600 | | |

**POINT**
행/열, 셀을 추가하면 왼쪽, 위쪽에 있는 서식이 그대로 적용됩니다. 이때 옵션 아이콘을 이용해서 변경할 수 있습니다.

**04** 추가된 행의 4행을 클릭하고 [A4:D4]에 그림과 같이 입력합니다.

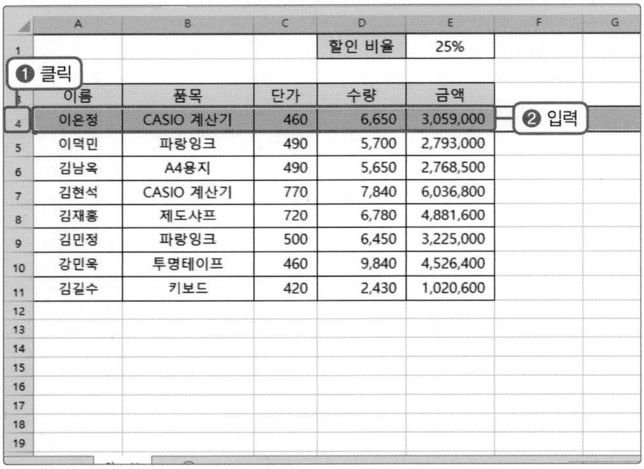

| | A | B | C | D | E | F | G |
|---|---|---|---|---|---|---|---|
| 1 | | | | 할인 비율 | 25% | | |
| ① 클릭 | | | | | | | |
| | 이름 | 품목 | 단가 | 수량 | 금액 | | |
| 4 | 이온정 | CASIO 계산기 | 460 | 6,650 | 3,059,000 | ② 입력 | |
| 5 | 이덕민 | 파랑잉크 | 490 | 5,700 | 2,793,000 | | |
| 6 | 김남욱 | A4용지 | 490 | 5,650 | 2,768,500 | | |
| 7 | 김현석 | CASIO 계산기 | 770 | 7,840 | 6,036,800 | | |
| 8 | 김재홍 | 제도샤프 | 720 | 6,780 | 4,881,600 | | |
| 9 | 김민정 | 파랑잉크 | 500 | 6,450 | 3,225,000 | | |
| 10 | 강민욱 | 투명테이프 | 460 | 9,840 | 4,526,400 | | |
| 11 | 김길수 | 키보드 | 420 | 2,430 | 1,020,600 | | |

**POINT**
4행을 선택하고 Enter 를 누르면 범위 지정된 곳(행)에서만 이동합니다.

S E C T I O N

# 13

# 숫자 일정하게
# 자동 채우기

자동 채우기를 하면 데이터를 빠르게 입력할 수 있습니다. 숫자를 연속 데이터로 1씩 증가하게 할 수도 있습니다.
일정한 간격으로 증가 또는 증감할 수 있는 방법을 알아보겠습니다.

**Keyword** 연속 데이터 채우기, 붙여넣기 옵션　　　　　　**예제 파일** Part 1 \ 1-20.xlsx

---

**01** [A2]셀을 클릭하고 채우기 핸들에 마
우스 포인터를 위치시킨 다음 +로 변경되
면 [A21]셀까지 드래그합니다.

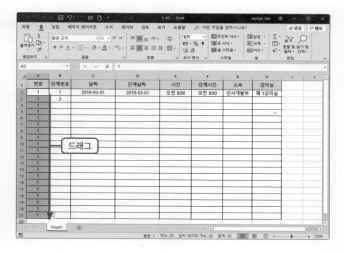

**POINT**
'1'을 입력하고 [Ctrl]을 누른 채로 채우기 핸들을 드래
그하면 1, 2, 3. ……으로 나타납니다.

**02** 드래그한 만큼 1이 복사되었습니다.
[자동 채우기 옵션(📋)]-[연속 데이터 채
우기]를 클릭합니다.

**POINT**
채우기 옵션에서는 '연속 데이터 채우기', '서식만 채우
기', '서식 없이 채우기', '빠른 채우기' 중 하나를 선택
하여 데이터를 채울 수 있습니다.

**03** 이번에는 단계 값으로 숫자를 넣는 방법을 배워 보겠습니다. [B2:B3]까지 범위를 지정하고 채우기 핸들을 더블클릭합니다.

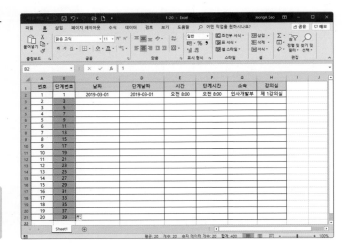

**POINT**
더블클릭했을 때의 채워지는 기준은 Ctrl+A를 눌렀을 때 하나의 표로 인식하는 마지막 데이터까지입니다.

**04** [B2:B3]의 차이만큼 연속 데이터가 증가한 것을 확인할 수 있습니다.

**POINT**
두 개의 셀 범위를 지정할 때 차이 값을 어떻게 입력하느냐에 따라서 단계 값이 다르게 입력됩니다.

**쌩초보 Level Up**

## [자동 채우기 옵션(📋)] 사용하기

옵션 아이콘은 자동 채우기한 화면의 마지막 셀에 표시되며, 다음 기능을 실행하면 옵션 아이콘이 사라집니다. 옵션 아이콘이 자동 채우기한 다음 표시되지 않으면 [파일] 탭-[옵션]-[고급] 범주의 잘라내기/복사/붙여넣기 항목에서 '콘텐츠를 붙여넣을 때 붙여넣기 옵션 단추 표시'에 체크 표시합니다.

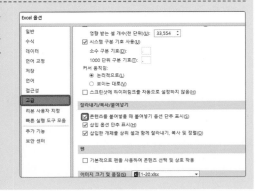

기본 & 입력

서식 & 표

활용 기능

차트 & 응용

필터링 & 분석

매크로

참조 & 자동 계산

함수

S E C T I O N

# 날짜 단위
# 자동 채우기

# 14

날짜 데이터를 자동 채우기 하면 하루씩 증가됩니다. 이때 옵션 아이콘을 이용해서 여러 단위를 기준으로 자동 채우기 하는 방법을 배워 보겠습니다. 또한 연속 데이터 기능을 이용하여 단계별 값을 채워 보겠습니다.

**Keyword** 평일 단위 채우기, 연속 데이터      **예제 파일** Part 1 \ 1-21.xlsx

---

**01** [C3]셀 채우기 핸들을 더블클릭합니다. 1일씩 증가되는 것을 확인할 수 있습니다.

| | 번호 | 단계번호 | 날짜 | 단계날짜 | 시간 | 단계시간 | |
|---|---|---|---|---|---|---|---|
| 1 | | | | | | | |
| 2 | 1 | 1 | 2019-03-01 | 더블클릭 | 오전 8:00 | 오전 8:00 | 인사 |
| 3 | 2 | 3 | 2019-03-02 | | | | |
| 4 | 3 | 5 | 2019-03-03 | | | | |
| 5 | 4 | 7 | 2019-03-04 | | | | |
| 6 | 5 | 9 | 2019-03-05 | | | | |
| 7 | 6 | 11 | 2019-03-06 | | | | |
| 8 | 7 | 13 | 2019-03-07 | | | | |
| 9 | 8 | 15 | 2019-03-08 | | | | |
| 10 | 9 | 17 | 2019-03-09 | | | | |
| 11 | 10 | 19 | 2019-03-10 | | | | |
| 12 | 11 | 21 | 2019-03-11 | | | | |
| 13 | 12 | 23 | 2019-03-12 | | | | |
| 14 | 13 | 25 | 2019-03-13 | | | | |
| 15 | 14 | 27 | 2019-03-14 | | | | |
| 16 | 15 | 29 | 2019-03-15 | | | | |
| 17 | 16 | 31 | 2019-03-16 | | | | |
| 18 | 17 | 33 | 2019-03-17 | | | | |
| 19 | 18 | 35 | 2019-03-18 | | | | |
| 20 | 19 | 37 | 2019-03-19 | | | | |
| 21 | 20 | 39 | 2019-03-20 | | | | |
| 22 | | | | | | | |

Sheet1    평균: 2019-03-10   개수: 20   숫자 데이터 개수: 20   합계: 4283-11-12

---

**02** [자동 채우기 옵션(▦)]-[평일 단위 채우기]를 클릭합니다. '토요일', '일요일'을 빼고 평일 단위로 채워집니다.

| | 번호 | 단계번호 | 날짜 | 단계날짜 | 시간 | 단계시간 | |
|---|---|---|---|---|---|---|---|
| 1 | | | | | | | |
| 2 | 1 | 1 | 2019-03-01 | 2019-03-01 | 오전 8:00 | 오전 8:00 | 인사 |
| 3 | 2 | 3 | 2019-03-04 | | | | |
| 4 | 3 | 5 | 2019-03-05 | | | | |
| 5 | 4 | 7 | 2019-03-06 | | | | |
| 6 | 5 | 9 | 2019-03-07 | | | | |
| 7 | 6 | 11 | 2019-03-08 | | | | |
| 8 | 7 | 13 | 2019-03-11 | | | | |
| 9 | 8 | 15 | 2019-03-12 | | | | |
| 10 | 9 | 17 | 2019-03-13 | | | | |
| 11 | 10 | 19 | 2019-03-14 | | ○ 셀 복사(C) | | |
| 12 | 11 | 21 | 2019-03-15 | | ○ 연속 데이터 채우기(S) | | |
| 13 | 12 | 23 | 2019-03-18 | | ○ 서식만 채우기(F) | | |
| 14 | 13 | 25 | 2019-03-19 | | ○ 서식 없이 채우기(O) | | |
| 15 | 14 | 27 | 2019-03-20 | | ○ 일 단위 채우기(D) | | |
| 16 | 15 | 29 | 2019-03-21 | | ◉ 평일 단위 채우기(W) | ❷ 클릭 | |
| 17 | 16 | 31 | 2019-03-22 | | ○ 월 단위 채우기(M) | | |
| 18 | 17 | 33 | 2019-03-25 | | ○ 연 단위 채우기(Y) | | |
| 19 | 18 | 35 | 2019-03-26 | | ○ 빠른 채우기(F) | | |
| 20 | 19 | 37 | 2019-03-27 | | | | |
| 21 | 20 | 39 | 2019-03-28 | ▦ ▾ ❶ 클릭 | | | |
| 22 | | | | | | | |

Sheet1    평균: 2019-03-15   개수: 20   숫자 데이터 개수: 20   합계: 4284-02-12

**POINT**
평일, 월, 연 단위로 채우기로 변경할 수 있습니다.

**03** [D2]셀을 클릭하고 마우스 오른쪽 버튼으로 채우기 핸들을 [D21]셀까지 드래그합니다. 표시되는 메뉴에서 **[연속 데이터]**를 실행합니다.

**POINT**
[홈] 탭–[편집] 그룹–[채우기(▣)]–[계열]을 클릭해도 됩니다.

**04** 날짜 단위를 '평일', 단계 값을 '2'로 지정하고 [확인] 버튼을 클릭합니다.

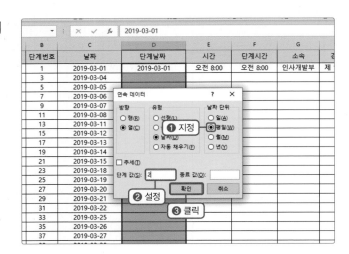

**05** 평일 단위로 2일씩 자동 채우기된 것을 확인할 수 있습니다.

# 시간 단위
# 자동 채우기

시간을 자동 채우기 하면 '시'가 변경되는 것을 알 수 있습니다. 이때 분이 원하는 만큼 증가되도록 변경하는 방법을 배워 보겠습니다.

**Keyword** 시간 자동 채우기 　　　　　　**예제 파일** Part 1 \ 1-22.xlsx

**01** [E2]셀 채우기 핸들을 더블클릭합니다. '시'가 증가되는 것을 확인할 수 있습니다.

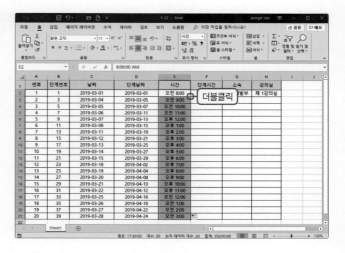

**02** [F2:F3]까지의 범위를 선택하고 채우기 핸들을 더블클릭합니다. [F2:F3] 차이 값만큼 분이 증가됩니다.

기본 & 입력　서식 & 표　활용 기능　차트 & 응용　필터링 & 분석　매크로　참조 & 자동 계산　함수

# 문자와 숫자가 함께 있는 데이터 자동 채우기

## SECTION 16

문자와 숫자가 함께 있으면 숫자는 자동으로 1씩 증가하게 되어 있습니다. 또한 문자는 복사됩니다. 자동 채우기 옵션으로 변경하여 데이터를 입력하는 방법을 배우겠습니다.

**Keyword** 연속 데이터 채우기, 셀 복사, 문자와 숫자 함께 채우기, 병합된 셀 채우기　　**예제 파일** Part 1 \ 1-23.xlsx

**01** [G2]셀 채우기 핸들을 더블클릭합니다. 문자만 있는 데이터이기 때문에 데이터가 있는 바로 위 [G10]셀까지 복사됩니다.

**POINT**
문자만 있기 때문에 [자동 채우기 옵션(▦)]을 클릭해도 [연속 데이터 채우기]가 나타나지는 않습니다.

**02** [G11]셀 채우기 핸들을 더블클릭합니다. 숫자가 증가되는 것을 확인할 수 있습니다.

**03** [자동 채우기 옵션(▦)]-[셀 복사]를 클릭하는 것이 가능합니다.

| 단계날짜 | 시간 | 단계시간 | 소속 | 강의실 |
|---|---|---|---|---|
| 2019-03-01 | 오전 8:00 | 오전 8:00 | 인사개발부 | |
| 2019-03-05 | 오전 9:00 | 오전 8:30 | 인사개발부 | 제 1강의실 |
| 2019-03-07 | 오전 10:00 | 오전 9:00 | 인사개발부 | |
| 2019-03-11 | 오전 11:00 | 오전 9:30 | 인사개발부 | |
| 2019-03-13 | 오후 12:00 | 오전 10:00 | 인사개발부 | |
| 2019-03-15 | 오후 1:00 | 오전 10:30 | 인사개발부 | |
| 2019-03-19 | 오후 2:00 | 오전 11:00 | 인사개발부 | |
| 2019-03-21 | 오후 3:00 | 오전 11:30 | 인사개발부 | |
| 2019-03-25 | 오후 4:00 | 오후 12:00 | 인사개발부 | |
| 2019-03-27 | 오후 5:00 | 오후 12:30 | 제1강의실 | |
| 2019-03-29 | 오후 6:00 | 오후 1:00 | 제1강의실 | |
| 2019-04-02 | 오후 7:00 | 오후 1:30 | 제1강의실 | |
| 2019-04-04 | 오후 8:00 | 오후 2:00 | 제1강의실 | |
| 2019-04-08 | 오후 9:00 | 오후 2:30 | 제1강의실 | |
| 2019-04-10 | 오후 10:00 | 오후 3:00 | 제1강의실 | |
| 2019-04-12 | 오후 11:00 | 오후 3:30 | 제1강의실 | |
| 2019-04-16 | 오전 12:00 | 오후 4:00 | 제1강의실 | |
| 2019-04-18 | 오전 1:00 | 오후 4:30 | 제1강의실 | |
| 2019-04-22 | 오전 2:00 | 오후 5:00 | 제1강의실 | |
| 2019-04-24 | 오전 3:00 | 오후 5:30 | 제1강의실 | |

❷ 클릭

○ 셀 복사(C)
○ 연속 데이터 채우기(S)
○ 서식만 채우기(F)
○ 서식 없이 채우기(O)
○ 빠른 채우기(F)

❶ 클릭

개수: 11    100%

**04** 병합된 [H2]셀 채우기 핸들을 드래그하여 [H21]셀까지 채웁니다.

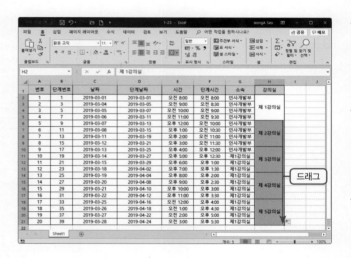

드래그

**05** 병합되어 있어도 [자동 채우기 옵션(▦)]에서 [셀 복사]나 [연속 데이터 채우기]를 사용할 수 있습니다.

| 단계날짜 | 시간 | 단계시간 | 소속 | 강의실 |
|---|---|---|---|---|
| 2019-03-01 | 오전 8:00 | 오전 8:00 | 인사개발부 | |
| 2019-03-05 | 오전 9:00 | 오전 8:30 | 인사개발부 | 제 1강의실 |
| 2019-03-07 | 오전 10:00 | 오전 9:00 | 인사개발부 | |
| 2019-03-11 | 오전 11:00 | 오전 9:30 | 인사개발부 | |
| 2019-03-13 | 오후 12:00 | 오전 10:00 | 인사개발부 | |
| 2019-03-15 | 오후 1:00 | 오전 10:30 | 인사개발부 | 제 2강의실 |
| 2019-03-19 | 오후 2:00 | 오전 11:00 | 인사개발부 | |
| 2019-03-21 | 오후 3:00 | 오전 11:30 | 인사개발부 | |
| 2019-03-25 | 오후 4:00 | 오후 12:00 | 인사개발부 | |
| 2019-03-27 | 오후 5:00 | 오후 12:30 | 제1강의실 | |
| 2019-03-29 | 오후 6:00 | 오후 1:00 | 제1강의실 | 제 3강의실 |
| 2019-04-02 | 오후 7:00 | 오후 1:30 | 제1강의실 | |
| 2019-04-04 | 오후 8:00 | 오후 2:00 | 제1강의실 | |
| 2019-04-08 | 오후 9:00 | 오후 2:30 | 제1강의실 | |
| 2019-04-10 | 오후 10:00 | 오후 3:00 | 제1강의실 | 제 4강의실 |
| 2019-04-12 | 오후 11:00 | 오후 3:30 | 제1강의실 | |
| 2019-04-16 | 오전 12:00 | 오후 4:00 | 제1강의실 | |
| 2019-04-18 | 오전 1:00 | 오후 4:30 | 제1강의실 | |
| 2019-04-22 | 오전 2:00 | 오후 5:00 | 제1강의실 | 제 5강의실 |
| 2019-04-24 | 오전 3:00 | 오후 5:30 | 제1강의실 | |

❷ 확인

○ 셀 복사(C)
● 연속 데이터 채우기(S)
○ 서식만 채우기(F)
○ 서식 없이 채우기(O)
○ 빠른 채우기(F)

❶ 클릭

개수: 5    100%

# 사용자 지정으로
# 자동 채우기

엑셀은 버전과 상관없이 '월요일, 화요일……', '갑, 을, 병……' 등과 같이 자주 사용되는 일반적인 목록을 지정해 놓았습니다. 그렇기 때문에 데이터를 자동 채우기 한 것과 같이 사용할 수 있는데 사용자가 필요한 데이터를 추가하여 목록으로 사용할 수 있습니다.

**Keyword** 사용자 지정 자동 채우기, 자동 데이터 추가　　**예제 파일** Part 1 \ 1-24.xlsx

**01** [파일] 탭-[옵션]-[고급] 범주의 일반 항목에서 [사용자 지정 목록 편집] 버튼을 클릭합니다.

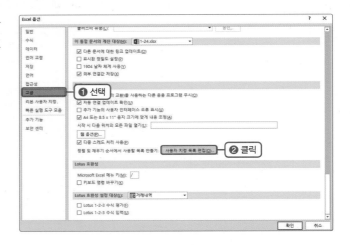

**02** [사용자 지정 목록] 대화상자가 표시됩니다.

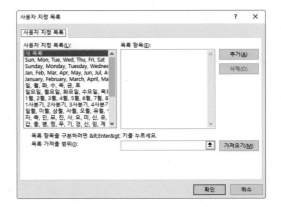

**03** '서울특별시, 인천광역시, 대전광역시, 광주광역시, 대구광역시, 울산광역시, 부산광역시'를 Enter를 누르면서 입력하고 [추가] 버튼을 클릭합니다.
[확인] 버튼을 두 번 클릭하여 대화상자를 모두 닫습니다.

**POINT**
목록의 항목을 입력할 때 항목과 항목 사이는 Enter나 쉼표(,)로 구분됩니다.

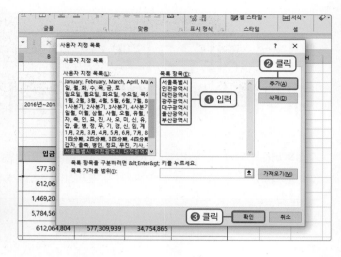

**04** [A11]셀에 사용자 지정 목록에서 추가했던 목록 중 '서울특별시'를 입력하고, 채우기 핸들을 더블클릭합니다.

**05** '서울특별시'가 복사되지 않고 사용자 지정 목록에 추가한 목록으로 자동 채우기가 됩니다. [자동 채우기 옵션(🔳)]-[서식 없이 채우기]를 클릭합니다.

**POINT**
사용자 지정 목록은 텍스트, 숫자, 날짜 또는 시간에 따른 사용자 지정 목록만 만들 수 있습니다. 셀 색, 글꼴 색 또는 아이콘과 같은 서식의 사용자 지정 목록은 만들 수 없습니다.

# 빠른 채우기로
# 데이터 빠르게 입력하기

SECTION

# 18

엑셀의 빠른 채우기 기능은 엑셀 2013 이상에서만 사용할 수 있으며, 빠른 채우기는 패턴을 감지하면 자동으로 데이터를 입력할 수 있습니다. 한 개의 열에서 두 개 이상을 분리하거나 서로 다른 두 개의 열에서 결합할 수 있습니다.

**Keyword** 빠른 채우기          **예제 파일** Part 1 \ 1-25.xlsx

**01** [B4]셀을 클릭하고 '가장 오래된 교양'을 입력한 다음 Enter를 누릅니다.

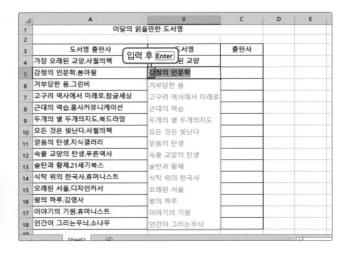

**POINT**
빠른 채우기는 엑셀 2013 이상부터 사용할 수 있습니다.

**02** [B5]셀에 '감'을 입력하고 미리 보기가 표시되면 Enter를 누릅니다.

**POINT**
자동으로 빠른 채우기가 안 될 경우 [데이터]–[데이터 도구] 그룹–[빠른 채우기(▦)]를 클릭하거나 Ctrl+E를 누릅니다.

**03** 내용이 자동으로 채워집니다.

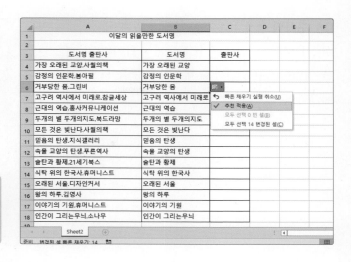

**POINT**
[빠른 채우기 옵션(🔲)]-[빠른 채우기 실행 취소] 또는 [추천 적용]을 클릭하면 [빠른 채우기 옵션] 아이콘은 없어집니다.

**04** 같은 방법으로 [C4]셀에 '사월의책'을 입력하고, [C5]셀에 '봄'을 입력한 후 Enter 를 누릅니다.

**05** 반대로 다시 결합하기 위해 [D4]셀에 '가장 오래된 교양-사월의책'을 입력하고, [D5]셀에 '감'을 입력한 다음 Enter 를 누릅니다.

기본 & 입력

서식 & 표

활용 기능

차트 & 응용

필터링 & 분석

매크로

참조 & 자동 계산

함수

**06** 수식의 빠른 채우기를 익히기 위해 [수식] 시트를 선택합니다. [C1]셀에 '=A1*B1'을 입력하고 [C8]셀까지 채우기 핸들을 드래그하여 수식을 복사합니다.

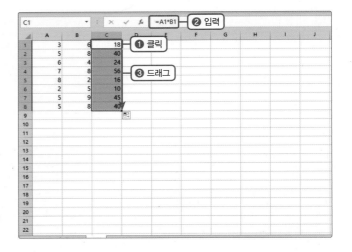

**07** [A9]셀에 '8'을 입력하고 [B9]셀에 '9'를 입력한 다음 Enter 를 누릅니다. 수식이 [C9]셀까지 복사됩니다.

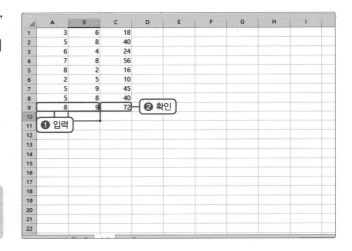

**POINT**
[C9]셀에는 수식이 복사되어 있지 않았지만 빠른 자동 채우기 때문에 가능합니다.

**쌩초보 Level Up**

**빠른 자동 채우기**

빠른 채우기가 적용이 되지 않을 때 [파일] 탭–[옵션]–[고급] 범주를 클릭하고 [편집 옵션] 항목에서 '셀 내용을 자동 완성'의 '빠른 자동 채우기'에 체크 표시합니다.

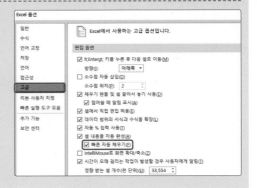

SECTION

# 글꼴 서식
# 변경하기

# 19

엑셀은 계산을 하기 위한 프로그램이지만 보기 좋게 데이터를 표현하기 위해 제목 또는 데이터를 눈에 띄도록 꾸밀 줄 알아야 합니다. 글꼴과 크기, 색을 변경하는 법을 알아보겠습니다.

**Keyword** 글꼴, 서식 변경 　　　　　　　　　**예제 파일** Part 1 \ 1-26.xlsx

**01** [B2]셀을 클릭하고 [홈] 탭-[글꼴] 그룹에서 글꼴을 'HY견고딕', 글꼴 크기를 '20'으로 지정합니다.

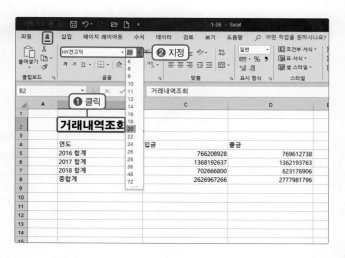

**02** 테두리를 적용하기 위해 [B4:D4]를 선택하고 Ctrl을 누른 채 [B5:D7]를 선택합니다. 다시 Ctrl을 누른 채 [B8:D8]를 중복 선택합니다.

**POINT**
엑셀은 이어진 범위라도 Ctrl을 누른 채 중복 범위를 지정하면 각각 다른 범위로 인식합니다.

**03** [글꼴] 그룹-[테두리▼]-[모든 테두리]를 선택하고 다시 [굵은 바깥쪽 테두리]를 선택합니다.

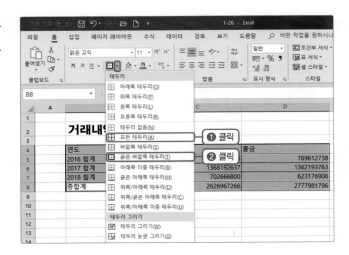

**04** [B4:D4]를 선택하고 [글꼴] 그룹-[채우기 색▼]-[흰색, 배경1, 5% 더 어둡게]를 클릭합니다.

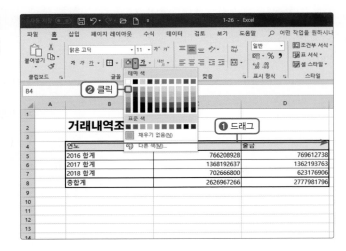

**빠른 메뉴 미니바**

마우스 오른쪽 버튼을 클릭하면 사용자들이 자주 사용하는 기능이 모여 있는 미니바가 표시됩니다.

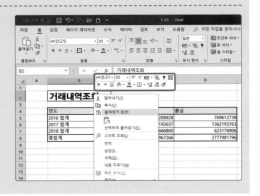

SECTION

20

기본 & 입력

서식 & 표

활용 기능

차트 & 응용

필터링 & 분석

매크로

참조 & 자동 계산

함수

# 맞춤 서식
# 변경하기

엑셀에서 쉽게 데이터를 정렬할 수 있는데, 기본적으로는 숫자와 날짜는 오른쪽 정렬되고, 문자는 왼쪽으로 정렬됩니다. 또는 여러 셀의 범위를 병합하거나 균등 분할하여 셀에 보기 좋게 표시할 수 있습니다.

**Keyword** 정렬, 병합하고 가운데 맞춤　　　　　**예제 파일** Part 1 \ 1-27.xlsx

**01** [B2:D2]를 선택하고 [홈] 탭-[맞춤] 그룹-[병합하고 가운데 맞춤(圖)]을 클릭합니다.

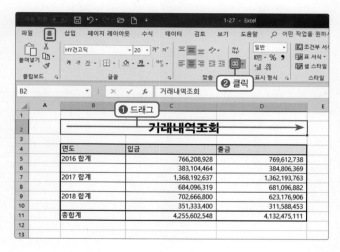

**02** [B4:D4]를 선택하고 [맞춤] 그룹-[가운데 맞춤(≡)]을 클릭합니다.

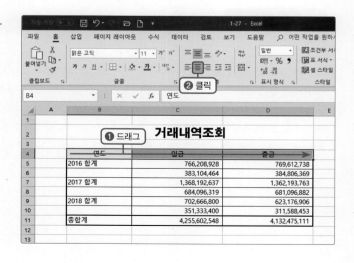

**03** [B5:B6], [Ctrl]을 누른 채 [B7:B8], [B9:B10]을 선택하고 [맞춤] 그룹-[병합하고 가운데 맞춤(⊞)]을 클릭합니다.

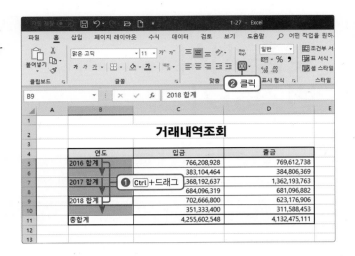

**04** [B5:B10]을 선택하고 마우스 오른쪽 버튼을 클릭한 다음 **[셀 서식]**을 실행합니다. [맞춤] 탭 화면에서 가로를 '균등 분할 (들여쓰기)', 들여쓰기를 '1'로 설정하고 [확인] 버튼을 클릭합니다.

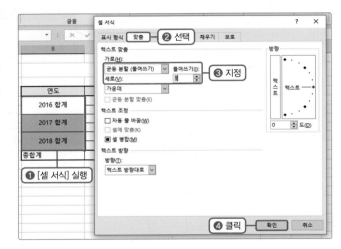

---

**쌩초보 Level Up**

### 선택 영역 가운데로 표시하기

병합하고 가운데 맞춤을 실행하면 데이터 관련 메뉴들을 실행할 때 결과 값의 오류가 표시되거나 기능이 수행되지 않을 수도 있습니다. 이러한 문제를 해결하기 위해 병합하지 않고, 병합한 것과 같은 형태를 띠게 할 수 있습니다.

[B2:D2]를 선택하고 마우스 오른쪽 버튼을 클릭한 다음 [셀 서식]을 실행합니다. [맞춤] 탭을 선택하고 가로를 '선택 영역의 가운데로'로 지정합니다.

기본 & 입력

서식 & 표

활용 기능

차트 & 응용

필터링 & 분석

매크로

참조 & 자동 계산

함수

# 맞춤 서식 텍스트 줄 바꿈 지정하기

SECTION

21

하나의 셀에 여러 줄로 나누어 입력하기 위해 다양한 방법을 사용할 수 있습니다. 아이콘, [셀 서식] 대화상자, 단축 키를 이용해서 줄 바꿈을 하는 방법을 상세히 배우겠습니다.

**Keyword** 자동 줄 바꿈, 텍스트 줄 바꿈　　　　**예제 파일** Part 1 \ 1-28.xlsx

**01** [C4]셀을 클릭하고 [홈] 탭-[맞춤] 그룹-[가운데 맞춤(≡)]을 클릭합니다.

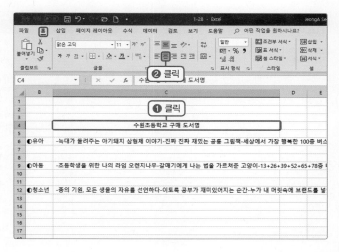

**02** [C6]셀을 선택하고 [맞춤] 그룹에서 설정 아이콘(⬕)을 클릭한 다음 텍스트 조정 항목에서 '자동 줄 바꿈'에 체크 표시합니다.

**POINT**
엑셀 2016 이하는 '텍스트 줄 바꿈'으로 표시되어 있습니다. '자동 줄 바꿈'에 체크 표시하면 텍스트 길이가 길 경우, 열 너비에 따라 줄이 자동으로 바뀝니다.

**03** [C9]셀을 클릭하고 [맞춤] 그룹-[텍스트 줄 바꿈(가나다)] 또는 [자동 줄 바꿈]을 클릭합니다.

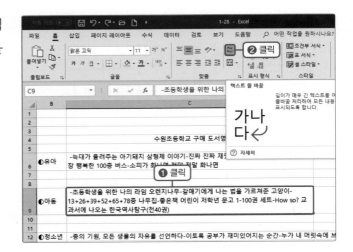

**04** [C12]셀의 끝쪽 '재미있어지는 순간' 뒤에 커서를 두고 [Alt]+[Enter]를 눌러 텍스트 줄 바꿈을 적용한 다음 작업을 완료합니다.

**POINT**
[F2]를 눌러 편집 모드로 변경 가능하며, [Alt]+[Enter]를 적용할 때는 열 너비와 상관없이 커서를 기준으로 줄 바꿈을 할 수 있습니다.

### 쌩초보 Level Up

**텍스트 줄 바꿈 해제하기**

여러 가지 방법으로 텍스트 줄 바꿈을 지정할 수 있는데 이를 해제하기 위해서는 [홈] 탭-[맞춤] 그룹-[텍스트 줄 바꿈(가나다)]을 다시 클릭하여 선택을 해제합니다.

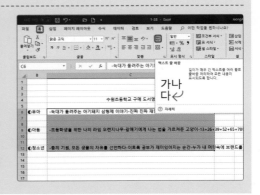

# 문자 데이터
# 표시하기

문자를 대표하는 표시 형식은 @ 기호로 나타냅니다. 예제에서는 @ 기호를 사용해 보고, *와 공백을 이용해 열의
폭만큼 공백을 넣어 보겠습니다.

**Keyword** 문자 표시, 기호 추가 표시　　　　　　　**예제 파일** Part 1 \ 1-35.xlsx

**01** [A3:A8]을 선택하고 Ctrl+1을 눌러
[셀 서식] 대화상자를 표시합니다. [표시
형식] 탭을 선택하고 범주를 '텍스트'로 지
정합니다.

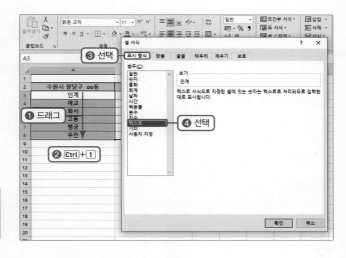

POINT
범주를 '텍스트'로 지정하면 형식에 '@'가 자동으로 입
력되어 편리합니다.

**02** 범주를 '사용자 지정', 형식을 '수원시
팔달구 @동'으로 지정하고 [확인] 버튼을
클릭합니다.

기본 & 입력

서식 & 표

활용 기능

차트 & 응용

필터링 & 분석

매크로

참조 & 자동 계산

함수

**03** [B3:B8]을 선택하고 Ctrl + 1 을 누릅니다. [셀 서식] 대화상자에서 범주를 '텍스트'로 지정한 다음 다시 '사용자 지정'으로 지정합니다.

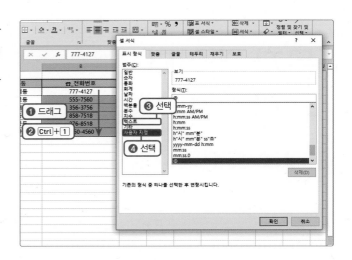

**04** @ 기호 앞에 ㅁ + 한자 를 이용하여 '☎'를 입력하고 '*'를 입력한 다음 공백(띄어쓰기 한 칸)을 만듭니다. '☎* @'와 같이 되어야 합니다.

**POINT**
'* '(*공백)은 열의 폭만큼 공백을 넣으라는 의미입니다.

**05** 열의 폭만큼 공백이 들어가고 기호와 문자가 입력된 것을 확인할 수 있습니다.

| | A | B | C | D | E |
|---|---|---|---|---|---|
| 1 | | | | | |
| 2 | 수원시 팔달구 ㅇㅇ동 | ☎_전화번호 | | | |
| 3 | 수원시 팔달구 인계동 | ☎ 777-4127 | | | |
| 4 | 수원시 팔달구 매교동 | ☎ 555-7560 | | | |
| 5 | 수원시 팔달구 화서동 | ☎ 356-3756 | | | |
| 6 | 수원시 팔달구 고동동 | ☎ 858-7518 | | | |
| 7 | 수원시 팔달구 행궁동 | ☎ 276-8518 | | | |
| 8 | 수원시 팔달구 우만동 | ☎ 7250-4560 | | | |
| 9 | | | | | |
| 10 | | | | | |

기본 & 입력

서식 & 표

활용 기능

차트 & 응용

필터링 & 분석

매크로

참조 & 자동 계산

함수

# 양수와 음수 서식 다르게 지정하기

## 23

사용자 지정은 세미콜론(;)을 구분 기호로 사용하고 양수;음수;0;문자 형식으로 사용되며, 조건1;조건2;조건3 형식으로도 이용됩니다. 기호와 색상을 바꿀 수 있는 표시 형식을 변경하는 방법을 알아보겠습니다.

**Keyword** 세미콜론으로 구분, 양수, 음수, 0자리　　　　**예제 파일** Part 1 \ 1-36.xlsx

**01** 등락률이 증가했을 때와 하락했을 때, 0일 때를 구분하여 표시하기 위해 [C4:C11]을 선택하고 Ctrl+1을 눌러 [셀 서식] 대화상자를 표시합니다.
범주를 '사용자 지정'으로 지정합니다.

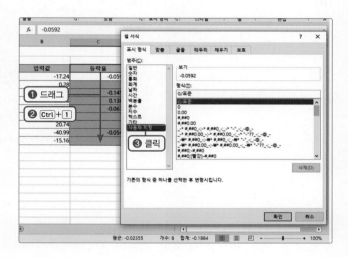

**02** 형식에 '[빨강]'을 입력합니다. 색을 대괄호 안에 넣어서 표시할 수 있습니다. ㅁ+한자를 눌러 ▲를 입력합니다.

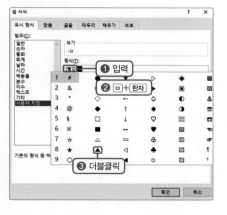

**POINT**
특수문자를 입력할 때 Tab을 누르면 목록을 펼쳐서 볼 수 있습니다.

**03** 형식을 '[빨강]▲0.0%;[파랑]▼0.0%;−' 으로 지정합니다.

**04** '_−'를 추가하여 형식을 '[빨강]▲0.0% _−;[파랑]▼0.0%_−;−_−'으로 지정합니다. 과정 03과의 차이점으로 오른쪽에 여백이 추가된 것을 확인할 수 있습니다. [확인] 버튼을 클릭합니다.

**05** [D4:D11]의 범위를 선택하고 Ctrl + 1을 누른 다음 범주를 '사용자 지정'으로 지정합니다.

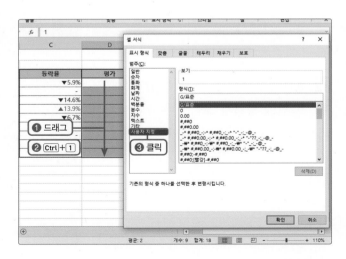

**06** 1이면 빨간색으로 '통과'를 나타내며, 2이면 파란색으로 '보류', 3이면 녹청으로 '탈락'으로 나타내기 위해 형식을 '[=1][빨강]통과;[=2][파랑]보류;[녹청]탈락'으로 지정하고 [확인] 버튼을 클릭합니다.

> **POINT**
> [조건1][색]1인 경우 표시할 문자;[조건2][색]2인 경우 표시할 문자;[조건1 또는 조건2도 아닌 경우][색]3인 경우 표시할 문자

**07** 조건을 적용하여 색과 문자로 대치된 결과를 볼 수 있습니다.

| | A | B | C | D | E |
|---|---|---|---|---|---|
| 1 | | | | | |
| 2 | | | | | |
| 3 | 종목명 | 입력값 | 등락율 | 평가 | |
| 4 | 소근조경 | -17.24 | ▼5.9% | 통과 | |
| 5 | 중부조경 | 0.28 | - | 보류 | |
| 6 | 케어조경 | 199.62 | ▼14.6% | 통과 | |
| 7 | 나무조경 | 54.45 | ▲13.9% | 탈락 | |
| 8 | 메이드조경 | 88.46 | ▼6.7% | 보류 | |
| 9 | 심는조경 | | | 탈락 | |
| 10 | 본조경 | 20.74 | - | 통과 | |
| 11 | 보미조경 | -40.99 | ▼5.5% | 보류 | |
| 12 | 성진조경 | -15.16 | - | 탈락 | |
| 13 | | | | | |
| 14 | | | | | |
| 15 | | | | | |
| 16 | | | | | |
| 17 | | | | | |
| 18 | | | | | |
| 19 | | | | | |
| 20 | | | | | |
| 21 | | | | | |
| 22 | | | | | |

기본 & 입력

서식 & 표

활용 기능

차트 & 응용

필터링 & 분석

매크로

참조 & 자동 계산

함수

## [사용자 지정] 형식에 사용되는 표시 형식

| 기호 | 입력 | 표시 형식 | 결과 | 기능 |
|---|---|---|---|---|
| # | 1234<br>12.30 | #,###.## | 1,234<br>12.3 | 숫자를 표시하는 기호로 무효의 '0'은 표시하지 않으며, 숫자가 있을 때 적용된 서식을 따르지만 숫자가 없을 때 표시하지 않습니다. |
| 0 | 1234<br>12.30 | 0,000.00 | 1,234.00<br>0,012.30 | 숫자를 표시하는 기호로 무효의 '0'을 모두 표시하며, 자릿수가 모자라도 '0'을 써서 자리를 채웁니다. |
| ? | 1.2 | ??.?? | 공백1.2공백 | 숫자를 표시하는 기호로, 무효의 '0'을 공백으로 표시하여 자릿수를 맞춥니다. |
| , | 12345 | #,# | 12,345 | 숫자 세 자리마다 구분 기호로 표시합니다. |
| % | 0.0135 | 0.0% | 1.4% | 백분율을 표시합니다. (숫자는 반올림을 원칙으로 합니다.) |
| @ | 엑셀 | @2019 | 엑셀2019 | 문자를 대표하는 기호로 앞뒤에 추가 문자를 쓸 수 있습니다. |
| _(밑줄) | 1234 | #,##0_- | 1,234공백 | _ 기호 다음에 오는 - 기호 너비만큼 공백을 줍니다. 하이픈 대신 다른 문자를 사용할 수도 있지만 _ 기호 단독으로 쓰이진 못합니다. |
| * | 123 | *▲# | ▲▲▲1234 | * 기호 뒤에 문자나 공백을 셀의 너비만큼 반복합니다. |
| ; | _-* #,##0_-;-* #,##0_-;_-* "-"_-;_-@_- | | | 양수;음수;0;문자로 구분하기도 하며 조건1;조건2;조건3으로 구분할 수 있습니다. |
| [조건값] | 1.2 | [=1]합격 | 합격.2 | 숫자 데이터에 조건을 지정할 수 있습니다.<br>조건은 비교 연산자로 입력할 수 있습니다. |
| yy/<br>yyyy | 2019-03-01 | yy<br>yyyy | 19<br>2019 | 연도를 두 자리, 네 자리로 표시합니다. |
| m/mm | 2019-03-01 | m<br>mm | 3<br>03 | 월을 1~12월, 01~12월로 표시합니다. |
| mmm/<br>mmmm/<br>mmmmm | 2019-03-01 | mmm<br>mmmm<br>mmmmm | Mar<br>March<br>M | 월을 영문으로 표시합니다. |
| d/dd | 2019-03-01 | d<br>dd | 1<br>01 | 일을 1~31일, 01~31일로 표시합니다. |
| ddd/<br>dddd | 2019-03-01 | ddd<br>dddd | Fri<br>Friday | 요일을 영문으로 표시합니다. |
| aaa/<br>aaaa | 2019-03-01 | aaa<br>aaaa | 금<br>금요일 | 요일을 한글로 표시합니다. |
| h/hh | 8:05:03 | h<br>hh | 8<br>08 | 시간을 0~23 또는 00~23으로 표시합니다. |
| m/mm | 8:05:03 | m<br>mm | 5<br>05 | 분을 0~59 또는 00~59로 표시합니다. |
| s/ss | 8:05:03 | s<br>ss | 3<br>03 | 초를 0~59 또는 00~59로 표시합니다. |
| [색상] | 셀에 있는 데이터에 색상을 지정합니다. [검정], [파랑], [녹청], [자홍], [빨강], [흰색], [노랑], [녹색] 중에 지정할 수 있습니다. | | | |

# 행/열 너비 조정하기

S E C T I O N

# 24

데이터에 맞게 열 너비와 행 높이를 편집하는 방법과 직접 입력하여 높이나 너비를 조절하는 방법, 여러 행이나 열을 같은 너비로 지정하는 방법을 알아보겠습니다.

**Keyword** 행 높이, 열 너비　　　　　　　　　　**예제 파일** Part 1 \ 1-37.xlsx

**01** 2행을 마우스 오른쪽 버튼으로 클릭하고 **[행 높이]**를 실행합니다.

**02** 행 높이를 '50'으로 설정하고 [확인] 버튼을 클릭합니다.

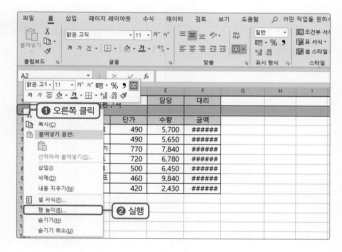

**03** 3행부터 10행까지 드래그하고 행과 행 사이 경계선을 아래로 드래그하여 행 높이를 보기 좋게 조절합니다.

**04** B열부터 F열까지 선택하고 열과 열 사이 경계선을 더블클릭합니다.

# 너비 유지하여 붙여넣고, 그림으로 연결하여 붙여넣기

## 25

엑셀에서 다른 시트로 데이터를 복사하면 기본 너비로 붙여넣기 되어 하나하나 편집해야 했던 불편함을 해결할 수 있습니다. 또한 그림을 붙여넣기를 이용하면 열과 너비를 유지할 수 있습니다.

**Keyword** 너비 유지 붙여넣기, 그림으로 붙여넣기　　　　**예제 파일** Part 1 \ 1-38.xlsx

**01** 데이터를 복사하기 위해 [A6:E19]를 선택하고 Ctrl + C를 눌러 복사합니다.

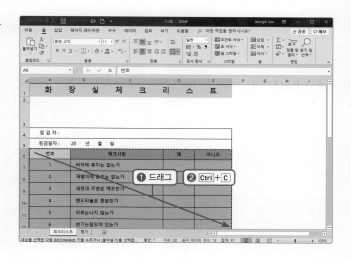

**02** [새 시트] 아이콘(⊕)을 클릭하여 시트를 새로 만들고 Ctrl + V를 누르면 열 너비가 원본 데이터와 상관없이 기본 너비로 붙여넣기됩니다. [붙여넣기 옵션(🗐)]을 클릭합니다.

**POINT**
[붙여넣기 옵션(Ctrl)]을 클릭하기 위해 Ctrl을 눌러도 됩니다.

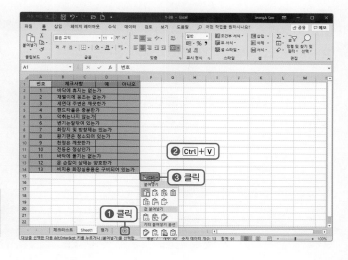

**03** 붙여넣기 옵션 중 [원본 열 너비 유지
(📋)]를 클릭합니다.

**POINT**
W를 눌러도 됩니다.

**04** 그림으로 붙여넣기 위해 [평가] 시트
에서 [A1:H3]을 선택하고 Ctrl + C 를 눌
러 복사합니다.

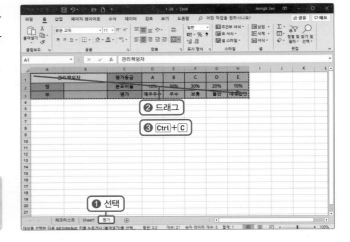

**POINT**
그림으로 복사할 때는 눈금선도 복사되므로 [보기] 탭
-[표시] 그룹에서 '눈금선'의 체크 표시를 해제합니다.

**05** [체크리스트] 시트의 [A2]셀을 선택하
고 Ctrl + V 를 누릅니다. [붙여넣기 옵션
(📋)]-[연결된 그림]을 클릭합니다. 붙여
넣기를 한 그림을 선택하고 크기를 적당히
조절합니다.

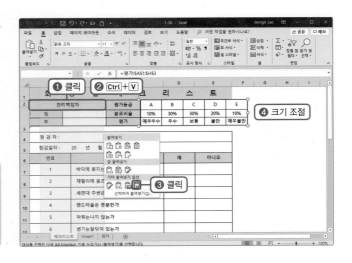

**POINT**
[연결된 그림]을 클릭하면 원본 데이터와 연결되며 수
정했을 때 연결된 그림도 수정된 상태로 표시됩니다.
원본 데이터의 영향을 받지 않으려면 [그림(📋)]을 클
릭합니다.

기본 & 입력

서식 & 표

활용 기능

차트 & 응용

필터링 & 분석

매크로

참조 & 자동 계산

함수

SECTION

# 연산하여 붙여넣기 하기

# 26

셀이나 범위를 복사했을 때 다양하게 붙여넣기를 할 수 있는데, [붙여넣기 옵션( )]에서 제공해 주지 않는 다른 기능으로 붙여넣기 하고자 할 때 사용하는 기능이 '선택하여 붙여넣기'입니다.

**Keyword** 선택하여 붙여넣기, 연산으로 붙여넣기 　　　**예제 파일** Part 1 \ 1-39.xlsx

**01** 빈 임의의 셀에 '90%'를 입력하고 Ctrl + C 를 눌러 복사합니다.

**POINT**
현재 '1인당 비용'을 100%로 보면 10% 할인된 금액 인 90%를 복사합니다.

**02** [E3]셀을 클릭하고 Ctrl + Shift + ↓ 를 눌러 데이터 끝([E78]셀)까지 선택합니다.

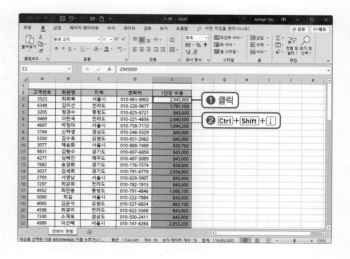

**03** 마우스 오른쪽 버튼을 클릭하고 [**선택하여 붙여넣기**]를 실행합니다.

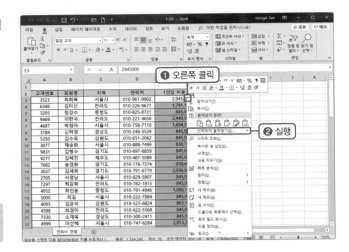

**04** [선택하여 붙여넣기] 대화상자에서 붙여넣기를 '값', 연산을 '곱하기'로 지정하고 [확인] 버튼을 클릭합니다.

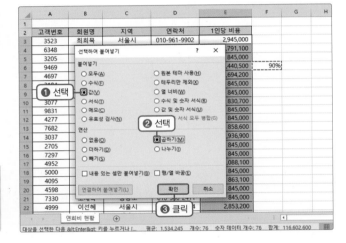

**05** '1인당 비용이' 일괄적으로 10% 할인된 숫자로 변경된 것을 확인할 수 있습니다.

| | A | B | C | D | E | F | G | H |
|---|---|---|---|---|---|---|---|---|
| 1 | | | | | | | | |
| 2 | 고객번호 | 회원명 | 지역 | 연락처 | 1인당 비용 | | | |
| 3 | 3523 | 최희목 | 서울시 | 010-961-9902 | 2,650,500 | | | |
| 4 | 6348 | 김미선 | 전라도 | 010-226-9677 | 1,611,990 | | | |
| 5 | 3205 | 정경수 | 충청도 | 010-825-8721 | 760,500 | | | |
| 6 | 9469 | 이한국 | 전라도 | 010-221-4656 | 2,196,450 | 90% | | |
| 7 | 4697 | 박정아 | 서울시 | 010-758-7110 | 1,524,780 | | | |
| 8 | 3184 | 신하영 | 경상도 | 010-246-5529 | 760,500 | | | |
| 9 | 5350 | 김수옥 | 강원도 | 010-651-2062 | 760,500 | | | |
| 10 | 3077 | 채송화 | 서울시 | 010-888-7499 | 747,630 | | | |
| 11 | 9831 | 김형수 | 경기도 | 010-697-6859 | 760,500 | | 확인 | |
| 12 | 4277 | 김혜진 | 제주도 | 010-487-5089 | 760,500 | | | |
| 13 | 7682 | 송경화 | 경기도 | 010-176-7574 | 772,740 | | | |
| 14 | 3037 | 김세희 | 경기도 | 010-791-6779 | 2,643,210 | | | |
| 15 | 2705 | 서영남 | 서울시 | 010-829-5907 | 760,500 | | | |
| 16 | 7297 | 최강희 | 전라도 | 010-782-1915 | 760,500 | | | |
| 17 | 4952 | 최민용 | 충청도 | 010-791-4846 | 979,290 | | | |
| 18 | 5000 | 최길 | 서울시 | 010-222-7884 | 760,500 | | | |
| 19 | 4095 | 김은석 | 강원도 | 010-527-6824 | 776,790 | | | |
| 20 | 4598 | 최경미 | 전라도 | 010-622-5568 | 760,500 | | | |
| 21 | 7330 | 소재옥 | 경상도 | 010-500-2411 | 760,500 | | | |
| 22 | 4999 | 이선혜 | 서울시 | 010-747-6284 | 2,567,880 | | | |

**쌩초보 Level Up**

## [선택하여 붙여넣기] 메뉴와 대화상자 알아보기

복사하여 붙여넣기 했을 때 나타나는 [붙여넣기 옵션(📋)]은 아이콘으로 제공되며, 제공되지 않는 메뉴는 대화상자에서 추가로 확인할 수 있습니다.

| 붙여넣기 옵션 | | | 기능 |
|---|---|---|---|
| 붙여넣기 | 📋 | 붙여넣기 | 셀 내용은 물론, 서식, 수식, 메모 등 전체 붙여넣기<br>붙여넣기의 '모두'와 동일 |
| | 📋fx | 수식 | 수식 입력줄에 입력한 대로 수식만 붙여넣기<br>붙여넣기의 '값'과 동일 |
| | 📋%fx | 수식 및 숫자 서식 | 수식과 함께 숫자 서식 붙여넣기 |
| | 📋 | 원본 서식 유지 | 원본 서식을 유지하면서 셀 내용과 서식, 수식 붙여넣기 |
| | 📋 | 테두리 없음 | 테두리 없이 셀 내용과 서식 및 수식 붙여넣기<br>붙여넣기의 '테두리만 동일'과 동일 |
| | 📋 | 원본 열 너비 유지 | 원본 데이터의 열 너비를 유지하면서 셀 내용과 서식, 수식 붙여넣기 |
| | 📋 | 바꾸기 | 행과 열의 구조를 바꿔서 붙여넣기<br>붙여넣기의 '행/열 바꿈'과 동일 |
| 값 붙여넣기 | 📋123 | 값 | 원본 데이터의 값만 복사하되 수식은 수식의 결과 값만 붙여넣기 |
| | 📋%2 | 값 및 숫자 서식 | 값과 함께 숫자에 사용된 서식도 함께 붙여넣기 |
| | 📋 | 값 및 원본 서식 | 원본 데이터의 모든 것을 복사하되 수식만 결과 값으로 붙여넣기 |
| 기타 붙여넣기 옵션 | 📋 | 서식 | 서식(글꼴, 맞춤, 표시 형식, 테두리, 채우기 색 등)만 붙여넣기 |
| | 📋 | 연결하여 붙여넣기 | 원본 데이터와 연결하여 붙여넣기, 즉 원본 데이터를 수정하면 붙여넣기 결과 셀도 자동 수정됨 |
| | 📋 | 그림 | 그림 형식으로 붙여넣기 |
| | | 연결된 그림 | 원본과 연결하여 그림 형식으로 붙여넣기, 즉, 원본 데이터를 수정하면 결과 그림도 자동 수정됨 |
| 연산 | 곱하기, 더하기, 나누기, 빼기 | | 원본 데이터 값을 이용하여 붙여넣을 때 연산하면서 붙여넣기 |
| 내용이 있는 셀만 붙여넣기 | | | 데이터가 입력된 셀만 붙여넣기 |

# 셀 스타일과
# 표 서식 적용하기

SECTION

# 27

표 서식과 셀 스타일을 이용하면 빠르게 글꼴과 테두리, 채우기 등을 미리 정의된 서식으로 변경할 수 있습니다. 간편하게 문서를 꾸미는 방법을 알아보겠습니다.

**Keyword** 셀 스타일, 표 서식　　　　　　**예제 파일** Part 1 \ 1-41.xlsx

**01** [A1]셀을 클릭하고 [홈] 탭-[스타일] 그룹-[셀 스타일]을 클릭합니다. [테마 셀 스타일] 범주-[녹색, 강조색6]을 클릭합니다.

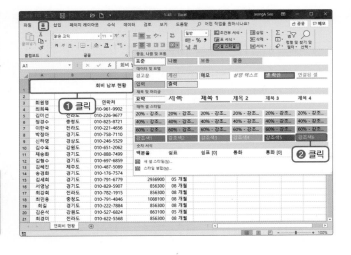

**POINT**
셀 스타일 목록 중 적용하고자 하는 스타일에 마우스 포인터를 위치시키면 반영되는 결과를 미리 볼 수 있습니다.

**02** [글꼴] 그룹-[글꼴 크기 크게(가)]를 두 번 클릭해서 제목 글꼴 크기를 '14'로 설정합니다.

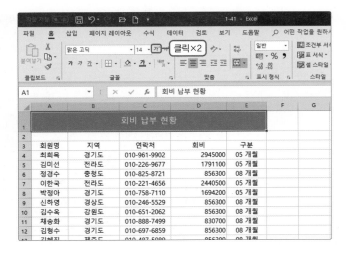

**03** 표 서식을 적용하기 위해 [A3]셀을 클릭하고 [스타일] 그룹-[표 서식]-[녹색, 표 스타일 보통 7]을 클릭합니다.

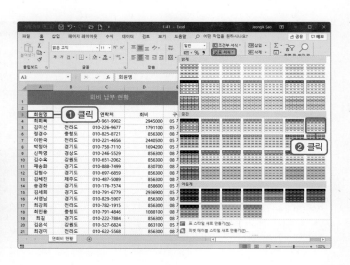

**POINT**
표 서식을 적용할 범위에 이미 서식이 설정되어 있다면 사용자가 지정한 서식을 우선으로 하기 때문에 표 서식의 결과가 나타나지 않습니다. 이미 적용된 서식을 지우려면 [홈] 탭-[편집] 그룹-[지우기(◇)]-[서식 지우기]를 클릭합니다.

**04** [표 서식] 대화상자에서 표에 사용할 데이터 범위와 '머리글 포함'이 체크되어 있는지를 확인하고 [확인] 버튼을 클릭합니다.

**POINT**
표 서식의 첫째 행이 제목일 경우 '머리글 포함'에 체크 표시해야 합니다. 체크 표시하지 않으면 표에 사용할 데이터 위에 열1, 열2, 열3…… 순서로 임시 제목 행이 추가 삽입됩니다.

**05** 화면을 아래로 스크롤바를 움직이면 열 이름이 영문이 아닌, '회원명', '지역', '연락처', ……로 변경된 것을 확인할 수 있으며 [표 도구]-[디자인] 탭이 새로 생긴 것을 확인할 수 있습니다.

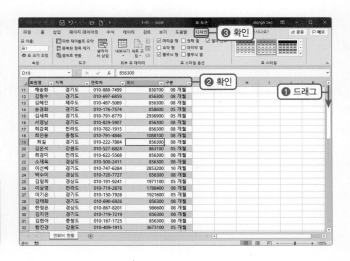

**POINT**
표 서식이 적용되면 [표 도구]-[디자인] 탭-[표 스타일] 그룹에 있는 다른 스타일로 변경하는 것이 자유로워집니다.

기본 & 입력 | 서식 & 표 | 활용 기능 | 차트 & 응용 | 필터링 & 분석 | 매크로 | 참조 & 자동 계산 | 함수

**06** [표 도구]-[디자인] 탭-[표 스타일 옵션] 그룹에서 '요약 행'에 체크 표시합니다. 마지막 데이터 아래(80행)에 요약 행이 표시됩니다.

**POINT**
[표 도구]-[디자인] 탭은 표 서식이 적용된 범위 안에 셀이 클릭되어 있어야 표시됩니다.

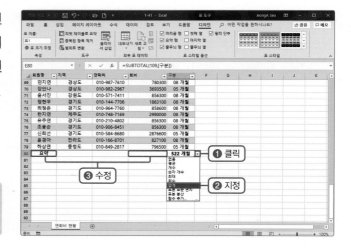

**07** 요약 행이 적용된 합계 셀을 클릭하면 목록 아이콘(▼)이 나타나는데 구분과 회비 열의 합계를 '평균'으로 변경하고, 회원명이 있는 [A80]셀은 '평균'을 입력합니다.

**POINT**
요약 행 셀에 목록 버튼(▼)을 클릭하여 함수를 적용하면 나머지 셀은 채우기 핸들로 복사할 수 있습니다.

# 행과 열
# 삽입, 삭제, 숨기기

## 28

행과 열 단위로 데이터를 중간에 추가하거나 삽입할 수 있으며 때에 따라 행과 열을 숨길 수 있는데 여러 개의 행/열을 편집하는 방법을 알아보겠습니다.

**Keyword** 행/열 삽입, 삭제, 숨기기　　　　　**예제 파일** Part 1 \ 1-45.xlsx

기본 & 입력
서식 & 표
활용 기능
차트 & 응용
필터링 & 분석
매크로
참조 & 자동 계산
함수

**01** C열을 클릭하고 Ctrl 을 누른 채 G열을 클릭한 다음 마우스 오른쪽 버튼을 클릭합니다. **[숨기기]**를 실행합니다.

**POINT**
연속적인 행/열을 선택할 때는 Shift 를 누릅니다.

**02** B열을 마우스 오른쪽 버튼으로 클릭한 다음 **[삽입]**을 실행합니다.

**POINT**
단축키 행/열 삽입 : Ctrl + +
행/열 삭제 : Ctrl + −

**03** [삽입 옵션(✏)]-[오른쪽과 같은 서식]을 클릭합니다.

**04** 추가한 열을 삭제하겠습니다. B열을 마우스 오른쪽 버튼으로 클릭한 다음 **[삭제]**를 실행합니다.

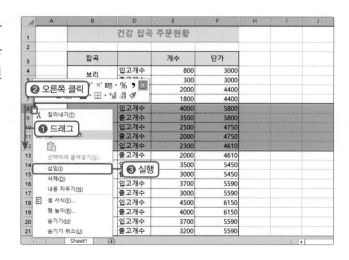

**05** 여러 개의 행을 삽입하기 위해 8행부터 12행까지 선택하고 마우스 오른쪽 버튼을 클릭한 다음 **[삽입]**을 실행합니다. 한 번에 다섯 개의 행이 삽입됩니다.

# 워크시트
# 이름, 탭 색 변경하기

시트의 이름은 기본적으로 Sheet1, Sheet2, ……와 같은 형태로 되어 있습니다. 시트 내용을 알기 쉽게 이름을 변경하거나 편하게 편집하기 위해 시트 탭 색을 변경할 수 있습니다.

**Keyword** 시트 이름, 탭 색 　　　　　**예제 파일** Part 1 \ 1-46.xlsx

**01** 첫 번째 시트인 'Sheet1'을 더블클릭하여 블록으로 표시되면 '1월'을 입력하여 시트 이름을 변경합니다.

**POINT**
시트 이름을 마우스 오른쪽 버튼으로 클릭하고 [이름 바꾸기]를 실행하여 변경할 수도 있습니다.

**02** 같은 방법으로 'Sheet2'를 더블클릭하여 블록으로 표시되면 '2월'을 입력하여 시트 이름을 변경합니다.

**POINT**
워크시트의 이름은 서른한 자까지 가능하며, ₩, ', *, ?, /, [, ]는 사용할 수 없습니다.

**03** 홀수 달 시트 탭 색을 변경하기 위해 '1월'을 클릭하고 [Ctrl]을 누른 채로 '3월', '5월'을 클릭합니다. 마우스 오른쪽 버튼을 클릭합니다.

**POINT**
시트를 여러 개 선택하기 위해 [Shift]를 누르면 연속된 시트를 선택할 수 있으며, 두 개 이상 시트를 선택하면 제목 표시줄에 [그룹]이 표시됩니다.

**04** [탭 색]–[녹색, 강조6]을 클릭합니다.

**05** 여러 개의 시트를 선택하면 제목 표시줄에 [그룹]이 표시되는데, 그룹을 해제하기 위해 현재 선택되어 있지 않은 다른 시트를 선택합니다.

# 워크시트 이동 및 복사하기

필요에 따라 워크시트를 이동하거나 전체 양식은 같은데 내용이 다른 문서를 만들어야 한다면 시트를 복사하여 사용할 수 있습니다. 이동 복사하는 방법을 알아보겠습니다.

**Keyword** 현재 파일에서 시트 이동/복사, 다른 파일로 시트 이동/복사 　　**예제 파일** Part 1 \ 1-47.xlsx

**01** 시트를 복사하기 위해 [5월] 시트 탭을 Ctrl을 누른 채 오른쪽으로 드래그합니다.

| 구 분 | 면 적 | 전월지침 | 당월지침 | 사 용 량 | 세대사용료 | 공동사용료 | 합 계 |
|---|---|---|---|---|---|---|---|
| 1 | 28.30 | 1,008 | 1,020 | 12 | 12,000 | 1,750 | 13,750 |
| 2 | 28.30 | 899 | 901 | 2 | 2,000 | 1,750 | 3,750 |
| 3 | 28.30 | 1,042 | 1,047 | 5 | 5,000 | 1,750 | 6,750 |
| 4 | 28.30 | 1,059 | 1,064 | 5 | 5,000 | 1,750 | 6,750 |
| 5 | 28.30 | 1,439 | 1,449 | 10 | 10,000 | 1,750 | 11,750 |
| 6 | 28.30 | 649 | 654 | 5 | 5,000 | 1,240 | 6,240 |
| 7 | 28.30 | 644 | 649 | 5 | 5,000 | 510 | 5,510 |
| 8 | 28.30 | 1,614 | 1,620 | 6 | 6,000 | 1,750 | 7,750 |
| 9 | 28.30 | 1,090 | 1,095 | 5 | 5,000 | 1,750 | 6,750 |
| 10 | 28.30 | 727 | 732 | 5 | 5,000 | 1,750 | 6,750 |
| 11 | 28.30 | 1,226 | 1,239 | 13 | 13,000 | 1,750 | 14,750 |
| 12 | 28.30 | 1,563 | 1,563 | - | - | - | - |
| 13 | 28.30 | 1,559 | 1,563 | 4 | 4,000 | 1,750 | 5,750 |
| 14 | 28.30 | 1,126 | 1,138 | 12 | 12,000 | 1,750 | 13,750 |
| 15 | 28.30 | 1,603 | 1,615 | 12 | 12,000 | 1,750 | 13,750 |
| 16 | 28.30 | 1,591 | 1,603 | 12 | 12,000 | - | 12,000 |
| 17 | 28.30 | 1,835 | 1,850 | 15 | 15,000 | 1,750 | 16,750 |
| 18 | 28.30 | 1,171 | | 7 | 7,000 | 1,750 | 8,750 |
| 19 | 28.30 | 980 | 984 | 4 | 4,000 | 1,750 | 5,750 |

Ctrl+드래그

1월　2월　3월　4월　5월

**POINT**
시트를 이동할 때 마우스 포인터에 문서 모양( )이 표시됩니다. 복제할 때는 문서 모양에 +가 추가( )되어 표시됩니다.

**02** 복사된 시트 이름은 '5월 (2)'로 변경됩니다. 더블클릭하여 시트 이름을 '6월'로 변경합니다.

| 구 분 | 면 적 | 전월지침 | 당월지침 | 사 용 량 | 세대사용료 | 공동사용료 | 합 계 |
|---|---|---|---|---|---|---|---|
| 1 | 28.30 | 1,008 | 1,020 | 12 | 12,000 | 1,750 | 13,750 |
| 2 | 28.30 | 899 | 901 | 2 | 2,000 | 1,750 | 3,750 |
| 3 | 28.30 | 1,042 | 1,047 | 5 | 5,000 | 1,750 | 6,750 |
| 4 | 28.30 | 1,059 | 1,064 | 5 | 5,000 | 1,750 | 6,750 |
| 5 | 28.30 | 1,439 | 1,449 | 10 | 10,000 | 1,750 | 11,750 |
| 6 | 28.30 | 649 | 654 | 5 | 5,000 | 1,240 | 6,240 |
| 7 | 28.30 | 644 | 649 | 5 | 5,000 | 510 | 5,510 |
| 8 | 28.30 | 1,614 | 1,620 | 6 | 6,000 | 1,750 | 7,750 |
| 9 | 28.30 | 1,090 | 1,095 | 5 | 5,000 | 1,750 | 6,750 |
| 10 | 28.30 | 727 | 732 | 5 | 5,000 | 1,750 | 6,750 |
| 11 | 28.30 | 1,226 | 1,239 | 13 | 13,000 | 1,750 | 14,750 |
| 12 | 28.30 | 1,563 | 1,563 | - | - | - | - |
| 13 | 28.30 | 1,559 | 1,563 | 4 | 4,000 | 1,750 | 5,750 |
| 14 | 28.30 | 1,126 | 1,138 | 12 | 12,000 | 1,750 | 13,750 |
| 15 | 28.30 | 1,603 | 1,615 | 12 | 12,000 | 1,750 | 13,750 |
| 16 | 28.30 | 1,591 | 1,603 | 12 | 12,000 | - | 12,000 |
| 17 | 28.30 | 1,835 | 1,850 | 15 | 15,000 | 1,750 | 16,750 |
| 18 | 28.30 | 1,171 | 1,1 | | 7,000 | 1,750 | 8,750 |
| 19 | 28.30 | 980 | 984 | | 4,000 | 1,750 | 5,750 |

이름 변경

1월　2월　3월　4월　5월　6월

**03** [새 시트] 아이콘(⊕)을 클릭하고 시트 이름을 '상반기'로 변경한 다음 시트를 [1월] 시트 앞으로 이동합니다.

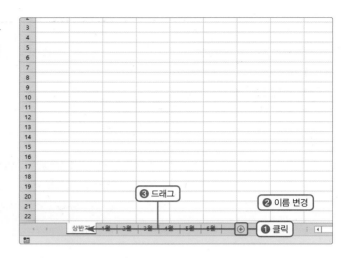

**04** 새로운 파일로 시트를 복사하기 위해 [1월] 시트를 선택하고 Shift를 누른 채 [3월]을 클릭합니다.

| 구 분 | 면 적 | 전월지침 | 당월지침 | 사 용 량 | 세대사용료 | 공동사용료 | 합 계 |
|---|---|---|---|---|---|---|---|
| 1 | 29.75 | – | – | – | – | 1,840 | 1,840 |
| 2 | 29.75 | 937 | 960 | 23 | 23,000 | 1,840 | 24,840 |
| 3 | 29.75 | 681 | 687 | 6 | 6,000 | 1,840 | 7,840 |
| 4 | 29.75 | 1,276 | 1,277 | 1 | 1,000 | 1,840 | 2,840 |
| 5 | 115.70 | 5,139 | 5,211 | 72 | 72,000 | 7,140 | 79,140 |
| 6 | 155.37 | – | – | – | – | 9,590 | 9,590 |
| 7 | 28.30 | 1,227 | 1,227 | – | – | 1,750 | 8,750 |
| 8 | 28.30 | 1,220 | 1,227 | 7 | 7,000 | 1,750 | 8,750 |
| 9 | 28.30 | 933 | 961 | 28 | 28,000 | 1,750 | 29,750 |
| 10 | 28.30 | 926 | 946 | 20 | 20,000 | 1,750 | 21,750 |
| 11 | 28.30 | 1,327 | 1,336 | 9 | 9,000 | 1,750 | 10,750 |
| 12 | 28.30 | 241 | 242 | 1 | 1,000 | 1,750 | 2,750 |
| 13 | 28.30 | 630 | 643 | 13 | 13,000 | 1,750 | 14,750 |
| 14 | 28.30 | 1,232 | 1,232 | – | – | 1,750 | 1,750 |
| 15 | 28.30 | 1,603 | 1,615 | 12 | 12,000 | 1,750 | 13,750 |
| 16 | 28.30 | 1,591 | 1,603 | 12 | 12,000 | – | 12,000 |
| 17 | 28.30 | | 1,65 | | 15,000 | 1,750 | 16,750 |
| 18 | 28.30 | | 1,17 | | 7,000 | 1,750 | 8,750 |
| 19 | 28.30 | 980 | 984 | 4 | 4,000 | 1,750 | 5,750 |

**05** 선택된 시트를 마우스 오른쪽 버튼으로 클릭하고 [이동/복사]를 실행합니다.

| 구 분 | 면 적 | 전월지침 | 당월지침 | 사 용 량 | 세대사용료 | 공동사용료 | 합 계 |
|---|---|---|---|---|---|---|---|
| 1 | 29.75 | – | – | – | – | 1,840 | 1,840 |
| 2 | 29.75 | 937 | 960 | 23 | 23,000 | 1,840 | 24,840 |
| 3 | 29.75 | 681 | 687 | 6 | 6,000 | 1,840 | 7,840 |
| 4 | 29.75 | 1,276 | 1,277 | 1 | 1,000 | 1,840 | 2,840 |
| 5 | 115.70 | 5,139 | 5,211 | 72 | 72,000 | 7,140 | 79,140 |
| 6 | 155.37 | – | – | – | – | 9,590 | 9,590 |
| 7 | 28.30 | 1,227 | 1,227 | – | – | – | |
| 8 | 28.30 | | | 7 | 7,000 | 1,750 | 8,750 |
| 9 | 28.30 | | | 28 | 28,000 | 1,750 | 29,750 |
| 10 | 28.30 | | | 20 | 20,000 | 1,750 | 21,750 |
| 11 | 28.30 | | | | 9,000 | 1,750 | 10,750 |
| 12 | 28.30 | | | | 1,000 | 1,750 | 2,750 |
| 13 | 28.30 | | | 13 | 13,000 | 1,750 | 14,750 |
| 14 | 28.30 | | | – | – | 1,750 | 1,750 |
| 15 | 28.30 | | | 12 | 12,000 | 1,750 | 13,750 |
| 16 | 28.30 | | | 12 | 12,000 | – | 12,000 |
| 17 | 28.30 | | | 15 | 15,000 | 1,750 | 16,750 |
| 18 | 28.30 | | | 7 | 7,000 | 1,750 | 8,750 |
| 19 | 28.30 | | | 4 | 4,000 | 1,750 | 5,750 |

삽입(I)...
삭제(D)
이름 바꾸기(R)
이동/복사(M)...
코드 보기(V)
시트 보호(P)...
탭 색(T)
숨기기(H)
숨기기 취소(U)...
모든 시트 선택(S)
시트 그룹 해제(N)

**POINT**
시트를 여러 개 선택하기 위해 Ctrl을 누르면 비연속적으로 시트를 선택할 수 있습니다.

**06** [이동/복사] 대화상자에서 대상 통합 문서를 '(새 통합 문서)'로 지정하고 '복사본 만들기'에 체크 표시합니다.
[확인] 버튼을 클릭합니다.

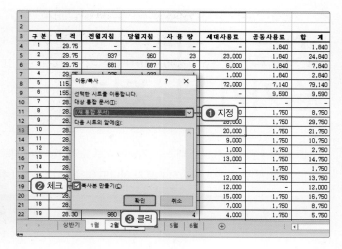

**POINT**

[복사본 만들기]를 선택하지 않으면 시트가 복사되지 않고, 원본 통합 문서에는 없어지며 대상 통합 문서로 이동됩니다.

**07** 새 통합 문서로 [1월]~[3월] 시트가 복제된 것을 확인할 수 있습니다.

# 시트 숨기기와
# 숨기기 취소하기

시트를 지금 사용하지 않을 때 쓰는 기능이 시트 숨기기입니다. 시트 이름을 마우스 오른쪽 버튼으로 클릭하고 **[숨기기]**를 실행할 수 있으며, 숨겨진 시트가 하나도 없을 때는 **[숨기기 취소]**가 비활성화됩니다.

**Keyword** 시트 숨기기, 시트 숨기기 취소  **예제 파일** Part 1 \ 1-48.xlsx

**01** [상반기] 시트를 숨기기 위해 [상반기] 시트 이름을 마우스 오른쪽 버튼으로 클릭합니다.

**[숨기기]**를 실행합니다.

**POINT**
[홈] 탭-[셀] 그룹-[서식]-[숨기기 및 숨기기 취소]-[시트 숨기기]를 클릭해도 됩니다.

**02** 시트가 숨겨집니다. 숨긴 시트를 다시 나타내기 위해 임의의 시트를 마우스 오른쪽 버튼으로 클릭하고 **[숨기기 취소]**를 실행합니다.

**POINT**
시트 숨기기가 된 것은 마우스 오른쪽 버튼을 클릭했을 때 표시되는 [숨기기 취소] 메뉴가 활성화된 것으로 확인할 수 있습니다.

**03** 숨겨진 시트 목록이 표시됩니다. 숨기기 취소할 시트를 선택하고 [확인] 버튼을 클릭합니다.

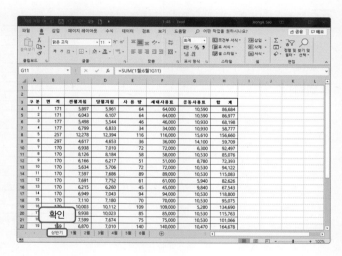

**04** 숨겨진 시트가 원래 위치에 다시 나타납니다.

---

기본 & 입력

서식 & 표

활용 기능

차트 & 응용

필터링 & 분석

매크로

참조 & 자동 계산

함수

---

### 쌩초보 Level Up

## 워크시트 삭제하기

필요 없는 시트는 시트의 내용과 함께 삭제할 수 있는데, 이때는 되돌리기 ([Ctrl]+[Z])로 작업을 취소할 수 없습니다. 빈 시트를 삭제할 경우 메시지 대화상자가 나타나지 않고 바로 시트가 삭제됩니다.

# 여러 개의 시트를
# 한꺼번에 그룹 작업하기

단순하지만 쉼표 스타일, 일련번호, 합계 등을 여러 개의 시트에 적용해야 한다면 같은 작업을 여러 번 할 수 있습니다. 그러나 엑셀은 그룹 작업이 가능하여 한꺼번에 여러 개의 시트에 동시에 작업을 할 수 있습니다.

**Keyword** 그룹 작업          **예제 파일** Part 1 \ 1-49.xlsx

**01** 그룹 작업을 위해 [1월] 시트를 선택하고 [Ctrl]을 누른 채 [시트 이동 아이콘 (▶)]을 클릭합니다. 시트의 끝 [12월]이 보입니다.

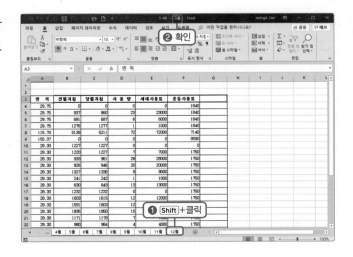

**02** [Shift]를 누른 채 [12월] 시트를 클릭하면 '1월'부터 '12월'까지 선택되어 제목 표시줄에 [그룹]이라고 표시됩니다.

**03** A열 앞에 두 개의 열을 삽입하기 위해 A열과 B열을 선택하고 마우스 오른쪽 버튼을 클릭한 다음 **[삽입]**을 실행합니다.

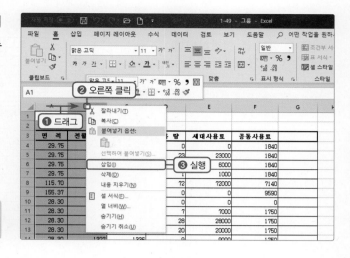

**POINT**
Ctrl + +를 눌러 열을 삽입할 수 있습니다.

**04** [B3]셀을 '번호'라 입력하고, [B4:B5] 셀에 '1'과 '2'를 각각 입력합니다.

**POINT**
그룹 작업을 할 때는 옵션이 나오지 않습니다. [서식 옵션]이나 [자동 채우기 옵션]이 나오지 않기 때문에 [B4:B5]에 1, 2를 입력하고 그 차이 값만큼 숫자를 복사합니다.

| A | B | C | D | E | F | G | H |
|---|---|---|---|---|---|---|---|
| 입력 | 번호 | 면 적 | 전월지침 | 당월지침 | 사 용 량 | 세대사용료 | 공동사용료 |
| | 1 | 29.75 | 0 | 0 | 0 | 0 | 18 |
| | 2 | 29.75 | 937 | 960 | 23 | 23000 | 18 |
| | | 29.75 | 681 | 687 | 6 | 6000 | 18 |
| | | 29.75 | 1276 | 1277 | 1 | 1000 | 18 |
| | | 115.70 | 5139 | 5211 | 72 | 72000 | 71 |
| | | 155.37 | 0 | 0 | 0 | 0 | 95 |
| | | 28.30 | 1227 | 1227 | 0 | 0 | 17 |
| | | 28.30 | 1220 | 1227 | 7 | 7000 | 17 |
| | | 28.30 | 933 | 961 | 28 | 28000 | 17 |
| | | 28.30 | 926 | 946 | 20 | 20000 | 17 |
| | | 28.30 | 1327 | 1336 | 9 | 9000 | 17 |
| | | 28.30 | 241 | 242 | 1 | 1000 | 17 |
| | | 28.30 | 630 | 643 | 13 | 13000 | 17 |
| | | 28.30 | 1232 | 1232 | 0 | 0 | 17 |
| | | 28.30 | 1603 | 1615 | 12 | 12000 | 17 |
| | | 28.30 | 1591 | 1603 | 12 | 12000 | 17 |
| | | 28.30 | 1835 | 1850 | 15 | 15000 | 17 |
| | | 28.30 | 1171 | 1178 | 7 | 7000 | 17 |
| | | 28.30 | 980 | 984 | 4 | 4000 | 17 |

**05** [B4:B5]를 선택하고 채우기 핸들을 더블클릭합니다.

**POINT**
채우기 핸들을 더블클릭하면 Ctrl + A를 눌렀을 때 하나의 데이터 표로 인식하는 열의 마지막 데이터까지 복사됩니다.

| A | B | C | D | E | F | G | H |
|---|---|---|---|---|---|---|---|
| | 번호 | 면 적 | 전월지침 | 당월지침 | 사 용 량 | 세대사용료 | 공동사용료 |
| ❶ 드래그 | 1 | 29.75 | 0 | 0 | 0 | 0 | 18 |
| | 2 ❷ 더블클릭 | 37 | 960 | 23 | 23000 | 18 |
| | | 81 | 687 | 6 | 6000 | 18 |
| | | 29.75 | 1276 | 1277 | 1 | 1000 | 18 |
| | | 115.70 | 5139 | 5211 | 72 | 72000 | 71 |
| | | 155.37 | 0 | 0 | 0 | 0 | 95 |
| | | 28.30 | 1227 | 1227 | 0 | 0 | 17 |
| | | 28.30 | 1220 | 1227 | 7 | 7000 | 17 |
| | | 28.30 | 933 | 961 | 28 | 28000 | 17 |
| | | 28.30 | 926 | 946 | 20 | 20000 | 17 |
| | | 28.30 | 1327 | 1336 | 9 | 9000 | 17 |
| | | 28.30 | 241 | 242 | 1 | 1000 | 17 |
| | | 28.30 | 630 | 643 | 13 | 13000 | 17 |
| | | 28.30 | 1232 | 1232 | 0 | 0 | 17 |
| | | 28.30 | 1603 | 1615 | 12 | 12000 | 17 |
| | | 28.30 | 1591 | 1603 | 12 | 12000 | 17 |
| | | 28.30 | 1835 | 1850 | 15 | 15000 | 17 |
| | | 28.30 | 1171 | 1178 | 7 | 7000 | 17 |
| | | 28.30 | 980 | 984 | 4 | 4000 | 17 |

**06** 일련번호가 채워진 것을 확인하고 [I3]셀에 '합계'를 입력합니다.

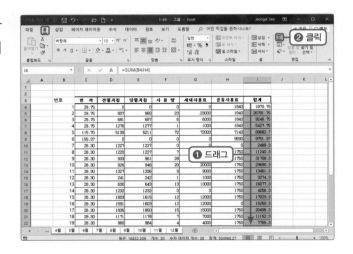

**07** 합계를 넣기 위해 [I4:I33]을 선택하고 [홈] 탭-[편집] 그룹-[자동 합계(Σ)]를 클릭합니다.

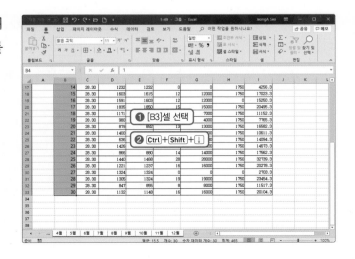

**08** 마지막으로 테두리까지 선택하기 위해 [B3]셀을 선택하고 Ctrl+Shift+↓를 눌러 데이터 끝까지 선택합니다.

**09** [홈] 탭-[글꼴] 그룹-[테두리▼]-[모든 테두리]를 선택합니다.

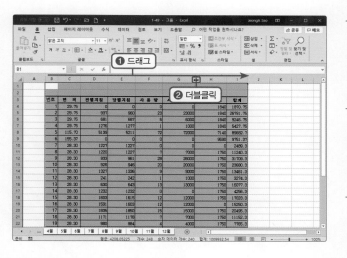

**10** 시트마다 열의 폭이 다르게 설정되어 있기 때문에 B열부터 I열까지 선택하고 열과 열 사이의 경계선을 더블클릭합니다. 모든 시트에 적용된 것을 확인할 수 있습니다.

**11** [그룹]으로 선택되어 있기 때문에 [12월] 시트를 클릭하여 그룹을 해제합니다.

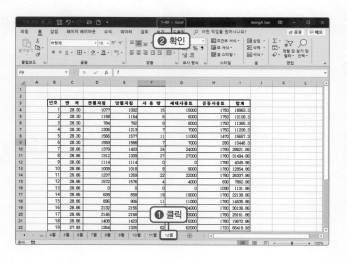

# EXCEL 2019

INTEGRITY

INNOVATION

COMMITMENT

CREATIVITY

PASSION

GOALS

CONNECTION

GROWTH

# 2

# 야근을 없애는
# 활용 예제 33가지

엑셀의 기본 기능을 배워 봤다면 보다 효율적으로 일 처리를 할 수 있는 활용 기능을 배우 겠습니다. 방대한 양의 데이터를 효율적으로 분석하여 가공하고, 데이터 흐름에 따라 한눈 에 파악할 수 있는 차트까지 표현하는 방법을 배워 봅니다.

# 데이터 이동하고
# 그림 복사하기

엑셀 문서를 편집하다 보면 데이터를 이동하고 복사한 다음 편집할 일이 많습니다. 중간에 있는 데이터를 이동하려면 원래 위치에 빈 셀이 남아 삭제해야 하는데 이때 사용할 수 있는 [잘라낸 셀 삽입]을 배워 보고, 그림으로 빠르게 복사하는 방법을 알아보겠습니다.

**Keyword** 잘라낸 셀 삽입, 그림 복사　　　　　　**예제 파일** Part 2\2-1.xlsx

**01** 6~7행을 선택하고 마우스 오른쪽 버튼을 클릭한 다음 **[잘라내기]**를 실행합니다.

**POINT**
행/열 단위로 복사 및 잘라내기를 하면, 삽입할 위치는 첫 번째 셀을 선택하거나 행/열을 선택하고 삽입합니다.

**02** 이동하기 위해 15행을 마우스 오른쪽 버튼으로 클릭하고 **[잘라낸 셀 삽입]**을 실행합니다.

**POINT**
잘라낸 셀 삽입을 하지 않고 붙여넣기 하면 잘라내기한 셀 범위가 빈 칸으로 남아 있으며, 붙여넣기 하려는 셀의 데이터에 덮어 쓰기됩니다.

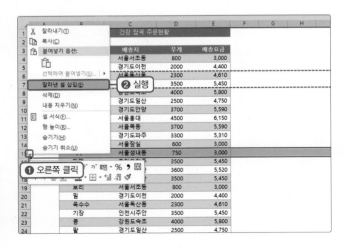

**03** 데이터가 이동된 것을 확인할 수 있습니다. 엑셀의 시트를 그림으로 내보내기 위해 [B3:E33]을 선택하고 [홈] 탭-[클립보드] 그룹-[복사(🗐)▼]-[그림으로 복사]를 클릭합니다.

**POINT**
[잘라내기]하면 붙여넣기 메뉴는 [잘라낸 셀 삽입]으로 나타나며, [복사]하면 [복사한 셀 삽입]으로 나타납니다. [그림으로 복사]하면 화면상의 깨짐 현상을 없앨 수 있습니다.

**04** [그림 복사] 대화상자가 표시되면 '미리 보기에 표시된 대로'를 선택하고 [확인] 버튼을 클릭합니다.

**POINT**
'화면에 표시된 대로'를 선택하여 복사하면 화면의 짤린 부분은 복사되지 않습니다.

**05** [G2]셀을 클릭하고 Ctrl + V를 누르면 화면에 보이지 않던 부분까지 복사되는 것을 확인할 수 있습니다.

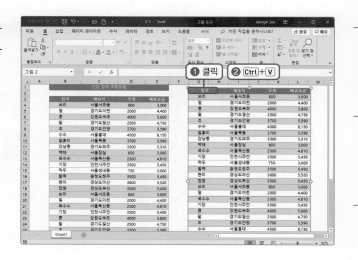

기본 & 입력

서식 & 표

활용 기능

차트 & 응용

필터링 & 분석

매크로

참조 & 자동 계산

함수

# 워드아트로 제목 만들고
# 개체 편집하기

엑셀 문서에서 일러스트레이션을 추가하기 위해 관련 기능을 배우겠습니다. 엑셀 2019 일러스트레이션 기능은 그림, 온라인 그림, 도형, 아이콘, 3D 모델 등이 있습니다. [삽입] 탭의 워드아트와 문서에서 쓰일 만한 것을 위주로 배우겠습니다.

**Keyword** 워드아트, 그림, 스마트 아트　　　　**완성 파일** Part 2\2-3_fi.xlsx

**01** 새 문서에서 워드아트를 만들기 위해 [삽입] 탭-[텍스트] 그룹-[WordArt]에서 [무늬 채우기: 흰색, 어두운 상향 대각선 줄무늬, 그림자]를 클릭합니다.

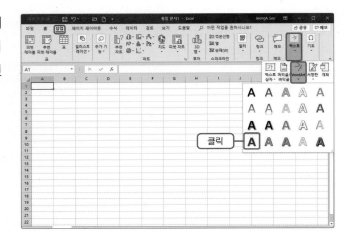

**02** '필요한 내용을 적으십시오.'라는 텍스트 상자가 표시되면 '일러스트레이션'을 입력합니다. [홈] 탭-[글꼴] 그룹-[글꼴 크기 작게(가˅)]를 클릭하여 글꼴 크기를 '40'으로 지정하고 왼쪽 윗부분에 위치하도록 이동합니다.

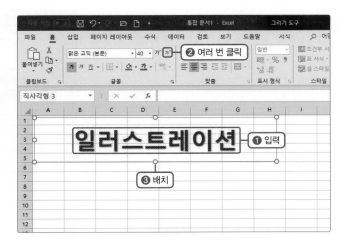

**03** 온라인 그림을 삽입하기 위해 [삽입]
탭-[일러스트레이션] 그룹-[온라인 그림]
을 클릭합니다.
여러 가지 검색 단어 중 '커피'를 클릭합
니다.

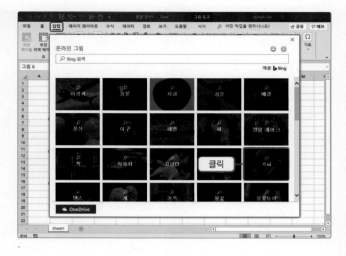

**04** 원하는 그림을 클릭하고 [삽입]을 클
릭합니다.

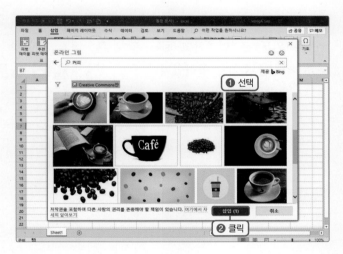

**05** 삽입된 그림의 크기를 조절하기 위해
Alt를 누른 채 모서리 조절점을 드래그
합니다.

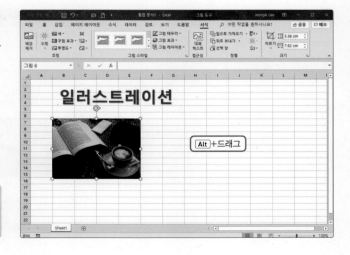

> **POINT**
> Alt를 누른 채 크기를 조절하면 엑셀 셀 너비나 높이
> 에 맞추어 크기를 조절할 수 있습니다.

**06** 스마트 아트를 삽입하기 위해 [삽입] 탭-[일러스트레이션] 그룹-[SmartArt]를 클릭합니다.

[SmartArt 그래픽 선택] 대화상자에서 [프로세스형] 범주-[단계 상승 프로세스형]을 클릭합니다.

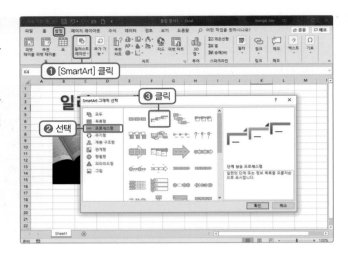

**07** 텍스트 창에 '스틱형(믹스)', '리필형', '스틱형(원두)'를 입력하고 Enter 를 누른 다음 '기타'를 추가로 입력합니다.

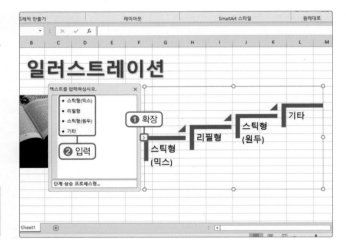

**POINT**
텍스트 창이 열려 있지 않으면 왼쪽 화살표 아이콘을 클릭하여 열어 줍니다.

**08** [SmartArt 도구]-[디자인] 탭-[Smart Art 스타일] 그룹-[색 변경]-[색상형-강조색]을 클릭합니다.

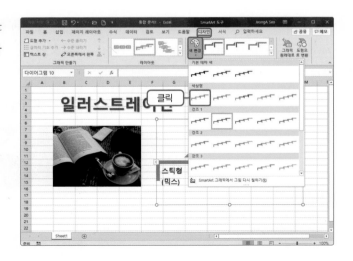

# 인쇄할 영역
# 1페이지로 지정하기

데이터 전체를 인쇄할 수 있고, 그 중 인쇄할 영역을 설정할 수 있습니다. 페이지 나누기 미리 보기에서 설정하는 방법을 알아보겠습니다.

**Keyword** 페이지 나누기 미리 보기, 인쇄 영역, 1페이지 인쇄    **예제 파일** Part 2\2-5.xlsx

**01** [보기] 탭-[통합 문서 보기] 그룹-[페이지 나누기 미리 보기]를 클릭합니다.

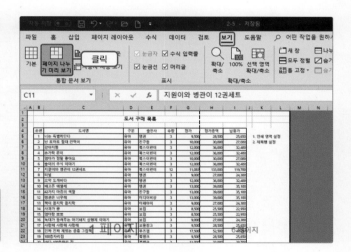

**POINT**
[페이지 나누기 미리 보기]는 상태 표시줄의 아이콘(凹)을 클릭해도 표시할 수 있습니다.

**02** 인쇄할 때 필요하지 않은 부분을 편집하기 위해 파란색 선에 마우스를 위치시키면, 화살표(↕, ↔)를 움직여 인쇄 영역을 조정할 수 있습니다.

기본 & 입력

서식 & 표

활용 기능

차트 & 응용

필터링 & 분석

매크로

참조 & 자동 계산

함수

**03** I열도 1페이지에 포함하기 위해 [페이지 레이아웃] 탭-[크기 조정] 그룹에서 너비를 '1페이지'로 지정합니다.

**04** 인쇄하고자 하는 영역이 1페이지 너비로 변경된 것을 확인할 수 있습니다.

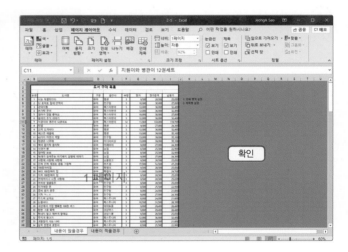

**05** [내용이 적을경우] 시트를 클릭하고 [크기 조정] 그룹에서 배율을 '125%'로 설정하여 한 페이지가 되도록 확대합니다.

# 제목 행과 인쇄 영역 설정하기

인쇄할 페이지가 많을 경우 매 페이지마다 반복해야 할 행을 설정할 수 있습니다. 또한 일부분의 데이터만 인쇄할 수 있는 영역을 설정할 수 있습니다.

**Keyword** 인쇄 제목, 인쇄 영역 설정  **예제 파일** Part 2\2-6.xlsx

**01** 상태 표시줄에서 [페이지 레이아웃(▤)]을 클릭합니다. [페이지 레이아웃] 탭-[페이지 설정] 그룹-[인쇄 제목]을 클릭합니다.

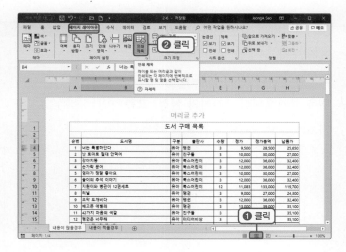

**02** [페이지 설정] 대화상자 [시트] 탭 화면에서 인쇄 제목 항목의 반복할 행을 3행 머리글로 지정합니다. [확인] 버튼을 클릭합니다.

기본 & 입력

서식 & 표

활용 기능

차트 & 응용

필터링 & 분석

매크로

참조 & 자동 계산

함수

**03** 각 페이지마다 제목 행이 반복되는 것을 확인할 수 있습니다.

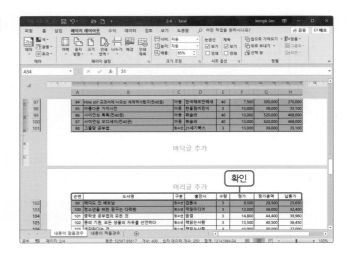

**04** 데이터의 51번부터 100번까지만 인쇄하기 위해 54행을 클릭합니다.

화면을 스크롤하여 Shift를 누른 채 103행을 클릭합니다. [페이지 설정] 그룹-[인쇄 영역]-[인쇄 영역 설정]을 클릭합니다.

**05** [파일] 탭-[인쇄]를 클릭하면 50번 데이터부터 인쇄할 준비가 된 것을 확인할 수 있습니다.

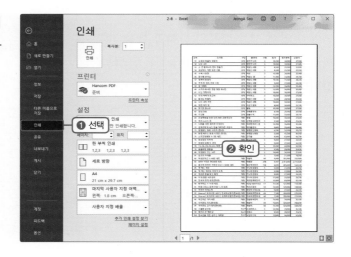

# 머리글과 바닥글 설정하기

페이지 레이아웃 보기 상태에서는 머리글과 바닥글을 설정하기 쉽게 되어 있습니다. 페이지 번호나 작성자 등을 머리글과 바닥글에 설정하는 방법을 알아보겠습니다.

**Keyword** 머리글, 바닥글, 페이지 번호 　　　　**예제 파일** Part 2 \ 2-7.xlsx

**01** 상태 표시줄에서 [페이지 레이아웃 (▤)]을 클릭하고 머리글 추가 영역의 오른쪽 영역을 클릭합니다.

**02** [머리글/바닥글 도구]-[디자인] 탭-[머리글/바닥글 요소] 그룹-[현재 날짜]를 클릭합니다.

' : 작성일자'를 추가로 입력하고, [탐색] 그룹-[바닥글로 이동]을 클릭합니다.

**POINT**
머리글이나 바닥글 영역을 클릭해야만 [머리글/바닥글 도구]-[디자인] 탭이 나타납니다.

**03** [머리글/바닥글 요소] 그룹-[페이지 번호]를 클릭합니다.

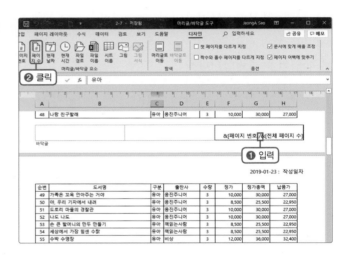

**04** 슬래시(/)를 입력하고 [머리글/바닥글 요소] 그룹-[페이지 수]를 클릭합니다.

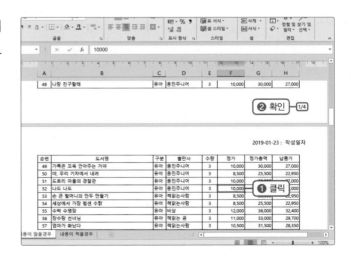

**05** 임의의 셀을 클릭하면 바닥글이 '현재 페이지 번호/전체 페이지 번호' 형식으로 표시됩니다.

기본 & 입력

서식 & 표

활용 기능

차트 & 응용

필터링 & 분석

매크로

참조 & 자동 계산

함수

SECTION

# 06

# 여러 개 시트
# 동시에 인쇄하기

1월부터 5월까지의 데이터 양식은 시트마다 동일하기 때문에 일일이 시트를 개별 설정하지 않고 인쇄 설정을 동시에 할 수 있습니다. 동시에 설정하고 동시에 인쇄하는 방법을 알아보겠습니다.

**Keyword** 여러 시트 동시 인쇄 · · · · · · **예제 파일** Part 2\2-8.xlsx

**01** [1월] 시트를 클릭하고 Shift를 누른 채 [5월] 시트를 클릭합니다.

**POINT**
두 개 이상의 시트를 선택하면 제목 표시줄에 '그룹'으로 표시됩니다.

**02** [페이지 레이아웃] 탭-[페이지 설정] 그룹에서 설정 아이콘(⌐)을 클릭합니다.

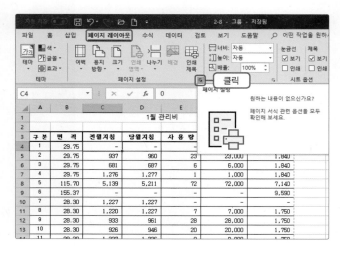

**03** [페이지 설정] 대화상자에서 [여백] 탭을 선택합니다. 페이지 가운데 맞춤에서 '가로'에 체크 표시하고 [확인] 버튼을 클릭합니다.

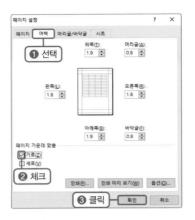

**04** [파일] 탭-[인쇄]를 클릭하면 설정 항목의 기본값인 [활성 시트 인쇄]가 선택된 것을 확인할 수 있습니다.

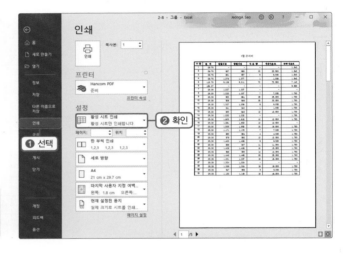

**POINT**
[1월] 시트부터 [5월] 시트까지 선택했기 때문에 활성 시트 다섯 장을 한꺼번에 인쇄할 수 있습니다.

**05** 화면 아랫부분의 화살표(▶)를 클릭하거나 스크롤바를 움직여서 [1월] 시트부터 [5월] 시트가 인쇄될 것을 미리 볼 수 있습니다.

# 계층 구조 차트 사용하기

트리맵 차트는 상대적인 크기를 비교하여 표현하는 데 이상적인 차트입니다. 트리맵 차트는 색과 면적을 기준으로 표시하며 많은 양의 데이터를 쉽게 표시할 수 있습니다. 또한 같은 유형으로 선버스트 차트도 만들어 보겠습니다.

**Keyword** 트리맵, 선버스트          **예제 파일** Part 2\2-10.xlsx

**01** [A3]셀을 클릭하고 [삽입] 탭-[차트] 그룹-[계층 구조 차트(▥)]-[트리맵]을 클릭합니다.

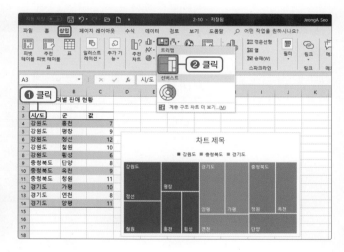

**POINT**
트리맵은 엑셀 2016부터 만들 수 있습니다. 사각형 크기와 색상을 다르게 하여 데이터 값을 표현합니다.

**02** 상위 계층의 범주를 표현할 수 있도록 [차트 도구]-[디자인] 탭-[차트 스타일] 그룹에서 네 번째 스타일을 클릭합니다. 범례를 삭제하기 위해 차트 영역에서 범례를 클릭합니다.

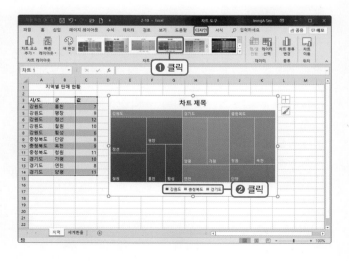

**03** [차트 요소(⊞)]를 클릭합니다. '범례'의 체크 표시를 해제합니다.

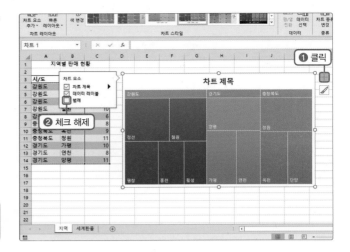

**POINT**
범례를 클릭하고 [Delete]를 눌러도 삭제 가능합니다.

**04** 차트 제목을 '지역별 판매 현황'으로 변경합니다.
새로운 차트를 만들기 위해 [A3]셀을 클릭하고 [삽입] 탭-[차트] 그룹-[계층 구조 차트]-[선버스트]를 클릭합니다.

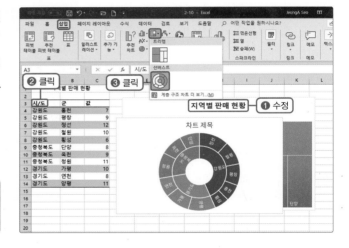

**POINT**
선버스트는 고리형이며, 트리맵은 사각형 형태를 띠고 있습니다.

---

> **쌩초보 Level Up**

### 지도 차트 구하기

▶ 예제 파일 : Part 2\2-S_2.xlsx

지도 차트를 구해 보겠습니다. 지도 차트는 엑셀 2019(오피스 365)부터 추가 설치 없이 사용할 수 있습니다.

① [A3]셀을 클릭하고 [삽입] 탭-[차트] 그룹-[지도]-[등치 지역도]를 클릭합니다.

② [차트 요소(⊞)]-[데이터 레이블]-[기타 데이터 레이블 옵션]을 클릭하여 작업 창을 표시합니다.

③ 레이블 옵션 항목 중 [항목 이름]에 체크 표시합니다.

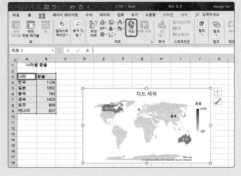

# 원형 대 원형
# 차트 만들기

원형 차트의 변형으로 원형 대 원형 차트, 원형 대 막대 차트 등이 있습니다. 표현하고자 하는 데이터가 많아질 때
원형 조각들이 너무 작아져 제대로 표현하기 힘들기 때문에 다시 작은 원형 차트에 자세히 표현하는 것이 시각적
으로 좋은 방법입니다.

**Keyword** 원형 대 원형 차트, 원형 차트　　　　　**예제 파일** Part 2\2-11.xlsx

**01** [B2]셀을 클릭하고 [데이터] 탭-[정
렬 및 필터] 그룹-[내림차순(횡)]을 클릭
합니다.

**POINT**
내림차순되어 있어야 수치가 적은 데이터를 두 번째
작은 원형 차트로 보낼 수 있습니다.

**02** [삽입] 탭-[차트] 그룹-[추천 차트]를
클릭합니다. [모든 차트] 탭 화면에서 [원
형] 범주-[원형 대 원형]을 클릭합니다.
[확인] 버튼을 클릭합니다.

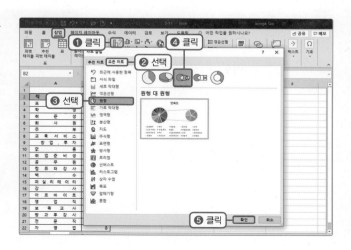

기본 & 입력

서식 & 표

활용 기능

차트 & 응용

필터링 & 분석

매크로

참조 & 자동 계산

함수

**03** 범례를 클릭하고 [Delete]를 눌러 삭제합니다. 원형 차트 계열을 더블클릭합니다. [데이터 계열 서식] 작업 창의 계열 옵션 항목에서 둘째 영역 값을 '6', 간격 너비를 '60%', 둘째 영역 크기를 '70%'로 변경합니다.

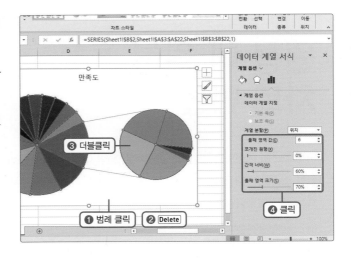

**04** [차트 요소(+)]-[데이터 레이블]-[기타 옵션]을 클릭하여 작업 창을 표시합니다.

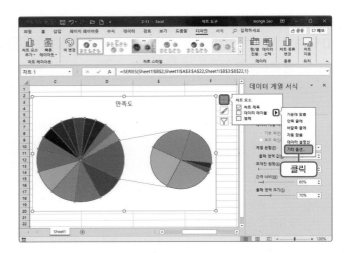

**05** [데이터 레이블 서식] 작업 창의 레이블 옵션 항목(▥)에서 '값'의 체크 표시를 해제하고 '항목 이름'과 '백분율'은 체크 표시합니다. 레이블 위치는 '안쪽 끝에'로 지정합니다.
[차트 도구]-[디자인] 탭-[차트 스타일] 그룹-[색 변경]-[다양한 색상표 2]를 클릭합니다.

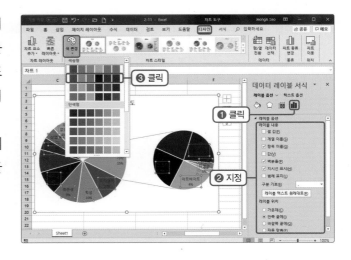

# 누적 가로 막대형 차트 만들기

데이터에 의해서 차트를 표현할 수 있는데 데이터 레이블을 이용하여 값을 다양하게 표현할 수 있는 방법을 알아 보겠습니다.

**Keyword** 누적 가로 막대형 차트, 레이블 값 표시  **예제 파일** Part 2 \ 2-12.xlsx

**01** [B3]셀을 클릭하고 [삽입] 탭-[차트] 그룹-[세로 또는 가로 막대형 차트 삽입 (🏛)]의-[누적 가로 막대형]을 클릭합니다.

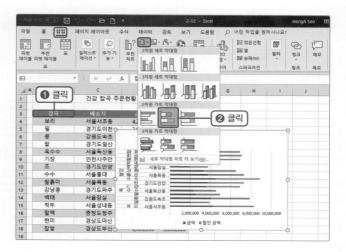

**02** 가로 축을 편집하기 위해 가로 축을 더블클릭하여 [축 서식] 작업 창을 엽니다.

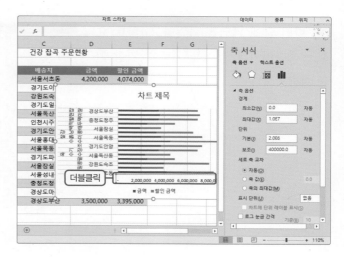

기본 & 입력

서식 & 표

활용 기능

차트 & 응용

필터링 & 분석

매크로

참조 & 자동 계산

함수

**03** 축 옵션(▮▮) 항목에서 경계의 최소값을 '1000000', 최대값을 '4800000', 단위 기본을 '1000000'으로 설정합니다.

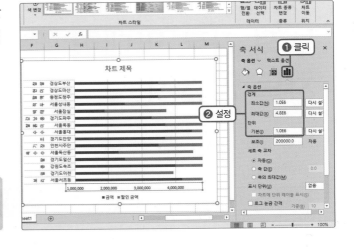

**04** 금액 계열을 클릭하고, [차트 요소(+)]-[데이터 레이블]-[안쪽 끝에]를 클릭합니다.

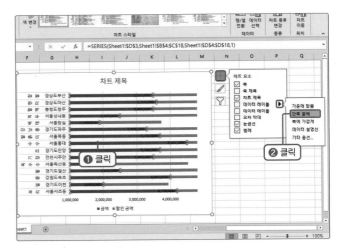

**05** 할인 금액 계열을 클릭하고 [차트 요소(+)]-[데이터 레이블]-[축에 가깝게]를 클릭합니다.

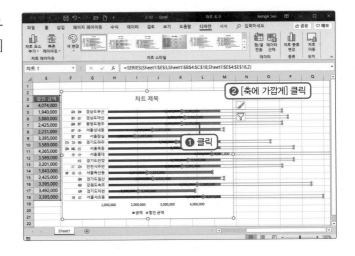

**06** 할인 금액 계열이 선택된 상태에서 [차트 도구]–[서식] 탭–[도형 스타일] 그룹–[도형 채우기▼]–[채우기 없음]을 클릭합니다.

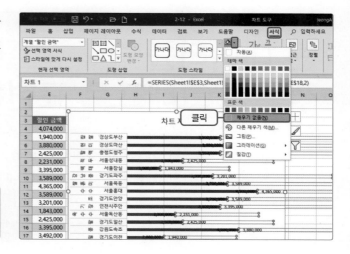

**POINT**
표기하고 싶은 레이블 값만 놔 두고 데이터 계열 색상을 없애서 표시할 수 있습니다.

**07** 금액 계열의 데이터 레이블을 클릭하고 [WordArt 스타일] 그룹–[텍스트 채우기▼]–[흰색]을 선택합니다.

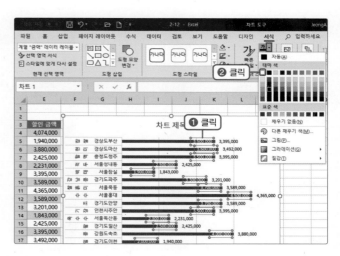

**08** 차트 제목을 클릭하고 수식 입력줄을 클릭합니다. 등호(=)를 입력하고 [B1]셀을 클릭합니다. Enter를 누르고 제목을 [B1]셀과 연결합니다.

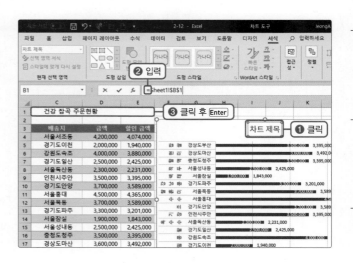

# 빈 데이터를
# 꺾은선 그래프로 표현하기

SECTION
10

데이터를 꺾은선형 차트로 표현하기 위해 차트를 작성하면 빈 셀 때문에 꺾은선형 차트가 끊겨 있는 경우가 종종 있습니다. 빈 셀에 의한 끊김 현상을 해결하는 방법을 배우겠습니다. 이 예제는 엑셀 2019(오피스 365)부터 실습할 수 있습니다.

**Keyword** 꺾은선형 차트, 차트 연결하기　　**예제 파일** Part 2 \ 2-13.xlsx

---

**01** [B2]셀을 클릭하고 [삽입] 탭-[차트] 그룹-[꺾은선형 또는 영역형 차트 삽입 (∿)]-[꺾은선형]을 클릭합니다.

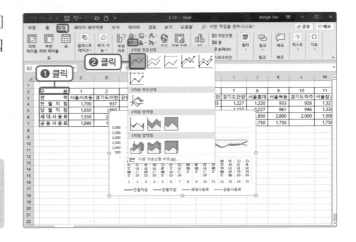

**POINT**
엑셀 2019(오피스 365)부터 이 예제의 기능을 사용할 수 있지만 하위 버전에서도 Na( ) 함수를 이용해 표현할 수 있습니다.

**02** 데이터 아래쪽에 차트를 위치시킵니다. [차트 필터(▽)]를 클릭하고 '모두 선택'의 체크 표시를 해제합니다.
'당월지침'에 체크 표시하고 [적용] 버튼을 클릭합니다.

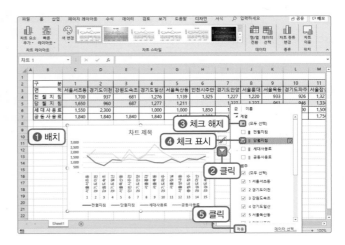

**03** '인천시주안' 데이터가 없기 때문에 꺾은선형 차트가 끊겨 있습니다.

이 문제를 해결하기 위해 [차트 도구]−[디자인] 탭−[데이터] 그룹−[데이터 선택]을 클릭합니다.

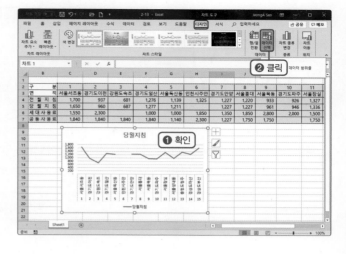

**04** [데이터 원본 선택] 대화상자에서 [숨겨진 셀/빈 셀] 버튼을 클릭합니다.

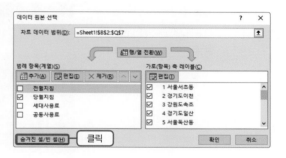

**05** [숨겨진 셀/빈 셀 설정] 대화상자에서 빈 셀 표시 형식을 '선으로 데이터 요소 연결'로 지정하고 [확인] 버튼을 두 번 클릭하여 모든 대화상자를 닫습니다.

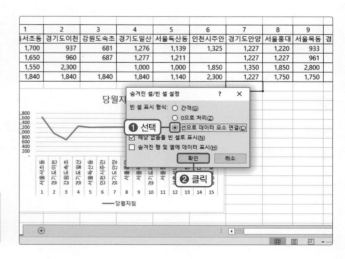

**POINT**

모든 데이터에 적용되어 현재 차트에서는 데이터가 비어 있더라도 연결되어 꺾은선형 차트에 표시됩니다.

# 스파크라인 삽입하기

엑셀은 단순화된 차트인 스파크라인을 제공합니다. 스파크라인, 열, 승패의 세 가지 종류를 제공하며 서로 호환되어 쉽게 종류를 변경할 수 있습니다.

**Keyword** 스파크라인, 열, 승패          **예제 파일** Part 2\2-16.xlsx

**01** [G4]셀을 클릭하고 [삽입] 탭-[스파크라인] 그룹-[꺾은선형]을 클릭합니다.

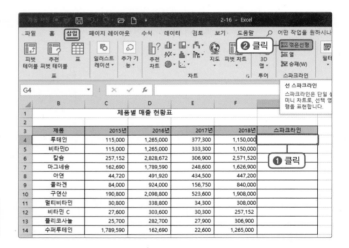

**POINT**
스파크라인은 엑셀 2010부터 사용할 수 있습니다.

**02** [스파크라인 만들기] 대화상자의 데이터 범위를 '[C4:F4]'로 지정하고, [확인] 버튼을 클릭합니다.

**POINT**
[C4:F14]를 먼저 선택하고 스파크라인을 만들 수도 있습니다.

**03** [G4]셀에 적용되어 있는 스파크라인을 복사하기 위해 채우기 핸들(✛)을 [G14]셀까지 드래그합니다.

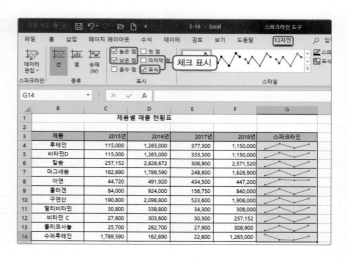

**04** [스파크라인 도구]-[디자인] 탭-[표시] 그룹에서 '높은 점', '낮은 점', '표식'에 체크 표시합니다.

**05** [스타일] 그룹에서 [자세히] 아이콘(▾)을 클릭하고 [바다색, 스파크라인 스타일 색상형 #6]을 선택합니다.

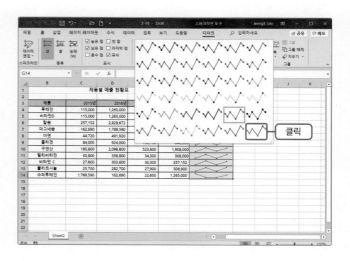

기본 & 입력

서식 & 표

활용 기능

차트 & 응용

필터링 & 분석

매크로

참조 & 자동 계산

함수

**06** [스타일] 그룹-[표식 색]-[높은 점]-
[빨강]을 클릭합니다.

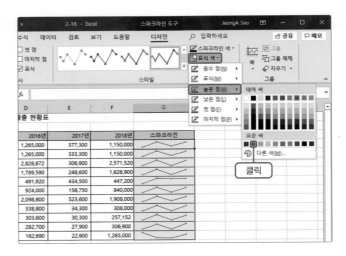

**07** [종류] 그룹-[열]을 클릭하면 변경되
는 것을 확인할 수 있습니다.

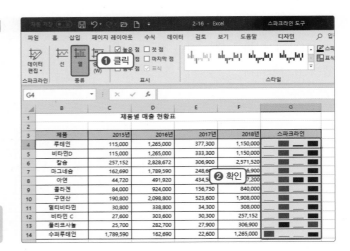

**POINT**
데이터 값의 차이를 비교할 때 적합합니다.

---

**쌩초보 Level Up**

## 적용한 스파크라인 삭제하기

[스파크라인 도구]-[디자인] 탭-[그룹] 그룹-[지우기]를 클릭하고 [선택한
스파크라인 지우기], [선택한 스파크라인 그룹 지우기]를 클릭하여 지울 수
있습니다.

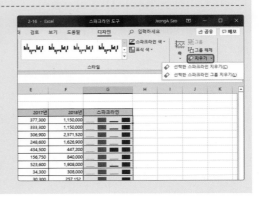

# 다양한 기준으로
# 정렬하기

순서는 작은 값에서 큰 값으로, 이전 날짜에서 최근 날짜로, 숫자-공백-특수 문자-알파벳 소문자-대문자 순서로 정렬됩니다. 논리값은 False, True 순서로 정렬됩니다. 오류값은 정렬 순서가 동일합니다. 다양한 기준으로 정렬하는 방법을 알아보겠습니다.

**Keyword** 셀 값 정렬, 셀 색 정렬, 셀 아이콘 정렬　　　　**예제 파일** Part 2\2-17.xlsx

**01** [C3]셀을 클릭하고 [데이터] 탭-[정렬
및 필터] 그룹-[텍스트 오름차순 정렬(ᇰ↓)]
을 클릭합니다.

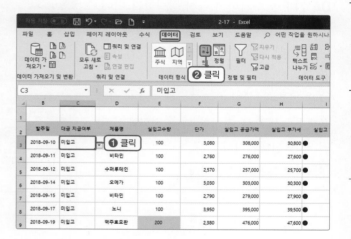

**02** [정렬 및 필터] 그룹-[정렬]을 클릭합
니다. [정렬] 대화상자에서 세로 막대형 정
렬 기준을 '실입고수량', 정렬 기준을 '셀
색'으로 지정하고 정렬에서 셀 색을 지정
합니다.
[확인] 버튼을 클릭합니다.

**POINT**
셀 색, 글꼴 색, 아이콘은 모두 조건부 서식 및 직접 적
용하여 변경된 값입니다.

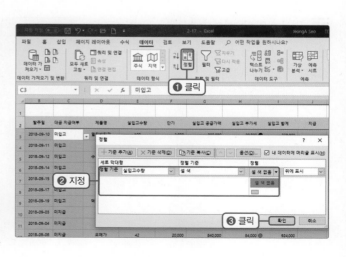

**03** 셀 색으로 정렬된 것을 확인할 수 있습니다.

**04** 기준을 추가하여 다시 정렬하기 위해, [정렬 및 필터] 그룹-[정렬]을 클릭합니다. [정렬] 대화상자에서 [기준 추가] 버튼을 클릭합니다.
다음 기준을 '실입고 공급가액', 정렬 기준을 '글꼴 색'으로 지정한 다음 정렬에서 글꼴 색을 선택합니다.
[확인] 버튼을 클릭합니다.

**05** 우선순위인 '실입고수량'과 두 번째 기준인 '실입고 공급가액'으로 정렬된 것을 확인할 수 있습니다.

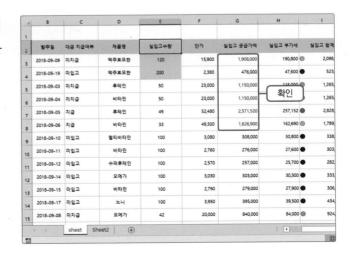

기본 & 입력

서식 & 표

활용 기능

차트 & 응용

필터링 & 분석

매크로

참조 & 자동 계산

함수

SECTION

13

# 사용자 지정 목록으로 정렬하기

모든 데이터가 오름차순, 내림차순으로 정렬되는 것이 아니라 의미적인 높낮이를 갖고 있기도 합니다. 사용자가 지정한 목록 순서로 정렬하는 방법을 알아보겠습니다.

**Keyword** 사용자 지정 목록 정렬 　　　　　　　**예제 파일** Part 2\2-18.xlsx

**01** [B3]셀을 클릭하고 [데이터] 탭-[정렬 및 필터] 그룹-[정렬]을 클릭합니다.
[정렬] 대화상자에서 세로 막대형 정렬 기준을 '대금 지급여부'로 지정합니다. 정렬을 '사용자 지정 목록'으로 지정합니다.

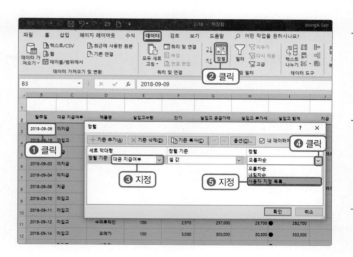

**02** [사용자 지정 목록] 대화상자에서 목록 항목에 '미지급', '지급', '미입고'를 Enter 를 이용해 입력합니다. [추가] 버튼을 클릭합니다.
[확인] 버튼을 클릭합니다.

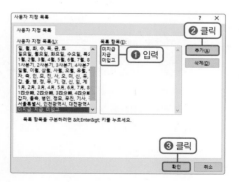

> **POINT**
> [추가] 버튼을 클릭하면 사용자 지정 목록에 추가됩니다.

**03** 정렬에서 오름차순으로 정렬할지 내림차순으로 정렬할지 지정할 수 있습니다. [기준 추가] 버튼을 클릭합니다.

다음 기준을 '제품명', 정렬을 '내림차순'으로 지정하고 [확인] 버튼을 클릭합니다.

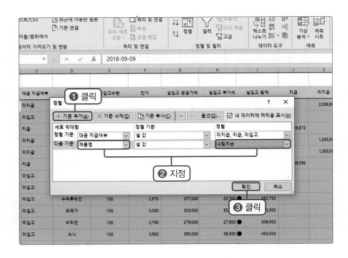

**04** 대금지급여부별 제품명을 기준으로 정렬된 것을 확인할 수 있습니다.

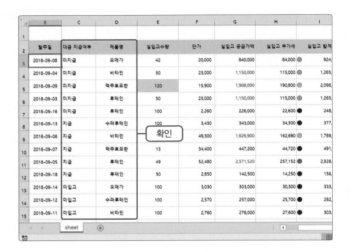

---

**쌩초보 Level Up**

**사용자 지정 목록을 미리 입력한 데이터가 있다면?**

[파일] 탭-[옵션]을 클릭하고 대화상자에서 [고급] 범주를 선택합니다. 아랫부분에서 [사용자 지정 목록 편집] 버튼을 클릭합니다.

[정렬] 대화상자과 달리 [Excel 옵션] 대화상자를 통해 연 [사용자 지정 목록] 대화상자는 [가져오기] 기능이 있어 기존에 미리 입력해 놓은 데이터가 있다면 편리하게 추가할 수 있습니다.

기본 & 입력

서식 & 표

활용 기능

차트 & 응용

필터링 & 분석

매크로

참조 & 자동 계산

함수

# 중복 데이터 서식 변경하고 삭제하기

중복 데이터를 삭제하는 것은 [데이터] 메뉴의 [중복된 항목 제거]를 사용하면 됩니다. 그러나 정말 삭제해도 되는지 확인하기 위해 [조건부 서식]을 이용하여 서식을 변경할 수 있습니다.

**Keyword** 중복 데이터 서식 변경, 중복된 항목 제거    **예제 파일** Part 2 \ 2-19.xlsx

**01** 서식을 변경하기 위해 [B4:B234]를 선택하고, [홈] 탭-[스타일] 그룹-[조건부 서식]-[셀 강조 규칙]-[중복 값]을 클릭합니다.

**02** [중복 값] 대화상자에서 '중복'이 선택되어 있는지 확인하고 [확인] 버튼을 클릭합니다.

**POINT**
중복된 데이터만 서식이 변경되었기 때문에 정말 삭제해도 되는지 확인할 수 있습니다.

**03** 중복된 데이터를 삭제하기 위해 [A3] 셀을 클릭합니다. [데이터] 탭-[데이터 도구] 그룹-[중복된 항목 제거(🗒)]를 클릭합니다.

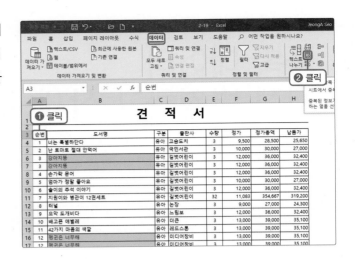

**04** [중복 값 제거] 대화상자에서 [모두 선택 취소] 버튼을 클릭하고 '도서명'만 체크 표시합니다.

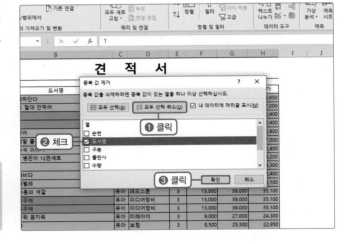

**POINT**
띄어쓰기 하나라도 다르면 중복된 내용이 아니기 때문에 모두 선택된 상태에서 하지 말고, 중요하게 생각하는 기준 열을 한두 가지 정도 체크하는 것이 좋습니다.

**05** 몇 개의 중복된 데이터가 삭제되었는지 확인할 수 있습니다. [확인] 버튼을 클릭합니다.

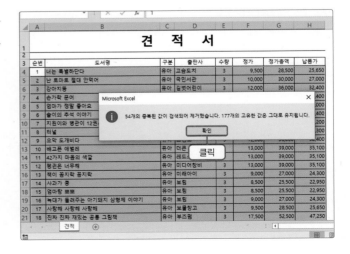

**06** 중복된 항목이 삭제되었기 때문에 조건부 서식에서 적용한 서식 또한 없어진 것을 확인할 수 있습니다.

| 순번 | 도서명 | 구분 | 출판사 | 수량 | 정가 | 정가총액 | 납품가 |
|---|---|---|---|---|---|---|---|
| | | | **견  적  서** | | | | |
| 1 | 너는 특별하단다 | 유아 | 고슴도치 | 3 | 9,500 | 28,500 | 25,650 |
| 2 | 난 토마토 절대 안먹어 | 유아 | 국민서관 | 3 | 10,000 | 30,000 | 27,000 |
| 3 | 강아지똥 | 유아 | 길벗어린이 | 3 | 12,000 | 36,000 | 32,400 |
| 4 | 손가락 문어 | 유아 | 길벗어린이 | 3 | 12,000 | 36,000 | 32,400 |
| 5 | 엄마가 정말 좋아요 | 유아 | 길벗어린이 | 3 | 10,000 | 30,000 | 27,000 |
| 6 | 솔이의 추석 이야기 | 유아 | 길벗어린이 | 3 | 12,000 | 36,000 | 32,400 |
| 7 | 지원이와 병관이 12권세트 | 유아 | 길벗어린이 | 32 | 11,083 | 354,667 | 319,200 |
| 8 | 터널 | 유아 | 논장 | 3 | 9,000 | 27,000 | 24,300 |
| 9 | 오약 도개비다 | 유아 | 느림보 | 3 | 12,000 | 확인 | 32,400 |
| 10 | 배고픈 애벌레 | 유아 | 더큰 | 3 | 13,000 | | 35,100 |
| 11 | 42가지 마음의 색깔 | 유아 | 레드스톤 | 3 | 13,000 | 39,000 | 35,100 |
| 12 | 펭귄은 너무해 | 유아 | 미디어창비 | 3 | 13,000 | 39,000 | 35,100 |
| 13 | 책이 꼼지락 꼼지락 | 유아 | 미래아이 | 3 | 9,000 | 27,000 | 24,300 |
| 14 | 사과가 쿵 | 유아 | 보림 | 3 | 8,500 | 25,500 | 22,950 |
| 15 | 엄마랑 뽀뽀 | 유아 | 보림 | 3 | 8,500 | 25,500 | 22,950 |
| 16 | 늑대가 들려주는 아기돼지 삼형제 이야기 | 유아 | 보림 | 3 | 9,000 | 27,000 | 24,300 |
| 17 | 사랑해 사랑해 사랑해 | 유아 | 보물창고 | 3 | 9,500 | 28,500 | 25,650 |
| 18 | 진짜 진짜 재있는 공룡 그림책 | 유아 | 부즈펌 | 3 | 17,500 | 52,500 | 47,250 |

## [중복된 항목 제거 경고] 대화상자 확인하기

서식을 변경하기 위해 B열의 범위를 선택한 채로 [데이터] 탭-[데이터 도구] 그룹-[중복된 항목 제거]를 클릭하면 [중복된 항목 제거 경고] 대화상자가 표시됩니다. 전체 데이터를 선택하거나, 임의의 셀을 클릭하면 자동으로 전체 데이터를 선택하는데 일부분의 범위를 선택하고 있기 때문에 경고 대화상자가 표시되는 것입니다.

처음부터 임의의 셀을 클릭하고 시작하거나 [중복된 항목 제거 경고] 대화상자에서 [중복된 항목 제거] 버튼을 클릭하면 중복된 항목 제거를 시작할 수 있습니다.

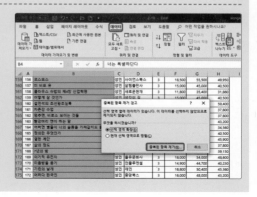

# 인쇄하지 않고 화면에서 시트 두 개 비교하기

여러 개의 시트를 비교 분석할 때 굳이 인쇄하지 않아도 모니터에서 화면을 비교할 수 있습니다. 창 정렬 기능을 배우겠습니다.

**Keyword** 새 창, 화면에서 비교　　　　**예제 파일** Part 2\2-21.xlsx

**01** [보기] 탭-[창] 그룹-[새 창]을 클릭합니다.

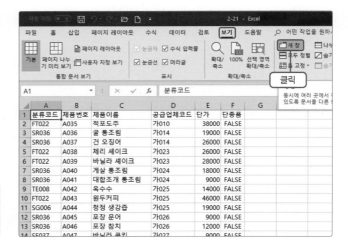

**POINT**
[새 창]을 클릭하면 현재 보던 창과 똑같은 창이 한 개 더 생기는데 파일명에 '2'가 부여됩니다.

**02** [보기] 탭-[창] 그룹-[모두 정렬]을 클릭합니다. [창 정렬] 대화상자에서 '세로'를 선택하고 [확인] 버튼을 클릭합니다.

**POINT**
현재 열린 모든 엑셀 창이 정렬됩니다.

**03** 한 개의 창만 눌러 [비교] 시트를 클릭합니다. 파일은 하나지만 시트 두 개 내용을 한눈에 확인할 수 있습니다.

**04** 창 두 개 중에 한 개를 닫으면 원래 상태로 창 한 개에만 나타납니다.

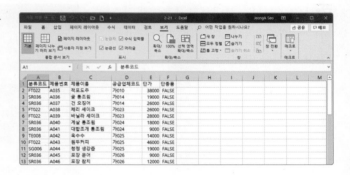

쌩초보 Level Up

## 나란히 보기

[새 창]을 클릭했을 때 [나란히 보기]를 클릭하면 가로 창으로 펼쳐지며, [동시 스크롤]이 선택되어 있는 것이 기본입니다. 다시 [동시 스크롤]을 클릭하면 해제되어 따로 스크롤됩니다.

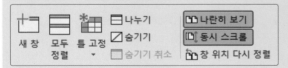

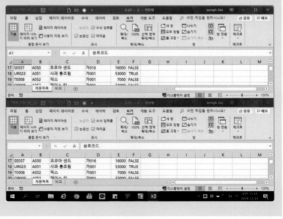

# 조건부 서식으로 데이터 막대 만들기

데이터 막대는 데이터 값에 따라서 막대의 길이를 나타내는 기능입니다. 데이터를 셀에 시각적으로 표현하는 방법을 알아보도록 하겠습니다.

**Keyword** 데이터 막대, 조건부 서식 편집  **예제 파일** Part 2 \ 2-24.xlsx

**01** [C4:C11]을 선택하고 [홈] 탭-[스타일] 그룹-[조건부 서식]-[데이터 막대]-[녹색 데이터 막대]를 클릭합니다.

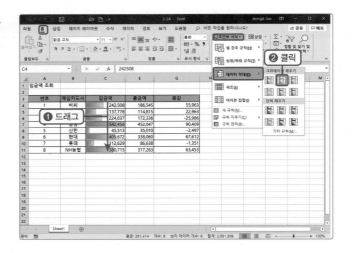

**02** [E4:E11]을 선택하고 [스타일] 그룹-[조건부 서식]-[데이터 막대]-[파랑 데이터 막대]를 클릭합니다.

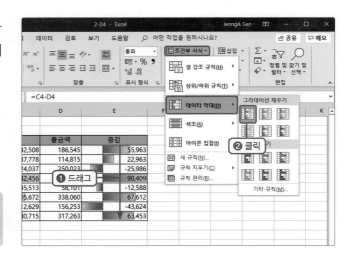

**POINT**
증가한 경우 오른쪽에 배치되고, 감소한 경우 왼쪽에 배치됩니다.

**03** 조건부 서식을 편집하기 위해 [스타일] 그룹-[조건부 서식]-[규칙 관리]를 클릭합니다.

[조건부 서식 규칙 관리자] 대화상자에서 [규칙 편집] 버튼을 클릭합니다.

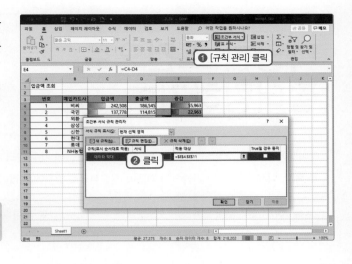

**POINT**
적용된 데이터 막대를 더블클릭해도 편집 가능합니다.

**04** [서식 규칙 편집] 대화상자의 규칙 설명 편집에서 [음수 값 및 축] 버튼을 클릭합니다.

증감이 표시된 범위의 셀 중간부터 양수와 음수가 표시되도록 하기 위해 [음수 값 및 축 설정] 대화상자의 축 설정 항목에서 '셀 중간점'을 선택합니다.

[확인] 버튼을 클릭하여 모든 대화상자를 닫습니다.

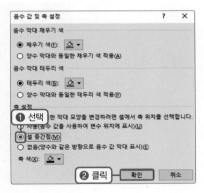

**05** 셀의 중간으로 중심 축이 변경된 것을 확인할 수 있습니다.

| 번호 | 매입카드사 | 입금액 | 출금액 | 증감 |
|---|---|---|---|---|
| 1 | 비씨 | 242,508 | 186,545 | 55,963 |
| 2 | 국민 | 137,778 | 114,815 | 22,963 |
| 3 | 외환 | 224,037 | 250,023 | -25,986 |
| 4 | 삼성 | 542,456 | 452,047 | 90,409 |
| 5 | 신한 | 45,513 | 58,101 | -12,588 |
| 6 | 현대 | 405,672 | 338,060 | 67,612 |
| 7 | 롯데 | 112,629 | 156,253 | -43,624 |
| 8 | NH농협 | 380,715 | 317,263 | 63,453 |

# 다양한 조건으로
# 필터링하기

데이터에 따라 '숫자 필터', '날짜 필터', '텍스트 필터', '색 기준 필터'가 있습니다. 필터링된 기능으로 추출한 데이터를 복사, 삭제 등 편집이 가능하기 때문에 실질적으로 업무에서 많이 사용하는 기능 중 하나입니다.

**Keyword** 숫자 필터, 날짜 필터, 텍스트 필터      **예제 파일** Part 2\2-26.xlsx

**01** [A2]셀을 클릭하고 [데이터] 탭-[정렬 및 필터] 그룹-[필터]를 클릭합니다. 2행에 필터 아이콘이 표시됩니다.

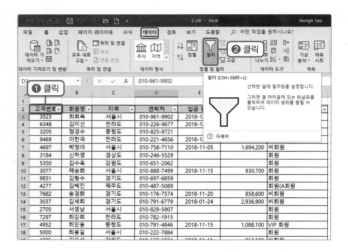

**02** [지역] 필터 아이콘을 클릭하고 [텍스트 필터]-[끝 문자]를 클릭합니다.

**03** [사용자 지정 자동 필터] 대화상자가 표시되면 찾을 조건에서 끝 문자를 '도'로 지정하고 [확인] 버튼을 클릭합니다.

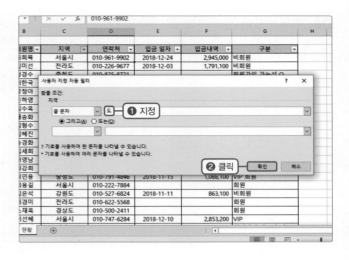

**04** [회원명] 필터 아이콘을 클릭하고 검색 창에 '김'을 입력하면 '김'이 포함된 데이터만 체크되는 것을 확인할 수 있습니다. [확인] 버튼을 클릭합니다.

**05** [지역]이 '도'로 끝나며, [회원명]이 '김'으로 시작하는 필터링 결과를 확인할 수 있습니다.

| | A | B | C | D | E | F | |
|---|---|---|---|---|---|---|---|
| 2 | 고객번호 | 회원명 | 지역 | 연락처 | 입금 일자 | 입금내역 | |
| 4 | 6348 | 김미선 | 전라도 | 010-226-9677 | 2018-12-03 | 1,791,100 | 비회원 |
| 9 | 5350 | 김수옥 | 강원도 | 010-651-2062 | | | 회원 |
| 11 | 9831 | 김형수 | 경기도 | 010-697-6859 | | | 회원 |
| 12 | 4277 | 김혜진 | 제주도 | 010-487-5089 | | | 회원(A회원 |
| 14 | 3037 | 김세희 | 경기도 | 010-791-6779 | 2018-01-24 | 2,936,900 | 비회원 |
| 19 | 4095 | 김은석 | 강원도 | 010-527-6824 | 2018-11-11 | 863,100 | 비회원 |
| 24 | 9646 | 김일희 | 경상도 | 010-191-9241 | 2018-12-25 | 1,971,100 | 비회원 |
| 27 | 2433 | 김태화 | 경기도 | 010-690-6926 | | | 회원 |
| 29 | 5712 | 김지연 | 경기도 | | | | 회원가입 가 |
| 30 | 8744 | 김현아 | 충청도 | | | | 회원가입 가 |
| 34 | 7234 | 김성수 | 경기도 | 010-222-9247 | 2018-11-15 | 2,928,800 | 회원(A회원 |
| 35 | 5049 | 김미정 | 경상도 | 010-674-4821 | 2018-11-20 | 1,912,600 | 회원 |
| 37 | 4191 | 김미자 | 전라도 | 010-827-7076 | 2018-12-15 | 871,200 | 비회원 |
| 38 | 7922 | 김이종 | 제주도 | 010-520-8987 | | | 회원가입 하 |
| 41 | 8560 | 김은숙 | 전라도 | 010-574-7472 | 2018-12-10 | 2,790,200 | VIP회원 |
| 44 | 5651 | 김미정 | 충청도 | 010-970-5266 | 2018-11-15 | 3,502,800 | 회원 |
| 46 | 2837 | 김현아 | 경상도 | 010-126-5727 | 2018-12-10 | 2,457,300 | 회원(VIP) |
| 49 | 8468 | 김유진 | 경상도 | 010-714-9702 | 2018-11-15 | 814,500 | 회원 |
| 54 | 9245 | 김태훈 | 제주도 | 010-792-6215 | 2018-12-11 | 836,100 | 회원 |
| 66 | 6714 | 김유진 | 강원도 | 010-877-1742 | 2018-12-13 | 881,100 | 비회원 |

76개 중 20개의 레코드가 있습니다.

**POINT**
자동 필터 아이콘에 삼각형만 표시( ▼ )되면 조건이 적용되지 않은 필드이고, 깔때기 모양( ⫟ )이 있으면 조건이 지정되어 있다는 의미입니다.

**06** [지역] 필터 아이콘을 클릭하고 ["지역"에서 필터 해제]를 클릭합니다.

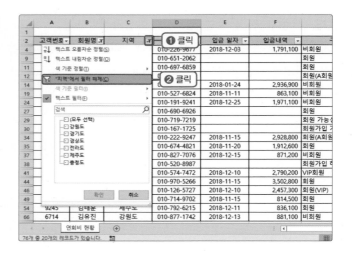

**07** [입금 일자] 필터 아이콘을 클릭하고 '[모두 선택]'을 선택하여 전체를 해제한 다음 '12월'만 클릭합니다.

**POINT**
필드가 날짜인 경우 일, 주, 월, 분기, 연 등의 값으로 검색할 수 있습니다.

**08** 두 가지 이상의 조건을 한꺼번에 제거하려면 [정렬 및 필터] 그룹–[지우기]를 클릭합니다.

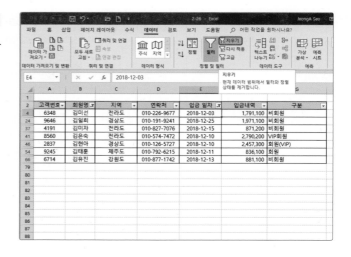

기본 & 입력

서식 & 표

활용 기능

차트 & 응용

필터링 & 분석

매크로

참조 & 자동 계산

함수

# 조건부 서식 결과로 자동 필터링하기

SECTION

18

앞에서 다루었던 필터링뿐 아니라 '색 기준 필터'에 대해서 좀 더 알아보겠습니다. 서식이 변경된 데이터가 있으면 '색 기준 필터'가 활성화됩니다. 또한 상위 30%에 포함된 데이터를 필터링해 보겠습니다.

**Keyword** 자동 필터, 색 기준 필터        **예제 파일** Part 2\2-27.xlsx

**01** [입금내역] 필터 아이콘을 클릭하고 [숫자 필터]-[상위 10]을 클릭합니다.

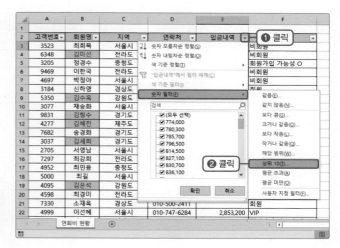

**POINT**
서식이 적용된 셀이 없는 경우 '색 기준 필터'가 활성화되지 않습니다.

**02** [상위 10 자동 필터] 대화상자에서 표시를 '상위', '30', '%'로 지정합니다. [확인] 버튼을 클릭합니다.

**03** [회원명]의 필터 아이콘을 클릭하고 [색 기준 필터]에서 글꼴 색 기준 필터의 색을 클릭합니다.

**04** 두 가지 기준으로 필터링된 결과를 확인할 수 있습니다.

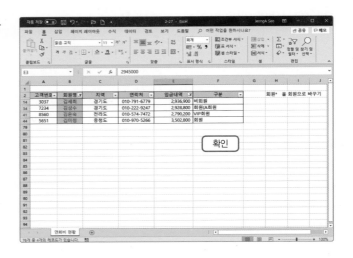

**05** 두 가지 이상의 조건을 한꺼번에 제거하려면 [데이터] 탭-[정렬 및 필터] 그룹-[지우기]를 클릭합니다.

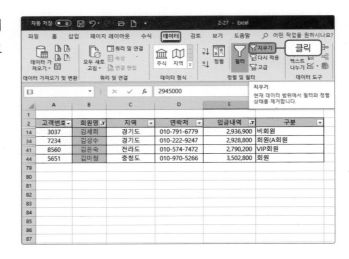

# 여러 시트에 있는 데이터 통합하기

1사분기에서 4사분기까지 다른 시트에 있는 데이터의 합계를 구하려 합니다. 원본 데이터와 결과 데이터가 다른 시트에 있으면 [원본 데이터에 연결]을 클릭하여 연결할 수 있습니다. 통합의 기능은 결과를 입력해야 하는 시트의 셀을 클릭하고 시작합니다.

**Keyword** 시트별 통합, 원본 데이터에 연결　　　**예제 파일** Part 2\2-29.xlsx

**01** 면적에 대한 통합을 하기 위해 [통합] 시트를 선택하고 [A3]셀을 클릭합니다. [데이터] 탭-[데이터 도구] 그룹-[통합 (吕ᄆ)]을 클릭합니다.

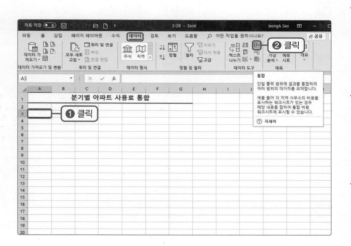

**02** [통합] 대화상자에서 함수를 '합계', 참조에서 [1사분기] 시트를 클릭하고 [B3:H33]을 선택합니다. [추가] 버튼을 클릭합니다. 참조를 지웁니다.

**03** 참조에서 [2사분기] 시트를 클릭하고 [B3:H28]을 선택한 다음 [추가] 버튼을 클릭합니다. 같은 방법으로 [3사분기] 시트의 [B3:H30], [4사분기] 시트의 [B3:H23]을 각각 추가합니다.

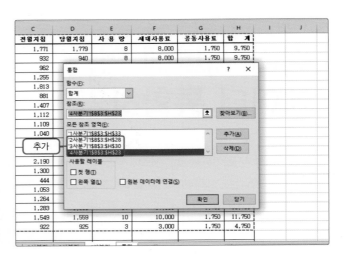

**POINT**
추가하려는 범위의 시작 셀은 같기 때문에, 달라지는 마지막 셀을 선택할 때는 Shift를 누른 채 마지막 셀만 클릭하여 선택을 추가합니다.

**04** [통합] 대화상자의 사용할 레이블에서 '첫 행', '왼쪽 열', '원본 데이터에 연결'에 체크 표시합니다. [확인] 버튼을 클릭합니다.

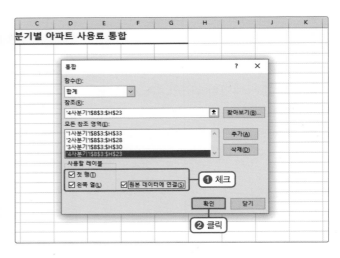

**POINT**
원본 데이터와 결과 데이터가 다른 시트에 있으면 '원본 데이터에 연결'이 가능합니다.

**05** 열 너비를 조절하고 [A3]셀에 '면적'을 입력합니다. B열 머리를 마우스 오른쪽 버튼으로 클릭하고 **[삭제]**를 실행합니다.

**POINT**
'원본 데이터에 연결'에 체크 표시하고 통합하면 항상 빈 열이 추가되니 삭제하면 됩니다. 삭제 단축키는 Ctrl+─입니다.

기본 & 입력

서식 & 표

활용 기능

차트 & 응용

필터링 & 분석

매크로

참조 & 자동 계산

함수

# 부분합하기

부분합은 말 그대로 그룹을 기준으로 부분적으로 합을 하는 기능입니다. 그룹별로 합계, 평균, 개수 등을 자동으로 계산합니다. 부분합을 하기 위해서는 먼저 그룹화할 항목으로 정렬되어 있어야 합니다.

**Keyword** 부분합, 정렬하고 시작　　　　　　　　　**예제 파일** Part 2 \ 2-30.xlsx

**01** 먼저 부분합에서 그룹화할 기준으로 정렬합니다. [A3]셀을 클릭하고 [데이터] 탭-[정렬 및 필터] 그룹-[정렬]을 클릭합니다.

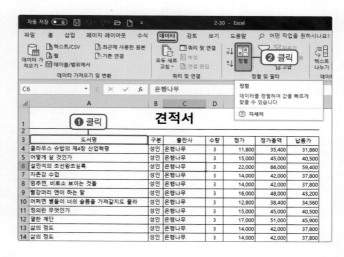

**02** [정렬] 대화상자에서 첫 번째 기준인 정렬 기준을 '구분'으로 지정합니다. [기준 추가] 버튼을 클릭합니다. 다음 기준을 '출판사'로 지정합니다.
[확인] 버튼을 클릭합니다.

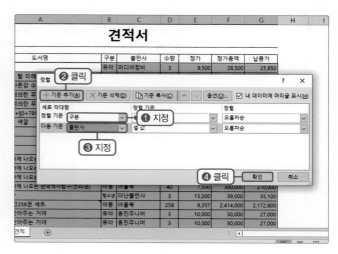

**03** 첫 번째 부분합을 하기 위해 [개요] 그룹-[부분합]을 클릭합니다.

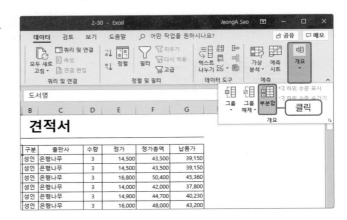

**04** [부분합] 대화상자에서 그룹화할 항목을 '구분', 사용할 함수를 '합계'로 지정합니다. 부분합 계산 항목에서 '수량', '정가', '정가총액', '납품가'에 체크 표시합니다. [확인] 버튼을 클릭합니다.

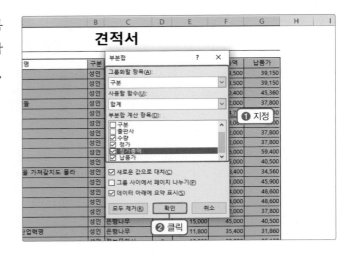

**05** 다시 한 번 [부분합]을 실행합니다. [부분합] 대화상자가 표시되면 그룹화할 항목을 '출판사', 사용할 함수를 '합계', 부분합 계산 항목에서 '수량', '정가', '정가총액', '납품가'에 체크 표시합니다.
'새로운 값으로 대치'를 클릭하여 체크 해제하고 [확인] 버튼을 클릭합니다.

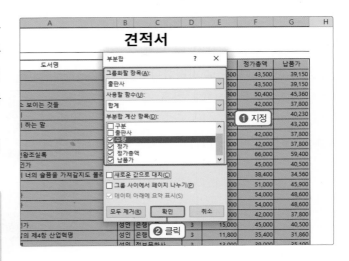

**POINT**
'새로운 값으로 대치'의 체크 표시를 해제하지 않으면 '구분'으로 합계된 결과 값이 없어지고 새롭게 부분합이 적용됩니다. 부분합을 삭제하기 위해서는 [모두 제거] 버튼을 클릭합니다.

# 데이터베이스를 관리하기 위한 규칙 이해하기

## 21

엑셀의 정렬, 필터, 부분합, 피벗 테이블 등 기능을 제대로 사용하려면 표를 만들기 위한 규칙을 알아야 합니다. 필드(열)와 레코드(행)를 기준으로 데이터베이스가 기본 구성되며, 필드명인 표의 첫 행을 기준으로 기능을 활용할 수 있습니다.

**Keyword** 데이터베이스, 필드, 레코드 　　　　**예제 파일** Part 2\2-32.xlsx

**01** 데이터베이스를 활용하려면 병합되지 않아야 하고, 하나의 필드(열)에는 한 가지의 정보가 입력되어야 합니다. 그리고 하나의 표에 빈 행이나 빈 열을 갖고 있지 않아야 합니다. 제목은 한 줄로 입력되어야 합니다. 데이터베이스는 기본적으로 필드명과 필드(열), 레코드(행)를 기준으로 구성됩니다.

| 번호 | 매입카드사 | 입금액 | 비율 | 출금액 | 비율 |
|------|-----------|--------|------|--------|------|
| | | 입금액 조회 | | | |
| 1 | 비씨 | 242,508 | 12% | 186,545 | 11% |
| 2 | 국민 | 137,778 | 7% | 114,815 | 7% |
| 3 | 외환 | 224,037 | 11% | 172,336 | 10% |
| 4 | 삼성 | 542,456 | 26% | 452,047 | |
| 5 | 신한 | 45,513 | 2% | 35,010 | |
| 6 | 현대 | 405,672 | 19% | 338,060 | 20% |
| 7 | 롯데 | 112,629 | 5% | 86,638 | 5% |
| 8 | NH농협 | 380,715 | 18% | 317,263 | 19% |
| 합계 | | 2,091,308 | 100% | 1,702,713 | 100% |

*필드명 / 레코드 / 필드*

**POINT**
- 필드명 : 필드를 구분할 수 있는 이름, 첫 행을 의미합니다.
- 필드 : 한 개의 성질을 갖고 있으며 열을 의미합니다.
- 레코드 : 행 각각을 의미합니다.

**02** 하나의 표는 빈 행이나 빈 열이 없어야 합니다. 빈 행이나 열을 기준으로 그 앞까지만 범위로 인식되기 때문입니다.

| 번호 | 매입카드사 | 입금액 | | 비율 | 출금액 | 비 |
|------|-----------|--------|---|------|--------|----|
| | | 입금액 조회 | | | | |
| 1 | 비씨 | 242,508 | | 12% | 186,545 | |
| 2 | 국민 | 137,778 | | 7% | 114,815 | |
| 3 | 외환 | 224,037 | | 11% | 172,336 | |
| | | | | | | |
| 4 | 삼성 | 542,456 | | 26% | 452,047 | |
| 5 | 신한 | 45,513 | | 2% | 35,010 | |
| 6 | 현대 | 405,672 | | 19% | 338,060 | |
| 7 | 롯데 | 112,629 | | 5% | 86,638 | |
| 8 | NH농협 | 380,715 | | 18% | 317,263 | |
| 합계 | | 2,091,308 | | 100% | 1,702,713 | |

**03** 필드명은 한 줄로 입력되어 있어야 하며, 병합되어 있지 않아야 합니다.

**04** 병합된 셀이 없어야 합니다. 병합된 셀에 정렬 기능을 수행하면 '이 작업을 수행하려면 모든 셀의 크기가 동일해야 합니다'라는 메시지가 표시되며, 필터나 피벗 테이블을 수행하면 병합된 셀의 첫 셀을 제외하고 '비어 있음' 항목으로 인식됩니다.

**05** 한 셀에는 하나의 정보만 입력되어야 합니다. 하나의 필드에 두 개 이상의 정보가 입력되어 있다면 필터, 피벗 테이블 등 데이터 메뉴들을 그룹화할 수 없습니다.

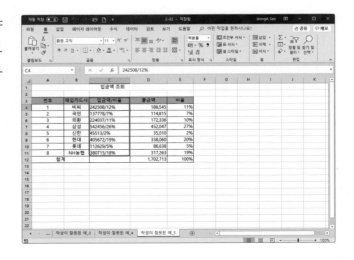

# 추천 피벗 테이블,
# 피벗 차트 만들기

피벗 테이블은 대량의 데이터를 간단하게 요약하는 표를 말합니다. [추천 피벗 테이블]은 엑셀 2013부터 제공되는 기능이며, 데이터에 가장 적합한 피벗 테이블을 추천하여 빠르게 만들 수 있습니다.

**Keyword** 추천 피벗 테이블, 피벗 차트    **예제 파일** Part 2 \ 2-33.xlsx

**01** [A3]셀을 클릭하고 [삽입] 탭-[표] 그룹-[추천 피벗 테이블]을 클릭합니다.

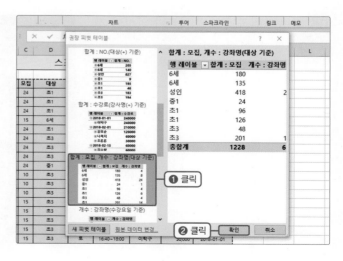

**POINT**
추천 피벗 테이블은 엑셀 2013부터 사용할 수 있습니다. Ctrl+A를 누르면 화면 오른쪽 아랫부분에 [빠른 분석] 아이콘(📊)이 표시되며 [테이블] 탭에서 선택할 수 있습니다. 빠른 분석 단축키는 Ctrl+Q입니다.

**02** [권장 피벗 테이블] 대화상자에서 [합계 : 모집, 개수 : 강좌명(대상 기준)]을 선택하고 [확인] 버튼을 클릭합니다.

기본 & 입력

서식 & 표

활용 기능

차트 & 응용

필터링 & 분석

매크로

참조 & 자동 계산

함수

**03** 새로운 시트가 삽입된 다음 피벗 테이블이 만들어집니다. 피벗 차트를 만들기 위해 [피벗 테이블 도구]–[분석] 탭–[도구] 그룹–[피벗 차트]를 클릭합니다.

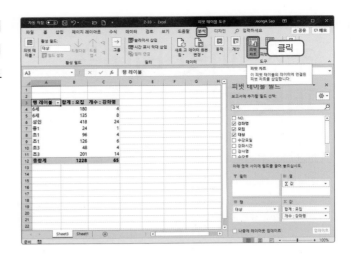

**04** [차트 삽입] 대화상자에서 [혼합] 범주를 클릭하고 '개수 : 강좌명'의 보조 축에 체크 표시합니다. [확인] 버튼을 클릭합니다.

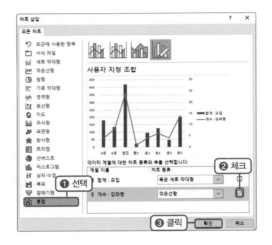

**05** 피벗 테이블과 피벗 차트가 완성된 것을 확인할 수 있습니다.

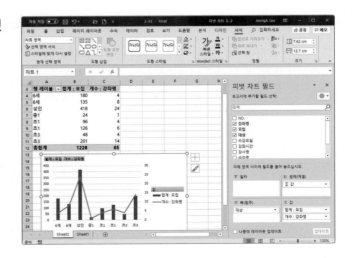

피벗 테이블은 대량의 데이터를 분석하여 요약하는 기능으로, 정렬, 필터, 부분합, 통합 등 기능을 합쳐 놓은 것과 같다고 볼 수 있습니다. 행, 열, 값에 필드명을 이동해 넣으면 요약 및 분석할 수 있습니다.

**Keyword** 대량의 데이터 요약, 크로스탭 　　　　　**예제 파일** Part 2 \ 2-34.xlsx

**01** [A3]셀을 클릭하고 [삽입] 탭-[표] 그룹-[피벗 테이블]을 클릭합니다.

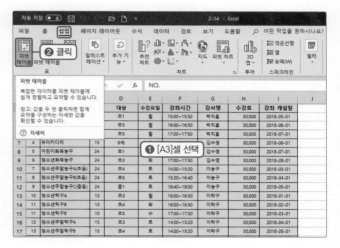

**02** [피벗 테이블 만들기] 대화상자에서 '표 또는 범위 선택'의 표/범위에 자동으로 선택된 [A3:I68] 셀 범위를 그대로 사용하고 '새 워크시트' 위치 그대로 [확인] 버튼을 클릭합니다.

**03** 시트가 추가되고 피벗 테이블 작업 영역이 표시됩니다. [피벗 테이블 필드] 작업 창에서 '수강요일' 필드를 [열] 영역, '대상' 필드를 [행] 영역, '수강료' 필드를 [값] 영역으로 드래그합니다.

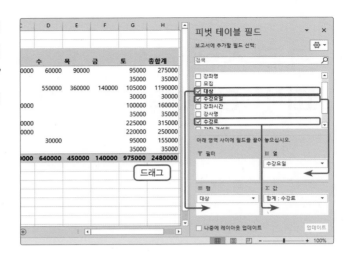

**04** 계산된 [D5]셀을 마우스 오른쪽 버튼으로 클릭합니다. **[값 요약 기준]–[개수]**를 실행합니다.

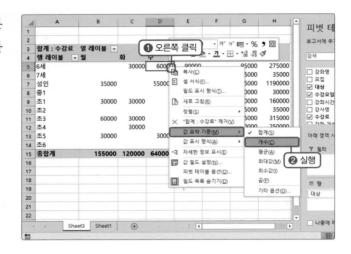

**05** [피벗 테이블 도구]–[디자인] 탭–[레이아웃] 그룹–[총합계]–[열의 총합계만 설정]을 클릭합니다.

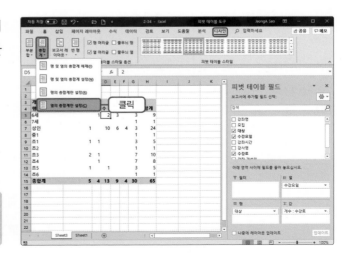

**POINT**
피벗 테이블 영역 안의 셀이 선택되어야 [피벗 테이블 도구] 탭과 [피벗 테이블 필드] 작업 창이 표시됩니다.

**06** [피벗 테이블 스타일] 그룹에서 [자세히] 아이콘(▾)을 클릭하고 [진한 녹색, 피벗 스타일 어둡게 7]을 클릭합니다.

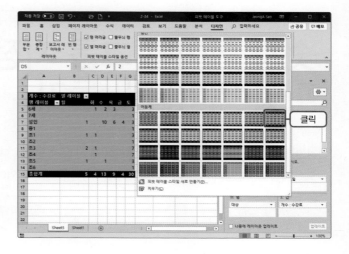

---

**쌩초보 Level Up**

## 피벗 테이블 지우기

피벗 테이블을 지우는 방법은 두 가지로 나눌 수 있습니다. 필드만 제거하는 방법과 피벗 테이블 영역을 모두 제거하는 방법을 알아보겠습니다.

① [피벗 테이블 도구]–[분석] 탭–[동작] 그룹–[지우기]–[모두 지우기]를 클릭합니다. 피벗 테이블 영역만 남고 필드명은 초기화됩니다.

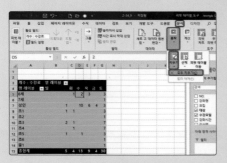

② 피벗 테이블 영역을 모두 제거하려면 피벗 테이블을 선택하고 [홈] 탭–[편집] 그룹–[지우기]–[모두 지우기]를 클릭합니다. 피벗 테이블이 모두 제거된 것을 확인할 수 있습니다.

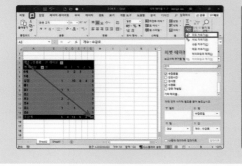
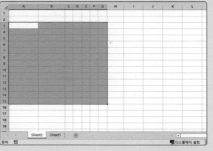

# 숫자 데이터 그룹 지정하여
# 피벗 테이블 만들기

값 영역에 똑같은 필드명을 여러 번 적용하여 개수, 합계, 평균을 구해 봅니다. 숫자 데이터인 경우 다시 한번 그룹으로 지정할 수 있습니다. 숫자 데이터 그룹을 지정하는 방법을 알아보겠습니다.

**Keyword** 그룹                    **예제 파일** Part 2\2-35.xlsx

**01** [A3]셀을 클릭하고, [삽입] 탭-[표] 그룹-[피벗 테이블]을 클릭합니다. [피벗 테이블 만들기] 대화상자에서 [확인] 버튼을 클릭합니다.

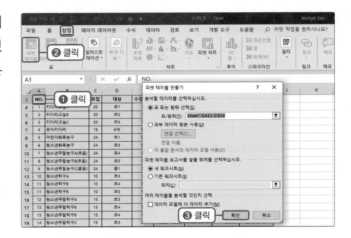

**02** [Sheet2]가 추가되고 피벗 테이블 작업 영역이 표시됩니다.

[피벗 테이블 필드] 작업 창에서 '수강요일' 필드를 [행] 영역으로 드래그하고, '수강료' 필드를 [값] 영역으로 세 번 드래그합니다.

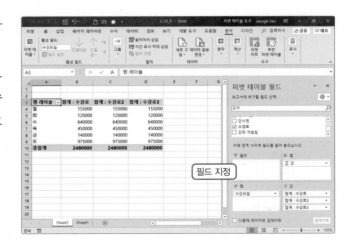

**03** 피벗 테이블 영역의 첫 번째 수강료 셀을 마우스 오른쪽 버튼으로 클릭하고 **[값 요약 기준]-[개수]**를 실행합니다.
세 번째 수강료 셀에서 같은 방법으로 **[평균]**을 실행합니다.

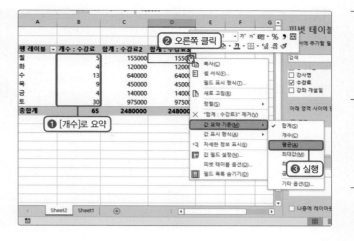

**04** [B4:D10]을 선택하고 마우스 오른쪽 버튼을 클릭한 다음 [쉼표 스타일( **,** )]을 클릭합니다.

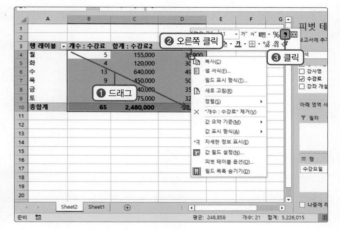

**POINT**
쉼표 스타일을 적용하면 소수점 이하의 자릿수가 여러 가지 형태여도 한꺼번에 정리됩니다.

**05** [피벗 테이블 필드] 설정 창에서 [행] 영역의 '수강요일'을 왼쪽 셀 영역으로 드래그하여 삭제합니다.

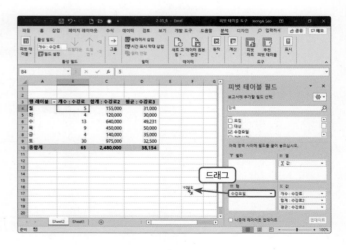

**06** [피벗 테이블 필드] 작업 창에서 '모집' 필드를 [행] 영역으로 드래그하고, [A4]셀을 클릭합니다. 마우스 오른쪽 버튼을 클릭하고 **[그룹]**을 실행합니다.

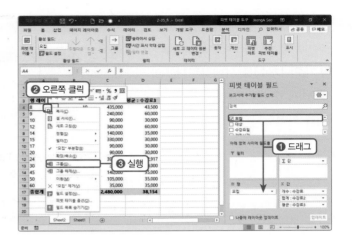

**07** [그룹화] 대화상자에서 시작을 '1'로 설정하고 [확인] 버튼을 클릭합니다.

**POINT**
[모집] 필드가 숫자이기 때문에 데이터의 최소값과 최대값이 [그룹화] 대화상자에 표시되며 값 각각을 상황에 따라 편집할 수 있습니다.

**08** 1부터 10단계로 그룹화된 것을 확인할 수 있습니다.

# 날짜 데이터 그룹 지정하여 피벗 테이블 만들기

날짜 데이터는 주로 일별로 표현되기 때문에 이를 그룹화하면 '일, 월, 분기, 연' 단위로 할 수 있습니다. 엑셀 2013 이상에서는 자동으로 그룹화되는 부분도 있지만 상황에 따라 원하는 그룹으로만 표현할 수 있어야 하기 때문에 수동으로 그룹화하는 방법도 알아보겠습니다.

**Keyword** 날짜 그룹 지정, 그룹(월, 분기, 연)    **예제 파일** Part 2 \ 2-36.xlsx

**01** [A3] 셀을 클릭하고 [삽입] 탭–[표] 그룹–[피벗 테이블]을 클릭합니다. [피벗 테이블 만들기] 대화상자에서 [확인] 버튼을 클릭합니다.

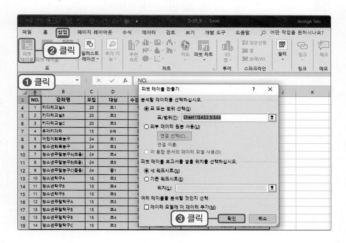

**02** [Sheet2]가 추가되고 피벗 테이블 작업 영역이 표시됩니다. [피벗 테이블 필드] 작업 창에서 '강좌 개설일' 필드를 [행], '수강료' 필드를 [값]으로 드래그합니다.

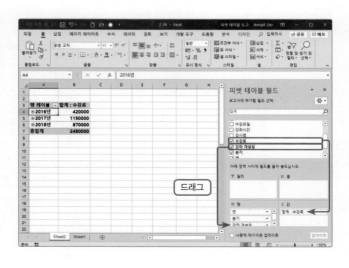

**03** 연도가 표시된 [A4]셀을 마우스 오른쪽 버튼으로 클릭하고 **[그룹]**을 실행합니다.

**04** '분기', '연'을 다시 클릭하여 선택을 해제하고 [확인] 버튼을 클릭합니다.

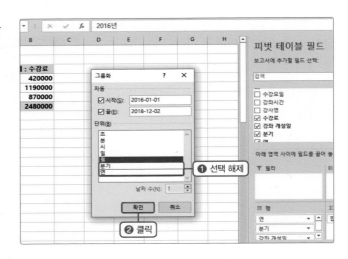

**05** [A7]셀을 마우스 오른쪽 버튼으로 클릭하고 **[그룹]**을 실행합니다.

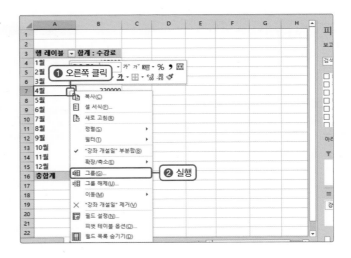

**06** '월'을 클릭하여 선택을 해제하고, '분기', '연'을 클릭하여 선택한 다음 [확인] 버튼을 클릭합니다.

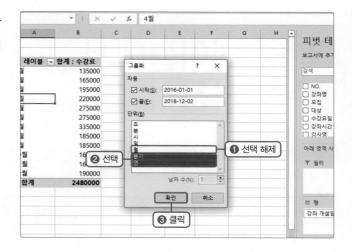

**07** [행] 영역에 있는 '강좌 개설일' 필드를 [열] 영역으로 드래그하여 이동합니다.

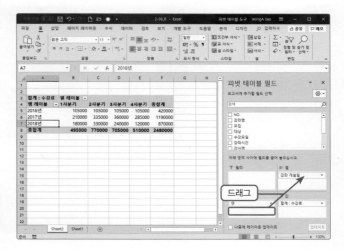

**POINT**
월, 분기, 연으로 구분되기 때문에 원하는 위치로 드래그하여 다양한 표를 만들 수 있습니다.

**08** [B5:F8]을 선택하고 마우스 오른쪽 버튼을 클릭한 다음 미니바에서 [쉼표 스타일(,)]을 클릭합니다.

# 피벗 테이블에서
# 수식 사용하기

피벗 테이블에서는 원본 데이터를 참조로 수식을 추가 사용할 수 있습니다. 피벗 테이블 필드에서 제공되는 필드명을 이용하여 계산하는 방법을 알아보겠습니다.

**Keyword** 피벗 테이블 수식, 레이블 입력       **예제 파일** Part 2 \ 2-39.xlsx

**01** [삽입] 탭-[표] 그룹-[피벗 테이블]을 클릭하여 새 시트에 피벗 테이블을 만들고 [피벗 테이블 필드] 설정 창에서 '수강요일' 필드를 [행] 영역, '수강료'와 '모집' 필드를 [값] 영역으로 드래그합니다.

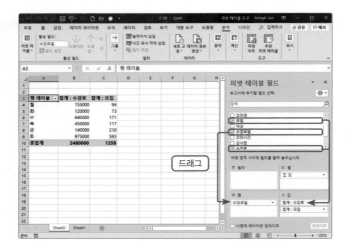

**02** [피벗 테이블 도구]-[분석] 탭-[계산] 그룹-[필드, 항목 및 집합]-[계산 필드]를 클릭합니다.

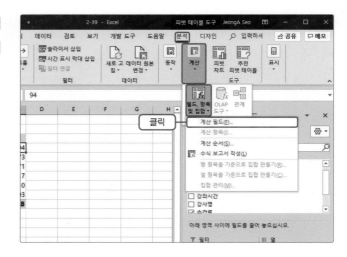

**03** [계산 필드 삽입] 대화상자에서 이름을 '총합계', 수식에 커서를 두고 필드에서 '수강료'를 더블클릭합니다.
'*'를 입력하고 필드에서 '모집'을 더블클릭한 다음 [확인] 버튼을 클릭합니다.

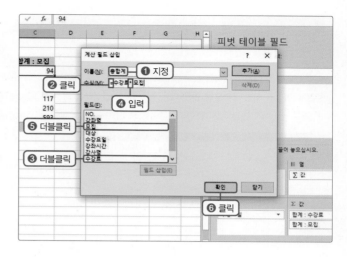

**04** [B3:D3]에 '수강금액', '모집인원', '합계'를 각각 입력합니다. [피벗 테이블 도구]-[분석] 탭-[표시] 그룹-[필드 머리글] 선택을 해제합니다.

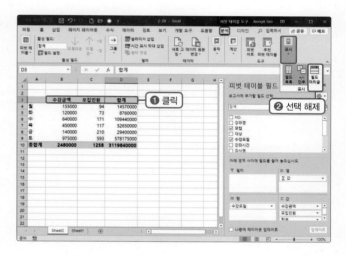

**05** [B4:D10]을 드래그하여 선택하고 마우스 오른쪽 버튼을 클릭한 다음 미니바에서 [쉼표 스타일( , )]을 클릭합니다.

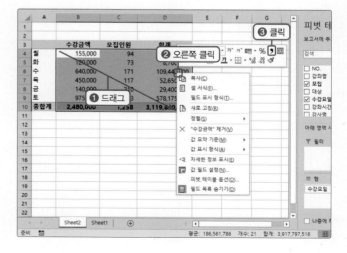

## 원본 데이터를 변경하고 새로 고침하기

▶ 예제 파일 : Part 2\2-S_4.xlsx

피벗 테이블은 많은 데이터를 간단하게 요약하는 기능으로 테이블이 만들어지면 원본 데이터와의 연결이 끊기도록 되어 있습니다. 만약 원본 데이터가 피벗 테이블을 만든 다음 편집되었다면 수동으로 새로 고침해야 합니다.

① 원본 데이터가 변경되었다면 [피벗 테이블 도구]–[분석] 탭–[데이터] 그룹–[새로 고침]을 클릭합니다.

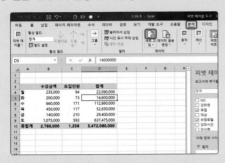

② 계속 사용해야 하는 데이터이면서 자주 원본 데이터가 변경된다면 옵션에서 설정할 수 있습니다. [피벗 테이블 도구]–[분석] 탭–[피벗 테이블] 그룹–[옵션]을 클릭합니다.

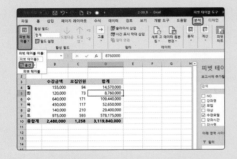

③ [피벗 테이블 옵션] 대화상자에서 [데이터] 탭을 선택하고 '파일을 열 때 데이터 새로 고침'에 체크 표시한 다음 [확인] 버튼을 클릭합니다.

# 빈 행
# 삽입하기

엑셀 데이터 행 사이사이에 빈 행을 삽입해야 하는 경우가 있습니다. 데이터가 많을 경우 행을 하나씩 추가하기는 너무 번거로울 것입니다. 이럴 때 정렬을 이용하면 간단하게 행 사이에 빈 행을 삽입할 수 있습니다.

**Keyword** 빈 행 삽입        **예제 파일** Part 2 \ 2-40.xlsx

**01** [H4]셀에 '1'을 입력하고, [H5]셀에 '2'를 입력합니다. 입력한 [H4:H5]를 드래그하여 선택합니다.

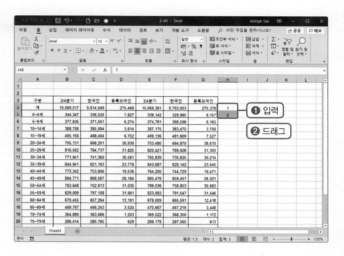

**02** 범위를 지정한 채로 채우기 핸들을 더블클릭하여 데이터 끝까지 채웁니다.

**03** Ctrl+C를 눌러 복사하고 [H26]셀을 클릭한 다음 Ctrl+V를 눌러 붙입니다.

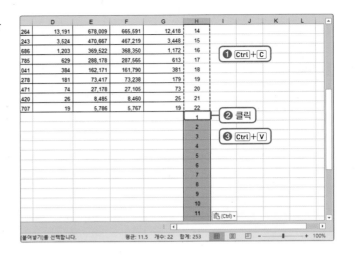

**04** H열의 임의의 셀을 클릭하고 [홈] 탭-[편집] 그룹-[정렬 및 필터]-[숫자 오름차순 정렬]을 클릭합니다.

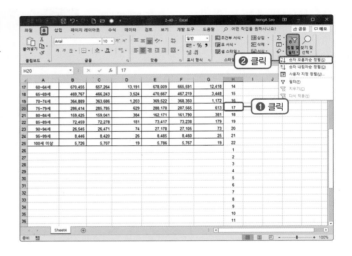

**05** 격 행으로 빈 행이 삽입된 것을 확인할 수 있습니다.
H열 데이터는 삭제해 줍니다.

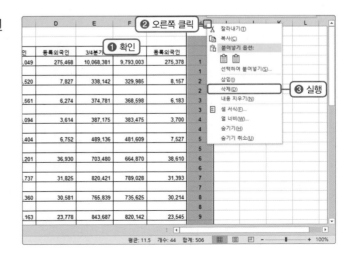

# 고급 필터로 OR 조건 필터링하기

고급 필터는 자동 필터로 하지 못하는 OR 개념으로 필터링할 수 있으며, 수식을 사용하여 필터링하는 것도 가능합니다. 고급 필터 사용 방법을 알아보겠습니다.

**Keyword** OR 개념 필터, 고급 필터 　　　　　**예제 파일** Part 2 \ 2-42.xlsx

**01** [OR_1] 시트의 [B8]셀을 선택하고 [데이터] 탭-[정렬 및 필터] 그룹-[고급]을 클릭합니다.

[고급 필터] 대화상자에서 결과를 '다른 장소에 복사', 목록 범위를 '[2017년] 시트의 [A3:J95]', 조건 범위를 '[B2:C4]', 복사 위치를 '[B8]'로 지정하고 [확인] 버튼을 클릭합니다.

**POINT**
결과를 다른 시트에 복사해야 한다면 결과를 입력해야 하는 시트에서 고급 필터를 시작합니다.

**02** 흡연 여부가 '비흡연'이거나 성별이 '남자'인 경우 필터링되어 복사됩니다.

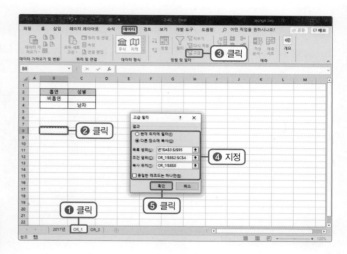

**03** [OR_2] 시트의 [B7]셀을 클릭하고 [정렬 및 필터] 그룹-[고급]을 클릭합니다. [고급 필터] 대화상자에서 결과를 '다른 장소에 복사', 목록 범위를 '[2017년] 시트의 [A3:J95]', 조건 범위를 '[B2:D4]', 복사 위치를 '[B7]'로 지정하고 [확인] 버튼을 클릭합니다.

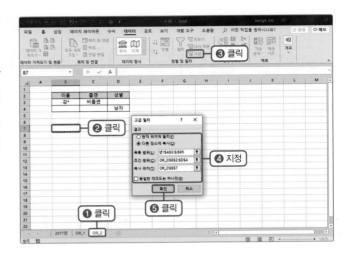

**04** 이름이 '강'으로 시작하고 흡연 여부는 '비흡연'이거나 성별이 '남자'인 경우가 필터링되어 복사되었습니다.

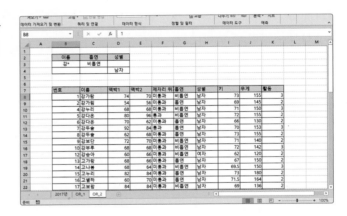

---

**쌩초보 Level Up**

## 고급 필터 조건을 만들 때 규칙 알아보기

엑셀의 고급 필터는 조건이 셀에 미리 입력되어 있어야 한다는 점이 중요합니다. 따라서 조건을 입력해야 하는 규칙을 지켜야 그에 맞는 결과를 확인할 수 있습니다. 규칙을 만드는 조건을 배우겠습니다. 조건을 작성할 필드명을 원본 데이터와 동일하게 입력해야 합니다.

① AND 조건 : 여러 개의 조건을 동시에 입력합니다. 흡연 여부가 '비흡연'이고, 성별이 '남자'인 경우 필터링합니다.

| 흡연 | 성별 |
|------|------|
| 비흡연 | 남자 |

② OR 조건 : 조건 값을 다른 행에 작성합니다. 흡연 여부가 '비흡연'이거나, 성별이 '남자'인 경우 필터링합니다.

| 흡연 | 성별 |
|------|------|
| 비흡연 | |
| | 남자 |

# 목표값 찾기

엑셀의 목표값 찾기 기능은 분석 도구에 있는 기능으로 특정한 값을 찾을 때 유용하게 쓰입니다. 원하는 목표값을 구하기 위해서 특정한 항목의 값이 얼마가 되어야 하는지를 찾는 기능이라 할 수 있습니다.

**Keyword** 목표값 찾기, 분석          **예제 파일** Part 2\2-43.xlsx

**01** [제품목록] 시트에서 [L14]셀을 클릭하고 [데이터] 탭-[예측] 그룹-[가상 분석]-[목표값 찾기]를 클릭합니다.
[목표값 찾기] 대화상자의 수식 셀을 'L14', 찾는 값을 '100', 값을 바꿀 셀을 'J6'으로 지정하고 [확인] 버튼을 클릭합니다.

**POINT**
수식 셀에는 반드시 상수가 아닌 계산식으로 구성되어 있어야 합니다. 반대로 값을 바꿀 셀은 수식이 아닌 상수가 입력되어 있어야 합니다.

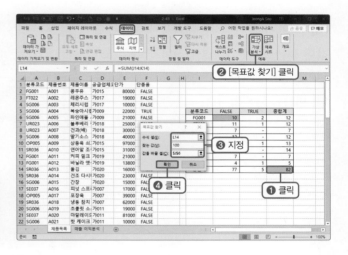

**02** 목표값 찾기에서 확인된 결과 값을 [목표값 찾기 상태] 대화상자에서 확인할 수 있는데, 총합계가 100이 되기 위해 FG001이면서 FALSE인 경우가 10에서 28개로 변경되었습니다.
현재 상태를 유지하지 않고 참고만 하려면 [취소] 버튼을 클릭합니다.

기본 & 입력

서식 & 표

활용 기능

차트 & 응용

필터링 & 분석

매크로

참조 & 자동 계산

함수

**03** [매출 이익분석] 시트에서 [E7]셀을 클릭하고 [예측] 그룹-[가상 분석]-[목표값 찾기]를 클릭합니다.

[목표값 찾기] 대화상자에서 수식 셀을 'E7', 찾는 값을 '3000000', 값을 바꿀 셀을 'C5'로 지정하고 [확인] 버튼을 클릭합니다.

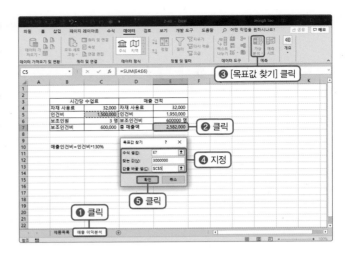

**04** [목표값 찾기 상태] 대화상자에서 목표값이 3백만 원이 되려면 인건비가 1,821,538원이 되는 결과값으로 변경하기 위해 [확인] 버튼을 클릭합니다.

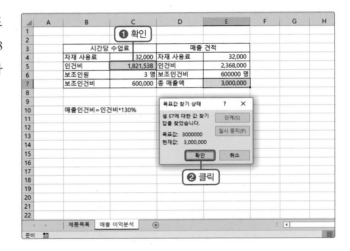

## 목표값 찾기 옵션 살펴보기

① **수식 셀** : 목표값 셀 위치를 선택합니다. 이 셀은 반드시 상수가 아닌 계산식으로 구성되어야만 합니다. 예를 들어 수식으로 '=C4/B4'와 같은 식이 들어 있어야 합니다. 만약 이 셀에 특정 상수 값(숫자나 문자)이 들어 있을 경우에는 목표값 찾기를 진행할 수 없습니다.

② **찾는 값** : 수식 셀의 값이 얼마가 될 것인지를 찾는 값입니다. 이 항목은 셀 위치를 입력할 수 없으며, 상수를 입력해야 합니다. 예를 들어 100%와 같이 입력하면 됩니다.

③ **값을 바꿀 셀** : 목표값을 구하기 위해서 어느 셀을 변경할 것인지 셀 위치를 입력해 줍니다. 이 셀 또한 수식 셀처럼 반드시 셀 위치를 선택해 주어야 하며, 반드시 계산식이 아닌 상수(빈 공백 또는 숫자)가 입력되어 있어야 합니다.

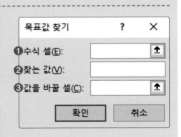

기본 & 입력

서식 & 표

활용 기능

차트 & 응용

필터링 & 분석

매크로

참조 & 자동 계산

함수

SECTION

# 30

# 시나리오 분석하기

시나리오 분석은 테이블에서 가상으로 수식이 참조하고 있는 셀의 값을 변화시켜 테이블의 결과를 예측하는 기능입니다. 예제를 통해 분석하는 방법을 알아보겠습니다.

**Keyword** 시나리오 분석, 시나리오 요약    **예제 파일** Part 2\2-44.xlsx

**01** 시나리오 요약을 하기 위해 [H4]셀을 클릭하고 [데이터] 탭-[예측] 그룹-[가상 분석]-[시나리오 관리자]를 클릭합니다.

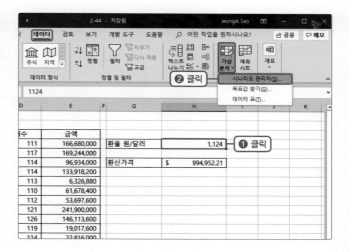

**02** [시나리오 관리자] 대화상자에서 [추가] 버튼을 클릭합니다.

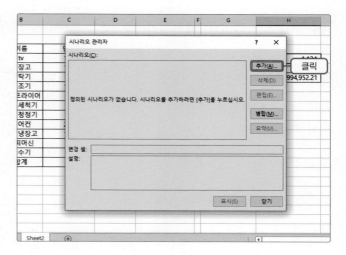

**03** [시나리오 추가] 대화상자에서 시나리오 이름을 '환산가격 감소'로 지정합니다. [확인] 버튼을 클릭합니다.

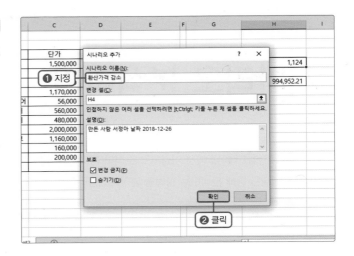

**04** [시나리오 값] 대화상자에 '1000'을 입력하고 [확인] 버튼을 클릭합니다.

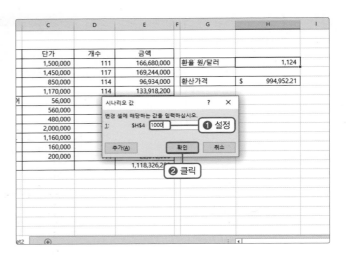

**05** [시나리오 관리자] 대화상자에서 [추가] 버튼을 클릭합니다. [시나리오 추가] 대화상자에서 시나리오 이름을 '환산가격 증가'로 지정합니다. [확인] 버튼을 클릭합니다.

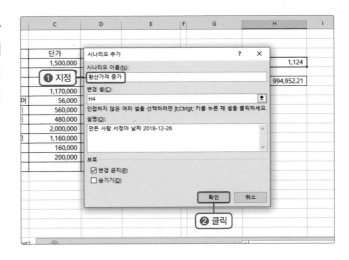

**06** [시나리오 값] 대화상자에서 변경 셀에 해당하는 값을 '1200'으로 설정하고 [확인] 버튼을 클릭합니다.

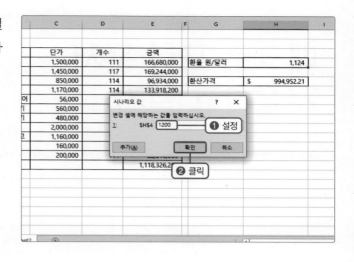

**07** [시나리오 관리자] 대화상자에서 [요약] 버튼을 클릭합니다.
[시나리오 요약] 대화상자에서 보고서 종류를 '시나리오 요약', 결과를 '[H6]'으로 지정합니다. [확인] 버튼을 클릭합니다.

**08** 새로운 시나리오 요약 시트가 만들어집니다.

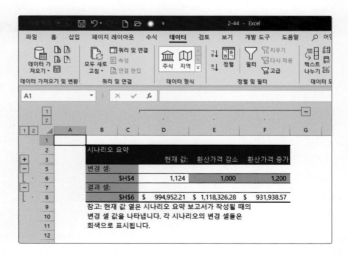

기본 & 입력

서식 & 표

활용 기능

차트 & 응용

필터링 & 분석

매크로

참조 & 자동 계산

함수

# 매크로 포함 문서 저장하고 열기

**SECTION**

# 31

매크로를 기록한 통합 문서는 반드시 '매크로 포함 통합 문서'로 저장해야 합니다. 일반적으로 저장하는 파일인 엑셀 통합 문서로 저장하면 매크로는 제외되어 저장됩니다. 또한 매크로 포함된 통합 문서를 열 때는 [보안 경고창]을 허용해야 매크로를 실행할 수 있습니다.

**Keyword** 매크로 사용 통합 문서      **예제 파일** Part 2\2-47.xlsm

**01** [보안 경고]가 표시된다면 매크로를 실행하기 위해 [콘텐츠 사용] 버튼을 클릭합니다.

**POINT**
처음 매크로가 포함된 엑셀 파일을 열 때는 [보안 경고]가 표시되지만, 저장한 다음 같은 파일을 다시 열 때는 [보안 경고]가 표시되지 않습니다. 그 이유는 엑셀 2010 이상부터 '신뢰할 수 있는 문서 기능'이 추가되었기 때문입니다.

**02** 매크로가 포함된 파일이 실행되었습니다.

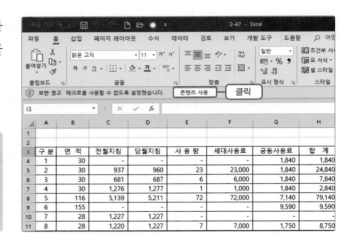

**03** [5월] 시트를 클릭하고 [서식변환] 버튼을 클릭합니다. 테두리와 쉼표 스타일 적용으로 매크로가 실행되는지 확인할 수 있습니다.

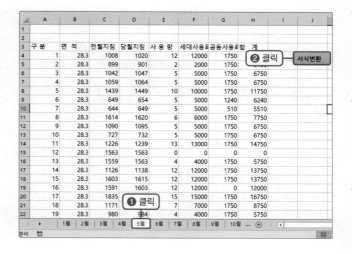

**04** 매크로를 포함하여 저장하기 위해 [파일] 탭-[다른 이름으로 저장]을 클릭합니다. 원하는 위치를 클릭하고 파일 이름을 입력합니다.
'Excel 매크로 사용 통합 문서 (*.xlsm)'를 선택하고 [저장] 버튼을 클릭합니다.

---

**쌩초보 Level Up**

### [보안 경고]에서 [콘텐츠 사용]을 허용하지 않았을 경우

매크로가 포함된 파일의 경고 메시지를 허용하지 않은 상태에서 매크로를 실행하면 실행할 수 없다는 메시지가 나타납니다. 반드시 [콘텐츠 사용] 버튼을 클릭해야 매크로를 실행할 수 있습니다.

### 매크로가 적용된 통합 문서를 일반적인 통합 문서로 저장할 경우

매크로를 기록하고 일반적인 '엑셀 통합 문서'로 저장하면 그림과 같은 경고 대화상자를 확인할 수 있습니다. 경고 대화상자에서 매크로를 포함해서 저장하려면 [아니요] 버튼을 클릭하여 형식을 변경하여 저장할 수 있고, 매크로를 포함하지 않고 저장하려면 [예] 버튼을 클릭합니다.

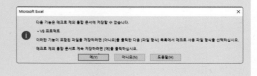

# 절대 참조로
# 매크로 기록하기

## 32

1월부터 12월까지의 시트에 '합계' 텍스트, 합계, 쉼표, 테두리를 추가해야 합니다. 1월에서 매크로를 기록하고 12월까지 적용할 수 있는 매크로를 기록해 보겠습니다.

**Keyword** 절대 참조, 매크로 기록 　　　　　**예제 파일** Part 2\2-49.xlsx

**01** 매 시트마다 [H3]셀을 클릭하고 시작해야 하기 때문에 임의의 다른 셀([A1])을 클릭합니다. [개발 도구] 탭-[코드] 그룹-[매크로 기록]을 클릭합니다.

**02** [매크로 기록] 대화상자에서 매크로 이름을 '시트편집', 바로 가기 키를 'Ctrl+q'로 지정하고 [확인] 버튼을 클릭합니다.

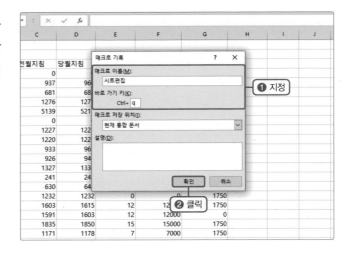

**03** [H3]셀을 클릭하고 '합계'를 입력합니다. [H4]셀에 '=SUM(B4:G4)'를 입력하고 수식을 데이터 끝인 [H33]셀까지 복사합니다.

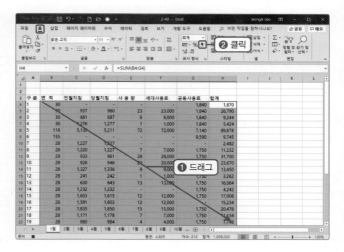

**04** [B4:H33]을 선택하고 [홈] 탭-[표시 형식] 그룹-[쉼표 스타일( , )]을 클릭합니다.

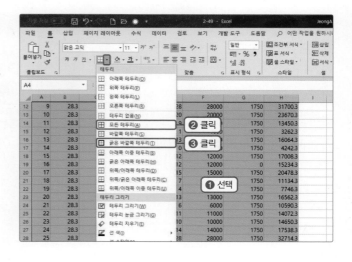

**05** [A3:H3]을 선택하고 Ctrl을 누른 채로 [A4:H33]을 선택합니다.
[글꼴] 그룹-[테두리▼]를 클릭하고 [모든 테두리]와 [굵은 바깥쪽 테두리]를 선택합니다.

기본 & 입력

서식 & 표

활용 기능

차트 & 응용

필터링 & 분석

매크로

참조 & 자동 계산

함수

**06** [I3]셀을 클릭하고 [개발 도구] 탭-[코드] 그룹-[기록 중지]를 클릭합니다.

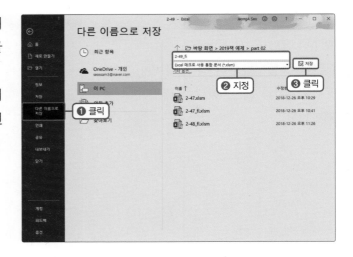

**07** [2월] 시트를 클릭하고 Ctrl+Q를 누르면 기록된 매크로가 실행되는 것을 확인할 수 있습니다.

**08** 매크로 포함 통합 문서로 저장하기 위해 [파일] 탭-[다른 이름으로 저장]을 클릭합니다.
저장 경로를 지정합니다. 파일 이름을 지정하고 'Excel 매크로 사용 통합 문서'를 선택한 다음 [저장] 버튼을 클릭합니다.

# 상대 참조로
# 매크로 기록하기

수행해야 하는 셀의 위치가 유동적으로 변경되어야 한다면 상대 참조로 기록해야 합니다. 상대 참조로 기록하기 위해서는 [상대 참조로 기록]-[매크로 기록]을 실행합니다. 실습을 통해서 기록하는 과정을 배우겠습니다.

---

**Keyword** 매크로 기록, 상대 참조로 기록  **예제 파일** Part 2\2−50.xlsx

---

**01** 처음 옮겨야 할 셀을 클릭하기 위해 [E4]셀을 클릭합니다. [개발 도구] 탭−[코드] 그룹−[상대 참조로 기록]을 클릭하고 [매크로 기록]을 클릭합니다.

[매크로 기록] 대화상자에서 매크로 이름을 '셀이동', 바로 가기 키를 'Ctrl+w'로 지정한 다음 [확인] 버튼을 클릭합니다.

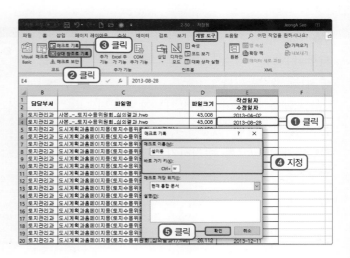

**02** 선택되어 있던 [E4]의 테두리를 드래그하여 [F3]셀로 이동합니다.

**03** 4행을 마우스 오른쪽 버튼을 클릭하고 [삭제]를 실행합니다.

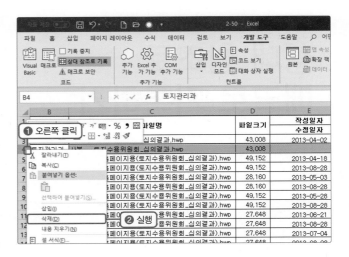

**04** 다음 이동해야 하는 셀인 [E5]셀을 클릭하고 [개발 도구] 탭-[코드] 그룹-[기록 중지]를 클릭합니다.

Ctrl+W를 눌러 기록했던 기능이 수행되는 것을 확인할 수 있습니다.

간단하게 매크로를 수정하기 위해 [개발 도구] 탭-[코드] 그룹-[Visual Basic]을 클릭합니다.

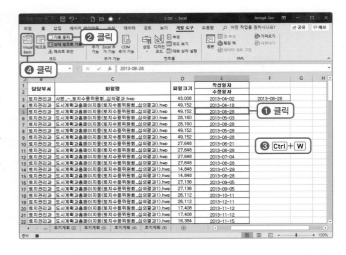

**05** [모듈]-[Mudule1]을 표시하고 그림과 같이 기록된 매크로를 수정합니다.

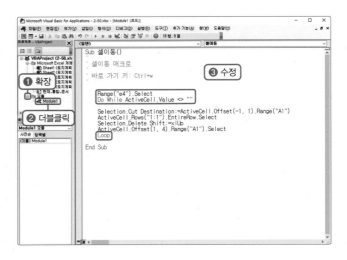

```
Sub 셀이동()                                                                    ①
' 셀이동 매크로                                                                   ②
' 바로 가기 키: Ctrl+w

    Range("E4").Select                                                         ③
    Do While ActiveCell.Value <> ""                                            ④

    Selection.Cut Destination:=ActiveCell.Offset(-1, 1).Range("A1")            ⑤
    ActiveCell.Rows("1:1").EntireRow.Select                                    ⑥
    Selection.Delete Shift:=xlUp                                               ⑦
    ActiveCell.Offset(1, 4).Range("A1").Select                                 ⑧
    Loop                                                                       ⑨

End Sub                                                                        ⑩
```

① 매크로를 시작합니다.
② 작은따옴표(')가 문장 앞에 있으면 주석문으로 인식되며 초록색으로 표시됩니다. 프로그램 실행문에 영향을 미치지 않습니다.
③ 첫 번째 이동할 셀인 [E4]셀을 선택합니다.
④ 반복문을 시작합니다. 선택한 셀이 빈 셀이 아닐 때까지 기록된 부분이 반복됩니다.
⑤ 선택한 셀을 이동합니다. ActiveCell에서 −1행, 1열 이동한 셀을 가상의 [A1]셀로 설정합니다.
⑥ 현재 셀의 행 전체를 선택합니다.
⑦ 선택된 행을 삭제합니다.
⑧ 다음에 이동할 셀을 선택하는 동작으로 현재 셀에서부터 행 방향으로 한 칸 증가하고, 열 방향으로 네 칸 이동한 셀을 선택합니다.
⑨ 반복문을 종료합니다. Do와 Loop는 반복문의 시작과 끝을 의미합니다.
⑩ 매크로를 종료합니다.

**06** [토지계획(2)] 새 시트를 선택하고 단
축키를 누릅니다.

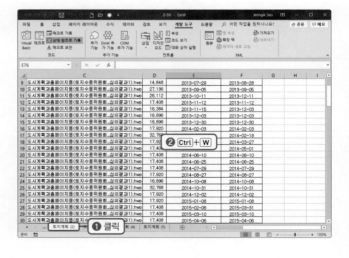

# EXCEL 2019

INTEGRITY   INNOVATION   COMMITMENT   CREATIVITY   PASSION   GOALS   CONNECTION   GROWTH

# 3

# 복잡한 계산을 쉽게 하는 함수 예제 32가지

엑셀의 꽃이라 부를 수 있는 함수는 가장 핵심적인 기능이지만 배울 때 가장 많은 시간이 소요되는 기능이기도 합니다. 엑셀의 함수란 반복적이고 복잡한 일련의 계산 과정을 미리 정해진 수식에 의해 연산되도록 만든 하나의 약속이라 할 수 있습니다.

# 참조 셀, 방향에 따라 상대적으로 이동하는 상대 참조 사용하기

## 01

임의의 셀을 클릭하고 수식을 복사하여 이동했을 때 참조 값들도 상대적으로 이동하는 것을 상대 참조라고 합니다. 즉 [A1]셀을 클릭하고 수식을 아래쪽 방향으로 복사하면 [A2], [A3], [A4], ……로 이동합니다. [A1]셀을 클릭하고 수식을 오른쪽 방향으로 복사하면 [B1], [C1], [D1], ……로 이동합니다.

**Keyword** 상대 참조, 상대적 이동      **예제 파일** Part 3\3-1.xlsx

**01** 실입고수량에서 판매수량을 뺀 재고를 구하기 위해 [F3]셀을 클릭합니다. '='은 입력하고 'D3'은 셀을 클릭하여 입력합니다. 같은 방법으로 '−'는 입력하고 'E3'은 클릭하여 수식을 입력한 다음 Enter를 누릅니다.

=D3−E3
(=실입고수량−판매수량)

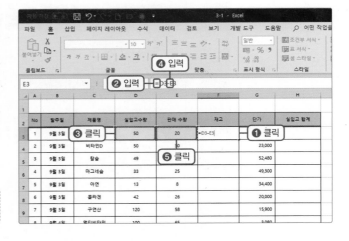

**02** [F3]셀의 채우기 핸들을 더블클릭합니다. [F19]셀까지 수식이 복사되어 재고 수가 입력됩니다.

**03** [F3]셀의 서식도 함께 복사되어 셀 테두리가 변경됩니다. [자동 채우기 옵션(📋)]을 클릭하고 **[서식 없이 채우기]**를 실행합니다.

**POINT**
엑셀에는 수식과 서식이 있는데 계산하는 것을 제외하고는 모든 것을 서식이라 합니다. [서식 없이 채우기]는 서식을 제외한 나머지 수식을 복사하는 것입니다.

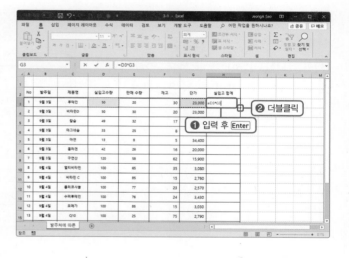

**04** [H3]셀을 클릭하고 '=D3*G3'을 입력합니다. Enter 를 누릅니다. [H3]셀의 채우기 핸들에 마우스를 위치한 상태에서 더블클릭합니다.
[H19]셀까지 수식이 복사되어 재고의 개수가 입력됩니다.

=D3*G3
(=실입고수량*단가)

**05** 같은 방법으로 [H3]셀의 서식도 함께 복사되어 셀 테두리가 변경됩니다. [자동 채우기 옵션(📋)]을 클릭하고 **[서식 없이 채우기]**를 실행합니다.

기본 & 입력

서식 & 표

활용 기능

차트 & 응용

필터링 & 분석

매크로

참조 & 자동 계산

함수

**06** [수식] 탭-[수식 분석] 그룹-[수식 표시]를 클릭합니다.

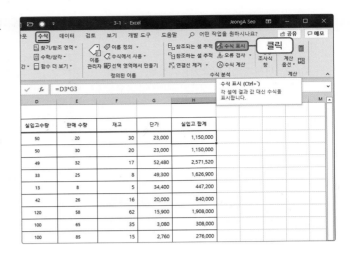

**07** 수식이 펼쳐져서 보이며, [D3]셀을 클릭하고 수식을 아래쪽으로 복사했을 때 [D4], [D5], [D6], ……으로 이동되면서 복사가 된 것을 확인할 수 있습니다.

**POINT**
다시 [수식 분석] 그룹-[수식 표시]를 클릭하면 수식이 감추어져서 표시되며 단축키는 Ctrl + ˙(ESC 아래 키)입니다.

---

쌩초보 **Level Up**

**방향키로 수식 선택하기**

수식을 입력할 때 수식이 길어져서 왼쪽 셀을 마우스로 클릭할 수 없는 상태가 있습니다. 이때 현재 편집 중인 셀에서 위치한 방향에 따라 방향키(→, ←, ↑, ↓)를 이용하면 쉽게 선택할 수 있습니다.
방향키를 눌렀을 때 커서 위치가 움직인다면 F2를 눌러 변경할 수 있습니다. 커서 이동과 셀 참조를 변경 호환하는 단축키는 F2입니다.

기본 & 입력

서식 & 표

활용 기능

차트 & 응용

필터링 & 분석

매크로

참조 & 자동 계산

함수

# 참조된 셀이 움직이지 않는 절대 참조 사용하기

SECTION

## 02

임의의 셀을 클릭하고 수식을 복사하여 이동했을 때 참조된 값이 절대 이동하지 않는 것을 절대 참조라고 합니다.
즉 [A1]셀을 클릭하고 수식을 아래쪽, 오른쪽 방향으로 복사해도 계속 [A1]셀을 유지하는 것을 말합니다.

**Keyword** 셀 참조, 절대 참조         **예제 파일** Part 3\3-2.xlsx

**01** 할인율에 따른 금액을 구하기 위해서
[I5]셀을 클릭합니다. '=H5*(1−I2'를 입력
하고 F4 를 한 번 눌러 [I2] 셀을 절대값으
로 만듭니다. '$I$2'로 변경됩니다. ')'를 입
력하고 Enter 를 누릅니다.

```
=H5*(1−$I$2)
(=실입고 합계*(100%−할인율))
```

**POINT**
100%와 환산한 숫자 1은 같은 의미입니다.

**02** [I2]셀의 채우기 핸들을 더블클릭합니
다. [I3]셀의 서식도 함께 복사되어 셀 테두
리가 변경됩니다. [자동 채우기 옵션(📋)]−
[서식 없이 채우기]를 클릭합니다.

**POINT**
절대값을 지정할 때 $ 기호를 직접 입력할 수도 있지
만 F4 를 눌러 참조 유형을 빠르게 변경할 수 있습니
다. 상대 참조를 기준으로 F4 를 눌러 절대 참조, 혼합
참조 순서로 바꿉니다.

**03** [수식] 탭-[수식 분석] 그룹-[수식 표시]를 클릭합니다.

수식이 펼쳐져서 보이며, [I2]셀 수식을 아래쪽 방향으로 복사했을 때 [I2]셀에 절대 값을 지정했기 때문에 셀 참조 값이 절대 움직이지 않는 것을 확인할 수 있습니다.

**POINT**
다시 [수식 분석] 그룹-[수식 표시]를 클릭하면 수식이 감추어져서 표시되며 단축키는 Ctrl + ` (ESC 아래 키)입니다.

---

**쌩초보 Level Up**

### 절대 참조하지 않았을 때 수식 오류 알아보기

절대 참조를 적용해야 하지만 상대 참조로 적용했을 때 오류입니다. 그러니 수식을 사용했을 때 고정해야 하는 셀 참조값은 F4를 이용하여 절대 참조를 해 줍니다.

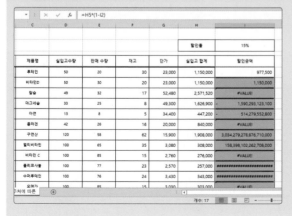

# 행 고정/열 고정 혼합 참조 사용하기

임의의 셀을 클릭하고 수식을 복사하여 이동했을 때 참조된 값이 행만 고정하고 열은 이동하거나, 열은 고정하고 행만 이동하는 경우를 혼합 참조라 합니다. 즉 'A$1' 행 고정일 때 수식을 아래로 복사해도 1행은 고정되며, '$A1' 열 고정일 때 오른쪽 방향으로 복사해도 계속 A열은 고정됩니다.

**Keyword** 셀 참조, 행 고정, 열 고정        **예제 파일** Part 3 \ 3-3.xlsx

**01** 혼합 참조로 인상률을 구하기 위해 [C5] 셀을 클릭하고 '=B5'를 입력합니다. **F4**를 세 번 눌러 열 고정합니다. '=$B5'로 변경됩니다.

**POINT**
**F4**를 사용하는 대신 '$'를 직접 입력해도 되지만 기능 키를 누르는 것을 습관화하는 것이 훨씬 편리합니다.

**02** '*C4'를 입력하고 **F4**를 두 번 눌러 행을 고정합니다. '*C$4'로 변경됩니다. **Enter**를 눌러 수식을 완성합니다.

=$B5*C$4
(=기본 요금(열 고정)*인상률(행 고정))

**03** [C5]셀을 클릭하고 채우기 핸들을 [F5]셀까지 드래그합니다. [C5:F5]를 선택한 채 채우기 핸들을 더블클릭합니다. [C5:F11]에 수식이 채워집니다.

**POINT**
더블클릭은 Ctrl + A 를 눌렀을 때 하나의 표로 인식하는 세로 형태만 복사가 됩니다. 가로 형태는 더블클릭이 적용되지 않으니 드래그해야 합니다.

**04** [수식] 탭-[수식 분석] 그룹-[수식 표시]를 클릭합니다. 수식이 펼쳐져 보이며, B열과 4행이 고정된 것을 확인할 수 있습니다.

| C | D | E | F |
|---|---|---|---|
| 택시 요금 인상 | | | |
| 인상률 | | | |
| 0.03 | 0.05 | 0.08 | 0.1 |
| =$B5*C$4 | =$B5*D$4 | =$B5*E$4 | =$B5*F$4 |
| =$B6*C$4 | =$B6*D$4 | =$B6*E$4 | =$B6*F$4 |
| =$B7*C$4 | =$B7*D$4 | =$B7*E$4 | =$B7*F$4 |
| =$B8*C$4 | =$B8*D$4 | =$B8*E$4 | =$B8*F$4 |
| =$B9*C$4 | =$B9*D$4 | =$B9*E$4 | =$B9*F$4 |
| =$B10*C$4 | =$B10*D$4 | =$B10*E$4 | =$B10*F$4 |
| =$B11*C$4 | =$B11*D$4 | =$B11*E$4 | =$B11*F$4 |

확인

**POINT**
다시 [수식] 탭-[수식 분석] 그룹-[수식 표시]를 클릭하면 수식이 감춰져서 표시됩니다. 단축키는 Ctrl + `( ESC 아래 키)입니다.

---

**쌩초보 Level Up**

## 기능 키 F4 사용하기

기능 키 F4 를 이용한 참조 형식을 변경함에 따라서 수식에 영향을 미칩니다.

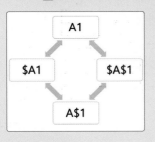

| 참조 | 형식 | F4 기능키 | |
|---|---|---|---|
| A1 | 상대 참조 | | |
| $A$1 | 절대 참조 | 1번 | 기능 키를 누를 때마다 변경 |
| A$1 | 행 고정(혼합 참조) | 2번 | |
| $A1 | 열 고정(혼합 참조) | 3번 | |

# 이름 정의하고
# 수식 사용하기

수식에서 절대 참조를 사용할 때 기능키를 이용하거나 직접 입력하여 '$'를 표시한다는 것을 배웠습니다. 그것과 같은 역할을 하는 이름 정의 방법을 알아보겠습니다. 이름을 정의하는 이유는 시트를 이동해야 하거나 수식이 길어지는 불편함을 해결하기 위함입니다.

**Keyword** 이름 정의, 절대 참조      **예제 파일** Part 3 \ 3-5.xlsx

**01** 잡곡 시트의 수량 이름 정의하기 위해 [잡곡] 시트를 선택하고, [E4:E18]을 선택합니다. [이름 상자]에 '잡곡수량'을 입력하고 Enter 를 누릅니다.

**POINT**
이름을 정의할 때는 첫 글자는 문자(가,나,다,……, A,B,C, ……) 등으로 시작하며, 공백이나 특수문자는 사용할 수 없습니다. 하지만 언더바(_)는 사용할 수 있습니다.

**02** 같은 방법으로 [과일] 시트를 선택하고 [E4:E18]을 선택합니다. [이름 상자]에 '과일수량'을 입력하고 Enter 를 누릅니다.

**03** [배송지 집계] 시트를 클릭하고 [C4] 셀에 '='을 입력합니다. '=잡곡수량+과일 수량'을 입력합니다.

**POINT**
[수식] 탭-[정의된 이름] 그룹-[수식에서 사용]에서 정의된 이름을 클릭해도 됩니다.

**04** 수식을 복사하기 위해 [C4]셀을 클릭하고 채우기 핸들을 더블클릭합니다. [자동 채우기 옵션(⊞)]-[서식 없이 채우기]를 클릭합니다.

---

**쌩초보 Level Up**

## 이름 정의 자세히 알아보기

- **이름 정의 수식과 일반적인 수식**

  ① 일반 수식 : =A3*B3*(1-$B$1)

  ② 이름 정의 수식 : =A3*B3*(1-할인율)

- **이름을 정의하는 방법 세 가지 알아보기**

  ① 범위를 지정하고 [이름 상자]에 이름을 입력한 다음 Enter 누르기

  ② 제목과 함께 범위를 지정하고 [수식] 탭-[정의된 이름] 그룹-[선택 영역에서 만들기] 클릭

  ③ [수식] 탭-[정의된 이름] 그룹-[이름 정의]를 이용하여 범위를 지정하거나 수식을 사용해서 만들기

[수식] 탭-[정의된 이름] 그룹-[수식에서 사용]을 클릭하면 정의된 이름을 확인하거나 수식에 입력할 수 있습니다.

# 함수 구조 및 연산자 사용하기

수식은 등호(=)를 입력하고 시작됩니다. 직접 입력하거나 셀을 참조할 수 있고, 함수를 사용하여 계산할 수 있습니다. 본격적인 함수를 들어가기 전 기본적인 구조를 알고 우선순위를 파악할 수 있습니다.

**Keyword** 수식 구조, 함수 구조, 연산자

## 1. 수식의 기본 구조

엑셀은 등호(=)를 입력하면 수식으로 인식됩니다. 등호를 먼저 입력하지 않으면 문자 처리됩니다.

$$= \underset{❶}{A3} \underset{❷}{*} \underset{❸}{B3} + \underset{❹}{SUM(C3:F3)} - \underset{❺}{10}$$

**❶ 등호:** 수식의 시작을 의미합니다.

**❷ 참조되어 있는 셀:** 지정하고 있는 셀에 입력된 숫자로 계산할 수 있습니다.

**❸ 연산자:** 더하기, 빼기, 곱하기, 나누기 같은 기본적인 수학 연산을 수행합니다.

**❹ 함수:** 복잡한 계산을 규칙을 이행했을 때 쉽게 하는 것을 의미합니다.

**❺ 상수:** 직접 입력한 숫자 또는 문자를 말합니다. 문자, 날짜, 시간은 따옴표(" ")로 묶어서 입력합니다.

## 2. 산술 연산자

더하기, 빼기 등 기본적인 수학 연산을 수행합니다.

| 연산자 | + | − | * | / | % | ^ |
|--------|-----|-----|------|------|-------|------|
| 기능 | 더하기 | 빼기 | 곱하기 | 나누기 | 백분율 | 제곱 |

## 3. 비교 연산자

두 개의 값을 비교하여 계산하며, 계산된 결과에 따라 TRUE, FALSE 값을 반환합니다.

| 연산자 | = | 〈 〉 | 〉 | 〉= | 〈 | 〈= |
|--------|-----|---------|-----|--------|-----|--------|
| 기능 | 같다 | 같지 않다 | 크다 | 크거나 같다 | 작다 | 작거나 같다 |

## 4. 문자 연결 연산자

개체와 개체를 연결해서 하나로 작성합니다.

| 연산자 | & |
|---|---|
| 기능 | 연결 |

## 5. 연산자 우선순위

우선순위를 바꾸려면 괄호( )를 사용하여 먼저 계산할 수 있습니다.

| 우선순위 | 구분 | 연산자 |
|---|---|---|
| 1 | | − |
| 2 | | % |
| 3 | 산술 연산자 | ^ |
| 4 | | *, / |
| 5 | | +, − |
| 6 | 연결 연산자 | & |
| 7 | 비교 연산자 | =, ⟨⟩, ⟩, ⟩=, ⟨, ⟨= |

---

**쌩초보 Level Up**

### 동시 입력하기

▶ 예제 파일 : Part 3\3-S_1.xlsx

수식이 연결되어 있지 않을 경우 채우기 핸들로 수식을 복사할 수 없습니다. 그때 사용할 수 있는 방법이 Ctrl+Enter를 누르는 것입니다. 또한 두 번 이상 수식을 복사해야 하는 경우에도 사용할 수 있습니다.

① [C5:K13]을 선택하고 '=$B5*C$4'를 입력합니다.　　　　② 수식을 완성하고 Ctrl+Enter를 누릅니다.

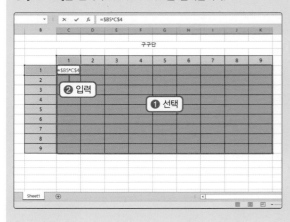

# 수식만 연결하여 붙여넣기

## 06

데이터를 복사하는 방법은 여러 가지 있습니다. 그중에서도 연결하여 붙여넣기는 원본 데이터가 편집되면 연결된 데이터도 바로 수정됩니다.

**Keyword** 연결하여 붙여넣기, 수식 선택        **예제 파일** Part 3 \ 3-8.xlsx

**01** [설문지 응답 시트]를 선택하고 복사하기 위한 범위를 선택하기 위해 [홈] 탭-[편집] 그룹-[찾기 및 선택]-[수식]을 클릭합니다.

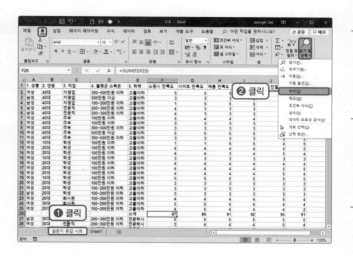

**02** 수식이 적용된 셀을 모두 선택되었습니다. Ctrl + C 를 눌러 복사합니다. [Sheet1]을 표시합니다.

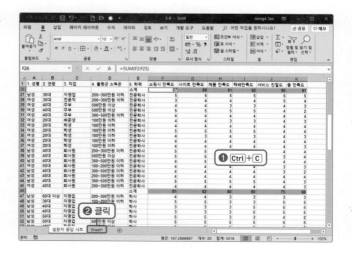

**03** [C4]셀을 마우스 오른쪽 버튼으로 클릭한 다음 [연결하여 붙여넣기(📋)]를 클릭합니다.

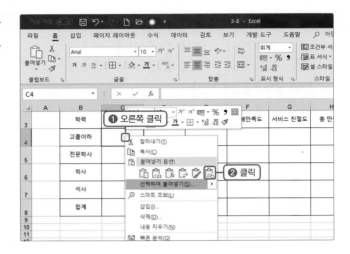

**04** 수식 입력줄에 '='설문지 응답 시트'!F26'가 입력되는 것을 확인할 수 있습니다. [설문지 응답 시트] 각각의 소계와 연결되어 있습니다.

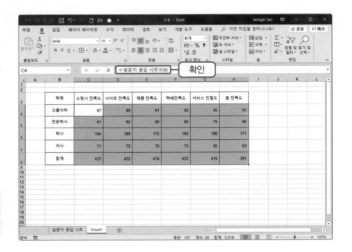

**POINT**

연결되어 있기 때문에 [설문지 응답 시트]의 소계가 변경되면 [Sheet1] 값도 자동으로 변경됩니다.

# 큰 값, 작은 값 구하기
## – LARGE/SMALL

## 07

MAX 함수는 최대값, MIN 함수는 최소값, LARGE 함수는 몇 번째로 큰 값, SMALL 함수는 몇 번째로 작은 값을 구할 때 쓰입니다. 즉, 상위 등수와 하위 등수를 구할 수 있는 LARGE, SMALL 함수를 알아보겠습니다.

**Keyword** LARGE, SMALL                    **예제 파일** Part 3 \ 3-10.xlsx

| 함수 익히기 | LARGE, SMALL |
|---|---|
| 함수 형식 | =LARGE(array, k)<br>=LARGE(범위, 몇 번째)<br><br>=SMALL(array, k)<br>=SMALL(범위, 몇 번째) |
| 인수 | • array : 비교할 숫자 데이터가 입력된 셀 범위입니다.<br>• k : 몇 번째로 큰 값 또는 작은 값을 계산할지 숫자로 번호를 입력하거나 셀 값을 지정합니다. |

**01** 상위 점수를 구하기 위해 [J4]셀을 클릭하고 [수식] 탭-[함수 라이브러리] 그룹-[함수 더 보기]-[통계]-[LARGE]를 클릭합니다.

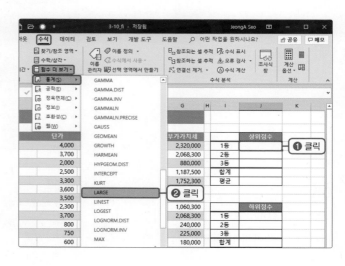

**02** [함수 인수] 대화상자에서 Array 인수에 '[F4:F18]'의 범위를 선택하고 F4 기능키를 눌러 절대 참조로 변경합니다. K 인수에서 [I4]셀을 클릭하고 [확인] 버튼을 클릭합니다.

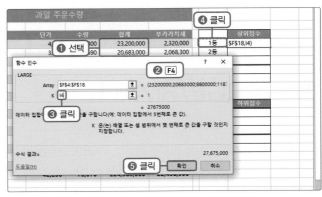

```
=LARGE($F$4:$F$18,I4)
```

**POINT**
다음 칸으로 이동하기 위해서는 Tab 을 누릅니다.

**03** [J5:J6]까지 수식을 복사하고 [자동 채우기 옵션(🖱)]-[서식 없이 채우기]를 클릭합니다.

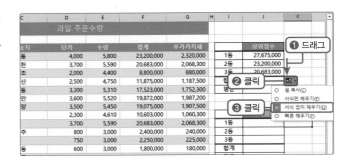

**04** 같은 방법으로 [J12]셀을 클릭하고 [함수 라이브러리] 그룹-[함수 더 보기]-[통계]-[SMALL]을 클릭합니다.

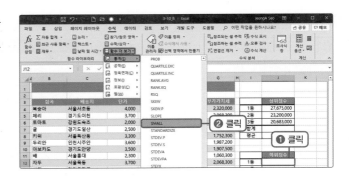

**05** [함수 인수] 대화상자에서 Array를 '$F$4:$F$18', K를 'I12'로 지정합니다. [확인]을 클릭하고, [J13:J14]까지 수식을 복사합니다.
[자동 채우기 옵션(🖱)]-[서식 없이 채우기]를 클릭합니다.

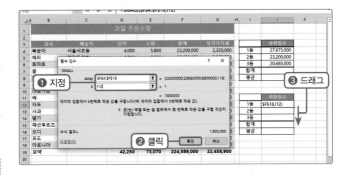

```
=SMALL($F$4:$F$18,I12)
```

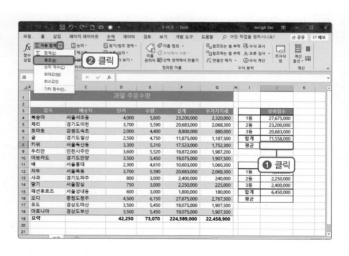

# SECTION 08

## 합계, 평균 구하기
### – 자동 합계

함수에는 여러 가지 방법이 있지만 자동 함수에 있는 함수를 실행할 때는 방법을 조금 다르게 하는 것이 효율적입니다. 합계와 나머지 자동 함수를 나눌 수 있고, 계산해야 하는 범위 바로 옆에 위치한 값을 구하느냐 아님 그 사이 다른 값이 존재하느냐에 따라 나눌 수 있습니다.

**Keyword** 자동 함수, 자동 합계, 자동 평균          **예제 파일** Part 3 \ 3-11.xlsx

**01** 합계를 구하기 위해 [J7] 셀과 [J15]셀을 Ctrl을 누른 채로 클릭합니다. [수식] 탭-[함수 라이브러리] 그룹-[자동 합계]를 클릭합니다.

**POINT**
자동 합계에 있는 함수는 편집 중인 셀의 위쪽 숫자 상수 모두를 계산하는 특징이 있습니다.

**02** [J8]셀을 클릭하고 [함수 라이브러리] 그룹-[자동 합계▼]-[평균]을 클릭합니다.

**03** 지정된 범위가 잘못되었기 때문에 [J4:J6]을 다시 선택하고 Enter 를 누릅니다.

=AVERAGE(J4:J6)

**POINT**
자동 함수는 편집 중인 셀의 근처는 모두 계산을 하지만 평균의 범위에 합계가 적용되면 안 되기 때문에 다시 드래그하여 범위를 지정합니다.

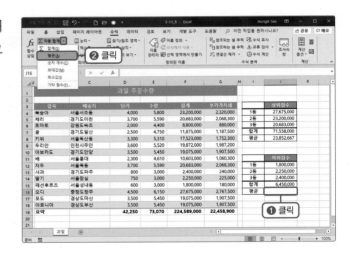

**04** 같은 방법으로 평균을 구하기 위해 [J16]셀을 클릭하고 [함수 라이브러리] 그룹-[자동 합계▼]-[평균]을 클릭합니다.

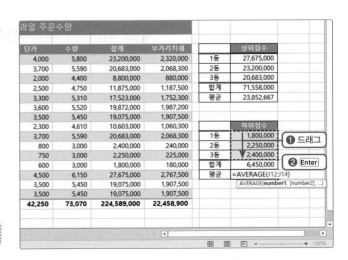

**05** [J14:J16]을 다시 드래그하고 Enter 를 누릅니다.

=AVERAGE(J14:J16)

기본 & 입력

서식 & 표

활용 기능

차트 & 응용

필터링 & 분석

매크로

참조 & 자동 계산

함수

# 중간값, 최빈값 구하기
## – MEDIAN/MODE.SNGL

**SECTION**
# 09

MEDIAN은 최대값과 최소값처럼 중간값을 구하는 함수로 데이터 범위의 중간에 놓인 값을 말합니다. 구해야 할 값이 짝수일 경우 중간 두 개 값의 평균을 구합니다. 즉 2, 4, 6, 9의 중간값은 4와 6의 평균값인 5가 됩니다. 그리고 MODE.SNGL(MODE) 함수는 최빈값이라 하며 가장 많이 표시된 빈도수를 말합니다.

---

**Keyword** 중간값 함수, MEDIAN, 최빈값 함수, MODE    **예제 파일** Part 3\3-12.xlsx

| 함수 익히기 | MEDIAN, MODE.SNGL(MODE) |
|---|---|
| 함수 형식 | =MEDIAN(number1, [number2], ……)<br>=MEDIAN(범위1, 범위2, ……)<br><br>=MODE.SNGL(number1, [number2], ……)<br>=MODE.SNGL(범위1, 범위2, ……) |
| 인수 | • **number** : 숫자 데이터가 입력된 셀 또는 범위입니다.<br>(함수 설명에 [ ]가 있으면 생략 가능한 인수입니다.) |

**01** 중간값을 구하기 위해 [I6]셀을 클릭하고 '=M'을 입력합니다. 'M'으로 시작하는 함수들이 나열됩니다. 나열되는 함수 중에 'MEDIAN'을 더블클릭합니다.

| D | E | F | G | H | I | J | K |
|---|---|---|---|---|---|---|---|
| 일 주문수량 | | | | | | | |
| 단가 | 수량 | 합계 | | | 수량 | | |
| 4,000 | 5,800 | 23,200,000 | | Minimum | 6,150 | | |
| 3,700 | 5,590 | 20,683,000 | | Maximum | 3,000 | | |
| 2,000 | 4,400 | 8,800,000 | | ❶ 입력 | =m | | |
| 2,500 | 4,750 | 11,875,000 | | Mode | | | |
| 3,300 | 5,310 | 17,523,000 | | | | | |
| 3,600 | 5,520 | 19,872,000 | | | | | |
| 3,500 | 5,450 | 19,075,000 | | | | | |
| 2,300 | 4,610 | 10,603,000 | | | | | |
| 3,700 | 5,590 | 20,683,000 | | | | | |
| 800 | 3,000 | 2,400,000 | | | | | |
| 750 | 3,000 | | | | | | |
| 600 | 3,000 | 1,800,000 | | | | | |
| 4,500 | 6,150 | 27,675,000 | | | | | |
| 3,500 | 5,450 | 19,075,000 | | | | | |
| 3,500 | 5,450 | 19,075,000 | | | | | |
| 42,250 | 73,070 | 224,589,000 | | | | | |

함수 목록: MATCH, MAX, MAXA, MAXIFS, MDETERM, MDURATION, MEDIAN ❷ 더블클릭, MID, MIDB, MIN, MINA, MINIFS

주어진 수들의 중간값을 구합니다.

**POINT**
나열된 함수를 시작할 때는 더블클릭하거나 [Tab]을 누릅니다.

**02** [E4:E18]을 선택하고 Enter를 누릅니다.

=MEDIAN(E4:E18)

**POINT**
한 개의 괄호만 사용했을 경우에는 닫는 괄호( )를 입력하지 않고 Enter를 누르면 자동으로 괄호가 닫히고 결과를 확인할 수 있습니다.

**03** 최빈값을 구하기 위해 '=MO'를 입력합니다. 'M'만 입력하면 MODE 함수가 한눈에 보이지 않기 때문에 두 개의 글자를 입력한 것입니다.
'MODE.SNGL'을 선택합니다.

**POINT**
빈도가 높은 값을 구하는 것인데, 하나의 값만 구하려면 'MODE.SNGL(single)', 여러 개의 값을 구하려면 'MODE.MULT'를 선택합니다.
엑셀 2007까지는 MODE 함수였고, 엑셀 2010부터 MODE 함수 기능이 나눠지면서, MODE.SNGL 함수로 기존 MODE 함수와 동일한 기능을 사용할 수 있습니다.

**04** 함수가 시작되면 [E4:E18]을 선택하고 Enter를 누릅니다.

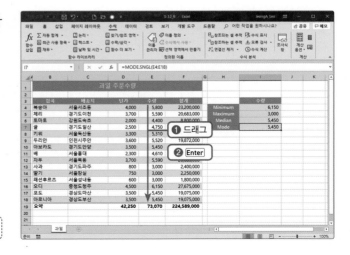

=MODE.SNGL(E4:E18)

# 반올림, 올림, 내림하기
## −ROUND/ROUNDUP/ROUNDDOWN

**SECTION 10**

ROUND 계열 함수는 INT 함수와 다르게 정수 쪽에서도 반올림(ROUND), 올림(ROUNDUP), 내림(ROUNDDOWN) 할 수 있습니다. 그러기 위해서는 자릿값을 알아야 하는데 지금부터 배워 보겠습니다.

**Keyword** ROUND 함수, ROUNDUP 함수, ROUNDDOWN 함수　**예제 파일** Part 3\3−14.xlsx

| 함수 익히기 | ROUND, ROUNDUP, ROUNDDOWN |
|---|---|
| 함수 형식 | =ROUND(number, num_digits)<br>=ROUND(수식이나 수, 자릿수)<br><br>=ROUNDUP(number, num_digits)<br>=ROUNDUP(수식이나 수, 자릿수)<br><br>=ROUNDDOWN(number, num_digits)<br>=ROUNDDOWN((수식이나 수, 자릿수) |
| 인수 | • **number** : 숫자, 입력될 셀 주소, 수식을 입력할 수 있습니다.<br>• **num_digits** : 자릿수를 지정합니다. |

| 백의 자리 | 십의 자리 | 일의 자리 | 0의 자리 | 소수 첫째 자리 | 소수 둘째 자리 |
|---|---|---|---|---|---|
| −3 | −2 | −1 | 0 | 1 | 2 |

**01** 평균수량을 십의 자리에서 반올림하기 위해 [G5]셀에 '=RO'를 입력합니다. ROUND 함수를 선택하고 Tab 을 눌러 함수를 표시합니다.

**02** ROUND 함수 안에서 평균을 구하기 위해 다시 'AV'를 입력하여 AVERAGE 함수를 표시합니다.

**03** 평균에서 [D5:F5]을 선택하고 ')'를 입력합니다. 십의 자리에서 반올림하기 위해서 ' , -2)'를 입력합니다. Enter 를 누릅니다.

=ROUND(AVERAGE(D5:F5),-2)

**POINT**
AVERAGE 함수의 평균을 구하는 작업이 끝났으므로 함수의 끝을 알리는 괄호 ' ) '를 입력합니다.

**04** [G5]셀을 클릭하고 채우기 핸들을 더블클릭합니다. 수식을 복사하고 [자동 채우기 옵션(🔲)]-[서식 없이 채우기]를 클릭합니다.

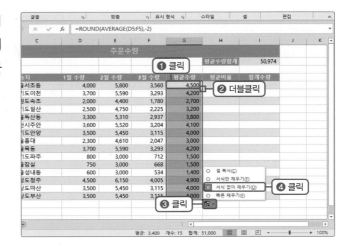

**05** 평균 비율을 소수 둘째 자리에서 내림하기 위해 '=RO'를 입력하고 ROUNDDOWN 함수를 선택하여 실행합니다.

**06** 평균수량의 평균수량합계를 나누고, 소수 둘째 자리에서 내림합니다.

=ROUNDDOWN(G5/$I$2,2)

**07** 같은 방법으로 1월부터 3월까지의 수량의 합계를 백의 자리에서 올림합니다.

[H5:I5]을 선택하고 채우기 핸들을 더블클릭해서 수식을 복사합니다.

[자동 채우기 옵션(▦)]-[서식 없이 채우기]를 클릭합니다.

=ROUNDUP(SUM(D5:F5),-3)

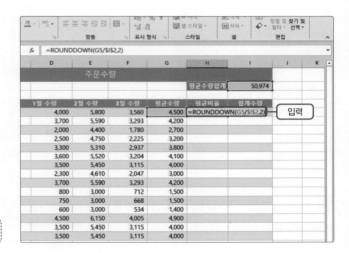

기본 & 입력

서식 & 표

활용 기능

차트 & 응용

필터링 & 분석

매크로

참조 & 자동 계산

함수

# 번호 매기고 대응 값 곱해서 더하기 – ROW/SUMPRODUCT

ROW는 행의 번호를 알려주는 함수입니다. 그것을 이용해서 일련번호를 매길 수 있습니다. ROW 함수의 장점은 데이터가 삭제되거나 삽입되더라도 일련번호 변화 없이 행에 의해 번호가 매겨진다는 것입니다. SUMPRODUCT는 각각의 배열 또는 범위의 대응하는 값끼리 곱하고 다시 더해 주는 함수입니다.

**Keyword** ROW 함수, SUMPRODUCT 함수　　　　　　**예제 파일** Part 3\3-15.xlsx

| 함수 익히기 | ROW, SUMPRODUCT |
| --- | --- |
| 함수 형식 | =ROW(reference)<br>=ROW(셀 또는 범위)<br><br>=SUMPRODUCT(array1, [array2], ……)<br>=SUMPRODUCT(범위1, [범위2], ……) |
| 인수 | • reference : 행 번호를 구하려는 셀 또는 범위를 나타냅니다.<br>• array : 계산하려는 범위를 구합니다. |

**01** 일련번호를 매기기 위해 [B14]셀에 '=ROW( )'를 입력합니다.

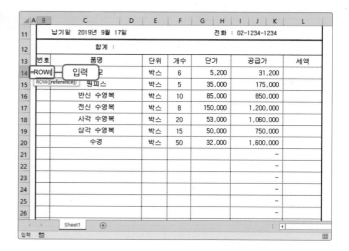

**02** 현재 14행에서 수식을 사용했기 때문에 ROW 함수의 결과값은 14입니다. 1로 변경하기 위해 '−13'을 입력합니다.

```
=ROW()−13
```

**03** 수식을 완성하면 [B14]셀에서 [B31]셀까지 드래그하여 수식을 복사합니다. 일련번호가 매겨졌습니다.

**04** 개수와 단가를 각각 곱하여, 값을 합계할 수 있는 함수를 시작합니다.
[D12]셀에서 '=SUMPRODUCT(' 함수를 시작하고 [F14 :F31], [G14:H31]을 각각 선택합니다. ')'를 입력하여 닫습니다.

```
=SUMPRODUCT(F14:F31,G14:H31)
```

**05** 개수와 단가를 곱했으면 세액 10%가 추가되어야 하기 때문에 '*1.1'을 추가로 입력합니다.

```
=SUMPRODUCT(F14:F31,G14:H31)*1.1
```

**06** 표시 형식이 적용되어 있기 때문에 한 글로 된 결과를 확인할 수 있습니다.

# 문자열 합치기
## – CONCAT/CONCATENATE

## 12

CONCATENATE 함수는 문자열을 합치는 함수입니다. 엑셀 2019(오피스 365)에서 CONCAT 함수로 대치되었습니다. 사용 방법과 특징은 하위 버전 CONCATENATE 함수와 동일합니다. 예제에서는 CONCAT 함수를 사용하겠습니다.

**Keyword** CONCAT 함수, CONCATENATE 함수　　　**예제 파일** Part 3 \ 3-17.xlsx

| 함수 익히기 | CONCAT, CONCATENATE |
| --- | --- |
| 함수 형식 | =CONCAT(text1, [text2], ……)<br>=CONCAT(연결할 문자 또는 범위1, 연결할 문자 또는 범위2, ……)<br><br>=CONCATENATE(text1, [text2], ……)<br>=CONCATENATE(연결할 문자1, 연결할 문자2, ……) |
| 인수 | • text : 연결할 문자가 있는 셀 주소입니다.<br>　(최대 253개의 문자열을 연결할 수 있으며, CONCAT 함수는 범위 지정 가능) |

**01** 텍스트를 합치기 위해 [F3]셀을 클릭하고, [수식] 탭-[함수 라이브러리] 그룹-[텍스트]-[CONCAT]를 클릭합니다.

**POINT**
CONCATENATE 함수는 오피스 365 버전의 엑셀 2019 버전부터 없습니다. 텍스트를 연결하기 위해 사용하는 함수는 함수 마법사에서 시작하는 것이 편리합니다.

기본 & 입력

서식 & 표

활용 기능

차트 & 응용

필터링 & 분석

매크로

참조 & 자동 계산

함수

**02** [함수 인수] 대화상자에서 Text1 인수를 [C3]셀로 지정하고, Text2 인수에 공백한 칸을 입력합니다.

Text3 인수를 [D3]셀로 지정하고, Text4 인수에 공백 한 칸을 입력합니다. Text5 인수를 [E3]셀로 지정합니다. [확인] 버튼을 클릭합니다.

=CONCAT(C3," ",D3," ",E3)

**POINT**
함수 마법사에서는 띄어쓰기만 입력하고 다음 칸으로
이동하면 자동으로 큰따옴표(" ")가 입력됩니다.

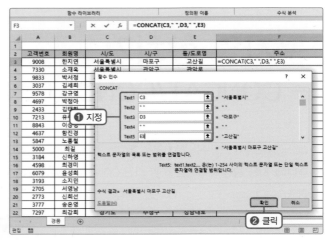

**03** 수식을 복사하고 결과를 확인합니다.

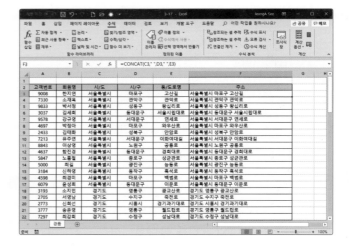

쌩초보 Level Up

**범위 지정하여 수행하기**

CONCAT 함수는 범위를 지정할 수 있기 때문에 [C3:E3]를 선택해도 됩니다.

# 순위 매기기
## – RANK.EQ/RANK.AVG

RANK 함수가 엑셀 2010부터 RANK.EQ 함수와 RANK.AVG 함수로 나뉘어졌습니다. RANK 함수는 엑셀 2019 함수 마법사에는 없지만 직접 입력하면 사용할 수 있습니다. RANK.EQ 함수와 RANK.AVG 함수는 둘 다 순위를 구하는 함수이지만 RANK.AVG 함수는 동점자일 때 평균 순위로 나타납니다.

| **Keyword** RANK.EQ, RANK.AVG, RANK | **예제 파일** Part 3 \ 3-19.xlsx |
|---|---|

| 함수 익히기 | RANK.EQ, RANK.AVG |
|---|---|
| 함수 형식 | =RANK.EQ(number. ref. [order])<br>=RANK.EQ(값. 범위. 옵션)<br><br>=RANK.AVG(number. ref. [order]<br>=RANK.AVG(값. 범위. 옵션) |
| 인수 | • **number** : 순위를 구하려는 숫자, 입력된 셀 값을 지정합니다.<br>• **ref** : 순위를 구하기 위해 비교할 데이터 범위를 선택합니다.<br>• **[order]** : 순위를 결정하는 옵션입니다. 생략하거나, 0을 입력하면 내림차순 1등으로 큰 값 순위를 구하고, 1을 입력하면 오름차순 10등으로 큰 값 순위를 구합니다. |

**01** 순위를 구하기 위해 [H4]셀에 '=RANK. EQ('를 입력합니다.

| | A | B | C | D | E | F | G | H | I |
|---|---|---|---|---|---|---|---|---|---|
| 1 | | | | | | | | | |
| 2 | | | | | | | | | |
| 3 | 사원번호 | 사원명 | 부서 | 엑셀 | 파워포인트 | 워드 | 합계 | 순위 | 동점순위 |
| 4 | abc9008 | 한지연 | 총무부 | 95 | 89 | | 273 | =RANK.EQ( | |
| 5 | Abc7330 | 소재욱 | 총무부 | 83 | 99 | 86 | 268 | RANK.EQ(number, ref, [or | |
| 6 | abC9833 | 박서정 | 총무부 | 95 | 89 | 94 | 278 | | |
| 7 | abC3037 | 김세희 | 영업관리부 | 96 | 79 | 85 | 260 | | |
| 8 | Abc9578 | 강규영 | 기획예산부 | 94 | 98 | 94 | 286 | | |
| 9 | Abc4697 | 박정아 | 영업관리부 | 93 | 95 | 85 | 273 | | |
| 10 | Abc2433 | 김태화 | 총무부 | 89 | 94 | 94 | 277 | | |
| 11 | aBc7213 | 유주연 | 영업관리부 | 82 | 93 | 94 | 269 | | |
| 12 | aBc8843 | 이상영 | 기획예산부 | 77 | 82 | 85 | 244 | | |
| 13 | Abc4637 | 함진경 | 총무부 | 85 | 91 | 89 | 265 | | |
| 14 | aBc5847 | 노흥철 | 영업관리부 | 78 | 73 | 89 | 240 | | |
| 15 | aBc5000 | 최길자 | 기획예산부 | 77 | 81 | 95 | 253 | | |
| 16 | Abc3184 | 신하영 | 생산관리부 | 82 | 85 | 85 | 252 | | |
| 17 | abC4598 | 최경미 | 영업관리부 | 79 | 86 | 65 | 230 | | |
| 18 | abC6079 | 윤성희 | 품질관리부 | 83 | 88 | 85 | 256 | | |
| 19 | abC3193 | 소지민 | 총무부 | 86 | 99 | 95 | 280 | | |
| 20 | Abc2705 | 서영남 | 영업관리부 | 83 | 75 | 84 | 242 | | |
| 21 | Abc2773 | 신희선 | 기획예산부 | 94 | 77 | 86 | 257 | | |
| 22 | abC3777 | 송은영 | 생산관리부 | 87 | 84 | 85 | 256 | | |

CONCAT  ✕ ✓ fx =RANK.EQ(

입력

**02** number 인수 위치에서 [G4]셀을 클릭하고, ref 인수 위치에서 '$G$4:$G$38'를 절대 참조로 입력합니다. order 인수는 오름차순 순위를 구하기 때문에 생략하고 Enter를 누릅니다.

=RANK.EQ(G4,$G$4:$G$38)

**POINT**
order에 '0'을 입력해도 똑같이 오름차순 순위를 구합니다.

| D | E 파워포인트 | F 워드 | G 합계 | H 순위 | I 동점순위 | J | K | L |
|---|---|---|---|---|---|---|---|---|
| 95 | 89 | ❶ 클릭 89 | 273 | =RANK.EQ(G4,$G$4:$G$38) | | ❷ 입력 후 Enter | | |
| 83 | 99 | 86 | 268 | RANK.EQ(number, ref, [order]) | | | | |
| 95 | 89 | 94 | 278 | | | | | |
| 96 | 79 | 85 | 260 | | | | | |
| 94 | 98 | 94 | 286 | | | | | |
| 93 | 95 | 85 | 273 | | | | | |
| 89 | 94 | 94 | 277 | | | | | |
| 82 | 93 | 94 | 269 | | | | | |
| 77 | 82 | 85 | 244 | | | | | |
| 85 | 91 | 89 | 265 | | | | | |
| 78 | 73 | 89 | 240 | | | | | |
| 77 | 81 | 95 | 253 | | | | | |
| 82 | 85 | 85 | 252 | | | | | |
| 79 | 86 | 65 | 230 | | | | | |
| 83 | 88 | 85 | 256 | | | | | |
| 86 | 99 | 95 | 280 | | | | | |
| 83 | 75 | 84 | 242 | | | | | |
| 94 | 77 | 86 | 257 | | | | | |
| 87 | 84 | 85 | 256 | | | | | |

**03** 같은 방법으로 동점 순위를 구해 보겠습니다. [I4]셀을 클릭하고 '=RANK.AVG('를 입력하여 함수를 시작합니다. number는 [G4]셀을 클릭하고, ref는 '$G$4:$G$38'을 절대 참조로 입력합니다. order는 오름차순 순위를 구하기 때문에 생략하고 Enter를 누릅니다.

=RANK.AVG(G4,$G$4:$G$38)

입력

| D | E 파워포인트 | F 워드 | G 합계 | H 순위 | I 동점순위 | J | K | L |
|---|---|---|---|---|---|---|---|---|
| 95 | 89 | 89 | 273 | 7 | =RANK.AVG(G4,$G$4:$G$38 | | | |
| 83 | 99 | 86 | 268 | | RANK.AVG(number, ref, [order]) | | | |
| 95 | 89 | 94 | 278 | | | | | |
| 96 | 79 | 85 | 260 | | | | | |
| 94 | 98 | 94 | 286 | | | | | |
| 93 | 95 | 85 | 273 | | | | | |
| 89 | 94 | 94 | 277 | | | | | |
| 82 | 93 | 94 | 269 | | | | | |
| 77 | 82 | 85 | 244 | | | | | |
| 85 | 91 | 89 | 265 | | | | | |
| 78 | 73 | 89 | 240 | | | | | |
| 77 | 81 | 95 | 253 | | | | | |
| 82 | 85 | 85 | 252 | | | | | |
| 79 | 86 | 65 | 230 | | | | | |
| 83 | 88 | 85 | 256 | | | | | |
| 86 | 99 | 95 | 280 | | | | | |
| 83 | 75 | 84 | 242 | | | | | |
| 94 | 77 | 86 | 257 | | | | | |
| 87 | 84 | 85 | 256 | | | | | |

**04** 수식을 복사하기 위해 [H4:I4]을 선택하고 채우기 핸들을 더블클릭합니다. 순위가 같을 때는 RANK.AVG 함수는 평균 순위를 표시합니다.

❶ 드래그

| D | E 파워포인트 | F 워드 | G 합계 | H 순위 | I 동점순위 | J | K | L |
|---|---|---|---|---|---|---|---|---|
| 95 | 89 | 89 | 273 | 7 | 8 | ❷ 더블클릭 | | |
| 83 | 99 | 86 | 268 | 13 | 13.5 | | | |
| 95 | 89 | 94 | 278 | 4 | 4 | | | |
| 96 | 79 | 85 | 260 | 22 | 22 | | | |
| 94 | 98 | 94 | 286 | 1 | 1 | | | |
| 93 | 95 | 85 | 273 | 7 | 8 | | | |
| 89 | 94 | 94 | 277 | 5 | 5 | | | |
| 82 | 93 | 94 | 269 | 12 | 12 | | | |
| 77 | 82 | 85 | 244 | 31 | 31 | | | |
| 85 | 91 | 89 | 265 | 15 | 15.5 | | | |
| 78 | 73 | 89 | 240 | 33 | 33 | | | |
| 77 | 81 | 95 | 253 | 28 | 28 | | | |
| 82 | 85 | 85 | 252 | 29 | 29 | | | |
| 79 | 86 | 65 | 230 | 34 | 34 | | | |
| 83 | 88 | 85 | 256 | 25 | 26 | | | |
| 86 | 99 | 95 | 280 | 3 | 3 | | | |
| 83 | 75 | 84 | 242 | 32 | 32 | | | |
| 94 | 77 | 86 | 257 | 24 | 24 | | | |
| 87 | 84 | 85 | 256 | 25 | 26 | | | |

기본 & 입력

서식 & 표

활용 기능

차트 & 응용

필터링 & 분석

매크로

참조 & 자동 계산

함수

# 개수 세기 – COUNT/ COUNTA/COUNTBLANK

일정 범위 안에서 COUNT 함수는 숫자 개수를 구하고, COUNTA 함수는 숫자와 문자의 개수를 구할 수 있습니다.
COUNTBLANK 함수는 빈 셀의 개수를 구할 수 있습니다.

**Keyword** COUNT 함수, COUNTA 함수, COUNTBLANK 함수    **예제 파일** Part 3\3-21.xlsx

| 함수 익히기 | COUNT, COUNTA, COUNTBLANK 함수 |
|---|---|
| 함수 형식 | =COUNT(value1, [value2], ……)<br>=COUNTA(value1, [value2], ……)<br>=COUNTBLANK(range)<br><br>=COUNT(셀 범위1, [셀 범위2], ……)<br>=COUNTA(셀 범위1, [셀 범위2], ……)<br>=COUNTBLANK(셀 범위) |
| 인수 | • value : 개수를 구할 값이나 셀 범위를 지정합니다.<br>• range : 빈 셀의 개수를 구할 셀 범위를 지정합니다. |

**01** 출석일 수를 구하기 위해 [H4]셀을 클릭하고 COUNTA 함수를 입력합니다.

```
=COUNTA(
```

| | A | B | C | D | E | F | G | H |
|---|---|---|---|---|---|---|---|---|
| 1 | 출석부 | | | | | | | 입력 |
| 2 | | | | | | | | |
| 3 | 사원번호 | 사원명 | 부서 | 1일 | 2일 | 3일 | 기획안 | 출석일 |
| 4 | abC9008 | 한지연 | 총무부 | O | | O | 95 | =COUNTA( |
| 5 | Abc7330 | 소재욱 | 총무부 | O | O | O | 83 | COUNTA(value1, [val |
| 6 | abC9833 | 박서정 | 총무부 | O | O | O | 95 | |
| 7 | abC3037 | 김세희 | 영업관리부 | O | O | O | 96 | |
| 8 | Abc9578 | 강규영 | 기획예산부 | | O | O | | |
| 9 | Abc4697 | 박정아 | 영업관리부 | O | O | O | 93 | |
| 10 | Abc2433 | 김태화 | 총무부 | O | O | O | 89 | |
| 11 | aBc7213 | 유주연 | 영업관리부 | O | O | O | 82 | |
| 12 | aBc8843 | 이상영 | 기획예산부 | | O | | | |
| 13 | Abc4637 | 함진경 | 총무부 | O | O | O | 85 | |
| 14 | aBc5847 | 노홍철 | 영업관리부 | O | O | O | 78 | |
| 15 | aBc5000 | 최길자 | 기획예산부 | O | O | O | 77 | |
| 16 | Abc3184 | 신하영 | 생산관리부 | O | | O | 82 | |
| 17 | abC4598 | 최경미 | 영업관리부 | O | O | | 79 | |
| 18 | abC6079 | 윤성희 | 품질관리부 | O | O | O | 83 | |
| 19 | abC3193 | 소지민 | 총무부 | O | O | | | |
| 20 | Abc2705 | 서영남 | 영업관리부 | O | O | O | 83 | |
| 21 | abC2773 | 신희선 | 기획예산부 | O | O | O | 94 | |
| 22 | abC3777 | 송은영 | 생산관리부 | O | O | | 87 | |

**02** 함수가 시작되면 [D4:F4]를 선택하고
Enter를 눌러 함수를 완성합니다. 채우기
핸들을 이용해서 수식을 복사합니다.

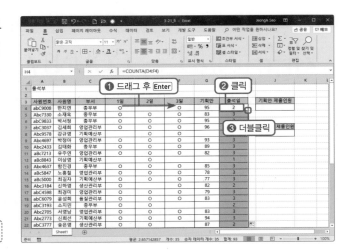

```
=COUNTA(D4:F4)
```

**03** 기획안 제출 인원을 구하기 위해 [J4]
셀에 '=COUNT(G4:G38)'를 입력합니다.
Enter를 눌러 수식을 완성합니다.

**04** 기획안 제출 인원을 구하기 위해 [J8]
셀에 '=COUNTBLANK(G4:G38)'을 입력
합니다. Enter를 눌러 수식을 완성합니다.

# 조건에 만족하는 개수 구하기
# – COUNTIF/COUNTIFS

COUNTIF 함수는 한 개의 조건을 만족하는 개수를 구할 때 사용하며, COUNTIFS 함수는 조건이 두 개 이상이어도 개수를 셀 수 있습니다. 함수 두 개를 모두 배우겠지만 평상시에는 COUNTIFS 함수만 사용하여도 무방합니다.

**Keyword** 조건에 맞는 개수 세기, COUNTIF 함수, COUNTIFS 함수 **예제 파일** Part 3 \ 3–22.xlsx

| 함수 익히기 | COUNTIF, COUNTIFS |
| --- | --- |
| 함수 형식 | =COUNTIF(range, criteria)<br>=COUNTIF(셀 범위, 조건)<br><br>=COUNTIFS(criteria_range1, criteria1, [criteria_range2], [criteria2], ……)<br>=COUNTIFS(셀 범위1, 조건1, 셀 범위2, 조건2, ……) |
| 인수 | • range : 조건과 비교해야 할 셀들의 범위를 선택합니다.<br>• criteria : 개수를 구할 조건으로 셀 주소, 상수, 비교 연산자를 포함한 조건을 입력할 수 있습니다. |

**01** 부서별 인원수를 구하기 위해 [H5]셀을 클릭합니다. COUNTIF 함수를 표시합니다.

=COUNTIF(

기본 & 입력

서식 & 표

활용 기능

차트 & 응용

필터링 & 분석

매크로

참조 & 자동 계산

함수

**02** 함수가 시작되면 F4를 이용해 range 인수로 '$B$4:$B$38'를 입력하고, criteria 인수로 'G5'를 입력합니다. Enter를 눌러 함수 입력을 마칩니다.

```
=COUNTIF($B$4:$B$38,G5)
```

**POINT**
부서의 전체 범위에서 총무부와 같은 경우 개수를 구합니다. 왼쪽 방향키로 현재 편집 중인 셀의 왼쪽 셀을 선택합니다. 방향키를 눌렀을 때 커서가 움직인다면 F2를 눌러 변환한 다음 다시 방향키로 선택할 수 있습니다.

**03** 채우기 핸들로 수식을 복사하여 인원수를 모두 구합니다.

**04** 두 가지 조건인 부서, 거주지별 인원수를 구하기 위해서 [H14]셀을 클릭합니다. COUNTIFS 함수를 표시합니다.

```
=COUNTIFS(
```

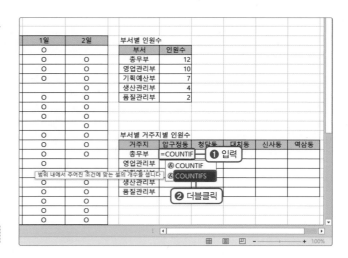

**05** 함수가 시작되면 F4를 이용해 criteria_range1 인수에 '$B$4:$B$38'를 입력하고 criteria1 인수에 '$G15'를 입력합니다. 두 번째 조건인 criteria_range2 인수에 '$C$4:$C$38'를 입력하고 criteria2 인수에 'H$14'를 입력합니다. Enter를 눌러 함수 입력을 마칩니다.

```
=COUNTIFS($B$4:$B$38,$G15,$C$4:$C$38
,H$14)
```

> **POINT**
> 부서 전체 범위 중 총무부와 같고, 거주지 전체 범위에서 압구정동과 같은 경우 개수를 구합니다.

**06** [H15]셀 채우기 핸들을 [L15]셀까지 드래그하여 수식을 복사합니다. [H15:L15]이 선택된 상태로 채우기 핸들을 더블클릭하면 전체 데이터 수식이 복사됩니다.

> **POINT**
> 부서는 [H15], [H16], [H17], …… 셀을 선택해야 하기 때문에 H열을 고정하고, 거주지는 [H14], [I14], [J14], ……를 선택해야 하기 때문에 14행을 고정합니다.

# 조건에 만족하는 합계 구하기 – SUMIF/SUMIFS

## S E C T I O N 16

합계를 구하는데 조건이 있는 경우 IF나 IFS 함수를 추가하여 SUMIF, SUMIFS 함수를 사용합니다. 전체 합계가 아니라 합계를 구해야 하는데 조건이 하나인 경우는 SUMIF를 사용합니다. 조건이 하나이거나 두 개 이상인 경우에는 SUMIFS를 사용합니다.

**Keyword** SUMIF 함수, SUMIFS 함수, 조건에 만족하는 합계     **예제 파일** Part 3\3-23.xlsx

| 함수 익히기 | SUMIF, SUMIFS 함수 |
|---|---|
| 함수 형식 | =SUMIF(range, criteria, [sum_range])<br>=SUMIF(조건 범위, 조건, 합을 구할 범위)<br><br>=SUMIFS(sum_range, criteria_range1, criteria1, [criteria_range2], [criteria2], ……)<br>=SUMIFS(합을 구할 범위, 조건 범위1, 조건1, 조건 범위2, 조건2, ……) |
| 인수 | • **sum_range** : 합을 구할 범위, SUMIF 함수는 조건 범위와 합을 구할 범위가 같으면 생략 가능합니다.<br>• **range** : 조건과 비교해야 할 셀들의 범위를 선택합니다.<br>• **criteria** : 개수를 구할 조건으로 셀 주소, 상수, 비교 연산자를 포함한 조건을 입력할 수 있습니다. |

**01** 부서별 합계를 구하기 위해 [I5]셀에 SUMIF 함수를 표시합니다.

```
=SUMIF(
```

**02** F4를 이용해 range 인수에 '$B$4: $B$38', criteria 인수에 'H5', sum_range 인수에 '$F$4:$F$38'를 입력하고, Enter를 눌러 함수 입력을 마칩니다.

```
=SUMIF($B$4:$B$38,H5,$F$4:$F$38)
```

**POINT**
부서의 전체 범위 중 총무부랑 같을 때 총무부의 합계 범위를 더합니다.

**03** 채우기 핸들로 수식을 복사하여 부서별 합계를 모두 구합니다.
합계한 금액이 세 자리가 넘기 때문에 [홈] 탭-[표시 형식] 그룹-[쉼표 스타일( , )]을 클릭하여 적용합니다.

**04** 부서, 거주지별 합계를 구하기 위해 [I15]셀을 클릭하고 SUMIFS 함수를 표시합니다.

```
=SUMIFS(
```

**05** 함수가 시작되면 F4를 이용해 sum_range 인수에 '$F$4:$F$38', criteria_range1 인수에 '$B$4:$B$38', criteria1 인수에 '$H15', criteria_range2 인수에 '$C$4:$C$38', criteria2 인수에 'I$14'를 입력합니다. Enter를 눌러 함수 입력을 마칩니다.

```
=SUMIFS($F$4:$F$38,$B$4:$B$38,$H15,$C$
4:$C$38,I$14)
```

**06** [I15]셀의 수식을 복사하기 위해 채우기 핸들을 [M15]셀까지 드래그합니다. 수식 복사한 [I15:M15]이 선택된 채로 채우기 핸들을 더블클릭하면 전체 데이터 수식이 복사됩니다.

# 도수분포표(빈도수) 만들기
## – FREQUENCY

## 17

FREQUENCY 함수는 이름에서 알 수 있듯이 선택한 범위 안에 특정 값의 발생 빈도를 계산해 주는 배열 함수입니다. 각 구간별로 그 범위 안에 있는 데이터가 몇 개가 있는지 알 수 있는 함수이며 배열 함수이기 때문에 범위를 선택하고 시작해서 Ctrl + Shift + Enter 를 눌러 끝내야 합니다.

**Keyword** FREQUENCY, 도수분포표, 빈도수 　　　　　**예제 파일** Part 3\3-25.xlsx

| 함수 익히기 | FREQUENCY 함수 |
| --- | --- |
| 함수 형식 | =FREQUENCY(data_array, bins_array)<br>=FREQUENCY(데이터 범위, 구간 범위) |
| 인수 | • data_array : 빈도수를 구하려는 데이터가 있는 범위를 선택합니다.<br>• bins_array : 구간별로 개수를 구하기 위해 구분해 놓은 범위를 선택하며, 입력된 값보다 작거나 같은 값의 빈도수를 구합니다. |

**01** 함수에서 사용할 범위의 이름을 미리 정의하기 위해 [D3:E38]을 선택하고 [수식] 탭-[정의된 이름] 그룹-[선택 영역에서 만들기]를 클릭합니다.

[선택 영역에서 이름 만들기] 대화상자에서 '첫 행'에 체크 표시하여 선택하고 [확인] 버튼을 클릭합니다.

**POINT**
첫 행에 입력된 열의 제목으로 이름이 정의됩니다.

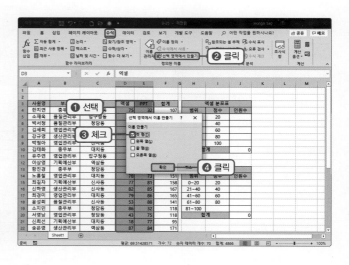

**02** 이름 정의가 완료되면 [이름 상자]의 목록 아이콘을 클릭합니다. '엑셀', 'PPT'라는 이름이 정의된 것을 확인할 수 있습니다.

이름을 클릭하면 이름이 정의된 범위가 선택됩니다.

**03** 정의된 이름으로 함수를 사용하기 위해 [J5:J9]를 선택하고 '=FR'을 입력한 다음 FREQUENCY 함수를 선택합니다.

**04** 함수가 시작되면 data_array 인수에 이름을 정의해 놓은 '엑셀'을 입력하고, bins_array 인수에 'I5:I9'를 입력합니다. 수식 작성이 완료되면 [Ctrl]+[Shift]+[Enter]를 누릅니다.

점수대별 인원수가 구해지고 배열 수식의 특징으로 완성했기 때문에 중괄호({ })가 표시됩니다.

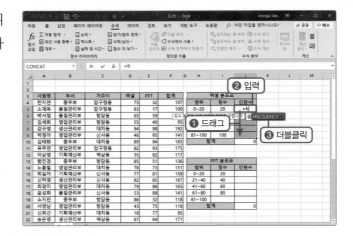

{=FREQUENCY(엑셀,I5:I9)}
(이름 정의된 엑셀 범위 중에 0~20까지의 개수, 21~40까지의 개수, ……)

**POINT**
배열 수식이기 때문에 처음 수식을 사용할 때나 수정할 때도 [Ctrl]+[Shift]+[Enter]를 눌러 완성해야 합니다.

**05** 같은 방법으로 PPT 분포표를 구하기 위해 [J15:J19]를 선택합니다. '=FREQUENCY(ppt,I15:I19'가 입력되면 Ctrl + Shift + Enter 를 눌러 함수 입력을 마칩니다.

{=FREQUENCY(PPT,I15:I19)}
(이름 정의된 PPT 범위 중에 0~20까지의 개수, 21~40까지의 개수, ……)

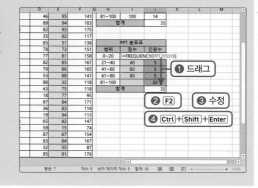

**POINT**

구간별 점수 중 [I19]셀에 점수가 입력되어 있지 않지만 남은 마지막 점수가 81~100점대이기 때문에 자동으로 인식됩니다.

### 쌩초보 Level Up

### 배열 함수를 수정할 때

FREQUENCY 함수를 처음에 입력할 때도 범위를 지정하고 시작해서 Ctrl + Shift + Enter 를 눌러 끝냈듯이 이를 수정할 때도 똑같이 범위를 지정하고 F2 기능키를 눌러 편집 모드 상태에서 수정하고 Ctrl + Shift + Enter 를 눌러 마무리합니다.

# 조건에 맞는 결과 값 입력하기 – IF

## 18

IF 함수는 정말 많이 사용하는 함수로, 조건을 제시하여 비교한 후 값이 만족하면 참(TRUE)을, 값이 만족하지 않으면 거짓(FALSE)을 반환합니다.

**Keyword** IF, 조건, 참 값, 거짓 값 　　　　　　　**예제 파일** Part 3\3-26.xlsx

---

**함수 익히기** IF

| 함수 형식 | =IF(logical_test, [value_if_true], [value_if_false])<br>(=IF(조건식, 참일 때의 값, 거짓일 때의 값)) |
|---|---|
| 인수 | • logical_test : 참과 거짓을 판단할 수 있는 수식이나 비교 연산자( >, <, )=, <=, <>)를 사용합니다.<br>• [value_if_true] : 조건의 결과가 참일 때 입력할 값이나 수식. 생략하면 TRUE가 입력됩니다.<br>• [value_if_false] : 조건의 결과가 거짓일 때 입력할 값이나 수식. 생략하면 FALSE가 입력됩니다. |

**01** 평균이 80점 이상이면 합격, 평균이 80점 미만이면 불합격입니다. 합격 여부를 구하기 위해 [J4]셀을 클릭하고 IF 함수를 표시합니다.

=IF(

**02** 함수가 시작되면 logical_test 인수에 'I4>=80', value_if_true 인수에 "합격", value_if_false 인수에 "불합격"을 입력합니다.

```
=IF(I4)=80,"합격", "불합격")
```

**POINT**
평균이 80점 이상이면 합격을 입력하고, 평균이 80점 미만이면 불합격을 입력합니다.

**03** 완성된 수식을 복제합니다.

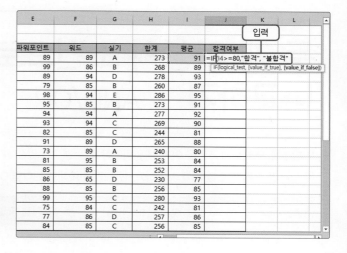

기본 & 입력

서식 & 표

활용 기능

차트 & 응용

필터링 & 분석

매크로

참조 & 자동 계산

함수

# 두 개 이상의 조건으로
# 비교하기 – AND/OR

SECTION

19

IF 함수를 사용할 때 조건을 여러 개 입력해야 하는 경우가 있습니다. 두 개 이상의 조건을 입력하는데 모두 만족해야 한다면 AND 함수를 추가 사용하고, 한 개만 만족해도 된다면 OR 함수를 추가 사용할 수 있습니다.

**Keyword** 조건 두 개 이상, AND 함수, OR 함수　　　**예제 파일** Part 3\3-27.xlsx

| 함수 익히기 | AND, OR |
|---|---|
| 함수 형식 | =AND(logical1, [logical2], ……)<br>=AND(조건1, 조건2, ……)<br>=OR(logical1, [logical2], ……)<br>=OR(조건1, 조건2, ……) |
| 인수 | • logical : 참과 거짓을 판단할 수 있는 수식이나 비교 연산자(〉, 〈. 〉=, 〈=, 〈〉)를 사용합니다. |

**01** 실기 점수가 A이고, 평균이 80점 이상인 경우에는 150,000을 지급하고, 그렇지 않으면 빈칸을 입력하기 위해 [J4]셀을 클릭하고 IF 함수를 표시합니다.

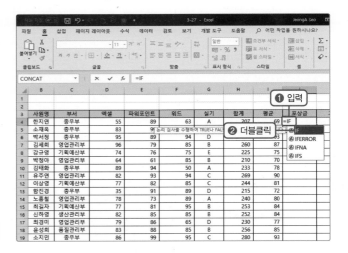

=IF(

**02** IF 조건을 두 개를 나열해야 하기 때문에 바로 AND 함수를 시작합니다. AND 함수에서 logical1 인수에 'G4="a",'를 입력합니다.

```
=IF(AND(G4="A",
```

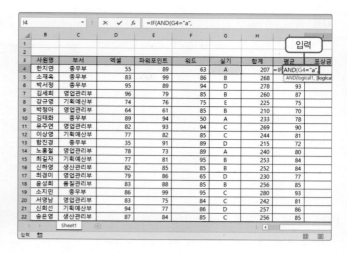

**03** 두 번째 조건인 logical2 인수에 'I4>=80'을 입력하고, 조건을 입력해야 하는 과정이 끝났기 때문에 괄호를 입력하여 AND 함수를 닫아 줍니다.

```
=IF(AND(G4="A",I4>=80)
```

**04** IF 함수에서는 조건 나열이 끝났기 때문에 쉼표(,)를 입력하고, value_if_true 인수에 '150000', value_if_false에 큰따옴표(" ")만 입력합니다.

```
=IF(AND(G4="a",I4>=80),150000,"")
(실기 점수가 A이고, 평균이 80점 이상인 경우에는
150,000을 지급하고, 그렇지 않으면 빈 칸 입력)
```

**05** 엑셀, 파워포인트, 워드의 점수에 40
점 미만이 있는 경우 '●'를 입력하고 각각
점수가 40점 이상이면 빈칸을 입력해 보
겠습니다.
함수를 시작하기 위해 [K4]셀을 클릭하고
IF 함수를 표시합니다.

```
=IF(
```

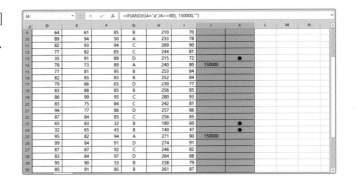

**06** 엑셀, 파워포인트, 워드 각각의 과목
을 40점과 비교해야 하기 때문에 '=IF(O
R(D4〈40,E4〈40,F4〈40),"●","")'을 입력합
니다.

**07** 적용된 수식을 복사하기 위해 [J4:K4]
를 선택하고 채우기 핸들을 더블클릭합니다.

**쌩초보 Level Up**

## 마지막 괄호를 입력하지 않은 경우

괄호가 두 개 이상 들어간 수식에서 마지막에 괄호를 입력하지 않았더라도 Enter 를 누르면 경
고 대화상자가 표시되며 수식이 수정됩니다.

기본 & 입력

서식 & 표

활용 기능

차트 & 응용

필터링 & 분석

매크로

참조 & 자동 계산

함수

SECTION

# 두 개 이상의 조건으로 비교하여 다른 값 입력하기 - 중첩 IF/IFS

**SECTION 20**

두 개 이상의 조건으로 비교해야 할 때 조건별로 입력해야 하는 값이 여러 개라면 중첩 IF 함수를 사용하거나 IFS 함수를 사용할 수 있습니다. IFS 함수는 중첩 함수와 같은 기능을 하지만 중첩 함수처럼 IF를 여러 번 입력하지 않아도 되는 장점이 있습니다. IFS 함수는 엑셀 2019(오피스 365) 이상에서만 사용할 수 있습니다.

**Keyword** 중첩 IF 함수, IFS 함수      **예제 파일** Part 3\3-28.xlsx

---

| **함수 익히기** | IFS |
| --- | --- |
| **함수 형식** | =IFS(logical_test1, value_if_true1, [logical_test2], [value_if_true2], ……)<br>=IFS(조건식1, 값 1, [조건식2], [값 2], ……) |
| **인수** | • logical_test : 참과 거짓을 판단할 수 있는 수식이나 비교 연산자〉, 〈, 〉=, 〈=, 〈〉)를 사용합니다.<br>• value_if_true : 조건의 결과가 참일 때 입력할 값이나 수식입니다. |

---

**01** 실기 점수가 A이면 30만 원, B이면 15만 원, C이면 10만 원, D이면 0을 입력하기 위해 [J4]셀에 IFS 함수를 표시합니다.

```
=IFS(
```

**02** IFS 함수가 시작되면 첫 번째 조건으로 logical_test 인수에 'G4="A"', value_if_true 인수에 '300000'을 입력합니다. 쉼표(,)를 입력합니다.

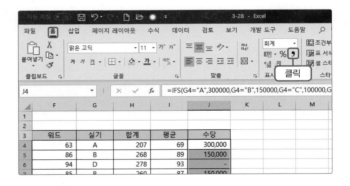

```
=IFS(G4="A",300000,
```

**03** 나머지 조건을 입력합니다. 괄호를 닫고 Enter를 눌러 함수를 완성합니다.

```
=IFS(G4="A",300000,G4="B",150000,G4="C",
100000,G4="D",0)
```

**04** 수식을 복사하여 함수를 완성합니다. 결과 값이 세 자리가 넘기 때문에 [홈] 탭-[표시 형식] 그룹-[쉼표 스타일(,)]을 클릭하여 적용합니다.

쌩초보 **Level Up**

## IF 함수를 여러 번 써야 하는 중첩 IF 함수

엑셀 2016 이하 버전을 사용한다면 중첩 IF 함수를 사용해야 합니다. IFS 함수와 방식은 같지만 false 값에 IF 함수가 추가 입력되어야 한다는 점과, 중간에 괄호를 닫지 않고 마지막에 괄호를 닫아야 한다는 점을 주의해야 합니다.

```
=IF(G4="A",300000,IF(G4="B",150000,IF(G4="C",100000,0)))
```

# 오류 해결하기
## – IFERROR

간단한 수식이나 함수를 사용했는데 간혹 결과가 오류가 나는 경우가 있습니다. 오류가 표시되는 것을 없애고 원하는 형식의 값을 표시하기 위해서 사용하는 함수로, 오류가 없을 때는 첫 번째 인수가 실행됩니다. 오류면 두 번째 제시한 값이 실행됩니다.

**Keyword** 오류 해결, IFERROR 함수 　　　　　　**예제 파일** Part 3 \ 3–29.xlsx

---

| 함수 익히기 | IFERROR |
|---|---|
| **함수 형식** | =IFERROR(value, value_if_error)<br>=IFERROR(값이나 수식, 오류를 대체할 값이나 수식) |
| **인수** | • value : 원래 수행할 수식이나 값, 오류가 없을 때 실행되야 하는 수식입니다.<br>• value_if_error : 결과가 오류인 경우 대체할 값이나 수식입니다. |

**01** FIND 함수 결과에 오류가 나면 빈 칸을 대체하기 위해 [G3]셀을 클릭하고 '='다음을 클릭합니다. IFERROR 함수를 시작합니다.

=IFERROR(FIND("A",A3)

**02** IFERROR 함수에 원래 있었던 수식을 그대로 두고, 수식 끝을 클릭합니다. vlaue_if_error 인수를 입력하기 위해 쉼표 (,)를 입력합니다.

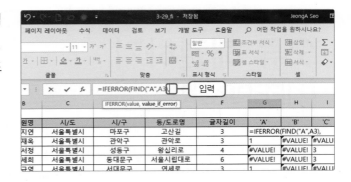

**03** 오류가 난 경우 빈칸으로 대체하기 위해 큰따옴표(" ")를 입력하고 괄호(()를 달아 줍니다.

```
=IFFEROR(FIND("A",A3),"")
```

**04** 같은 방법으로 [H3]셀에 '=IFERROR (FIND("B",A3),"")', [I3]셀에 '=IFERROR (FIND("C",A3),"")'를 입력합니다.

**05** [G3:I3]을 선택하고 채우기 핸들을 이용해 수식을 복사합니다.

# 숫자로 변환하고 표시 형식 변경하기 – VALUE

# 22

LEFT 함수, MID 함수, RIGHT 함수로 추출한 문자를 숫자 형식으로 변환해야 할 때는 VALUE 함수를 사용합니다. 숫자로 변환하고 표시 형식을 이용하여 편집하는 방법을 배우겠습니다.

**Keyword** VALUE, 문자를 숫자로 변환      **예제 파일** Part 3 \ 3-31.xlsx

---

## 함수 익히기   VALUE

| 함수 형식 | =VALUE(text)<br>=VALUE(셀 주소 또는 수식) |
|---|---|
| 인수 | • **text** : 변환할 문자가 있는 셀 주소 또는 수식입니다. |

---

**01** 주민등록번호를 추출하기 위해 [D5] 셀을 클릭하고, MID 함수를 시작합니다. text 인수는 추출하려는 문자가 들어 있는 셀인 'C5', start_num 인수는 다섯 번째부터 시작되어 '5', num_chars 인수는 주민번호 열세 글자를 추출하기 때문에 '13'을 입력합니다.

=MID(C5,5,13)

| 사원번호 | 사원명 | 주민등록번호 | 주민등록번호 | 이사일 | 부서 |
|---|---|---|---|---|---|
| ABC9008 | 한지연 | 8208101623041 | =MID(C5,5,13) | 입력 | 총무부 |
| ABC7330 | 소재욱 | 7702171219029 | MID(text, start_num, num_chars) | 1998-06-22 | 총무부 |
| ABC9833 | 박서정 | 6510021160571 | | 1993-12-17 | 총무부 |
| ABC3037 | 김세희 | 8007042117574 | | 1999-04-15 | 영업관리부 |
| ABC9578 | 강규영 | 6810051156208 | | 1999-08-08 | 기획예산부 |
| ABC4697 | 박정아 | 6110052567156 | | 2000-04-27 | 영업관리부 |
| ABC2433 | 김태화 | 5802262184705 | | 1994-04-02 | 총무부 |
| ABC7213 | 유주연 | 7605161923667 | | 1995-04-29 | 영업관리부 |
| ABC8843 | 이상영 | 6601032407321 | | 1993-12-21 | 기획예산부 |
| ABC4637 | 함진경 | 7607252685328 | | 1993-10-06 | 총무부 |
| ABC5847 | 노홍철 | 6909172265155 | | 1996-12-04 | 영업관리부 |
| ABC5000 | 최길자 | 7209042426121 | | 1999-11-30 | 기획예산부 |
| ABC3184 | 신하영 | 6012172412631 | | 1996-03-28 | 생산관리부 |
| ABC4598 | 최경미 | 7009281209331 | | 1996-05-29 | 영업관리부 |
| ABC6079 | 윤성희 | 5808181433889 | | 1996-12-06 | 품질관리부 |
| ABC3193 | 소지민 | 6505272683130 | | 1994-03-08 | 총무부 |
| ABC2705 | 서명남 | 7106272687499 | | 2000-04-19 | 영업관리부 |
| ABC2772 | 시현서 | 6601043270876 | | 1995-10-23 | 기회예사부 |

**02** MID 함수의 결과가 문자이기 때문에 숫자 표시 형식을 지정할 수 없습니다. 따라서 MID 함수의 결과를 VALUE 함수로 변환해 보겠습니다.

= 다음에 커서를 위치하고 VALUE 함수를 시작합니다. 수식의 끝에 괄호를 닫고 함수 입력을 마칩니다.

Enter를 눌러 수식을 완성하고, 채우기 핸들을 이용해 수식을 복사합니다.

=VALUE(MID(C5,5,13))

**03** 숫자로 변환된 데이터를 주민등록번호 형식으로 보이게 하기 위해 [홈] 탭-[표시 형식] 그룹에서 설정 아이콘(🔻)을 클릭합니다.

[셀 서식] 대화상자에서 범주를 '기타', 형식을 '주민등록번호'로 지정합니다. [확인] 버튼을 클릭합니다.

**04** 주민등록번호가 형식을 유지하여 입력되었습니다.

# 날짜 추출하기
## – DATE/MID

DATE 함수로 주민등록번호의 생년월일을 추출하고, MID 함수로 월과 일을 추출하여 생년월일을 구성해 보겠습니다.

**Keyword** DATE, MID, 생년월일　　　　　　**예제 파일** Part 3 \ 3-33.xlsx

---

**함수 익히기** | DATE

| 함수 형식 | =DATE(year, month, day)<br>=DATE(연, 월, 일) |
|---|---|
| 인수 | • **year** : 연을 지정하는 인수로서 두 자리만 지정하면 1900년대로 입력됩니다. 날짜 체계에 따른 1900부터 9999년까지의 숫자입니다.<br>• **month** : 월을 지정하는 인수로서 1부터 12까지의 숫자입니다.<br>• **day** : 해당 월의 날짜를 나타내는 1부터 31까지의 숫자입니다. |

**01** 주민등록번호 생년월일을 날짜 형식으로 추출하기 위해 DATE 함수를 표시합니다.

```
=DATE(
```

**02** year 인수에서 '=DATE(MID(E5,1,2)' 수식을 적용합니다. [E5]셀의 첫 번째부터 두 글자를 추출합니다.

| 회원명 | 입사일 | 주민등록번호 | 생년월일 | 부서 |
|---|---|---|---|---|
| | | | 사원정보 | |
| 한지연 | 2001-04-09 | 820810-1623041 | =DATE(MID(E5,1,2) | 입력 |
| 소재욱 | 1998-08-22 | 770217-1219029 | DATE(year, month, day) 부 | |
| 박서정 | 1993-12-17 | 651002-1160571 | | 총무부 |
| 김세희 | 1999-04-15 | 800704-2117574 | | 영업관리부 |
| 강규영 | 2019-01-02 | 960305-3156208 | | 기획예산부 |
| 박정아 | 2018-04-27 | 981005-4567156 | | 영업관리부 |
| 김태화 | 1994-04-02 | 580226-2184705 | | 총무부 |
| 유주연 | 1995-04-29 | 760516-1923667 | | 영업관리부 |
| 이상영 | 1993-12-21 | 660103-2407321 | | 기획예산부 |
| 함진경 | 1993-10-06 | 760725-2685328 | | 총무부 |
| 노홍철 | 1996-12-04 | 690917-2265155 | | 영업관리부 |
| 최길자 | 1999-11-30 | 720904-2426121 | | 기획예산부 |
| 신하영 | 1996-03-28 | 601217-2412631 | | 생산관리부 |
| 최경미 | 1996-05-29 | 700928-1209331 | | 영업관리부 |
| 윤성희 | 1996-12-06 | 580818-1433889 | | 품질관리부 |
| 소지민 | 1994-03-08 | 650527-2683130 | | 총무부 |
| 서영남 | 2018-04-19 | 990312-4687499 | | 영업관리부 |
| 신희선 | 1995-10-22 | 660104-2370876 | | 기획예산부 |

**03** 쉼표를 입력하고 month 인수에 'MID(E5,3,2)'를 입력하여 [E5]셀의 세 번째부터 두 글자를 추출합니다.

| 회원명 | 입사일 | 주민등록번호 | 생년월일 | 부서 |
|---|---|---|---|---|
| | | | 사원정보 | |
| 한지연 | 2001-04-09 | 820810-1623041 | =DATE(MID(E5,1,2),MID(E5,3,2) | 입력 |
| 소재욱 | 1998-08-22 | 770217-1219029 | DATE(year, month, day) 부 | |
| 박서정 | 1993-12-17 | 651002-1160571 | | 총무부 |
| 김세희 | 1999-04-15 | 800704-2117574 | | 영업관리부 |
| 강규영 | 2019-01-02 | 960305-3156208 | | 기획예산부 |
| 박정아 | 2018-04-27 | 981005-4567156 | | 영업관리부 |
| 김태화 | 1994-04-02 | 580226-2184705 | | 총무부 |
| 유주연 | 1995-04-29 | 760516-1923667 | | 영업관리부 |
| 이상영 | 1993-12-21 | 660103-2407321 | | 기획예산부 |
| 함진경 | 1993-10-06 | 760725-2685328 | | 총무부 |
| 노홍철 | 1996-12-04 | 690917-2265155 | | 영업관리부 |
| 최길자 | 1999-11-30 | 720904-2426121 | | 기획예산부 |
| 신하영 | 1996-03-28 | 601217-2412631 | | 생산관리부 |
| 최경미 | 1996-05-29 | 700928-1209331 | | 영업관리부 |
| 윤성희 | 1996-12-06 | 580818-1433889 | | 품질관리부 |
| 소지민 | 1994-03-08 | 650527-2683130 | | 총무부 |
| 서영남 | 2018-04-19 | 990312-4687499 | | 영업관리부 |
| 신희선 | 1995-10-22 | 660104-2370876 | | 기획예산부 |

=DATE(MID(E5,1,2),MID(E5,3,2)

**04** 쉼표를 입력하고 day 인수에 'MID(E5,5,2)'를 입력하여 [E5]셀의 다섯 번째부터 두 글자를 추출합니다.

| 입사일 | 주민등록번호 | 생년월일 | 부서 | |
|---|---|---|---|---|
| | | 사원정보 | | |
| 01-04-09 | 820810-1623041 | =DATE(MID(E5,1,2),MID(E5,3,2),MID(E5,5,2) | 입력 | |
| 08-08-22 | 770217-1219029 | DATE(year, month, day) 부 | | |
| 93-12-17 | 651002-1160571 | | 총무부 | |
| 99-04-15 | 800704-2117574 | | 영업관리부 | |
| 19-01-02 | 960305-3156208 | | 기획예산부 | |
| 18-04-27 | 981005-4567156 | | 영업관리부 | |
| 94-04-02 | 580226-2184705 | | 총무부 | |
| 95-04-29 | 760516-1923667 | | 영업관리부 | |
| 93-12-21 | 660103-2407321 | | 기획예산부 | |
| 93-10-06 | 760725-2685328 | | 총무부 | |
| 96-12-04 | 690917-2265155 | | 영업관리부 | |
| 99-11-30 | 720904-2426121 | | 기획예산부 | |
| 96-03-28 | 601217-2412631 | | 생산관리부 | |
| 96-05-29 | 700928-1209331 | | 영업관리부 | |
| 96-12-06 | 580818-1433889 | | 품질관리부 | |
| 94-03-08 | 650527-2683130 | | 총무부 | |
| 18-04-19 | 990312-4687499 | | 영업관리부 | |
| 95-10-22 | 660104-2370876 | | 기획예산부 | |

=DATE(MID(E5,1,2),MID(E5,3,2),MID(E5,5,2))

**POINT**
주민등록번호를 각각 두 글자씩 추출하여 날짜 형식으로 인식하도록 하였습니다.

**05** 수식을 사용하여 완성했지만 표시 형식이 일반으로 되어 있기 때문에 날짜 형식으로 표시되지 않습니다.

[홈] 탭-[표시 형식] 그룹에서 표시 형식을 '간단한 날짜'로 지정합니다.

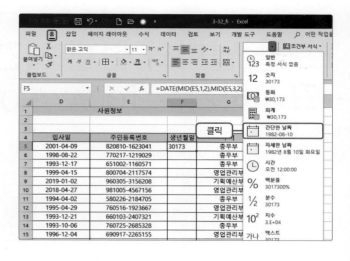

**06** 수식을 복사하여 주민등록번호에서 생년월일을 추출한 결과를 확인할 수 있습니다.

---

**쌩초보 Level Up**

### 2000년 이후의 데이터가 섞여 있을 때

주민등록번호에 2000년대 이후의 데이터가 있을 때 MID 함수의 결과가 50보다 작으면 2000에서 주민등록번호가 있는 연도를 더해서 표시하고, 50보다 크면 원래대로 1900에서 더해 표시됩니다.

| 주민등록번호 | 성별 | 부서 | |
|---|---|---|---|
| 820810-1623041 | 남자 | 총무부 | 1982-08-10 |
| 770217-1219029 | 남자 | 총무부 | 1977-02-17 |
| 651002-1160571 | 남자 | 총무부 | 1965-10-02 |
| 800704-2117574 | 여자 | 영업관리부 | 1980-07-04 |
| 010305-3156208 | 남자 | 기획예산부 | 2001-03-05 |
| 001005-4567156 | 여자 | 영업관리부 | 2000-10-05 |
| 580226-2184705 | 여자 | 총무부 | 1958-02-26 |
| 760516-1923667 | 남자 | 영업관리부 | 1976-05-16 |
| 660103-2407321 | 여자 | 기획예산부 | 1966-01-03 |
| 760725-2685328 | 여자 | 총무부 | 1976-07-25 |
| 690917-2265155 | 여자 | 영업관리부 | 1969-09-17 |
| 720904-2426121 | 여자 | 기획예산부 | 1972-09-04 |
| 601217-2412631 | 여자 | 생산관리부 | 1960-12-17 |
| 700928-1209331 | 남자 | 영업관리부 | 1970-09-28 |
| 580818-1433889 | 남자 | 품질관리부 | 1958-08-18 |
| 650527-2683130 | 여자 | 총무부 | 1965-05-27 |
| 010312-4687499 | 여자 | 영업관리부 | 2001-03-12 |
| 660104-2370876 | 여자 | 기획예산부 | 1966-01-04 |

=DATE(IF(MID(E5,1,2)<"50",2000+MID(E5,1,2),MID(E5,1,2)),MID(E5,3,2),MID(E5,5,2))

# 오늘 날짜와 현재 시간 표시하기 – TODAY/NOW

파일을 열 때마다 항상 오늘의 날짜와 현재 시간을 표시해 주는 함수입니다. TODAY 함수는 날짜 형식을 지원하며, NOW 함수는 날짜와 시간 형식을 지원합니다.

**Keyword** TODAY, NOW, 현재 시간, 현재 날짜      **예제 파일** Part 3\3-34.xlsx

---

| 함수 익히기 | TODAY, NOW |
|---|---|
| 함수 형식 | =TODAY()<br>=NOW() |
| 인수 | 인수가 없는 함수입니다. |

---

**01** 파일을 열 때 오늘 날짜를 입력하기 위해 [C3]셀을 클릭하고 '=TODAY( )'를 입력합니다. 시스템에 설정된 날짜가 입력됩니다.

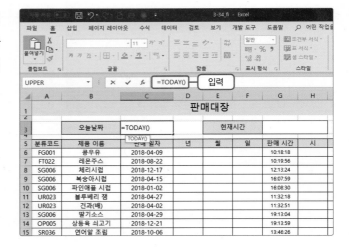

**02** 현재 시간이 입력되는 '=NOW( )' 함수를 입력합니다. 시스템에 설정된 날짜와 시간이 입력됩니다.

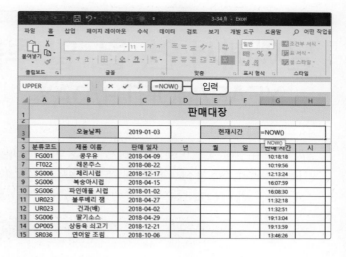

**03** [G3]셀에 표시된 날짜와 시간을 시간만 표시하기 위해 [홈] 탭-[표시 형식] 그룹에서 표시 형식을 '시간'으로 지정합니다.

---

**쌩초보 Level Up**

## TODAY 함수나 NOW 함수를 편집하지 않고 종료할 경우

TODAY 함수나 NOW 함수가 있는 경우 특별한 편집을 하지 않고 파일을 종료할 때 '변경 내용을 저장하시겠습니까?'라는 메시지가 나타납니다.

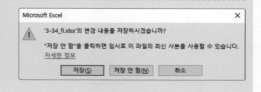

# 날짜에서 연, 월, 일 추출하기

## – YEAR/MONTH/DAY

S E C T I O N

# 25

날짜 데이터는 셀에 연, 월, 일로 구분되어 있습니다. 우리는 날짜를 입력하지만 엑셀은 숫자로 인식하므로 일반적인 LEFT, RIGHT, MID 함수로 데이터를 추출할 수 없습니다. 날짜 데이터에서 연, 월, 일을 추출할 때 사용하는 함수가 YEAR, MONTH, DAY 함수입니다.

**Keyword** YEAR, MONTH, DAY　　　　**예제 파일** Part 3 \ 3-35.xlsx

| 함수 익히기 | YEAR, MONTH, DAY |
|---|---|
| 함수 형식 | =YEAR(serial_number)<br>=YEAR(날짜)<br><br>=MONTH(serial_number)<br>=MONTH(날짜)<br><br>=DAY(serial_number)<br>=DAY(날짜) |
| 인수 | • serial_number : 연, 월, 일을 추출하려는 날짜나 셀, 코드 형식의 수입니다. |

**01** 판매 일자에서 연도만 추출하기 위해 [D6]셀에 '=YEAR(C6)'을 입력합니다.

**POINT**

날짜에서 연, 월, 일을 추출했을 때 또 다시 날짜 형식으로 보인다면 표시 형식을 '일반'으로 지정하면 됩니다.

**02** 같은 방법으로 판매 일자에서 월만 추출하기 위해 [E6]셀에 '=MONTH(C6)'을 입력합니다.

**03** 같은 방법으로 판매 일자에서 일만 추출하기 위해 [F6]셀에 '=DAY(C6)'을 입력합니다.

**04** [D6:F6]을 선택하고 채우기 핸들을 이용하여 수식을 복사합니다.

기본 & 입력

서식 & 표

활용 기능

차트 & 응용

필터링 & 분석

매크로

참조 & 자동 계산

함수

# 시간에서 시, 분, 초 추출하기
– HOUR, MINUTE, SECOND

날짜 함수에서 YEAR, MONTH, DAY 함수를 사용했듯이 시간 데이터에서 시, 분, 초를 추출할 때는 HOUR, MINUTE, SECOND 함수를 사용합니다.

**Keyword** HOUR, MINUTE, SECOND        **예제 파일** Part 3 \ 3-36.xlsx

| 함수 익히기 | HOUR, MINUTE, SECOND |
|---|---|
| **함수 형식** | =HOUR(serial_number)<br>=HOUR(날짜)<br><br>=MINUTE(serial_number)<br>=MINUTE(날짜)<br><br>=SECOND(serial_number)<br>=SECOND(날짜) |
| **인수** | • serial_number : 시, 분, 초를 추출하려는 시간이나 셀, 코드 형식의 수입니다. |

**01** 판매 시간에서 시간만 추출하기 위해 [H6]셀에 '=HOUR(G6)'을 입력합니다.

**02** 판매 시간에서 시간만 추출하기 위해 [I6]셀에 '=MINUTE(G6)'을 입력합니다.

**03** 판매 시간에서 시간만 추출하기 위해 [J6]셀에 '=SECOND(G6)'을 입력합니다.

**04** [H6:J6]을 선택하고 채우기 핸들을 이용하여 수식을 복사합니다.

기본 & 입력   서식 & 표   활용 기능   차트 & 응용   필터링 & 분석   매크로   참조 & 자동 계산   함수

# 데이터 추출하기
## – VLOOKUP/HLOOKUP

S E C T I O N

# 27

VLOOKUP 함수는 배열의 첫 열에서 값을 검색하여, 지정한 열의 같은 행에서 데이터를 돌려 주는 함수입니다. 가로 형태의 표에서 추출할 때는 HLOOKUP 함수를 사용합니다. MATCH, VLOOKUP 함수를 함께 사용하는 방법을 알아보겠습니다.

**Keyword** MATCH, VLOOKUP, 세로 형태 추출하기      **예제 파일** Part 3\3-40.xlsx

| 함수 익히기 | VLOOKUP, HLOOKUP |
|---|---|
| 함수 형식 | =VLOOKUP(lookup_value, table_array, col_index_num, [range_lookup])<br>=VLOOKUP(찾을 값, 추출하려는 표, 가져올 열 번호, 찾는 방법)<br>=HLOOKUP(lookup_value, table_array, row_index_num, [range_lookup])<br>=HLOOKUP(찾을 값, 추출하려는 표, 가져올 행 번호, 찾는 방법) |
| 인수 | • lookup_value : 찾으려는 값입니다.<br>• table_array : 찾을 데이터가 있는 표입니다. 찾을 값이 표의 첫 번째 열에 위치하여 가져올 데이터가 있는 범위까지 지정합니다.<br>• col_index_num : table_array 범위 중 가져올 데이터가 있는 열 번호입니다.<br>• [range_lookup] : 찾는 방법을 선택할 수 있습니다.<br>   TRUE : 1을 입력하거나 생략 가능합니다. 한 단계 낮은 근사 값을 찾습니다.<br>   FALSE : 0을 입력하며, 정확하게 일치하는 값을 찾습니다. |

**01** 도서명을 기준으로 출판사와 단가를 추출하겠습니다. 먼저 이름을 정의하기 위해 [목록] 시트에서 [C4:I181]을 선택하고, 이름 상자에 '도서목록'을 입력합니다. Enter를 누릅니다.

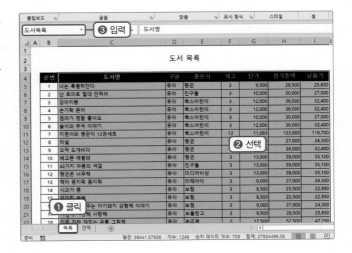

**02** [C4:I4]을 선택하고, 이름 상자에 '열 번호'를 입력한 다음 Enter를 누릅니다.

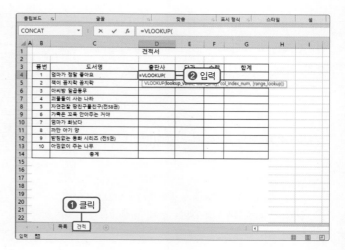

**03** [견적] 탭을 선택합니다. [D4]셀을 클릭하고 '=VLOOKUP('을 입력합니다.

**04** VLOOKUP 함수가 시작되면 lookup_value 인수에 찾을 도서명이 있는 셀인 '$C4'를 열 고정하여 입력하고, table_array 인수에서 [수식] 탭-[정의된 이름] 그룹-[수식에서 사용]-[도서목록]을 클릭합니다.

=VLOOKUP($C4,도서목록

기본 & 입력

서식 & 표

활용 기능

차트 & 응용

필터링 & 분석

매크로

참조 & 자동 계산

함수

**05** 세 번째 인수를 입력하기 위해 쉼표(,)를 입력하고, col_index_num에서 도서목록 범위 안 세 번째 줄에 있는 데이터를 자동으로 추출하기 위해 'MATCH(D$3, 열번호,0)'을 입력합니다.

=VLOOKUP($C4,도서목록,MATCH(D$3,열번호,0)

**POINT**
[D3]셀에 있는 출판사 텍스트가 '열번호' 범위 안에 정확하게 일치하는 방식으로 몇 번째 있는지 찾습니다.

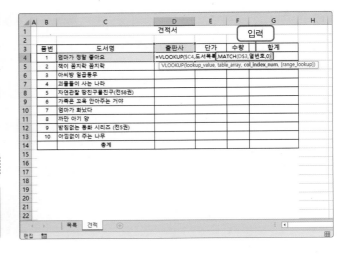

**06** range_lookup 인수를 입력하기 위해 쉼표(,)를 입력하고, 정확하게 일치하게 찾기 위해 '0)'을 입력합니다.

=VLOOKUP($C4,도서목록,MATCH(D$3,열번호,0),0)

**POINT**
[C4]셀에 있는 데이터가 도서목록 범위 안에 MATCH의 결과인 세 번째 열에 있는 데이터를 정확하게 추출합니다.

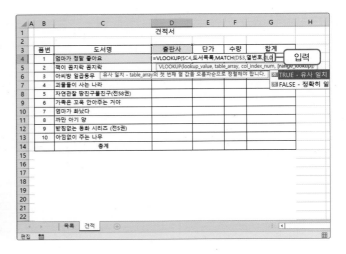

**07** [Enter]를 누르고 [E13]셀까지 수식을 복제합니다. MATCH 함수를 사용했기 때문에 자동으로 열 번호가 바뀌어 단가까지 입력되는 것을 확인할 수 있습니다.

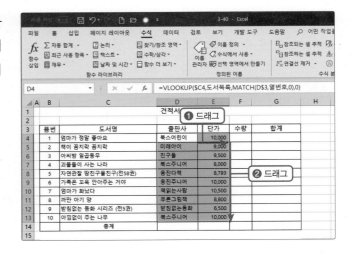

# 휴일을 선택하고 종료일 구하기 – WORKDAY.INTL

WORKDAY 함수는 토요일과 일요일은 휴일로 지정하고 일한 날짜로 종료일을 구하는 함수이지만, 같은 특성을 띠는 WORKDAY.INTL 함수는 휴일을 상황에 따라 선택할 수 있습니다. 반대로 종료일을 알고 며칠 동안 일했는지 알기 위해서는 NETWORKDAY.INTL 함수를 사용할 수 있습니다. WORKDAY.INTL 함수는 엑셀 2010 이상에서만 사용할 수 있습니다.

---

**Keyword** 종료일 구하기, WORKDAY.INTL　　　　　**예제 파일** Part 3 \ 3-44.xlsx

---

**함수 익히기** | WORKDAY.INTL

| 함수 형식 | =WORKDAY.INTL(start_date, days, [weekend], [holidays])<br>=WORKDAY.INTL(시작 날짜, 작업일 수, 휴일로 지정된 요일, 1년 동안 지정된 휴일) |
|---|---|
| 인수 | • **start_date** : 시작 날짜입니다.<br>• **days** : 소요일수, 앞으로의 날짜는 양수, 지나간 날짜는 음수로 표시합니다.<br>• **weekend** : 휴일로 지정된 요일로, 작업일수에서 제외됩니다. |

| 매개변수 | 휴일 | 매개변수 | 휴일 |
|---|---|---|---|
| 1 또는 생략 | 토요일, 일요일 | 11 | 일요일만 |
| 2 | 일요일, 월요일 | 12 | 월요일만 |
| 3 | 월요일, 화요일 | 13 | 화요일만 |
| 4 | 화요일, 수요일 | 14 | 수요일만 |
| 5 | 수요일, 목요일 | 15 | 목요일만 |
| 6 | 목요일, 금요일 | 16 | 금요일만 |
| 7 | 금요일, 토요일 | 17 | 토요일만 |

• **holidays** : 일년 중 공식 지정된 휴일을 선택합니다. 날짜가 들어있는 셀 범위입니다.

---

**01** 개강일을 기준으로 강습일수 이후에 며칠이 종강일인지 알기 위해 [E4]셀을 클릭합니다.

WORKDAY.INTL 함수를 시작합니다. start_date 인수에 'C4', days 인수에 강습일 수가 있는 셀인 'D4'를 입력합니다.

| ▲ | A | B | C | D | E | F | G |
|---|---|---|---|---|---|---|---|
| 1 | | | 스포츠 강좌 현황 | | | | |
| 2 | | | | | | | |
| 3 | 번호 | 과정명 | 개강일 | 강습일수 | 종강일 | | |
| 4 | 1 | 헬스 | 2019-03-04 | 42 | =WORKDAY.INTL(C4,D4 | 입력 | |
| 5 | 2 | 인라인 | 2019-03-06 | 35 | | | |
| 6 | 3 | 수영 | 2019-03-04 | 38 | | | |
| 7 | 4 | 테니스 | 2019-03-05 | 30 | | | |
| 8 | 5 | 탁구 | 2019-03-08 | 42 | | | |
| 9 | 6 | 필라테스 | 2019-03-07 | 30 | | | |
| 10 | 7 | 요가 | 2019-03-07 | 45 | | | |
| 11 | | | | | | | |

**02** 쉼표(,)를 입력하면 weekend 인수 옵션이 나타나는데 이중 '11'을 입력합니다.

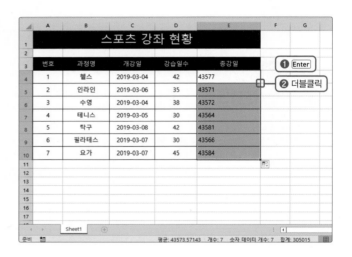

**03** Enter를 눌러 수식을 종료하고 [E10] 셀까지 수식을 복제합니다.

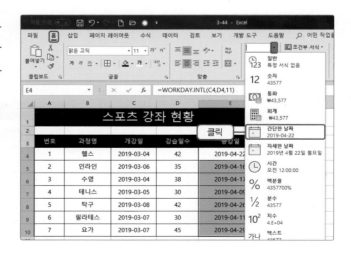

**04** 종강일을 모두 구했지만 날짜처럼 보이지 않습니다. [홈] 탭-[표시 형식] 그룹에서 표시 형식을 '간단한 날짜'로 지정하여 날짜 형식을 유지합니다.

# 두 날짜 사이 경과 일 구하기
– DATEDIF

날짜 두 개 사이의 경과 연 수, 월 수, 일 수를 구하기 위해 사용하는 함수가 DATEDIF 함수입니다. DATEDIF 함수는 함수 라이브러리에 없는 함수이기 때문에 모두 직접 입력합니다.

**Keyword** 근속 기간, DATEDIF          **예제 파일** Part 3 \ 3-45.xlsx

---

### 함수 익히기  DATEDIF

| 함수 형식 | =DATEDIF(start_date, end_date, return_type)<br>=DATEDIF(시작 날짜, 종료 날짜, 기간 종류) |
|---|---|
| 인수 | • start_date : 시작 날짜입니다.<br>• end_date : 종료 날짜입니다.<br>• return_type : 여섯 가지 기간의 종류를 큰따옴표(" ")로 묶어서 입력합니다.<br>① "Y" : 두 날짜 사이에 경과한 총 연 수<br>② "M" : 두 날짜 사이에 경과한 총 월 수<br>③ "D" : 두 날짜 사이에 경과한 총 일 수<br>④ "YM" : 경과한 연도까지 뺀 나머지 경과 개월 수<br>⑤ "YD" : 경과한 연도까지 뺀 나머지 경과 일 수<br>⑥ "MD" : 경과한 개월까지 뺀 나머지 경과 일 수 |

---

**01** 입사일에서 오늘의 날짜 사이에 경과 연수를 구하기 위해 [F5]셀을 클릭합니다. '=DATEDIF(E5,TODAY(),"Y")'를 입력합니다.

**POINT**
시작일에서 종료일 중 총 연 수를 구합니다.

**02** 추가로 '&"년 "'을 입력하고 '&DATE DIF(E5,TODAY(),"YM")'을 이어서 완성합니다.

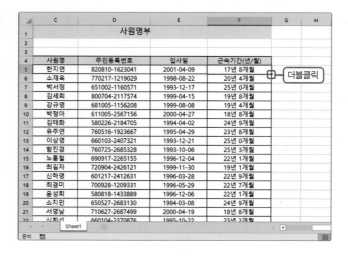

| D | E | F | G H I J |
|---|---|---|---|
| | 사원명부 | | |
| 주민등록번호 | 입사일 | 근속기간(년/월) | |
| 820810-1623041 | 2001-04-09 | =DATEDIF(E5,TODAY(),"Y")&"년 "&DATEDIF(E5,TODAY(),"YM") | |
| 770217-1219029 | 1998-08-22 | | 입력 |
| 651002-1160571 | 1993-12-17 | | |
| 800704-2117574 | 1999-04-15 | | |
| 681005-1156208 | 1999-08-08 | | |
| 611005-2567156 | 2000-04-27 | | |
| 580226-2184705 | 1994-04-02 | | |
| 760516-1923667 | 1995-04-29 | | |
| 660103-2407321 | 1993-12-21 | | |
| 760725-2685328 | 1993-10-06 | | |
| 690917-2265155 | 1996-12-04 | | |
| 720904-2426121 | 1999-11-30 | | |
| 601217-2412631 | 1996-03-28 | | |
| 700928-1209331 | 1996-05-29 | | |
| 580818-1433889 | 1996-12-06 | | |
| 650527-2683130 | 1994-03-08 | | |
| 710627-2687499 | 2000-04-19 | | |
| 660104-2370876 | 1995-10-22 | | |

```
=DATEDIF(E5,TODAY(),"Y")&"년 "&DATE
DIF(E5,TODAY(),"YM")
```

**POINT**
첫 번째 DATEDIF 함수는 연 수를 구하고, 두 번째 DATEDIF 함수는 연 수를 제외한 개월 수를 구합니다.

**03** 마지막으로 '&"개월"'을 입력합니다.

| | E | F | G H I J K |
|---|---|---|---|
| 원명부 | | | |
| | 입사일 | 근속기간(년/월) | |
| 41 | 2001-04-09 | =DATEDIF(E5,TODAY(),"Y")&"년 "&DATEDIF(E5,TODAY(),"YM")&"개월" | |
| 029 | 1998-08-22 | | 입력 |
| 571 | 1993-12-17 | | |
| 574 | 1999-04-15 | | |
| 208 | 1999-08-08 | | |
| 56 | 2000-04-27 | | |
| 705 | 1994-04-02 | | |
| 667 | 1995-04-29 | | |
| 21 | 1993-12-21 | | |
| 28 | 1993-10-06 | | |
| 55 | 1996-12-04 | | |
| 21 | 1999-11-30 | | |
| 31 | 1996-03-28 | | |
| 31 | 1996-05-29 | | |
| 89 | 1996-12-06 | | |
| 30 | 1994-03-08 | | |
| 99 | 2000-04-19 | | |
| 76 | 1995-10-22 | | |

```
=DATEDIF(E5,TODAY(),"Y")&"년 "&DATE
DIF(E5,TODAY(),"YM")&"개월"
```

**POINT**
첫 번째 구한 것과 두 번째 구한 DATEDIF 함수에 연결 연산자를 쓰고 이어 줍니다.

**04** 채우기 핸들을 이용하여 수식을 복제합니다.

| | C | D | E | F | G H |
|---|---|---|---|---|---|
| 1 | | | 사원명부 | | |
| 2 | | | | | |
| 3 | | | | | |
| 4 | 사원명 | 주민등록번호 | 입사일 | 근속기간(년/월) | |
| 5 | 한지연 | 820810-1623041 | 2001-04-09 | 17년 8개월 | 더블클릭 |
| 6 | 소재욱 | 770217-1219029 | 1998-08-22 | 20년 4개월 | |
| 7 | 박서정 | 651002-1160571 | 1993-12-17 | 25년 0개월 | |
| 8 | 김세희 | 800704-2117574 | 1999-04-15 | 19년 8개월 | |
| 9 | 강규영 | 681005-1156208 | 1999-08-08 | 19년 4개월 | |
| 10 | 박정아 | 611005-2567156 | 2000-04-27 | 18년 8개월 | |
| 11 | 김태화 | 580226-2184705 | 1994-04-02 | 24년 9개월 | |
| 12 | 유주연 | 760516-1923667 | 1995-04-29 | 23년 8개월 | |
| 13 | 이상영 | 660103-2407321 | 1993-12-21 | 25년 0개월 | |
| 14 | 함진경 | 760725-2685328 | 1993-10-06 | 25년 3개월 | |
| 15 | 노홍철 | 690917-2265155 | 1996-12-04 | 22년 1개월 | |
| 16 | 최길자 | 720904-2426121 | 1999-11-30 | 19년 1개월 | |
| 17 | 신하영 | 601217-2412631 | 1996-03-28 | 22년 9개월 | |
| 18 | 최경미 | 700928-1209331 | 1996-05-29 | 22년 7개월 | |
| 19 | 윤성희 | 580818-1433889 | 1996-12-06 | 22년 1개월 | |
| 20 | 소지민 | 650527-2683130 | 1994-03-08 | 24년 9개월 | |
| 21 | 서영남 | 710627-2687499 | 2000-04-19 | 18년 8개월 | |
| 22 | 신희선 | 660104-2370876 | 1995-10-22 | 23년 2개월 | |

# 예정일 구하기
# – EDATE/EOMONTH

EDATE 함수는 시작일로부터 몇 개월 후 또는 몇 개월 전의 날짜를 나타내는 함수입니다. EOMONTH 함수는 EDATE 함수와 비슷하지만 시작일로부터 몇 개월 후 또는 전의 날짜가 속한 말일을 나타내는 함수입니다.

**Keyword** EDATE, EOMONTH　　　　　　　　　　　**예제 파일** Part 3\3-47.xlsx

| 함수 익히기 | EDATE, EOMONTH |
|---|---|
| 함수 형식 | =EDATE(start_date, months)<br>=EDATE(시작 날짜, 더하거나 뺄 개월 수)<br><br>=EOMONTH(start_date, months)<br>=EOMONTH(시작 날짜, 더하거나 뺄 개월 수) |
| 인수 | • start_date : 시작 날짜를 지정합니다.<br>• months : 시작 날짜에서 구하고자 하는 이전 개월 수 또는 이후 개월 수로 숫자를 입력합니다. |

**01** 사용시작일에서 교체주기 후 며칠이 될지 교체일자를 구하기 위해 [D4]셀을 클릭합니다. EDATE 함수를 시작합니다.

=EDATE(

**02** 함수가 시작되면 start_date 인수에 시작일이 있는 셀인 'B4', months 인수에 교체주기 월이 있는 셀인 'C4'를 입력합니다.

=EDATE(B4,C4)

**03** [D4]셀이 선택된 채로 [홈] 탭-[표시 형식] 그룹에서 표시 형식을 '간단한 날짜'로 지정합니다.

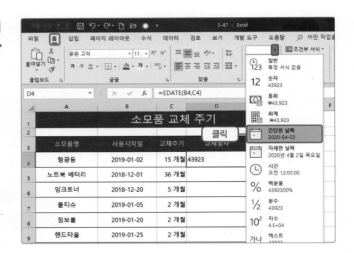

**04** 교체주기를 최소한으로 잡았기 때문에 교체일자가 속한 마지막 일을 구합니다. EOMONTH 함수를 시작합니다.

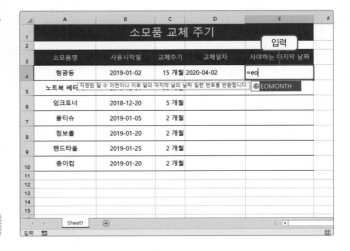

=EOMONTH(

**05** '=EOMONTH(B4,C4)'를 입력합니다.

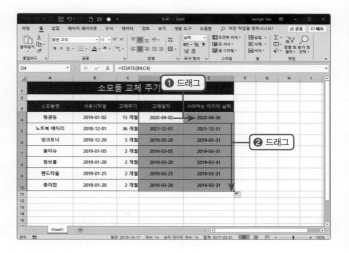

**06** [D4:E4]를 선택하고 채우기 핸들을 이용하여 수식을 복제합니다.

기본 & 입력

서식 & 표

활용 기능

차트 & 응용

필터링 & 분석

매크로

참조 & 자동 계산

함수

# 필터링 결과 한번에
# 알아보기 – SUBTOTAL

SUBTOTAL 함수는 화면에 보이는 데이터를 계산하는 함수입니다. 화면에 보이는 데이터를 SUM 함수, AVERAGE 함수 등 총 열한 개의 함수의 특징으로 계산합니다. 일반적인 SUM 함수는 전체 데이터를 계산하지만 SUBTOTAL 함수에서 SUM은 화면에 보이는 결과를 다시 계산해 줍니다.

**Keyword** SUBTOTAL, 화면에 보이는 셀만 계산    **예제 파일** Part 3\3-49.xlsx

| 함수 익히기 | SUBTOTAL |
|---|---|
| 함수 형식 | =SUBTOTAL(function_num, ref1, [ref2], ……)<br>=SUBTOTAL(함수 번호, 셀 범위1, 셀 범위2, ……) |

인수
- function_num : 계산할 함수 번호를 지정합니다.
  ① 1~11번 : 숨겨진 행의 셀 값을 포함하여 계산(필터 기능 이외에 행 숨기기 한 경우 포함)
  ② 101~111번 : 숨겨진 행도 제외하고 화면에 보이는 셀 값을 포함하여 계산(필터 기능 이외에 행 숨기기 한 경우 제외함)
- ref : 계산해야 할 범위입니다.

| fun_num(숨김 행 포함) | fun_num(숨김 행 무시) | 함수 유형 | 계산 |
|---|---|---|---|
| 1 | 101 | AVERAGE | 평균 |
| 2 | 102 | COUNT | 숫자 개수 |
| 3 | 103 | COUNTA | 개수 |
| 4 | 104 | MAX | 최대값 |
| 5 | 105 | MIN | 최소값 |
| 6 | 106 | PRODUCT | 곱하기 |
| 7 | 107 | STEDEV | 표본 표준 편차 |
| 8 | 108 | STDEVP | 표준 편차 |
| 9 | 109 | SUM | 합계 |
| 10 | 110 | VAR | 표본 분산 |
| 11 | 111 | VARP | 분산 |

**01** 필터링된 결과를 다시 계산하기 위해 [F3]셀을 클릭하고 SUBTOTAL 함수를 표시합니다.

```
=SUBTOTAL(
```

**02** function_num 인수는 도서명 개수를 세기 위해 COUNTA 함수가 있는 3을 입력합니다.

> **POINT**
> 문자 수를 세기 위해 COUNTA 함수인 '3'을 선택하고 범위를 지정합니다.

**03** ref 인수에서 [C7]셀을 클릭하고 Ctrl+Shift+↓를 눌러 데이터를 끝까지 선택한 다음 Enter를 누릅니다.

```
=SUBTOTAL(3,C7:C183)
```

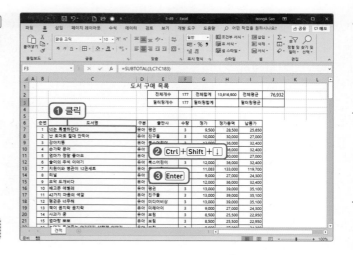

**04** 같은 방법으로 [H3]셀에 '=SUBTOTAL (9,H7:H183)'을 입력합니다.

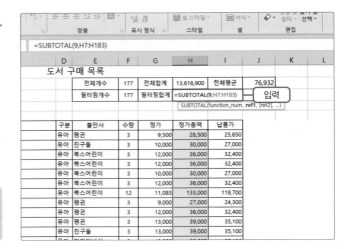

**05** [J3]셀에 '=SUBTOTAL(1,H7:H183)' 을 입력합니다.

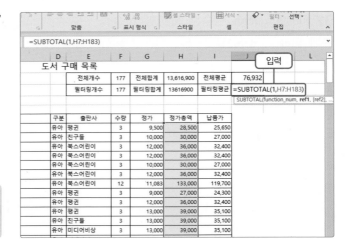

**06** [B6]셀을 클릭하고 [데이터] 탭-[정렬 및 필터] 그룹-[필터]를 클릭합니다. 구분 필터링에서 '성인'을 선택하면 필터링한 결과에 따라 수치가 변경된 것을 확인할 수 있습니다.

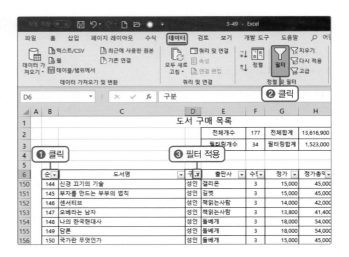

기본 & 입력

서식 & 표

활용 기능

차트 & 응용

필터링 & 분석

매크로

참조 & 자동 계산

함수

S E C T I O N

# 데이터베이스 함수 사용하기
## – DSUM, DAVERAGE, DCOUNTA

# 32

D가 들어간 함수를 데이터베이스 함수라고 합니다. 데이터베이스 함수는 공통된 공식을 가지는데 '데이터베이스 범위, 필드 번호, 조건'입니다. 데이터베이스 함수는 총 열두 개의 함수가 있습니다. 조건을 입력하는 방법은 고급 필터와 동일합니다.

**Keyword** 데이터베이스 함수, DSUM 함수, DAVERAGE 함수     **예제 파일** Part 3 \ 3-50.xlsx

| 함수 익히기 | 데이터베이스 함수 |
|---|---|
| **함수 형식** | =데이터베이스 함수명(database, field, criteria)<br>=데이터베이스 함수명(데이터 범위, 필드 번호, 조건 범위) |
| **인수** | • **database** : 데이터베이스가 있는 범위를 지정합니다.<br>• **field** : 데이터 범위에서 계산할 필드가 있는 열 번호를 입력합니다.<br>• **criteria** : 조건에 사용할 필드명과 조건이 입력된 셀 범위를 지정합니다. |
| **함수 종류** | DAVERAGE, DCOUNT, DCOUNTA, DGET, DMAX, DMIN, DPRODUCT, DSTDEVP, DSTDEV, DSUM, DVAR, DVARP |

**01** 함수를 익히면서 계속 사용할 범위의 이름을 정의하기 위해 [A1]셀을 클릭하고, Ctrl+A를 눌러 전체 데이터를 선택합니다. 이름 상자에 '도서목록'을 입력하고 Enter를 누릅니다.

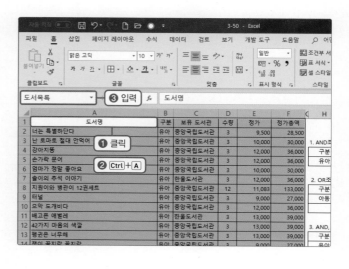

**02** [J5]셀에 '=DCOUNTA('를 입력합니다. database 인수에 이름을 정의해 놓은 '도서목록'을 입력하고, field 인수는 계산해야 하는 첫 번째 필드 번호 '1'을 입력합니다. criteria 인수에 조건이 입력되어 있는 'H4:I5'셀을 입력합니다.

> =DCOUNT(도서목록,4,H4:I5)

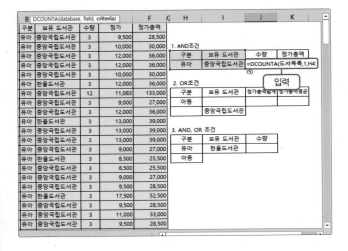

**POINT**
도서목록이라 이름 정의한 범위에서 구분이 '유아'이면서 보유 도서관이 '중앙국립도서관'인 조건으로 네 번째 열을 계산합니다.

**03** 정가총액의 합계를 계산하기 위해 [K5]셀에 '=DSUM(도서목록,6,H4:I5)'를 입력합니다.

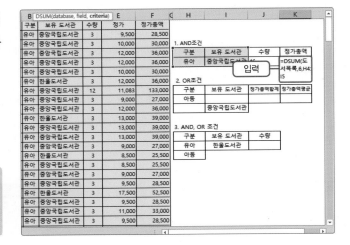

**POINT**
도서목록 중에 구분이 '유아'이면서 보유 도서관이 '중앙국립도서관'인 조건으로 여섯 번째 열의 합계를 계산합니다.

**04** [J9]셀에 '=DSUM(도서목록,6,H8:I10)'을 입력합니다.

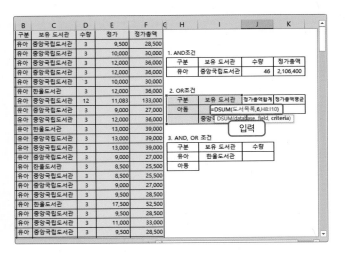

**POINT**
도서목록 중 구분이 '아동'이거나, 보유 도서관이 '중앙국립도서관'인 조건으로 여섯 번째 열의 합계를 계산합니다.

**05** [K9]셀에 '=DAVERAGE(도서목록, 6, H8:I10)'을 입력합니다.

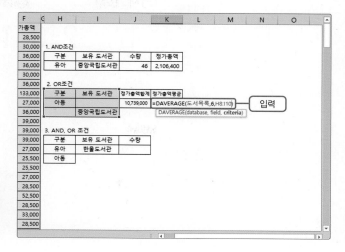

**POINT**
도서목록 중 구분이 '아동'이거나, 보유 도서관이 '중앙국립도서관'인 조건으로 여섯 번째 열의 평균을 계산합니다.

**06** [14]셀에 '=DCOUNTA(도서목록, 1, H13:I15)'를 입력합니다.

**POINT**
도서목록 중 구분이 '유아'이거나 아동이면서, 보유 도서관이 '한울도서관'인 조건으로 첫 번째 열의 개수를 셉니다.

# EXCEL 2019

INTEGRITY

INNOVATION

COMMITMENT

CREATIVITY

PASSION

GOALS

CONNECTION

GROWTH

# 4

# 필요한 곳에
# 응용하는
# 실무 예제 7가지

Part 04에서는 업무에서 바로 사용할 수 있는 예제를 만들어 보겠습니다. 앞에서 97개의 기능을 통해 상세히 배워 보았다면 상황에 따라서 기능들을 응용해서 실질적으로 어떻게 사용할 수 있는지 배워 보겠습니다.

# 지출결의서 만들기

사무실에서 지출이 예상되는 비용을 사전에 승인 요청할 때 사용하는 서식입니다. 날짜, 부서명, 내역, 청구인, 세부 내역, 금액 등을 적는 지출결의서를 엑셀에서 쉽게 만드는 법을 알아보겠습니다.

**Keyword** 셀 서식, 테두리, 병합하고 가운데 맞춤, 서식만 복사    **완성 파일** Part 4\4-1_fi.xlsx

**01** 새 문서에서 [A4]셀에 '부서명', [C4]셀에 '직급', [E4]셀에 '성명', [A5]셀에 '지출금액', [A6]셀에 '제목'을 입력합니다.

**02** A열은 드래그하여 적당히 넓히고, B, D, F열은 Ctrl을 누른 채 선택합니다. 마우스 오른쪽 버튼을 클릭하고 **[열 너비]**를 실행합니다.

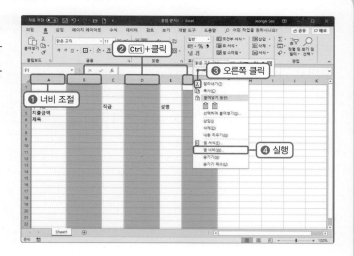

**03** 열 너비를 '14'로 설정하고 [확인] 버튼을 클릭합니다.

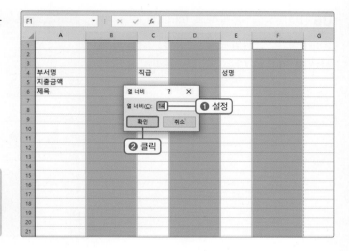

**POINT**
어디까지 넓혀야 할지 모를 때는 상태 표시줄의 [페이지 레이아웃(▦)]을 클릭하여 조절하면 1페이지 영역을 볼 수 있기 때문에 편하게 조절할 수 있습니다.

**04** 4, 5, 6행의 행 높이도 드래그하여 조절합니다. [A4:F6]을 선택하고 [홈] 탭-[글꼴] 그룹-[테두리▼]-[굵은 바깥쪽 테두리]를 클릭합니다.
[글꼴] 그룹-[테두리▼]-[모든 테두리]를 클릭합니다.

**05** [A4:F6]이 선택된 채로 [맞춤] 그룹-[가운데 맞춤(≡)]을 클릭하고, [A4:A6]을 선택한 다음 [Ctrl]+[1]을 누릅니다. [셀 서식] 대화상자에서 [맞춤] 탭을 선택하고 가로를 '균등 분할 (들여쓰기)'로 지정한 다음 들여쓰기를 '1'로 설정합니다.
[확인] 버튼을 클릭합니다.

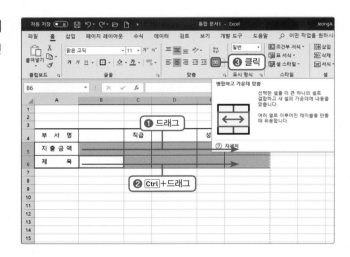

**06** [B5:F5]를 선택하고 [Ctrl]을 누른 채 [B6:F6]을 선택합니다. [맞춤] 그룹-[병합하고 가운데 맞춤(圄)]을 클릭합니다.

**07** 그림과 같이 1, 2행 높이를 조절하고 [A1:D2]를 선택한 다음 [맞춤] 그룹-[병합하고 가운데 맞춤(圄)]을 클릭합니다. [A1:F2]를 선택하고 [홈] 탭-[글꼴] 그룹-[테두리▼]-[굵은 바깥쪽 테두리]를 클릭합니다.
'지출결의서'를 입력합니다.

**08** [A8]셀에 '내역', [B8]셀에 '적요', [D8] 셀에 '금액', [E8]셀에 '비고'를 입력하고, [B26]셀에 '합계내역'을 입력합니다.

**POINT**
행 높이를 더 넓게 하려면 '합계내역'을 좀 더 위쪽에 입력합니다.

**09** [B8:C8], [E8:F8]을 각각 선택하고, [맞춤] 그룹-[병합하고 가운데 맞춤(圉)] 을 클릭합니다.
[B8]셀을 선택하고 채우기 핸들을 [B25] 셀까지 드래그합니다. [자동 채우기 옵션 (圉)]-[서식만 채우기]를 클릭합니다. 같 은 방법으로 E열도 적용합니다.

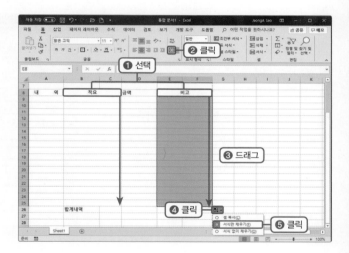

**10** [A8:A26], [B26:C26], [D26:F26]을 각각 선택하고 [맞춤] 그룹-[병합하고 가 운데 맞춤(圉)]을 클릭합니다.

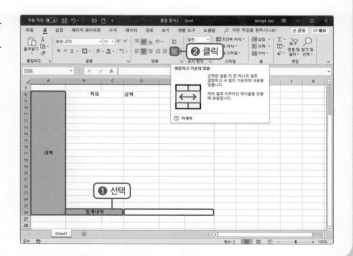

**11** [A8:F26]을 선택하고 [글꼴] 그룹–[테두리▼]–[굵은 바깥쪽 테두리]를 클릭합니다.
[글꼴] 그룹–[테두리▼]–[모든 테두리]를 클릭합니다.

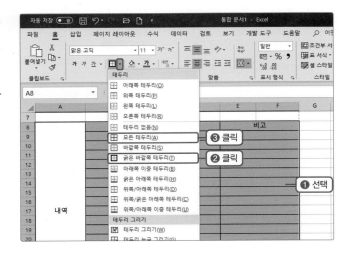

**12** [A28]셀에 '위 금액을 청구하오니 결제 바랍니다.'를 입력하고 [A31:F31]을 병합합니다. '20  년  월   일'을 입력하고 같은 방법으로 [A34:F34]를 병합합니다. 오른쪽 맞춤 후 '영수인 : (인)'을 입력합니다. [A37:F37]도 병합하고 'OO주식회사'를 입력합니다.

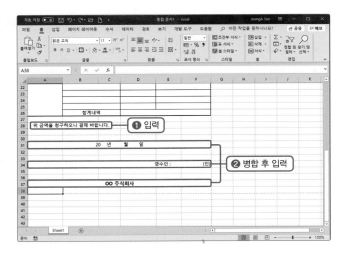

**13** [A27:F38]을 범위 지정하고 [글꼴] 그룹–[굵은 바깥쪽 테두리]를 클릭합니다. [보기] 탭–[표시] 그룹–[눈금선]의 체크 표시를 해제합니다.

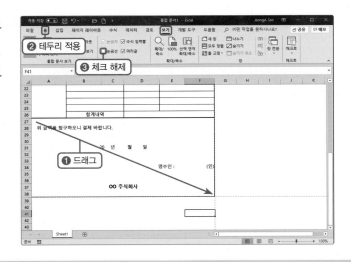

**14** [D26]셀을 클릭하고 [홈] 탭–[편집] 그룹–[합계(∑)]를 클릭합니다. [D9:D25]를 드래그하여 합계를 구할 범위를 입력하고 Enter를 누릅니다.
[표시 형식] 그룹–[쉼표 스타일( , )]을 클릭합니다.

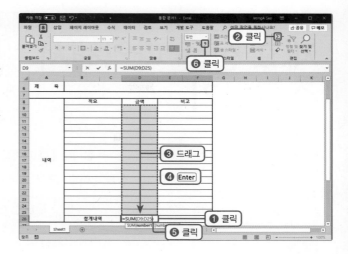

**15** [B5]셀에 '=D26'을 입력하고 Ctrl+1을 눌러 [셀 서식] 대화상자를 표시합니다. 범주를 '기타', 형식을 '숫자(한글)'로 지정합니다.

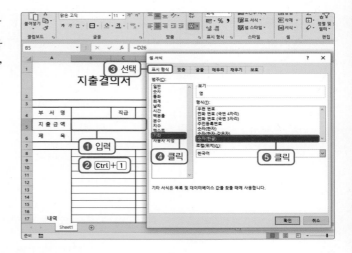

**16** 범주를 '사용자 지정', 형식을 '일금 [DBNum4][$-ko-KR]G/표준원정'이 되도록 추가 입력합니다. [확인] 버튼을 클릭합니다.

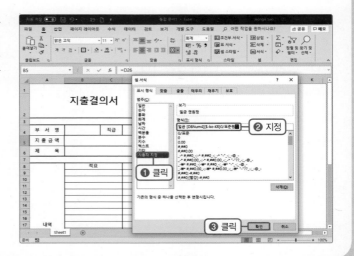

# 재고 상품 파악해서 주문하기

[주문식품명] 시트에 있는 식품들을 주문하려 합니다. [재고상품] 시트에 있는 목록은 제외하고 주문해야 하기 때문에 두 개의 시트를 비교하고 없는 상품이 어떤 것인지 파악하는 방법을 알아보겠습니다.

**Keyword** 개체 삭제, 내용 비교, COUNTIF, IF　　　　**예제 파일** Part 4 \ 4-7.xlsx

**핵심 기능**

① 개체 선택해서 삭제하기

② COUNTIF 함수와 IF 함수로 두 개의 데이터 비교하기

③ 주문상품이 O이면 식품명 글꼴 색 변경하기

**01** 외부 데이터를 엑셀로 저장했더니 내용이 많지 않음에도 작업 시간이 오래 걸립니다. 먼저 의심해 봐야 할 것은 개체입니다. 먼저 개체를 선택하겠습니다.

[주문식품명] 시트에서 [홈] 탭-[편집] 그룹-[찾기 및 선택]-[이동 옵션]을 클릭합니다.

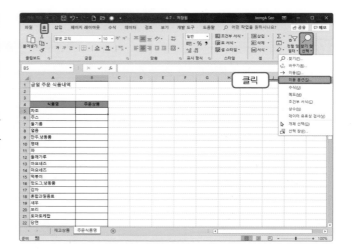

**02** [이동 옵션] 대화상자에서 [개체]를 클릭하고 [확인] 버튼을 클릭합니다.

**03** 시트 안에 있는 개체가 모두 선택됩니다. Delete 를 눌러 삭제합니다.

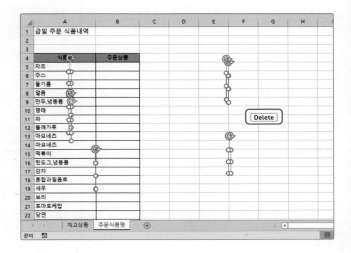

**04** 같은 방법으로 [재고식품] 시트도 개체를 선택하여 삭제합니다.

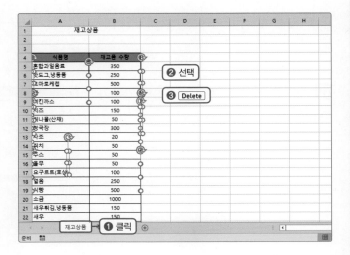

**05** 함수를 사용하기 전에 이름을 정의하기 위해 [재고상품] 시트의 [A5:A37]을 선택하고 이름 상자에 '식품명'을 입력합니다.

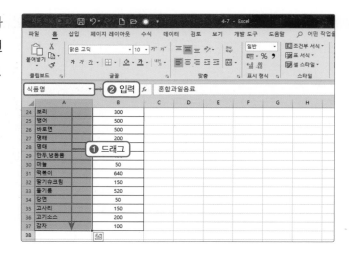

**06** [주문식품명] 시트에서 [B5]셀에 '=COUNTIF(식품명,A5)'를 입력합니다.

**POINT**
[주문식품명] 시트의 [A5]셀과 같은 데이터가 [재고상품] 시트의 [식품명] 범위에 몇 개 있는지 찾아봅니다.

**07** 수식을 복사해 보니 0, 1, 2인 경우가 나왔습니다.

**08** 그중에서 1, 2인 경우에는 주문하지 않아야 하니까 X, 0인 경우는 주문을 해야 하니까 O를 입력해 보겠습니다. '=IF(COUNTIF(식품명,A5)=0,"O","X")'를 입력하고 다시 수식을 복사합니다.

**09** 주문상품이 O일 때 식품명의 글꼴 색을 변경하기 위해 [홈] 탭-[스타일] 그룹-[조건부 서식]-[새 규칙]을 클릭합니다. [새 서식 규칙] 대화상자에서 규칙 유형 선택을 '수식을 사용하여 서식을 지정할 셀 결정', 수식을 '=$B5="O"'로 지정하고 서식을 변경합니다.

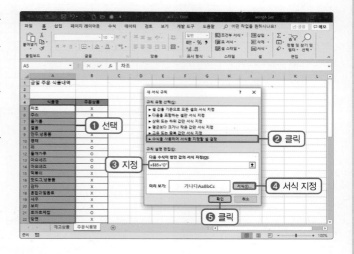

**10** 글꼴 색이 변경됩니다.

# 작업복 신청 집계표 만들기

## 03

작업복 신청 자료의 시트에는 바지와 티셔츠 신청 현황이 있고, 티셔츠는 카라형과 라운드형 두 개 중 하나를 신청할 수 있습니다. 이름을 정의하고 부서, 성별, 바지, 티셔츠별 집계 현황표를 완성하겠습니다.

**Keyword** 집계표, COUNTIFS, SUM　　　　　　　**예제 파일** Part 4＼4-8.xlsx

미리보기

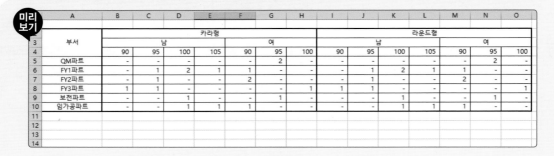

| 부서 | 카라형 | | | | | | | 라운드형 | | | | | | |
| | 남 | | | | 여 | | | 남 | | | | 여 | | |
| | 90 | 95 | 100 | 105 | 90 | 95 | 100 | 90 | 95 | 100 | 105 | 90 | 95 | 100 |
| QM파트 | - | - | - | - | - | 2 | - | - | - | - | - | - | 2 | - |
| FY1파트 | - | 1 | 2 | 1 | 1 | - | - | - | 1 | 2 | 1 | 1 | - | - |
| FY2파트 | - | 1 | - | - | 2 | - | - | - | 1 | - | - | 2 | - | - |
| FY3파트 | 1 | 1 | - | - | - | - | 1 | 1 | 1 | - | - | - | - | 1 |
| 보전파트 | - | - | 1 | - | - | 1 | - | - | - | 1 | - | - | 1 | - |
| 임가공파트 | - | - | 1 | 1 | 1 | - | - | - | - | 1 | 1 | 1 | - | - |

### 핵심 기능

① 중복된 항목 제거하기

② 가로세로로 바꾸어 복사하기

③ 이름 정의하고 COUNTIFS 함수 사용하기

---

**01** [작업복 신청 자료] 시트에서 부서열의 고유 항목만 뽑기 위해 [B3:B33]을 선택하고 복사합니다.

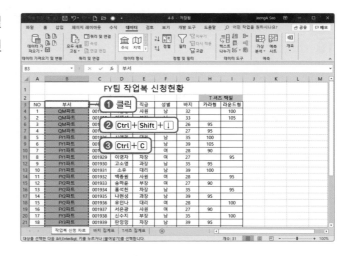

**02** [바지 집계표] 시트에서 [A4]셀을 클릭하고 붙여넣기를 합니다. [데이터] 탭–[데이터 도구] 그룹–[중복된 항목 제거(🗐)]를 클릭합니다.
[중복 값 제거] 대화상자에서 [확인] 버튼을 클릭합니다.

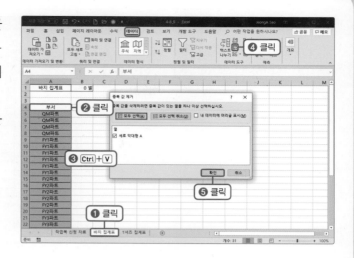

**03** 같은 방법으로 [작업복 신청 자료] 시트의 [G3:G33]을 복사하고 [바지 집계표] 시트에 임의의 셀에 붙여넣기를 합니다.
[데이터] 탭–[데이터 도구] 그룹–[중복된 항목 제거]를 클릭하여 고유 값을 만듭니다.

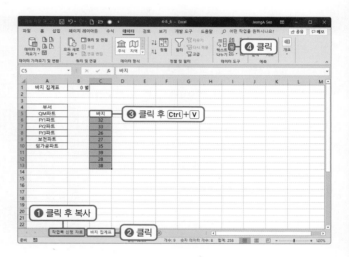

**04** 고유값으로 변경한 데이터를 마우스 오른쪽 버튼으로 클릭하고 **[정렬]–[숫자 오름차순 정렬]**을 실행한 다음 다시 복사합니다. [B4]셀에 [바꾸기]로 붙여넣기를 합니다. 임의의 셀에 복사해 놓았던 데이터를 삭제합니다.

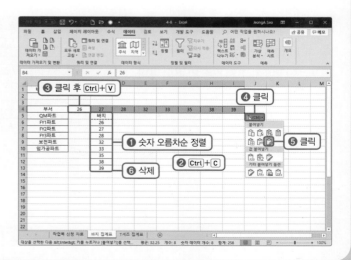

**05** [B3:D3], [E3:I3]을 선택하고 [홈] 탭-[맞춤] 그룹-[병합하고 가운데 맞춤(囶)]을 클릭한 다음 '여', '남'을 입력합니다. [홈] 탭-[글꼴] 그룹-[모든 테두리]까지 적용합니다.

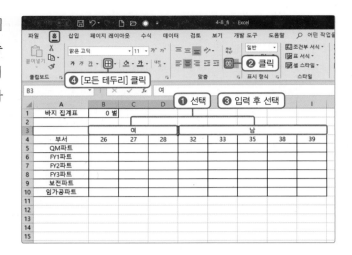

**06** 이름을 정의하기 위해 [작업복 신청 자료] 시트를 클릭하고, [B3:B33], [F3:I33]을 선택한 다음 [수식] 탭-[정의된 이름] 그룹-[선택 영역에서 만들기]를 클릭합니다.
[선택 영역에서 이름 만들기] 대화상자에서 '첫 행'에 체크 표시하고 [확인] 버튼을 클릭합니다.

**07** [바지 집계표] 시트를 클릭하고 [B5]셀을 클릭합니다. '=COUNTIFS(부서,$A5, 성별,"여",바지,B$4)'를 입력합니다.

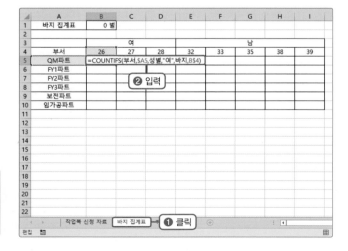

**POINT**
이름 정의된 부서가 'QM파트'와 같고, 바지 범위가 '90'과 같고, 성별 범위가 '여'와 같으면 개수를 구합니다.

**08** [B5]셀의 수식을 [D5]셀까지 복사합니다. '=COUNTIFS(부서,$A5,성별,"남", 바지,E$4)'로 변경하고 수식을 [I5]셀까지 복사합니다.

**POINT**
이름 정의된 부서가 'QM파트'와 같고, 바지 범위가 '32'와 같고, 성별 범위가 '남'과 같으면 개수를 구합니다.

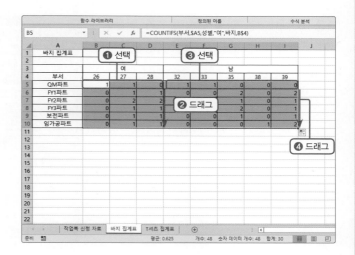

**09** [B5:I10]에 모두 수식을 복사합니다.

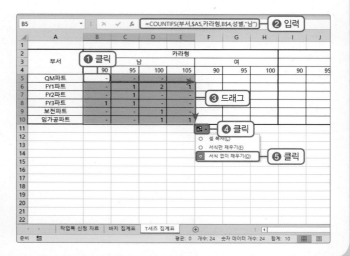

**10** [T셔츠 집계표] 시트의 [B5]셀에 '=COUNTIFS(부서,$A5,카라형,B$4,성별,"남")'을 입력하고 수식을 복제합니다. [자동 채우기 옵션(🔲)]-[서식 없이 채우기]를 클릭합니다.

**POINT**
부서 범위가 'QM파트'와 같고, 카라형 범위가 '90'과 같고, 성별 범위가 '남'과 같으면 개수를 구합니다.

**11** 같은 방법으로 [F5]셀에 '=COUNTIFS (부서,$A5,카라형,F$4,성별,"여")'를 입력하고 수식을 복사합니다.

**POINT**
부서 범위가 'QM파트'와 같고, 카라형 범위가 '90'과 같고, 성별 범위가 '여'와 같으면 개수를 구합니다.

**12** [B5:H10]을 선택하고 채우기 핸들로 [O10]셀까지 수식을 복사하여 수식을 완성합니다.

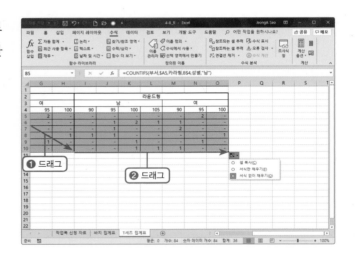

# 다운로드한 외부 데이터 목록 일괄 정리하기

ERP 시스템이나 외부 데이터를 엑셀로 다운로드한 경우 여러 가지로 엑셀에 적합하지 않은 상태일 것입니다. 불규칙한 합계를 제거하거나 비어 있는 데이터를 각각 채워서 빠르게 데이터를 정리하는 방법을 알아보겠습니다.

**Keyword** 이동 옵션, 행 삭제, Ctrl + Enter **예제 파일** Part 4 \ 4-9.xlsx

**미리보기**

### 건강검진 명단자

| | 흡연 | 제자리 뛰기 | 이름 | 맥박1 | 맥박2 | 성별 | 키 | 무게 | 활동 |
|---|---|---|---|---|---|---|---|---|---|
| 4 | 비흡연 | 미통과 | 강가람 | 74 | 70 | 남자 | 73 | 155 | 3 |
| 5 | 비흡연 | 미통과 | 강누리 | 68 | 68 | 남자 | 71 | 150 | 3 |
| 6 | 비흡연 | 미통과 | 강보단 | 72 | 70 | 남자 | 71 | 140 | 2 |
| 7 | 비흡연 | 미통과 | 강부루 | 68 | 68 | 남자 | 72 | 142 | 3 |
| 8 | 비흡연 | 미통과 | 강승아 | 60 | 66 | 여자 | 62 | 120 | 2 |
| 9 | 비흡연 | 미통과 | 고나봄 | 68 | 64 | 남자 | 69.5 | 150 | 3 |
| 10 | 비흡연 | 미통과 | 고보람 | 84 | 84 | 남자 | 69 | 136 | 2 |
| 11 | 비흡연 | 미통과 | 고보슬 | 74 | 76 | 남자 | 67 | 123 | 2 |
| 12 | 비흡연 | 미통과 | 길가온 | 74 | 74 | 남자 | 73 | 155 | 2 |
| 13 | 비흡연 | 미통과 | 문차미 | 68 | 68 | 여자 | 69 | 150 | 2 |
| 14 | 비흡연 | 미통과 | 백로이 | 78 | 80 | 여자 | 68 | 133 | 1 |
| 15 | 비흡연 | 미통과 | 서정아 | 76 | 76 | 여자 | 61.75 | 108 | 2 |
| 16 | 비흡연 | 미통과 | 서지나 | 66 | 76 | 여자 | 65 | 115 | 2 |
| 17 | 비흡연 | 미통과 | 신진솔 | 80 | 74 | 여자 | 64 | 102 | 2 |
| 18 | 비흡연 | 미통과 | 양찬솔 | 72 | 68 | 여자 | 68 | 110 | 2 |
| 19 | 비흡연 | 미통과 | 양초롱 | 82 | 80 | 여자 | 63 | 116 | 1 |
| 20 | 비흡연 | 미통과 | 오진이 | 78 | 78 | 여자 | 67 | 115 | 2 |
| 21 | 비흡연 | 미통과 | 유라라 | 76 | 76 | 남자 | 74 | 148 | 3 |
| 22 | 비흡연 | 미통과 | 유란새 | 88 | 84 | 남자 | 73.5 | 155 | 2 |
| 23 | 비흡연 | 미통과 | 유루다 | 70 | 70 | 남자 | 70 | 150 | 2 |
| 24 | 비흡연 | 미통과 | 유찬 | 87 | 84 | 여자 | 63 | 95 | 3 |

**핵심 기능**

① 이동 옵션으로 빈 셀 채우기

② 이동 옵션으로 행 삭제하기

③ Ctrl + Enter 로 데이터 빠르게 채우기

**01** 중간 소계를 지우기 위해 [J8]을 클릭하고 Shift 를 누른 상태로 [J115]셀을 클릭합니다.

[홈] 탭-[편집] 그룹-[찾기 및 선택]-[이동 옵션]을 클릭합니다. [이동 옵션] 대화상자에서 '빈 셀'을 클릭하고 [확인] 버튼을 클릭합니다.

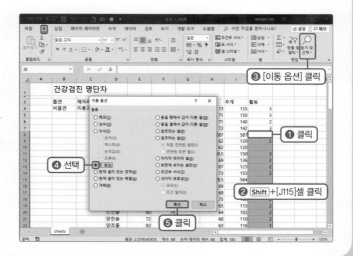

❸ [이동 옵션] 클릭

❶ 클릭

❷ Shift + [J115]셀 클릭

❹ 선택

❺ 클릭

**02** Ctrl + ─ 를 누릅니다. [삭제] 대화상 자에서 '행 전체'를 선택하고 [확인] 버튼을 클릭합니다.

**POINT**
마우스 오른쪽 버튼을 클릭하고 [삭제]를 실행해도 됩니다.

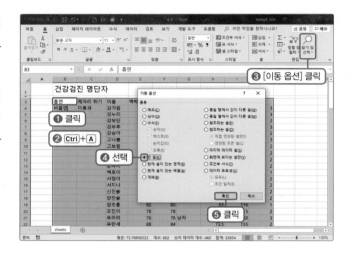

**03** 빈 셀에 데이터를 모두 채우기 위해 [B3]셀을 클릭합니다. Ctrl + A 를 누릅니다.
[편집] 그룹-[찾기 및 선택]-[이동 옵션]을 클릭합니다. [이동 옵션] 대화상자에서 '빈 셀'을 클릭하고 [확인] 버튼을 클릭합니다.

**04** 빈 셀이 선택되었는데 그대로 '='을 입력하고 =이 들어간 위 셀을 클릭합니다. '=G4'가 입력된 채로 Ctrl + Enter 를 누릅니다.

**05** [B3]셀을 클릭하고 Ctrl+A를 누릅니다. Ctrl+C를 누르고 Ctrl+V를 누릅니다. [붙여넣기 옵션(📋)]-[값(🔢)]을 선택합니다.

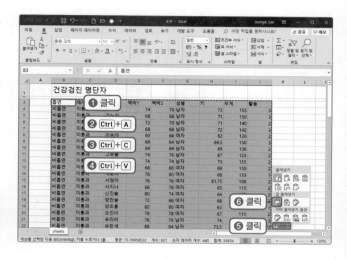

**POINT**
수식으로 텍스트를 빠르게 입력했으면, 값으로 붙여넣기했기 때문에 수식이 빠진 결과 값만 남습니다.

**06** [B3:J3], [B4:J95]를 선택합니다. [글꼴] 그룹-[테두리]를 클릭하고 [모든 테두리]와 [굵은 바깥쪽 테두리]를 클릭합니다.

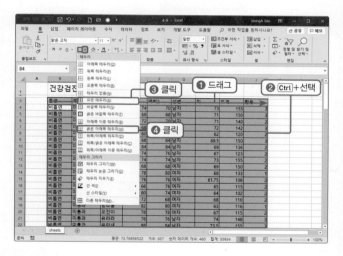

**07** [B1:J1]을 선택하고 [맞춤] 그룹-[병합하고 가운데 맞춤(🔲)]을 클릭합니다.

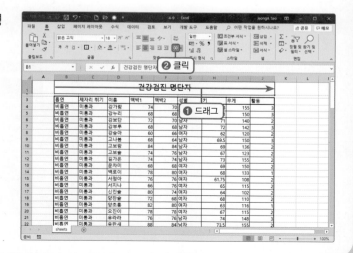

# PROJECT 05

## 선택한 데이터로 개수, 합계, 평균 알아보기

분류코드를 선택하면 선택한 개체에 대한 개수, 합계, 평균이 표시되고 선택한 개체가 어디 있는지 원본 데이터에 색을 채우는 데이터 가공 방법을 알아보겠습니다.

**Keyword** 중복된 항목 제거, 데이터 유효성 검사, 조건부 서식　**예제 파일** Part 4 \ 4-10.xlsx

미리보기

| 분류코드 | SG006 |
| --- | --- |

| 분류코드 개수 | 13 |
| --- | --- |
| 분류코드 합계 | 278,000 |
| 분류코드 평균 | 21,385 |

| 분류코드 | 제품번호 | 제품이름 | 공급업체코드 | 단가 | 단종품 |
| --- | --- | --- | --- | --- | --- |
| FG001 | A001 | 콩우유 | 가015 | 80000 | FALSE |
| FT022 | A002 | 레몬주스 | 가017 | 19000 | FALSE |
| SG006 | A003 | 체리시럽 | 가017 | 10000 | FALSE |
| SG006 | A004 | 복숭아시럽 | 가009 | 22000 | TRUE |
| SG006 | A005 | 파인애플 시럽 | 가009 | 21000 | FALSE |
| UR023 | A006 | 블루베리 잼 | 가018 | 25000 | FALSE |
| UR023 | A007 | 건과(배) | 가018 | 30000 | FALSE |
| SG006 | A008 | 딸기소스 | 가018 | 40000 | FALSE |
| OP005 | A009 | 상등육 쇠고기 | 가015 | 97000 | FALSE |
| SR036 | A010 | 연어알 조림 | 가015 | 31000 | FALSE |
| FG001 | A011 | 커피 밀크 | 가019 | 21000 | TRUE |
| FG001 | A012 | 바닐라 엣센스 | 가019 | 13800 | FALSE |
| SR036 | A013 | 물김 | 가020 | 16000 | FALSE |
| SR036 | A014 | 건조 다시마 | 가020 | 23000 | FALSE |
| SG006 | A015 | 간장 | 가020 | 15000 | FALSE |
| SE037 | A016 | 피넛 스프레드 | 가007 | 17000 | FALSE |

### 핵심 기능

① 분류코드의 고유값 항목 만들기
② 데이터 유효성 검사로 선택하도록 만들기
③ COUNTIF, SUMIF, AVERAGEIF 함수 사용하기
④ 조건부 서식으로 채우기(색상 변경)

---

**01** 고유값 항목을 만들기 위해 [B8:B90]을 선택하고 복사합니다. 빈 [I3]셀에 붙여넣기를 합니다.

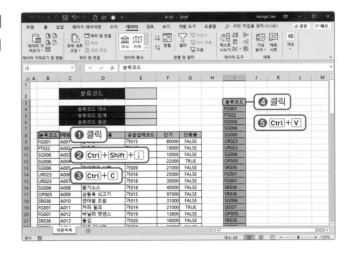

**02** [데이터] 탭-[데이터 도구] 그룹-[중복된 항목 제거(📊)]를 클릭합니다. [중복 값 제거] 대화상자에서 [확인] 버튼을 클릭합니다.

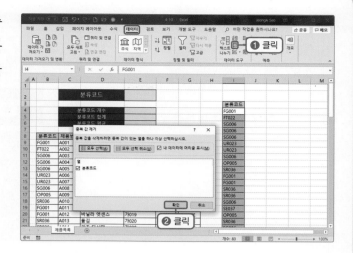

**03** [E2]셀을 클릭하고 [데이터 도구] 그룹-[데이터 유효성 검사(📊)]를 클릭합니다.

[데이터 유효성] 대화상자에서 제한 대상을 '목록', 원본을 '=$I$4:$I$11'로 지정합니다. [확인] 버튼을 클릭합니다.

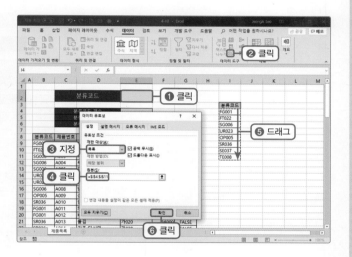

**04** [E2]셀에서 목록 아이콘을 클릭하고 코드 한 개를 선택합니다. 고유 항목으로 만들었던 I열을 마우스 오른쪽 버튼으로 클릭하고 **[숨기기]**를 실행합니다.

**05** [B8:B90], [F8:F90]를 선택하고 [수식] 탭-[정의된 이름] 그룹-[선택 영역에서 만들기]를 클릭합니다.

[선택 영역에서 만들기] 대화상자에서 '첫 행'을 선택하고 [확인] 버튼을 클릭합니다.

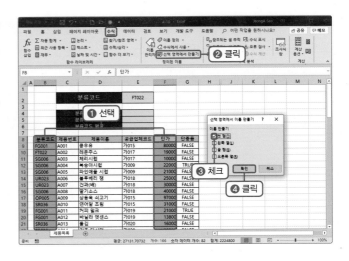

**06** [E4]셀을 클릭하고 '=COUNTIF(분류코드,E2)'를 입력합니다.

**07** [E5]셀을 클릭하고 '=SUMIF(분류코드,E2,단가)'를 입력합니다.

**08** [E6]셀을 클릭하고 '=AVERAGEIF (분류코드,E2,단가)'를 입력합니다.

**POINT**
분류코드 목록 중에서 [E2]셀에 선택한 개체와 똑같으면 단가 평균을 구합니다.

**09** [E4:E6]을 선택하고 마우스 오른쪽 버튼을 클릭한 다음 [쉼표 스타일(  )]을 클릭합니다.

**10** 조건부 서식을 지정해 보겠습니다. [B9:G90]을 선택하고 [홈] 탭-[스타일] 그룹-[조건부 서식]-[새 규칙]을 클릭합니다.
[새 서식 규칙] 대화상자에서 규칙 유형 선택을 '수식을 사용하여 서식을 지정할 셀 결정'으로 지정합니다.

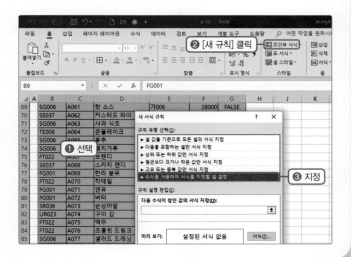

**11** 수식을 '=$E$2=$B9'로 지정합니다. [서식] 버튼을 클릭하여 [채우기] 탭에서 색을 클릭합니다. [확인]을 클릭합니다.

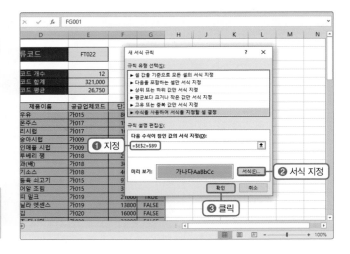

**POINT**
선택한 분류코드랑 [B9]셀부터 아래 데이터를 비교하여 같으면 채우기 색상을 변경합니다.

**12** [E2]셀 코드를 변경하면 개수, 합계, 평균 결과가 변경되며, 본문 데이터의 채우기 색상이 변경되어 빠르게 데이터를 파악할 수 있습니다.

# 출고 시트와 입고 시트를 비교해 미입고 차량 추출하기

렌트카를 출고한 데이터와 렌트카를 입고한 데이터가 있습니다. 두 개의 데이터를 비교하여 입고한 데이터가 갖고 있지 않은 데이터를 추출하는 방법을 알아보겠습니다.

---

**Keyword** 고급 필터, COUNTIF 함수        **예제 파일** Part 4 \ 4-12.xlsx

**미리보기**

| | A | B | C | D | E | F | G |
|---|---|---|---|---|---|---|---|
| 1 | | 미입고 조건 | | | | | |
| 2 | | FALSE | | | | | |
| 3 | | | | | | | |
| 4 | | 미입고 차량 | | | | | |
| 5 | | | | | | | |
| 6 | | 이름 | 소득증빙 | 통장내역 | 성별 | 차량 | 주유 |
| 7 | | 강가림 | 미통과 | 제출 | 남자 | 코나 | 가솔린 |
| 8 | | 고별하 | 미통과 | 제출 | 남자 | 코나 | 가솔린 |
| 9 | | 김가람 | 통과 | 미제출 | 남자 | K5 | 가솔린 |
| 10 | | 박보람 | 통과 | 미제출 | 여자 | K5 | 가솔린 |
| 11 | | 윤라라 | 통과 | 미제출 | 남자 | 쏘울 | 가솔린 |
| 12 | | 윤란새 | 통과 | 미제출 | 남자 | 코나 | 가솔린 |
| 13 | | 이가림 | 통과 | 미제출 | 남자 | 스포츠 칸 | 디젤 |
| 14 | | 이가이 | 통과 | 미제출 | 남자 | 스포츠 칸 | 디젤 |
| 15 | | 임눈슬 | 미통과 | 제출 | 남자 | 스포츠 칸 | 디젤 |
| 16 | | 장은솔 | 미통과 | 제출 | 남자 | 스포츠 칸 | 디젤 |
| 17 | | 장은솔 | 미통과 | 제출 | 여자 | 스포츠 칸 | 디젤 |
| 18 | | 장주슬 | 미통과 | 제출 | 남자 | 스포츠 칸 | 디젤 |
| 19 | | 조영글 | 미통과 | 제출 | 남자 | 스포츠 칸 | 디젤 |
| 20 | | 조우솔 | 통과 | 미제출 | 여자 | 스포츠 칸 | 디젤 |
| 21 | | 조주님 | 미통과 | 제출 | 여자 | 스포츠 칸 | 디젤 |
| 22 | | | | | | | |

**핵심 기능**

① 조건 함수인 COUNTIF 사용하기

② 고급 필터로 데이터 가져오기

---

**01** [렌트 출고] 시트에서 렌트 입고 데이터를 비교하기 위해 먼저 이름을 정의하겠습니다.

[렌트입고] 시트에서 [B4:B55]을 선택하고 이름 상자에 '입고명단'을 입력한 다음 Enter를 누릅니다.

**02** 함수를 사용하기 위해 [미입고차량] 시트의 [B2]셀에 '=COUNTIF(입고명단, 렌트출고!B4)=0'을 입력합니다.

**03** [렌트출고] 시트에서 [A3]셀을 클릭하고 Ctrl + A 를 누른 다음 이름을 '렌트출고'로 정의합니다.
[렌트출고] 시트에서 [B3], [E3:I3]을 각각 선택하고 복사합니다.

**04** [미입고차량]셀의 [B6]셀을 클릭하고 붙여넣기를 합니다.

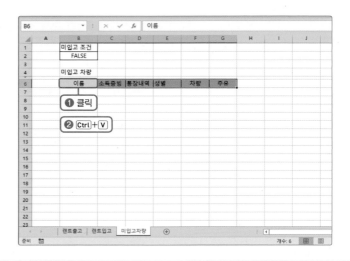

**05** 고급 필터를 적용하기 위해 [미입고차량] 시트의 [A1]셀을 클릭하고, [데이터] 탭-[정렬 및 필터] 그룹-[고급]을 클릭합니다.

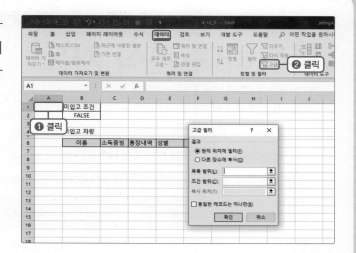

**06** [고급 필터] 대화상자에서 '다른 장소에 복사'를 선택하고, 목록 범위를 '렌트출고'로 지정합니다.

조건 범위는 '[B1:B2]'를 선택하고, 복사 위치는 '[B6:G6]'을 선택합니다. [확인] 버튼을 클릭합니다.

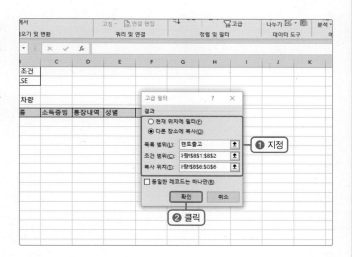

**07** 미입고한 차량 정보를 확인할 수 있습니다.

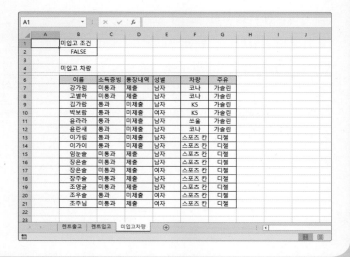

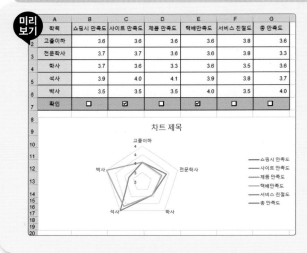

# 통합하여 분석 차트 표현하기

**P R O J E C T**
# 07

설문지 응답 시트에는 많은 양의 설문 조사 결과 데이터가 있습니다. 학력에 따른 결과를 도출하기 위해 통합 기능을 사용하여 체크한 데이터만 방사형 차트에 표현하는 방법을 배우겠습니다.

**Keyword** 통합, 확인란, 방사형 차트  **예제 파일** Part 4\4-13.xlsx

**핵심 기능**
① 학력으로 고유값 만들기
② 통합 사용하여 평균 내기
③ 개발 도구의 삽입 메뉴 확인란 사용하기
④ 방사형 차트 사용하기

**01** [결과] 시트에서 [A1:G6]을 선택하고 [데이터] 탭-[데이터 도구] 그룹-[통합(□)]을 클릭합니다. [통합] 대화상자에서 함수를 '평균'으로 지정합니다.

[설문지 응답] 시트의 [E1:K278]을 선택하고 사용할 레이블에서 '첫 행'과 '왼쪽 열'에 체크 표시한 다음 [확인] 버튼을 클릭합니다.

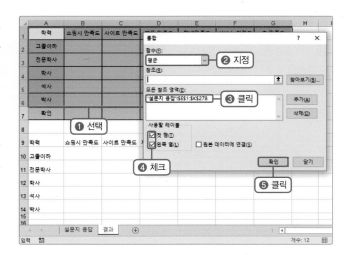

**02** 마우스 오른쪽 버튼을 클릭한 다음 [쉼표 스타일(**,**)]을 클릭하고, [자릿수 늘림(**₀₀**)]을 한 번 클릭합니다.

**03** [개발 도구] 탭-[컨트롤] 그룹-[삽입]-[확인란(양식 컨트롤)(☑)]을 클릭합니다.
[B7]셀 안쪽을 클릭합니다.

**04** 체크 상자가 [B7]셀의 가운데 위치하게 배치하고 '확인란 1'의 텍스트를 지웁니다. [B8]셀을 클릭합니다.

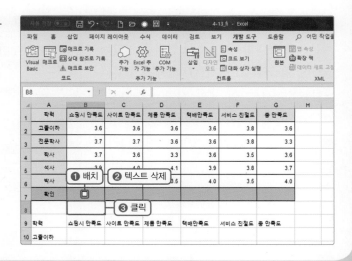

**05** [B7]셀의 체크상자를 마우스 오른쪽 버튼으로 클릭하고 **[컨트롤 서식]**을 실행합니다. 셀 연결 항목에서 [B7]셀을 클릭하고 [확인] 버튼을 클릭합니다.

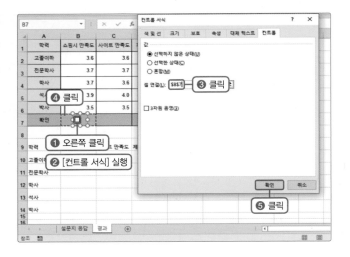

**06** 체크 상자를 복사하기 위해 [B7]셀을 클릭하고 채우기 핸들을 [G7]셀까지 드래그합니다.

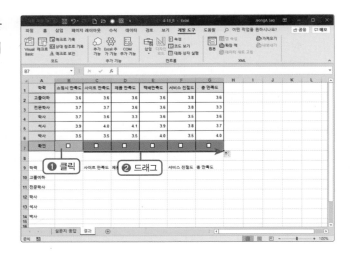

**07** [C7]셀의 체크 상자를 마우스 오른쪽 버튼으로 클릭합니다. 수식 입력줄에 있는 '=$B$7'을 '=$C$7'로, [D7]의 체크 상자는 '=$D$7'로, [E7]의 체크 상자는 '=$E$7'로, [F7]의 체크 상자는 '=$F$7'로, [G7]의 체크 상자는 '=$G$7'로 각각 수정합니다.

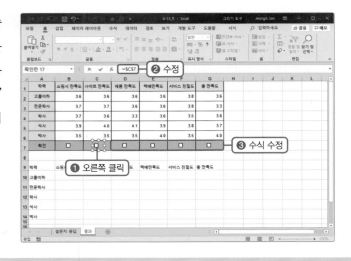

**08** [B7:G7]을 선택하고 글꼴색을 '밝은 회색, 배경2, 10% 더 어둡게'로 지정한 다음 [B10]셀에 '=IF(B$7=TRUE,B2,NA())'를 입력합니다.
[G14]셀까지 수식을 복사합니다.

**POINT**
체크 상자에 체크 표시하면 TRUE로 표시되는데 [B7]셀에 체크하면 [B2]셀의 내용을 표시하고, 그렇지 않으면 차트에 영향을 주지 않는 NA() 함수를 사용합니다.

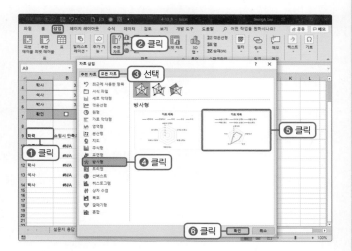

**09** [A9]셀을 클릭하고 [삽입] 탭-[차트] 그룹-[추천 차트]를 클릭합니다.
[차트 삽입] 대화상자에서 [모든 차트] 탭을 선택하고 [방사형] 범주의 두 번째 차트를 클릭합니다. [확인] 버튼을 클릭합니다.

**10** [A8:G20]에 배치합니다. [차트 요소(⊞)]-[범례]-[오른쪽]을 클릭합니다.
7행의 체크 상자 체크 여부에 따라 방사형 차트에 표시됩니다.

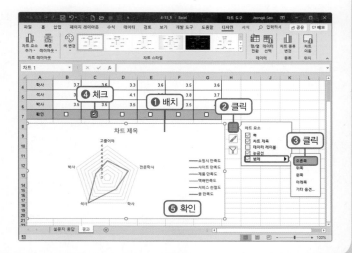

# 엑셀 2019 새로운 기능

# SPECIAL

오피스 2019의 새로운 기능은 여러 가지가 있지만 그래픽으로 시각적으로 표현되는 부분이 월등하게 좋아졌습니다. 일러스트레이션 기능의 3D 모델, 2D 지도, SVG 벡터 그래픽 표현 등 시각적인 효과가 개선되었고 새로운 함수 CONCAT, TEXTJOIN, IFS, SWITCH가 추가되었습니다. 깔때기형 차트 및 2D 지도 기능으로 지리 데이터를 고화질 시각 자료로 변환할 수도 있습니다.

## 2D 지도

엑셀의 새로운 기능 중 하나는 등치 지역도입니다. 인터넷이 연결되어 있어야 하며 여러 지리적 지역에 대한 값을 비교하여 표시합니다. 국가, 주, 구 또는 우편번호와 같은 지리적 지역이 있는 경우 만들 수 있습니다.
[삽입] 탭-[차트] 그룹-[추천 차트]를 클릭하고 [모든 차트] 탭을 선택합니다. [지도] 범주를 선택하면 확인할 수 있습니다. [삽입] 탭-[차트] 그룹-[지도]를 클릭하면 좀 더 빠르게 결과를 확인할 수 있습니다. <sup>116쪽 참고</sup>

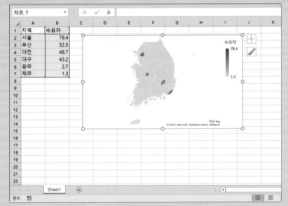

## 깔대기형 차트

깔대기 모양처럼 프로세스에서 점차적으로 감소하는 단계를 보여줍니다. 데이터 값이 점차적으로 감소하는 비례를 표시하는 경우 사용할 수 있습니다. 예를 들어 잠재적 수익, 판매액, 거래 등을 계산하려는 경우 또는 선형 프로세스의 병목 상태를 표시하려는 경우 등에 사용할 수 있습니다.

[삽입] 탭–[차트] 그룹–[추천 차트]를 클릭하고 [모든 차트] 탭을 선택한 다음 [깔대기형] 범주를 선택하면 사용할 수 있습니다.

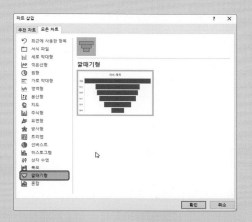
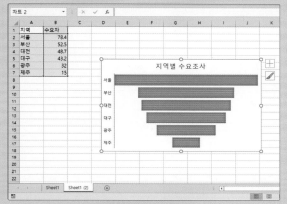

## CONCAT 함수와 TEXTJOIN 함수

텍스트를 결합할 경우 CONCATENATE 함수나 & 연산자를 사용하는 방법이 주로 사용되었습니다. 이러한 불편한 부분을 보완하기 위해 CONCAT 함수와 TEXTJOIN 함수가 추가되었습니다.

① **CONCAT 함수** : 텍스트를 각각 선택하거나 범위를 지정하여 쉽게 합칠 수 있습니다. <sup>207쪽 참고</sup>

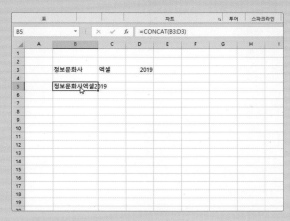

=CONCAT(B3:D3) 또는 =CONCAT(B3,C3,D3)

② **TEXTJOIN 함수** : 텍스트 사이에 입력할 문자를 쉽게 추가할 수 있습니다. 예를 들어 텍스트에 하이픈(–)을 입력해야 할 때, 텍스트 사이에 추가로 매번 입력해야 한다면 TEXTJOIN 함수로 쉽게 해결할 수 있습니다. 두 번째 인수는 TRUE/FALSE로 입력 가능한데 TRUE인 경우 빈 셀을 무시합니다.

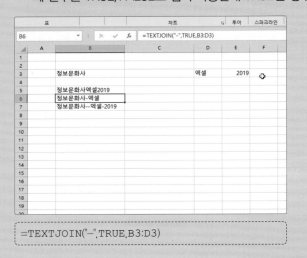

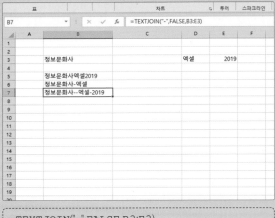

=TEXTJOIN("–",TRUE,B3:D3)

=TEXTJOIN("–",FALSE,B3:E3)

## IFS 함수

중첩 IF 함수의 불편한 부분을 보완한 함수입니다. 중첩 IF 함수는 '=IF(조건, 참, IF(조건, 참,거짓))'처럼 IF 함수가 반복적으로 사용이 되는데 IFS 함수는 함수가 시작되면 조건과 참 값만 반복적으로 사용하면 됩니다. <sup>227쪽 참고</sup>
다음은 [G4]셀의 값이 A이면 30만, B이면 15만, C이면 10만, D이면 0의 수식을 입력하는 경우입니다.

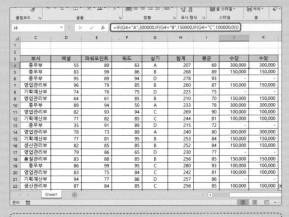

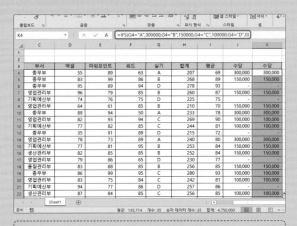

=IF(G4="A",300000,IF(G4="B",150000,IF(G4="C",100000,0)))

=IFS(G4="A",300000,G4="B",150000,G4="C",100000,G4="D",0)

## SWITCH 함수

IFS 함수와 비슷하지만 조건식이 특정한 값을 가지는 경우에 사용합니다. IFS 함수는 조건식을 모두 입력해야 하지만 SWITCH 함수는 기본값을 입력할 수 있습니다. 예를 들어 지정한 조건 외에 여러 개의 조건을 하나하나 나열하지 못한 값도 기본값으로 처리됩니다.

다음은 [G4]셀의 값이 A이면 30만, B이면 15만, C이면 0, D이면 0의 수식을 입력하는 경우입니다.

IF 함수는 A, B, C, D 모든 조건을 하나하나 나열해야 합니다.

SWITCH 함수는 값의 결과가 다르게 출력해야 하는 값만 입력하고, 입력하지 않았더라도 기본값에 입력된 값으로 출력됩니다.

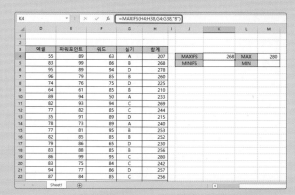

```
=IFS(G4="A",300000,G4="B",150000,G4="C",0,G4="D",0)
```

```
=SWITCH(G4,"A",300000,"B",150000,0)
```

## MAXIFS 함수와 MINIFS 함수

데이터 중 조건에 만족하는 최대값/최소값을 추출하는 함수입니다.

다음 예는 실기 점수가 B인 경우에 합계의 최대값, 실기 점수가 A인 경우에 합계 최소값을 구하는 경우입니다.

실기 점수가 B인 경우에 합계 점수 중 최대값 :
=MAXIFS(H4:H38,G4:G38,"B")

실기 점수가 A인 경우에 합계 점수 중 최소값 :
=MINIFS(H4:H38,G4:G38,"A")

엑셀에서 다양한 기능을 빠르게 실행할 수 있는 단축키를 정리하였습니다. 단축키를 사용하면 다양한 기능을 빠르게 실행하여 업무 효율성을 높일 수 있습니다. 단축키를 하나씩 눌러보며 연습하는 것도 도움이 됩니다.

## 편집 단축키

| 기능 | 단축키 |
|---|---|
| 복사 | `Ctrl`+`C` |
| 붙여넣기 | `Ctrl`+`V` |
| 선택하여 붙여넣기 | `Ctrl`+`Alt`+`V` |
| 실행 취소 | `Ctrl`+`Z` |
| 가능한 경우 마지막 명령 반복 | `Ctrl`+`Y` |
| 잘라내기 | `Ctrl`+`X` |
| 전체 워크시트 선택 | `Ctrl`+`A` 또는 `Ctrl`+`Shift`+`Spacebar` |
| 새 워크시트 삽입 | `Alt`+`Shift`+`F1` |
| 셀 삽입 | `Ctrl`+`Shift`+`+` |
| 셀 삭제 | `Ctrl`+`-` |
| 셀 내용 제거 | `Delete` |
| 열 삭제 | `Alt`,`H`,`D`,`C` |
| 전체 열 선택 | `Ctrl`+`Spacebar` |
| 전체 행 선택 | `Shift`+`Spacebar` |
| [A1]셀부터 현재 선택된 셀까지 선택 | `Ctrl`+`Shift`+`Home` |
| 선택한 행 숨기기 | `Ctrl`+`9` |
| 선택한 열 숨기기 | `Ctrl`+`0` |
| 같은 셀에서 새 줄 시작 | `Alt`+`Enter` |
| 선택한 셀 범위를 현재 입력 내용으로 채우기 | `Ctrl`+`Enter` |
| 입력 후 위쪽 셀 선택 | `Shift`+`Enter` |
| 아래로 채우기 | `Ctrl`+`D` |
| 표 만들기 | `Ctrl`+`L` 또는 `Ctrl`+`T` |

## 통합 문서 및 리본 메뉴 단축키

| 기능 | 단축키 |
|---|---|
| 통합 문서 열기 | `Ctrl`+`O` |
| 통합 문서 닫기 | `Ctrl`+`W` |
| 통합 문서 저장하기 | `Ctrl`+`S` |
| 다른 이름으로 저장 | `F12` |
| [파일] 탭으로 이동 | `Alt`+`F` |
| [홈] 탭으로 이동 | `Alt`+`H` |
| [삽입] 탭으로 이동 | `Alt`+`N` |
| [페이지 레이아웃] 탭으로 이동 | `Alt`+`P` |
| [데이터] 탭으로 이동 | `Alt`+`A` |
| [보기] 탭으로 이동 | `Alt`+`W` |
| [수식] 탭으로 이동 | `Alt`+`M` |
| 도움말 검색 | `Alt`+`Q` |
| 선택 키 활성화 | `Alt` 또는 `F10` |
| 리본 메뉴 확대 축소 | `Ctrl`+`F1` |

## 추가 및 삭제 단축키

| 기능 | 단축키 |
|---|---|
| 메모 추가 | `Shift`+`F2` |
| 현재 시간 | `Ctrl`+`Shift`+`:` |
| 현재 날짜 | `Ctrl`+`;` |
| 셀 값과 수식 표시 전환 | `Ctrl`+`` ` ``(`Tab` 위에 키) |
| 선택한 셀 테두리 추가 | `Ctrl`+`Shift`+`&` |
| 선택한 셀 테두리 삭제 | `Ctrl`+`Shift`+`_` |
| 개체 숨기기/표시 | `Ctrl`+`6` |
| 윤곽 기호 표시/숨기기 | `Ctrl`+`8` |

## 셀 탐색 단축키

| | |
|---|---|
| 이전 셀 또는 이전 옵션 이동 | `Shift`+`Tab` |
| 셀 이동 | 방향키 |
| 데이터 영역 가장자리로 이동 | `Ctrl`+방향키 |
| 끝 모드에서 이동 | `End`, 방향키 |
| 데이터 영역 마지막으로 이동 | `Ctrl`+`End` |
| 워크시트 시작 부분으로 이동 | `Ctrl`+`Home` |
| 한 화면 아래로 이동 | `Page Down` |
| 한 화면 오른쪽으로 이동 | `Alt`+`Page Down` |
| 한 화면 왼쪽으로 이동 | `Alt`+`Page Up` |
| 다음 시트로 이동 | `Ctrl`+`Page Down` |
| 이전 시트로 이동 | `Ctrl`+`Page Up` |
| 한 셀 오른쪽으로 이동 | `Tab` |
| 셀 선택 영역 한 셀씩 확장 | `Shift`+방향키 |
| 데이터가 들어 있는 마지막 셀까지 선택 | `Ctrl`+`Shift`+방향키 |
| 유효성 검사 옵션이 적용된 셀 유효성 검사 선택 목록 열기 | `Alt`+`↓` |
| 텍스트 상자 또는 이미지 순환 | `Ctrl`+`Alt`+`5`를 누른 다음 `Tab` |
| 개체 탐색 종료 | `Esc` |

## 서식 지정 단축키

| | |
|---|---|
| 셀 서식 | `Ctrl`+`1` |
| 셀 서식 대화상자 글꼴 서식 지정 | `Ctrl`+`Shift`+`F` 또는 `Ctrl`+`Shift`+`P` |
| 기울임꼴 | `Ctrl`+`I` 또는 `Ctrl`+`3` |
| 굵게 | `Ctrl`+`B` 또는 `Ctrl`+`2` |
| 밑줄 | `Ctrl`+`U` 또는 `Ctrl`+`4` |
| 취소선 | `Ctrl`+`5` |

| | |
|---|---|
| 셀 내용 가운데 맞춤 | `Alt`+`H`, `C`, `2` |
| 일반 숫자 서식 적용 | `Ctrl`+`Shift`+`~` |
| 소수 두 자리 통화 서식 | `Ctrl`+`Shift`+`$` |
| 소수 자릿수 없는 백분율 서식 | `Ctrl`+`Shift`+`%` |
| 시간, 분, AM/PM 서식 | `Ctrl`+`Shift`+`@` |
| 1000단위 구분 기호 | `Ctrl`+`Shift`+`!` |

## 데이터 및 수식 단축키

| | |
|---|---|
| 전체 피벗 테이블 보고서 선택 | `Ctrl`+`Shift`+`*` |
| 끝 부분에 삽입 지점 두기 | `F2` |
| 수식 입력 줄 확장/축소 | `Ctrl`+`Shift`+`U` |
| 통합 문서의 모든 워크시트 계산 | `F9` |
| 현재 워크시트 계산 | `Shift`+`F9` |
| 마지막 계산 이후 내용 변경과 관계없이 모든 워크시트 계산 | `Ctrl`+`Alt`+`F9` |
| 종속된 수식을 검사하고, 열린 통합 문서에서 계산하도록 표시되지 않은 셀까지 포함해서 계산 | `Ctrl`+`Alt`+`Shift`+`F9` |
| 빠른 채우기를 호출하여 현재 열 채우기 | `Ctrl`+`E` |
| 절대/상대 참조 전환 | `F4` |
| 함수 삽입 | `Shift`+`F3` |
| 현재 범위 데이터에 포함된 차트 만들기 | `Alt`+`F1` |
| 별도 차트 시트에 차트 만들기 | `F11` |
| 참조 이름 정의 | `Alt`+`M`, `M`, `D` |
| [매크로] 대화상자 열기 | `Alt`+`F8` |
| 비주얼 베이직 열기 | `Alt`+`F11` |

# POWER POINT 2019

INTEGRITY

INNOVATION

COMMITMENT

CREATIVITY

PASSION

GOALS

CONNECTION

GROWTH

# 1

# 천리 길도
# 한 걸음부터,
# 기본 기능 29가지

천리 길도 한 걸음부터라는 말이 있지요. 멋진 발표 자료를 만들기 전에 파워포인트 기본 기능을 익히는 과정이 필요합니다. 텍스트 기능, 도형 기능, 스마트아트 등 29가지 다양한 기능을 실습하다 보면 어느 순간 파워포인트에 자신감이 붙은 자신을 발견할 것입니다.

SECTION

01

# 파워포인트
# 시작하고 종료하기

파워포인트는 프레젠테이션을 위한 시각적 보조 자료를 만드는 대표적인 프로그램입니다. 파워포인트를 시작하는
방법과 저장하는 방법, 그리고 종료하는 방법을 살펴보겠습니다.

**Keyword** 파워포인트 시작, 열기, 새 프레젠테이션, 저장  **예제 파일** Part 1 \ 1-1.pptx

**01** 윈도우 시작 버튼을 클릭하고 시작 메
뉴에서 [PowerPoint]를 찾아 클릭하면 파
워포인트가 시작됩니다.
파워포인트 파일을 열기 위해 [열기]–[찾
아보기]를 클릭합니다.

**POINT**
파워포인트 2007에는 백스테이지 메뉴가 없고 오피
스 버튼을 클릭해야 합니다.
세부 버전에 따라 왼쪽에 '최근 항목'이 표시되는 경우
도 있습니다. 그럴 경우 새 프레젠테이션을 만들고 [파
일]–[열기]–[찾아보기]를 클릭합니다.

**02** [열기] 대화상자가 표시되면 예제 파
일에서 '1-1.pptx' 파일을 선택하고 [열기]
버튼을 클릭합니다.

**POINT**
파일명을 더블클릭해도 됩니다.

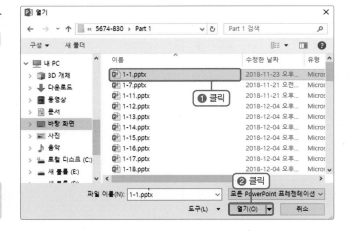

**03** '1-1.pptx' 파일이 열렸습니다. 여러 개의 슬라이드가 있는 파일을 확인할 수 있습니다.

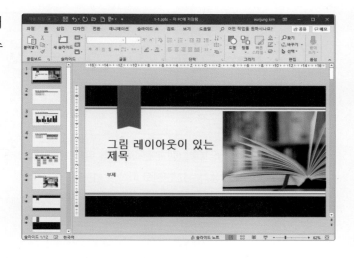

**04** 새 프레젠테이션 문서를 열기 위해 [파일] 탭-[새로 만들기]-[새 프레젠테이션]을 클릭합니다.

POINT
파워포인트 2010까지는 기본 슬라이드 화면 비율이 4:3이고 파워포인트 2013부터는 16:9입니다.

**05** 빈 문서가 열립니다. '제목을 추가하려면 클릭하십시오'를 클릭한 다음 '파워포인트 2019'라고 입력합니다.
[파일] 탭-[저장]-[찾아보기]를 클릭하여 원하는 위치에 저장합니다.

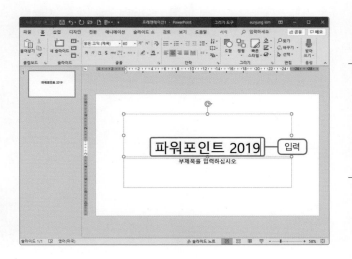

POINT
'제목을 추가하려면 클릭하십시오' 메시지가 들어있는 틀은 제목 개체 틀입니다.

기본 & 텍스트

도형

개체 활용

표 & 차트

애니메이션 & 레이아웃

멀티미디어&출력

# 파워포인트 화면 구성 살펴보기

파워포인트와 첫 만남! 프로그램과 친숙해지기 위해 프로그램 화면 구성을 살펴보겠습니다. 파워포인트를 시작하기 전 첫 걸음마라고 생각하고 천천히 따라 오기 바랍니다.

**Keyword** 화면 구성, 슬라이드, 보기

❶ 빠른 실행 도구 모음
❷ 리본 메뉴
❸ 슬라이드 미리 보기 창
❹ 작업 슬라이드
❺ 서식 창
❻ 보기 설정

❶ **빠른 실행 도구 모음:** 자주 사용하는 메뉴들을 모아 놓고 빠르게 실행할 수 있습니다. [Alt]와 함께 단축키로도 사용 가능합니다.

❷ **리본 메뉴:** 파워포인트에는 아홉 개의 메뉴 탭이 있고, 각각의 탭을 선택하면 리본처럼 긴 메뉴가 나타납니다. 각 탭 안에는 비슷한 기능끼리 모아진 그룹들이 있습니다. 그룹들은 세로 선으로 구분되어 있습니다. [파일] 탭은 파일의 열기와 저장, 인쇄 등의 작업을 수행하기 위한 메뉴로 '백스테이지 메뉴'라고 하기도 합니다.

❸ **슬라이드 미리 보기 창:** 슬라이드의 축소판 보기를 통해 슬라이드 복사, 삭제, 이동 등의 관리를 할 수 있는 곳입니다.

❹ **작업 슬라이드:** 슬라이드를 작성하는 실제 작업이 이루어지는 편집 공간입니다. 프레젠테이션 파일 하나는 슬라이드 여러 개로 구성됩니다.

❺ **서식 창:** 배경 서식, 도형 서식, 차트 서식 등 각 개체의 세부 편집을 할 수 있는 곳입니다.

❻ **보기 설정:** 화면 배율을 조절할 수도 있고, 프레젠테이션 보기를 전환하는 네 개의 버튼이 있습니다.

- 기본 보기(▣): 슬라이드 편집 상태 보기입니다.
- 여러 슬라이드 보기(▦): 축소된 형태의 슬라이드를 표시합니다. 슬라이드 순서를 바꾸거나 전체 슬라이드를 한눈에 볼 때 사용하는 보기입니다.
- 읽기용 보기(▤): 프레젠테이션을 간단한 제어 기능이 포함된 창에서 표시합니다. 일반적으로 자신의 컴퓨터에서 프레젠테이션을 점검하기 위해 사용하는 모드입니다.
- 슬라이드 쇼 보기(▤): 현재 슬라이드부터 슬라이드 쇼를 시작합니다.

# 슬라이드 추가하고 레이아웃 바꾸기

새 문서를 열면 첫 번째 슬라이드는 제목 슬라이드이고, 새로 추가하는 슬라이드는 제목 및 내용 슬라이드 레이아웃으로 맞추어져 있습니다. 이 단원에서는 간단하게 슬라이드를 추가하는 방법과 슬라이드 레이아웃을 변경하는 방법을 살펴보겠습니다.

**Keyword** 새 슬라이드, 레이아웃, 개체 창

**01** 슬라이드를 추가하기 위해 [홈] 탭–[슬라이드] 그룹–[새 슬라이드▼]를 클릭합니다. 원하는 슬라이드를 선택하면 슬라이드가 추가됩니다.

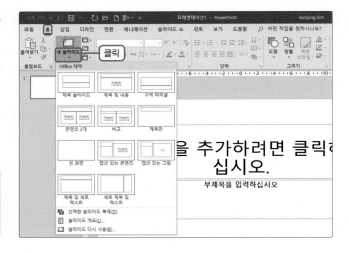

**POINT**
만약 특정 레이아웃을 선택하여 추가하고 싶다면 [새 슬라이드] 메뉴의 역삼각형을 클릭한 다음 레이아웃을 선택하면 됩니다.

**02** 왼쪽 슬라이드 미리 보기 창에서 앞 슬라이드를 선택한 후 Enter를 누르면 빠르게 슬라이드를 추가할 수 있습니다.

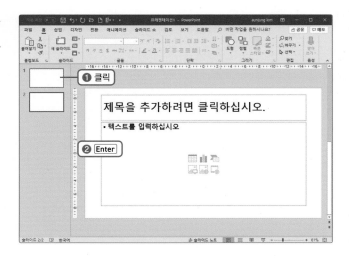

**03** 왼쪽 슬라이드 미리 보기 창에서 마우스 오른쪽 버튼을 클릭한 다음 **[새 슬라이드]**를 실행해도 됩니다.

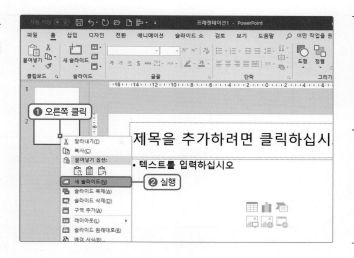

**04** 추가된 슬라이드의 레이아웃을 변경하고 싶다면, [슬라이드] 그룹-[레이아웃(▥)]에서 원하는 레이아웃으로 변경할 수 있습니다.

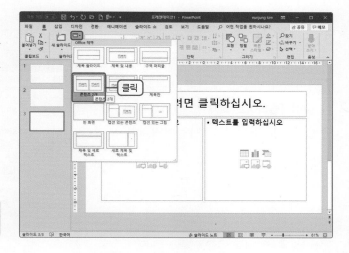

**POINT**
기본적으로 열한 개의 레이아웃이 있습니다.

**05** 만약 레이아웃에 있는 개체 상자를 삭제했다면 [슬라이드] 그룹-[다시 설정(▣)]을 클릭하여 복원할 수 있습니다.

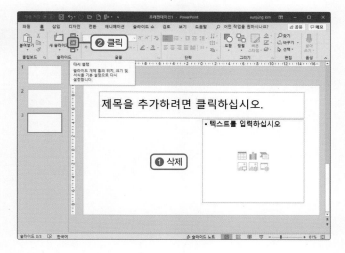

# 슬라이드 다루기

왼쪽에 위치한 슬라이드 미리 보기 창에서 축소판 슬라이드를 복제, 이동, 삭제할 수 있을 뿐 아니라 슬라이드를 내용별로 그룹화하는 구역 기능까지 사용할 수 있습니다. 이 단원에서는 슬라이드의 복제, 이동, 삭제, 구역 나누기 작업을 하겠습니다.

**Keyword** 슬라이드 복제, 이동, 삭제, 구역 나누기　　　　　**예제 파일** Part 1 \ 1-7.pptx

**01** [파일] 탭-[열기]-[찾아보기]를 클릭하고 '1-7.pptx' 파일을 불러옵니다. 2번 슬라이드를 마우스 오른쪽 버튼으로 클릭한 다음 **[슬라이드 복제]**를 실행합니다. 같은 슬라이드가 하나 더 만들어집니다.

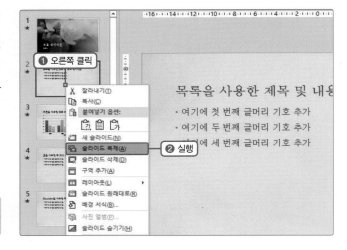

**POINT**
Ctrl+D를 눌러 슬라이드를 복제해도 됩니다.

**02** 복제된 3번 슬라이드를 5번 슬라이드와 6번 슬라이드 사이로 드래그하여 이동합니다.

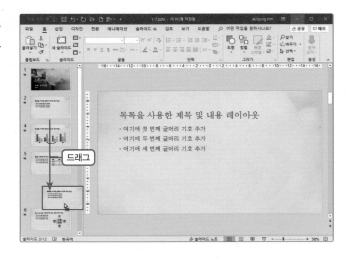

**03** 필요 없는 슬라이드를 삭제할 때는 마우스 오른쪽 버튼으로 클릭한 다음 **[슬라이드 삭제]**를 실행하거나 슬라이드를 선택하고 Delete 를 눌러 빠르게 삭제할 수 있습니다.

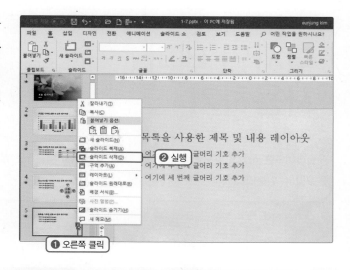

**04** 발표 내용이 길어지면 당연히 슬라이드 개수도 많아지게 됩니다. 주제별, 파트별로 구역을 나눠 놓으면 발표 준비하기 편해집니다.
구역을 나누기 위해 3번 슬라이드와 4번 슬라이드 경계를 마우스 오른쪽 버튼으로 클릭한 다음 **[구역 추가]**를 실행합니다.

> **POINT**
> 구역은 폴더와 같은 개념으로 슬라이드를 그룹화합니다.

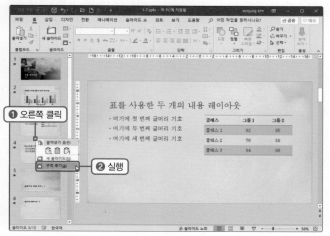

**05** [구역 이름 바꾸기] 대화상자가 나타나면 구역의 이름을 바꿔 주고 [이름 바꾸기] 버튼을 클릭합니다.
같은 방법으로 7번과 8번 슬라이드 경계에서도 구역을 나눕니다.

> **POINT**
> 구역이 나누어지면 구역 이름 앞에 삼각형 기호가 생기며, 삼각형을 눌러 구역을 접었다 펼 수 있으며, 구역 전체를 이동할 때 구역 이름을 선택하고 드래그하면 구역 안에 포함된 여러 슬라이드를 한꺼번에 이동할 수 있습니다.

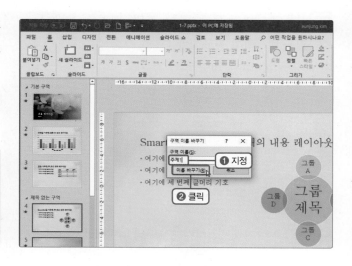

# 디자인 테마
# 사용하기

SECTION

# 05

슬라이드를 직접 꾸밀 시간이 없을 때 파워포인트에서 제공하는 기본 테마를 사용하면 쉬우면서도 세련된 배경을 꾸밀 수 있습니다.

**Keyword** 테마, 테마 색, 테마 글꼴, 테마 효과, 배경 스타일, 테마 다운로드

**01** 새 문서를 만듭니다. [디자인] 탭-[테마] 그룹에서 테마 스타일을 선택합니다. 선택한 테마에 따라 글꼴, 도형 색, 배경이 변경됩니다.

**02** 사용된 테마의 색상, 글꼴, 효과, 배경 스타일을 변경하고 싶을 때는 [적용] 그룹에서 메뉴를 표시하여 바꿀 수 있습니다.

**POINT**
색상을 변경하면 같은 테마이지만 다른 분위기의 슬라이드를 만들 수 있습니다. 마이크로소프트 오피스 웹 페이지에서 더 많은 테마를 다운로드하여 사용할 수 있습니다.
• https://templates.office.com/ko-KR/templates-for-PowerPoint

# 슬라이드 배경 바꾸기

파워포인트에서 제공하는 디자인 테마를 이용하는 것보다 실무에서는 주제에 맞는 배경을 직접 바꾸는 방법을 더 많이 사용합니다. 단색, 그림, 질감, 패턴 등으로 발표 주제의 특성에 맞는 배경 스타일을 지정해 봅니다.

**Keyword** 배경 서식, 단색 채우기, 그림 또는 질감 채우기   **예제 파일** Part 1 \ 배경.png

**01** 새 문서를 열고 슬라이드 빈 곳을 마우스 오른쪽 버튼으로 클릭한 다음 **[배경 서식]**을 실행합니다.

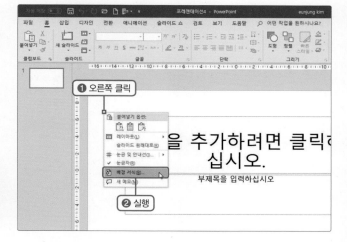

**POINT**
파워포인트 2013부터 [배경 서식] 설정 창이 화면 오른쪽에 나타납니다. 개체 틀을 선택하지 않도록 조심합니다.

**02** 오른쪽에 배경 서식 창이 열립니다. 채우기에서 '단색 채우기'가 선택된 채로 색을 밝은 하늘색으로 지정합니다.

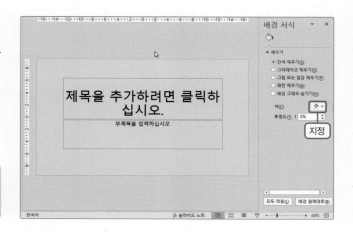

**POINT**
색에서 페인트 이미지를 클릭하면 색상 팔레트에서 다양한 색상을 고를 수 있습니다.

**03** 배경으로 사용할 이미지 파일이 있다면 '그림 또는 질감 채우기'를 선택합니다. [파일] 버튼을 클릭합니다.

**04** 원하는 이미지 파일을 불러와 적용합니다. 예제에서는 Part 1 폴더의 '배경.png'를 삽입하였습니다.

**05** 만약 이미지의 비율이 슬라이드의 비율과 맞지 않다면 오프셋에 음수(−) 값이 나타납니다.
이미지 비율이 틀어지더라도 슬라이드에다 나타나게 하고 싶다면 오프셋을 0%로 설정하면 됩니다.

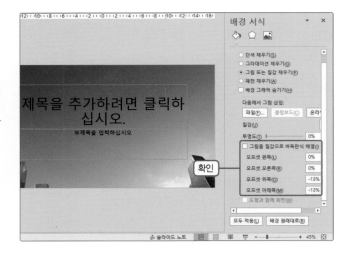

# 텍스트 입력하기

새 문서를 열면 기본적으로 텍스트를 입력할 수 있는 개체 상자가 있습니다. 이를 텍스트 상자(Place Holder)라고 하는데, 제목이나 부제목 혹은 내용이 들어갈 자리를 미리 마련해 둔 곳이라 할 수 있습니다. Place Holder에 글을 입력하는 방법과 새로운 텍스트 상자를 삽입하여 입력하는 방법을 살펴보겠습니다.

**Keyword** 텍스트, 텍스트 상자, 글꼴, 서식, 텍스트 효과 　　**예제 파일** Part 1 \ 1-11.pptx

**01** [파일] 탭-[열기]-[찾아보기]를 선택하고 '1-11.pptx' 파일을 열어 줍니다. '제목을 추가하려면 클릭하십시오.'라고 적힌 텍스트 상자를 클릭하고 '사업소개서'를 입력합니다. '부제목을 입력하십시오'라고 적힌 텍스트 상자를 클릭하고 발표자 정보를 입력합니다.

**02** 기본 Place Holder에는 텍스트를 다 입력했습니다.
추가로 텍스트를 더 입력하기 위해 [홈] 탭-[그리기] 그룹-[도형]을 클릭하고 [기본 도형] 범주에서 [텍스트 상자(⬚)]를 클릭합니다.

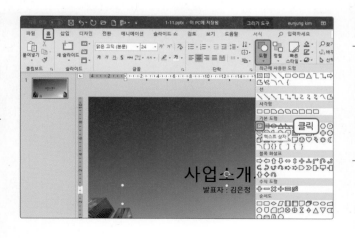

**03** 슬라이드의 빈 곳을 클릭하여 글자 입력 상태로 만들고 '트렌드를 선도하는 디자인 기업 Power Design'이라고 입력합니다. 박스 가장자리를 선택하고 드래그하면 원하는 위치로 이동할 수 있으며 방향키로 움직일 수도 있습니다.

**04** 제목 텍스트 상자를 선택하고 [글꼴] 그룹에서 글꼴을 '나눔바른고딕'으로 지정한 다음 글꼴 크기를 '80'으로 설정합니다. 글꼴 색은 '흰색'으로 지정합니다.

**05** 발표자 텍스트 상자를 선택하고 [굵게 (가)]를 클릭하여 굵게 만듭니다.

**06** 추가로 입력한 텍스트 상자를 선택하고 글꼴을 '나눔바른고딕'으로 지정한 다음 [굵게( 가 )]를 클릭하여 굵게 만듭니다. 글꼴 색은 '흰색'으로 지정합니다.
[그리기] 그룹-[도형 채우기▼]-[진한 파랑]을 클릭합니다.

**07** 제목 글자를 좀 더 눈에 띄게 만들기 위하여 '워드아트 스타일'을 지정해 보겠습니다.
제목 텍스트 상자를 선택하고 [그리기 도구]-[서식] 탭-[WordArt 스타일] 그룹-[텍스트 효과( 가 )]-[네온]-[다른 네온 색]-[진한 파랑]을 클릭합니다.

**POINT**
텍스트 상자를 선택해야 [그리기 도구]-[서식] 탭이 나타납니다.

**08** 표지 슬라이드가 완성되었습니다.

# 목록 수준 바꾸기

발표 자료에 사용하는 슬라이드에 텍스트가 많이 들어가야 할 경우에는 내용 수준별로 들여쓰기를 하고 글꼴 크기, 글자 색을 다르게 하여 제목 글자와 내용에 차별화를 주어야 합니다.

**Keyword** 목록 수준 늘림, 목록 수준 줄임　　　　　**예제 파일** Part 1 \ 1-12.pptx

**01** [홈] 탭-[슬라이드] 그룹-[새 슬라이드▼]-[제목 및 내용]을 클릭하여 레이아웃 슬라이드를 추가합니다.

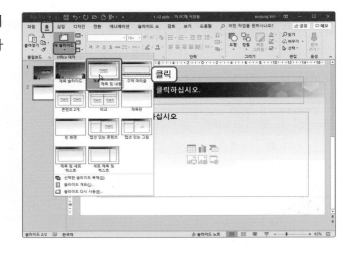

**02** 텍스트 상자에 그림과 같이 입력합니다.

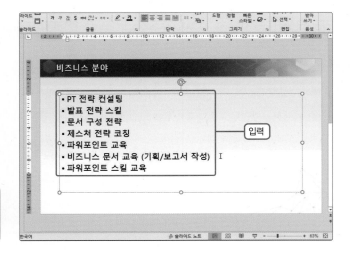

**POINT**
한 행 입력하고 Enter를 누르면 다음 행으로 내려갑니다.

**03** 2~4행을 드래그하여 블록으로 지정하고 [단락] 그룹-[목록 수준 늘림(≣)]을 클릭합니다.

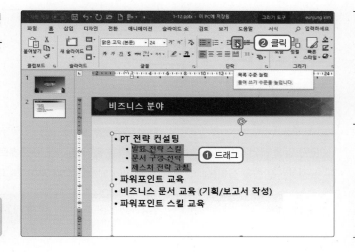

**04** 같은 방법으로 아랫부분의 6~7행을 드래그하여 블록으로 지정한 다음 목록 수준 늘림을 합니다.

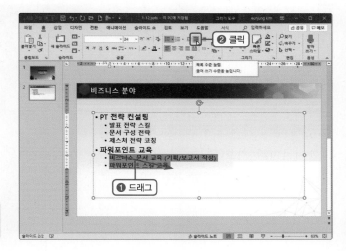

# 글머리 기호 매기기

## 09

문단 앞에 붙인 글머리 기호는 단락의 시작을 알려 줍니다. 수준별로 조절된 단락에 글머리 기호를 기호, 그림으로 설정하는 방법을 살펴봅니다. 그리고 글머리 기호와 글자 사이 간격을 눈금자에서 조절해 봅니다.

**Keyword** 글머리 기호, 글머리와 글자 사이 간격 조절    **예제 파일** Part 1 \ 1-13.pptx, 블릿.png

**01** 제목과 내용 부분에 기본적인 글머리 기호가 적용되어 있습니다. 제목 부분에는 그림으로 글머리 기호를 붙이고, 내용에는 하이픈(–)으로 글머리 기호를 만들어 보겠습니다.

첫 번째 행에 커서를 두고 [홈] 탭-[단락] 그룹-[글머리 기호(≡)▼]-[글머리 기호 및 번호 매기기]를 클릭합니다.

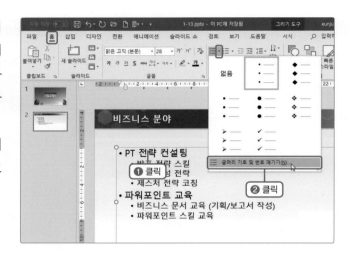

**02** [글머리 기호 및 번호 매기기] 대화상자에서 [그림] 버튼을 클릭합니다. [그림 삽입] 대화상자가 표시되면 [파일에서]를 클릭하고 '블릿.png'을 가져옵니다.

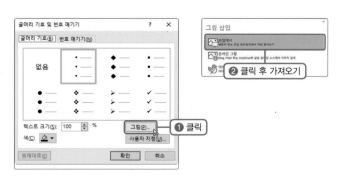

**03** 5행 '파워포인트 교육' 앞에 커서를 두고 F4를 누릅니다.

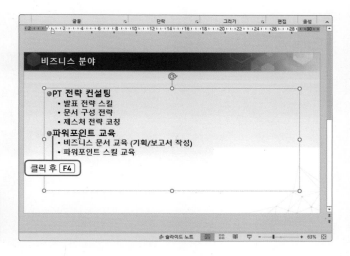

**POINT**
F4는 방금 전에 처리한 명령을 다시 실행하는 단축키입니다.

**04** 2~4행을 드래그하여 블록으로 지정하고 [단락] 그룹-[글머리 기호(☰)▼]-[글머리 기호 및 번호 매기기]를 클릭합니다.

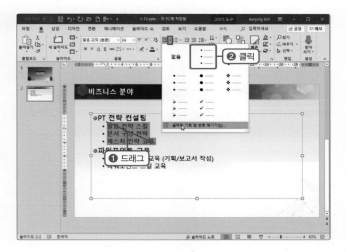

**05** 하이픈(–) 기호를 사용하기 위해 [사용자 지정] 버튼을 클릭합니다.
하위 집합을 '일반 문장 부호'로 지정하고 하이픈 기호를 선택한 다음 [확인] 버튼을 두 번 클릭합니다.

**POINT**
[글머리 기호] 설정 창에서 글머리 기호 크기와 색상도 변경할 수 있습니다.

기본 & 텍스트

도형

개체 활용

표 & 차트

애니메이션 & 레이아웃

멀티미디어&출력

**06** 6~7행을 드래그하여 블록으로 지정하고 F4를 눌러 방금 적용했던 명령을 재실행합니다.

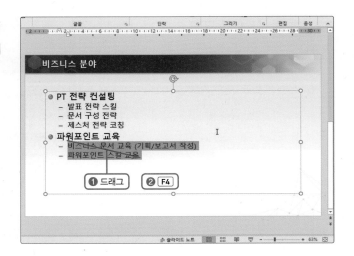

**07** 글머리 기호와 글자 사이 간격을 조절하려면 눈금자가 필요합니다. [보기] 탭-[표시] 그룹-[눈금자]에 체크 표시하여 왼쪽과 위쪽에 눈금자가 나타나게 합니다. 커서 위쪽 눈금자를 살펴보면 세 개의 조절점이 보입니다.

**POINT**
위쪽 역삼각형은 글머리 기호 위치, 아래쪽 삼각형은 글자 위치, 사각형은 글머리 기호와 글자의 위치를 함께 옮길 때 사용합니다.

**08** 2~4행을 드래그하여 선택합니다. 아래쪽 삼각형을 이동하여 글머리 기호와 글자 사이 간격을 조절합니다.

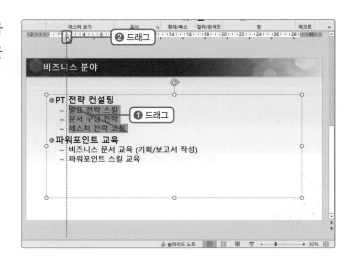

# 특수문자 입력하고 자동 고침 사용하기

내용을 입력할 때 한글, 영어뿐만 아니라 다양한 기호를 입력하는 경우가 많습니다. 파워포인트에서 특수문자를 사용하는 방법과 자동 고침 옵션 기호를 삽입하는 방법을 살펴보겠습니다.

**Keyword** 특수문자, 자동 고침 옵션               **예제 파일** Part 1 \ 1-14.pptx

**01** '1-14.pptx' 파일을 불러오고 세 번째 슬라이드를 표시합니다. 첫 번째 행 '프레젠테이션' 앞과 뒤에 겹낫표(『』)를 넣고자 합니다.

'프'자 앞에 'ㄴ'을 입력하고 키보드의 한자를 눌러 특수문자 목록을 표시합니다. 곧바로 Tab을 누르면 특수문자 표가 펼쳐져 보입니다.

그 중 왼쪽 겹낫표(『)를 선택합니다.

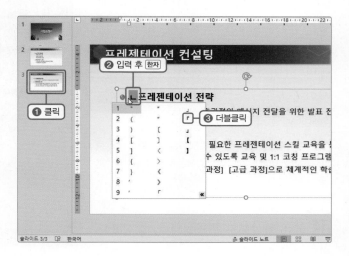

**02** '션' 뒤에 Spacebar를 눌러 공백을 삽입하고 'ㄴ'을 입력한 다음 한자를 눌러 오른쪽 겹낫표(』)를 삽입합니다. 추가했던 공백은 지워 줍니다.

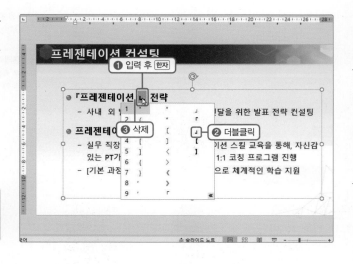

**POINT**
[삽입] 탭-[기호] 그룹-[기호]로 넣을 수도 있지만, 한글 자음을 입력하고 한자를 누르는 방법이 더 간단합니다.

**03** 두 번째 행에 '사내 외'라는 글자 사이에 중간점을 넣으려고 합니다. 한글 자음 'ㅌ'을 누른 후, 키보드의 한자를 눌러 특수문자 리스트를 불러옵니다.
곧바로 Tab을 누르면 특수문자 표가 펼쳐져서 보입니다. 중간점처럼 생긴 글자를 더블클릭하여 삽입합니다.

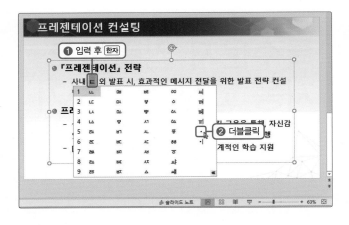

**04** [기본 과정], [중급 과정], [고급 과정] 사이에 화살표를 넣고자 합니다. 두꺼운 화살표를 '자동 고침 옵션'으로 넣어봅니다. 커서를 [기본 과정], [중급 과정] 사이에 두고 '==〉'를 연속해서 입력하고 Spacebar를 누릅니다.

> **POINT**
> 한글 자음 'ㅁ'에도 화살표가 있지만, 너무 가늘어서 화살표보다는 선으로 보일 수 있습니다.

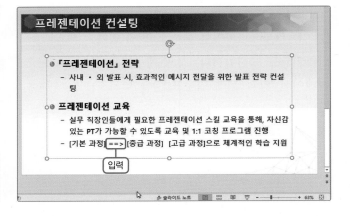

**05** 굵은 화살표로 변경됩니다. 화살표는 방향성의 의미를 가지므로 가는 화살표보다는 굵게 처리하는 것이 보기 좋습니다.

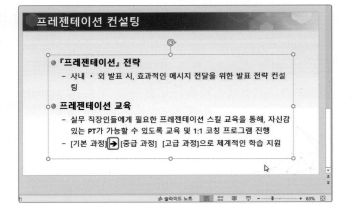

---

**쌩초보 Level Up**

**자동 고침 사용하기**

• 얇은 화살표 --〉　　• 굵은 화살표: ==〉　　• 당구장 표시: -x-　　• 전화기 표시: (tel)　　• 스마일: :)

# 줄 간격 조절하여
# 가독성 높이기

글꼴이나 글꼴 크기뿐만 아니라 단락 줄 간격도 가독성에 큰 영향을 끼칩니다. 줄 간격과 단락 사이 간격을 조절해
내용을 구분하여 읽기 쉬운 슬라이드로 만듭니다.

**Keyword** 줄 간격, 단락 간격                    **예제 파일** Part 1 \ 1-15.pptx

**01** 3번 슬라이드를 표시한 채로 텍스트
상자의 테두리를 선택하고 [홈] 탭-[단락]
그룹-[줄 간격(≣)▼]-[줄 간격 옵션]을
클릭합니다.

**POINT**
1.0, 1.5의 숫자는 배수를 뜻합니다. 즉, 줄 간격을 1배,
1.5배 간격으로 설정하겠다는 뜻입니다.

**02** [단락] 대화상자가 표시되면 줄 간격
을 '배수', 값을 '1.3'으로 지정합니다. 1.3
은 1.0보다 넓고, 1.5보다 좁은 간격을 띄
어 줍니다. [확인] 버튼을 클릭합니다.

**03** 두 번째 내용이 시작되는 '프레젠테이션 교육'을 드래그하여 블록을 지정하고, [단락] 그룹-[줄 간격(︙)]-[줄 간격 옵션]을 클릭합니다.

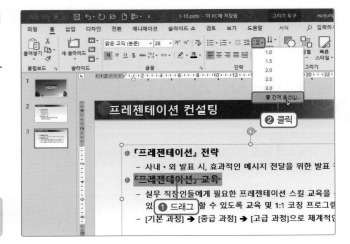

**04** [단락] 대화상자에서 단락 앞을 '30pt'로 설정하고 [확인] 버튼을 클릭합니다.

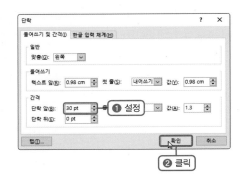

**05** 줄 간격과 단락 앞 간격이 적용되어 훨씬 가독성 높은 슬라이드로 변경되었습니다.

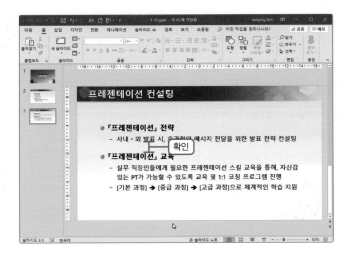

# 나만의 워드아트 만들기

글자 그림자, 반사, 네온, 입체 효과 등 워드아트 스타일을 직접 설정하여 나만의 스타일을 만들 수 있습니다. 파워 포인트에서 제공되는 워드아트 형식은 모든 슬라이드에 어울리는 것은 아니기 때문에 직접 워드아트 스타일을 편집할 필요가 있습니다.

**Keyword** 워드아트 스타일          **예제 파일** Part 1 \ 1-18.pptx

**01** 슬라이드 빈 곳에서 마우스 오른쪽 버튼을 클릭한 다음 [배경 서식]을 실행합니다. 오른쪽에 나타난 [배경 서식] 설정 창에서 [채우기]–[그림 또는 질감 채우기]를 선택하고 [파일] 버튼을 클릭한 다음 '산자전거.jpg'를 배경 이미지로 불러옵니다.

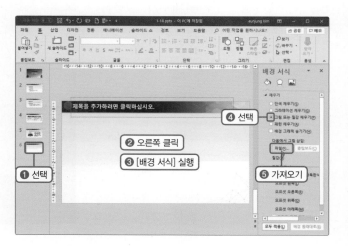

**02** [홈] 탭–[그리기] 그룹–[도형]–[기본 도형]–[텍스트 상자(▭)]를 클릭한 다음 슬라이드 빈 곳을 클릭합니다. 'Break'라고 입력합니다.

[홈] 탭–[글꼴] 그룹에서 글꼴을 '나눔고딕 ExtraBold', 글꼴 크기를 '60'으로 지정합니다.

**POINT**
해당 글꼴이 없으면 다른 글꼴로 대체해도 됩니다.

**03** 텍스트 상자를 선택하고 [그리기 도구]-[서식] 탭-[WordArt 스타일] 그룹-[텍스트 윤곽선▼]을 클릭한 다음 색을 '흰색', 두께를 '1½pt'로 지정합니다.

**04** [텍스트 채우기▼]-[채우기 없음]을 클릭합니다.

**POINT**
채우기 없음으로 설정하면 테두리만 있는 글자로 표현됩니다.

**05** [WordArt 스타일] 그룹-[텍스트 효과 (가)]-[반사]-[근접 반사: 4pt 오프셋]을 클릭합니다.

**POINT**
반사는 텍스트가 거울에 반사되는 듯한 효과를 만듭니다.

**06** [텍스트 효과(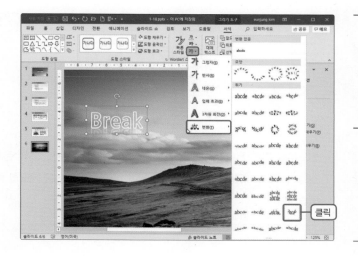)]–[변환]–[페이드: 아래로]를 클릭합니다.

**07** 노란 조절점을 왼쪽으로 드래그하여 아랫부분을 약간 넓힙니다.

**08** 워드아트 사방 크기 조절점을 드래그하여 크기를 적당하게 키워 주고 왼쪽에 배치합니다.
[홈] 탭–[그리기] 그룹–[도형]–[텍스트 상자(▥)]를 선택하고 슬라이드 빈 곳을 클릭한 다음 "'쉼표를 찍을 줄 아는 사람만이 마침표까지 찍을 수 있다'"라고 입력합니다.
[글꼴] 그룹에서 글꼴을 '나눔손글씨 붓', 글꼴 크기를 '36'으로 설정한 다음 그림과 같이 색을 지정합니다.

기본 & 텍스트

도형

개체 활용

표 & 차트

애니메이션 & 레이아웃

멀티미디어&출력

# 글꼴을 포함하여 저장하기

윈도우의 기본 폰트가 아닌 추가로 설치한 폰트를 사용할 경우, 폰트가 설치되어 있지 않은 PC에서는 그 폰트를 찾을 수 없기 때문에 기본 폰트로 바뀌어 버립니다. 파일을 저장할 때 글꼴을 포함하여 저장하면 동일하게 보일 수 있습니다.

**Keyword** 파일의 글꼴 포함, PowerPoint 옵션, 모든 문자 포함

**01** [파일]-[옵션]을 선택합니다. [저장]을 선택하고 '파일의 글꼴 포함'에 체크한 다음 [확인] 버튼을 클릭합니다.

**POINT**
파워포인트 2007에서는 오피스 버튼을 클릭하고 [PowerPoint 옵션]을 클릭해야 합니다. 이 설정을 마치고 저장을 하면 글꼴을 포함하여 저장되며, 글꼴이 포함된 파워포인트 파일을 글꼴이 설치되지 않은 다른 PC에서 열 경우 읽기 전용으로 열리게 됩니다.

**02** 글꼴이 설치 안 된 다른 PC에서 파일을 편집해야 한다면 [모든 문자 포함(다른 사람이 편집할 경우 선택)]을 선택합니다.

### 쌩초보 Level Up

## 실무에서 많이 사용하는 글꼴

• 핵심체(핵심 메시지에 사용되는 글꼴): 서울남산체, 다음 폰트, 맑은 고딕, 돋움체, HY견고딕, HY헤드라인, 나눔바른고딕, 고도M

• 본문체(세부 항목 나열에 사용되는 글꼴): 맑은 고딕, 나눔고딕

• 캘리그래피 폰트: 손으로 직접 쓴 글씨 느낌을 표현하고 싶을 때(포천 막걸리체, 나눔손글씨 붓, 나눔손글씨 펜, 대한체, 한글상상체)

SECTION

14

# 워드아트로
# 3차원 텍스트 만들기

텍스트에 3차원 효과를 부여하여 입체감과 원근감이 느껴지는 텍스트를 만들어 봅니다. 3차원 텍스트를 배경 이미지와 함께 잘 사용하면 원근감을 극대화할 수 있습니다.

**Keyword** 워드아트 3차원 서식, 3차원 회전　　　**예제 파일** Part 1 \ 1-21.pptx

**01** 예제 파일을 열고 7번 슬라이드를 표시합니다. [홈] 탭-[그리기] 그룹-[도형]을 클릭하고 [기본 도형] 범주에서 [텍스트 상자(⊞)]를 선택합니다.

**02** 슬라이드 빈 곳을 클릭하고 '연 매출 1위를 향해'를 입력합니다. 글꼴을 'HY헤드라인M', 글꼴 크기를 '66', 글꼴색을 '파란색'으로 설정합니다.
'1'자만 글꼴 크기를 '96', 글꼴색을 '흰색'으로 설정합니다.

> **POINT**
> 텍스트를 입력할 때는 드래그하지 않고 클릭으로 입력하는 것이 좋습니다.

**03** 텍스트를 드래그하여 블록으로 지정하고 마우스 오른쪽 버튼을 클릭한 다음 **[텍스트 효과 서식]**을 실행합니다.

오른쪽에 [도형 서식]−[텍스트 옵션] 설정 창이 나타납니다. 3차원 서식에서 깊이의 크기를 '20pt', 재질을 '금속', 조명을 '균형 있게', 각도를 '320°'로 설정합니다.

**POINT**
3차원 회전 값을 설정해야 입체감이 느껴집니다.

**04** 3차원 회전 항목에서 미리 설정을 '원근감: 왼쪽으로 회전, 위로 기울임', X 회전을 '24.4°', Y 회전을 '7.5°', Z 회전을 '20.7°', 원근감을 '100°'로 지정합니다.

**05** 워드아트 텍스트 상자를 배경 그림 창틀과 잘 어울리도록 배치합니다.

S E C T I O N

15

기본 & 텍스트

도형

개체 활용

표 & 차트

애니메이션 & 레이아웃

멀티미디어&출력

# 도형 그리기와
# 복제하기

이번 과정에서는 앞 과정에서 살펴본 단축키를 이용하여 도형을 그리는 방법과 복제하는 방법을 살펴보고, 도형의
채우기 색과 윤곽선 설정을 변경하는 방법을 살펴보겠습니다.

**Keyword** 도형 서식, 도형 복제, 선　　　　　　　**예제 파일** Part 1 \ 1-25.pptx

**01** [홈] 탭-[그리기] 그룹-[도형]-[기본
도형] 범주에서 [타원(○)]을 선택하고, 슬
라이드에 Shift 를 누른 채 드래그하여 정
원을 그립니다.

**02** 도형을 마우스 오른쪽 버튼으로 클릭
한 다음 **[도형 서식]**을 실행합니다.
오른쪽 [도형 서식] 설정 창의 채우기 항목
을 펼치고 색을 '청록'으로 지정합니다. 선
항목을 펼치고 '선 없음'으로 선택합니다.

**POINT**
파워포인트 2013부터 [도형 서식] 설정 창이 화면 오
른쪽에 나타납니다. 파워포인트 2010 이하에서는 대
화상자가 화면 가운데에 나타납니다.

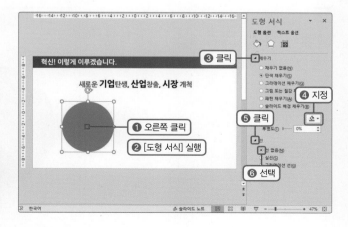

**03** 도형 채우기 색에서 원하는 색상이 없을 경우 색을 [다른 색]으로 지정하고 원하는 색상을 컬러 스펙트럼에서 직접 찾으면 됩니다.

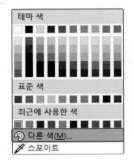

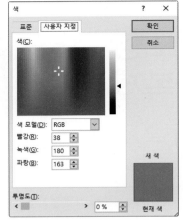

POINT
스포이드를 이용하여 원하는 색을 추출해도 됩니다.

**04** [그리기] 그룹-[도형]을 클릭하고 [선] 범주에서 [선(＼)]을 선택한 다음 정원 위에 가로로 그려 줍니다.

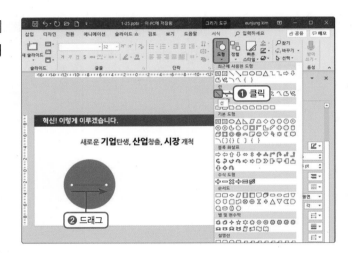

**05** [도형 서식] 설정 창의 선 항목에서 색을 '흰색', 너비를 '3pt', 겹선 종류를 '이중'으로 지정합니다.

**06** [그리기] 그룹–[도형]을 클릭하고 [기본 도형] 범주에서 [텍스트 상자(📝)]를 선택한 다음 도형 바깥쪽을 클릭하여 글자 입력 상태를 만듭니다.
'창의'라고 입력합니다.

**POINT**
텍스트 상자를 선택하고 정원 위를 클릭하면 정원 도형에 텍스트 입력 상태가 됩니다. 텍스트 상자를 도형과 별도로 입력하면 원하는 위치에 텍스트를 배치하기 쉽습니다.

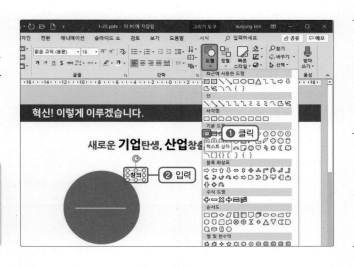

**07** 텍스트 상자를 도형 위로 올리고, [글꼴] 그룹에서 글꼴을 '나눔스퀘어 ExtraBold', 글꼴 크기를 '32', 글꼴 색을 '흰색'으로 지정하여 서식을 바꿉니다.

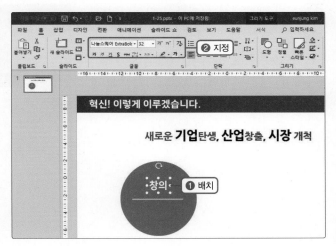

**08** 텍스트 상자를 Ctrl+Shift를 누른 채 아래쪽으로 드래그하여 복제하고 'Creativity'라고 입력합니다. 글꼴 크기를 '24'로 설정합니다.
다음 예제도 이어서 작업합니다.

**POINT**
Ctrl 은 복사의 단축키이고, Shift 는 수평 혹은 수직으로 이동을 돕는 단축키입니다.

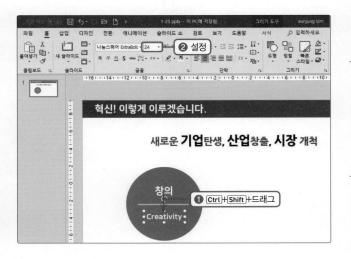

기본 & 텍스트

도형

개체 활용

표 & 차트

애니메이션 & 레이아웃

멀티미디어&출력

# 정렬하기와 그룹 묶기

## 16

도형 여러 개를 그룹으로 묶어 관리하면 훨씬 도해를 빨리 그릴 수 있습니다. 이번에는 그려진 도형들을 정렬하는 방법과 그룹을 묶는 방법을 살펴보고 슬라이드를 완성해 보겠습니다.

**Keyword** 정렬, 그룹

**01** 이전 예제에서 연결하여 작업합니다. 바깥쪽부터 크게 드래그하여 도형과 선, 텍스트 상자들을 함께 선택하고 [홈] 탭-[그리기] 그룹-[정렬]-[맞춤]-[가운데 맞춤]을 클릭합니다.

**02** 도형과 선, 텍스트 상자들을 함께 선택한 상태로 마우스 오른쪽 버튼을 클릭한 다음 [**그룹화**]-[**그룹**]을 실행합니다.

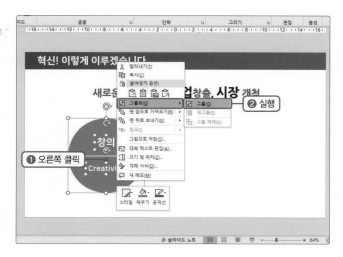

**POINT**
Ctrl + A 를 사용해도 됩니다.

**03** 그룹을 복제해 봅니다. 그룹이 선택된 채로 Ctrl + Shift 를 누른 채 드래그하여 복제합니다. 같은 방법으로 세 번째 원도 복제합니다.

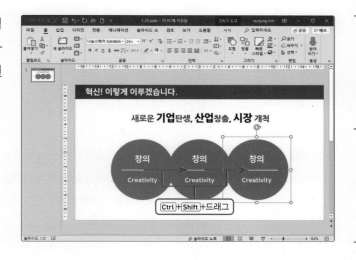

**04** 세 개의 그룹을 드래그하여 모두 선택하고 [그리기] 그룹-[정렬]-[맞춤]-[가로 간격 동일하게]를 클릭합니다.

**POINT**
가로 간격을 동일하게 맞출 때 기준 도형은 왼쪽 도형과 오른쪽 끝 도형입니다.

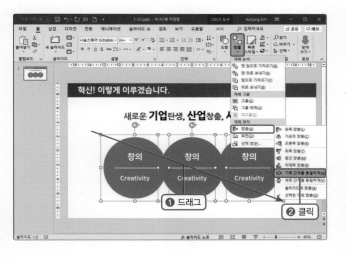

**05** 두 번째 그룹만 선택하고 정원을 다시한 번 더 클릭하면 그룹 안 포함된 개체 편집이 가능합니다.
정원 도형의 채우기 색을 분홍색으로 변경합니다. 텍스트 상자의 글자도 변경합니다.
같은 방법으로 세 번째 도형의 텍스트를 변경하고 도형 채우기 색도 밝은 파란색으로 바꿉니다.

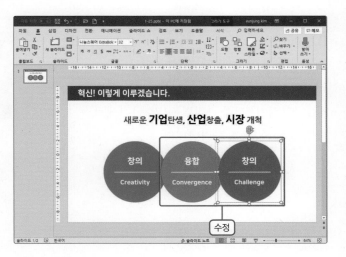

# 정렬 기능으로
# 조직도 만들기

## 17

도해를 그릴 때 가장 신경 써야 하는 부분이 개체 사이 정렬입니다. 개체 정렬이 맞지 않게 되면 슬라이드 전체 구성이 산만하게 되어 내용 신뢰도까지 영향을 끼치게 됩니다. 이번에는 [정렬]-[맞춤] 기능을 이용하여 선택한 도형끼리의 맞춤과 슬라이드에 맞춤을 적용하고 깔끔하게 정돈된 도해 슬라이드를 만들겠습니다.

**Keyword** 정렬, 맞춤                                  **예제 파일** Part 1\1-27.pptx

**01** [홈] 탭-[그리기] 그룹-[도형]-[사각형] 범주에서 [직사각형(□)]을 클릭합니다. 슬라이드에 그려 줍니다.

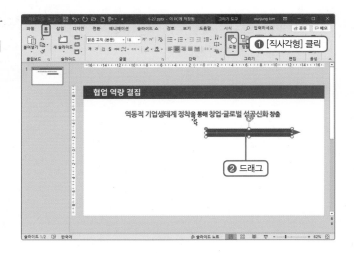

**02** Ctrl + Shift 를 누른 채 아래쪽으로 드래그하여 도형을 네 개 더 복제합니다. 직사각형 다섯 개를 드래그하여 모두 선택하고 [그리기] 그룹-[정렬]-[맞춤]-[세로 간격 동일하게]를 클릭합니다.

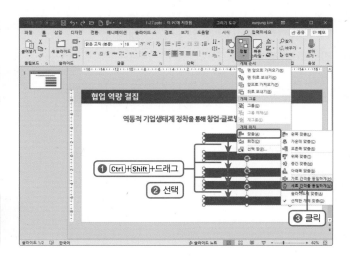

**POINT**
세로 간격을 동일하게 맞출 때 기준 도형은 제일 위와 아래에 있는 도형입니다.

**03** 슬라이드 오른쪽 밖에 있는 모서리가 둥근 도형을 슬라이드 안쪽으로 이동합니다. 왼쪽 모서리가 둥근 직사각형이 오른쪽 다섯 개의 직사각형 가운데 배치되도록 정렬해 보겠습니다.

모서리가 둥근 직사각형을 선택하고 [Shift]를 누른 채 오른쪽 첫 번째 직사각형과 마지막 직사각형을 선택합니다.

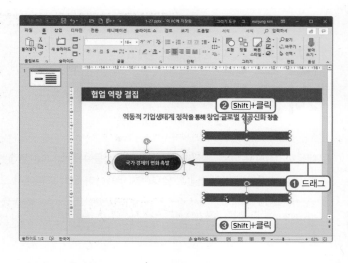

**04** [정렬] 그룹-[맞춤]-[세로 간격을 동일하게]를 클릭합니다.

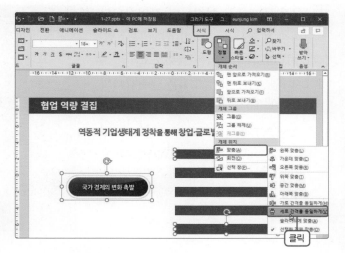

> **POINT**
> 제일 위와 아래에 있는 도형 중간 위치에 배치됩니다.

**05** 직사각형들의 도형 채우기 색을 그림과 같이 변경합니다.
다음 예제도 이어서 작업합니다.

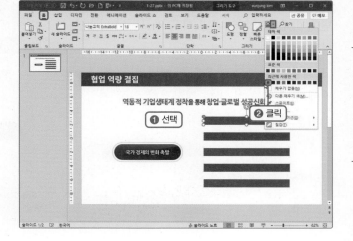

기본 & 텍스트

도형

개체 활용

표 & 차트

애니메이션 & 레이아웃

멀티미디어&출력

# 연결선
# 사용하기

S E C T I O N
# 18

내용끼리 상관관계를 표현할 때 주로 연결선을 사용합니다. 연결선으로 도형을 연결하면, 각 도형을 이동하더라도 연결이 끊어지지 않습니다. 연결선을 이용하여 왼쪽 도형에서 오른쪽 도형들로 파생되는 도해를 만들겠습니다.

**Keyword** 연결선, 윤곽선

**01** 이전 예제에서 연결하여 작업합니다. 도형끼리 연결선을 그리기 위해 [홈] 탭-[그리기] 그룹-[도형]을 클릭하고 [선] 범주에서 [연결선: 꺾임(ㄱ)]을 클릭합니다.

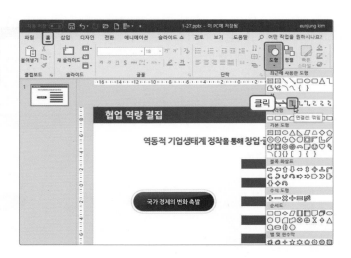

**02** 왼쪽 모서리가 둥근 직사각형 오른쪽 변에 마우스를 가져가면 회색 연결점이 나타납니다.
그 점을 클릭하고 마우스를 떼지 않은 상태에서 오른쪽 첫 번째 직사각형 왼쪽 변까지 드래그합니다.

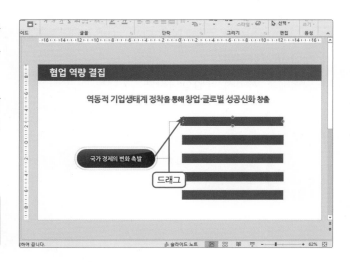

**POINT**
처음 도형에 연결선을 연결하고 두 번째 도형에 연결할 때까지 마우스를 떼지 않습니다.

**03** 도형과 도형이 연결되었습니다.
다시 [도형]을 클릭하고 [선] 범주에서 [연결선: 꺾임(ㄱ)]을 선택한 다음 왼쪽 도형에서 오른쪽 두 번째 도형으로 연결되는 연결선을 그립니다.

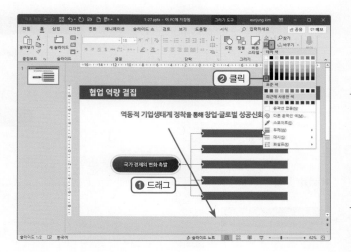

① [연결선: 꺾임] 클릭

② 드래그

**POINT**
연결선으로 도형을 연결하면 차후에 도형을 이동하더라도 연결선에 의해 도형들이 계속 연결되어 있습니다.

**04** 같은 방법으로 다섯 개 도형 모두 연결선으로 연결합니다.
바깥에서 크게 드래그하여 연결선을 모두 선택하고 [그리기] 그룹–[도형 윤곽선]을 클릭한 다음 색을 '회색'으로 지정합니다.

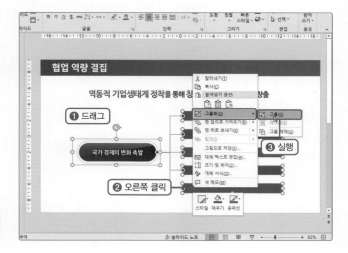

② 클릭

① 드래그

**05** 모서리가 둥근 직사각형, 직사각형 다섯 개, 연결선을 모두 선택하고 마우스 오른쪽 버튼을 클릭한 다음 **[그룹화]–[그룹]**을 실행합니다.

① 드래그

② 오른쪽 클릭

③ 실행

**POINT**
그룹을 만들기 위해 Ctrl + G 를 사용해도 됩니다.

**06** 그룹을 슬라이드 정중앙에 배치하기 위해 [그리기] 그룹–[정렬]–[맞춤]–[가운데 맞춤]을 클릭합니다.

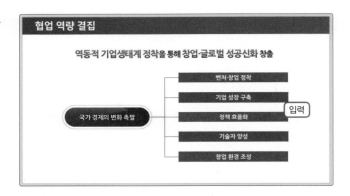

**POINT**
선택한 개체가 그룹 하나이기 때문에 정렬할 기준이 [슬라이드에 맞춤]으로 되어 있습니다.

**07** 직사각형들에 텍스트를 입력하고 마무리합니다.

▶ 글꼴: 나눔고딕 ExtraBold, 글꼴 크기: 18

---

**쌩초보 Level Up**

### 같은 도형을 연속해서 그리기

같은 도형을 연속해서 여러 번 그려야 할 경우, 해당 도형을 선택하고 마우스 오른쪽 버튼을 클릭한 다음 [그리기 잠금 모드]를 실행하면 연속해서 그릴 수 있습니다.

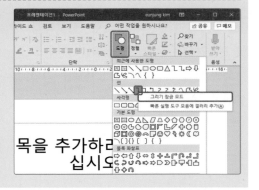

# 그라데이션을 활용한 도해 만들기

두 가지 이상의 색으로 채우는 그라데이션을 이용해 점진적인 색 변화로 방향성을 가지는 도형을 만들겠습니다. 블록 화살표 도형이나 삼각형은 모양 자체로도 방향성을 가지고 있지만 여기에 그라데이션 채우기를 해 주면 그 효과가 더 커집니다.

**Keyword** 도형 채우기, 그라데이션          **예제 파일** Part 1 \ 1-30.pptx

**01** [홈] 탭-[그리기] 그룹-[도형]을 클릭하고 [기본 도형] 범주에서 [원형: 비어 있음◎]을 선택한 다음 Shift 를 누른 채 드래그하여 정원을 그립니다.
노란색 모양 조절점을 드래그하여 도넛 모양을 좀 더 가늘게 만듭니다.

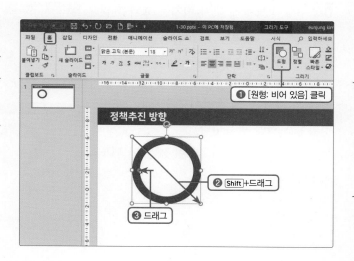

**02** 도형을 마우스 오른쪽 버튼으로 클릭한 다음 **[도형 서식]**을 실행합니다.
오른쪽 [도형 서식] 설정 창의 채우기 항목에서 색을 '주황색'으로 지정하고 선 항목에서 '선 없음'을 선택합니다.

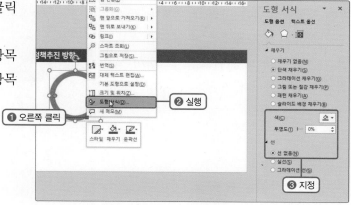

**03** [효과(◯)]를 선택합니다. 그림자 항목에서 투명도를 '80%', 흐리게를 '0pt', 각도를 '45°', 간격을 '5pt'로 설정합니다.

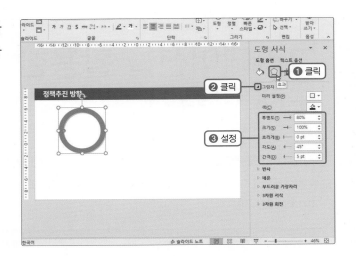

**04** 주황색 도형에 빛이 비치는 효과를 넣기 위해 도형을 하나 더 추가하겠습니다. [그리기] 그룹–[도형]을 클릭하고 [기본 도형] 범주에서 [부분 원형(◖)]을 선택한 다음 Shift 를 누른 채 슬라이드를 드래그하여 정방향 도형을 만듭니다.
노란색 조절점을 드래그하여 ¼ 원이 되도록 만듭니다.

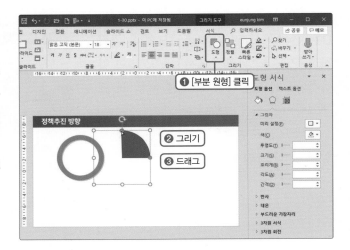

**05** [채우기 및 선(◇)]을 선택합니다. 채우기 항목에서 색을 '흰색', 투명도를 '80%'로 지정하고 선 항목에서 '선 없음'을 선택한 다음 주황색 도형 위로 드래그하여 그림과 같이 만듭니다.

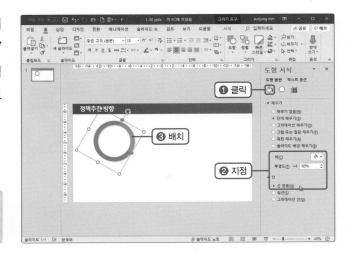

**POINT**
반투명한 '부분 원형' 도형을 올려서 빛에 반사되는 느낌을 표현했습니다.

**06** [그리기] 그룹–[도형]을 클릭하고 [기본 도형] 범주에서 [텍스트 상자(圖)]를 선택한 다음 텍스트를 입력하여 주황색 도형 가운데 오도록 배치합니다.

글꼴을 '나눔바른고딕', 크기를 '24', 스타일을 '굵게'로 지정합니다. 주황색 도형, 반투명 도형 그리고 텍스트 상자를 드래그하여 모두 선택하고 Ctrl+G를 눌러 그룹으로 만듭니다.

Ctrl+Shift를 누른 채 그룹을 오른쪽으로 드래그하여 두 개 복제합니다.

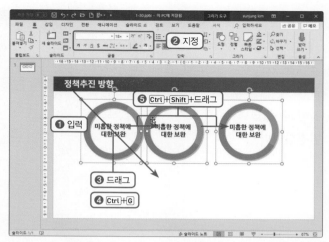

▶ 글꼴: 나눔바른고딕, 글꼴 크기: 24, 스타일: 굵게, 단락 정렬: 가운데 맞춤

**07** 세 개의 그룹을 드래그하여 모두 선택하고 [그리기] 그룹–[정렬]–[맞춤]–[가로 간격을 동일하게]를 클릭합니다.

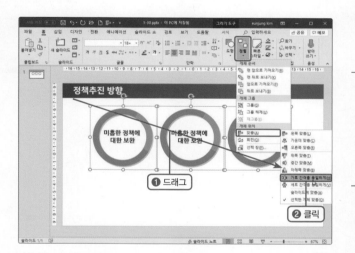

**08** 가운데 그룹을 선택하고 아래쪽 방향 키를 여러 번 눌러 그림과 같이 아래로 이동합니다.

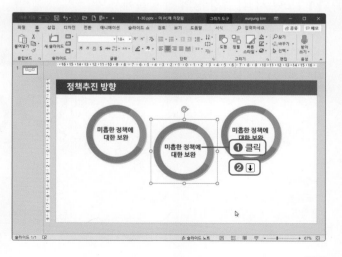

**POINT**
Shift를 누른 채 드래그해도 됩니다.

**09** 각 그룹 안에 있는 도넛 도형의 색을 '파란색'과 '초록색'으로 변경합니다. 그룹을 선택하고 다시 한 번 더 도넛 도형을 클릭하면 그룹 안에 포함된 개체를 편집할 수 있습니다. 각 도형 내부 텍스트도 변경합니다.

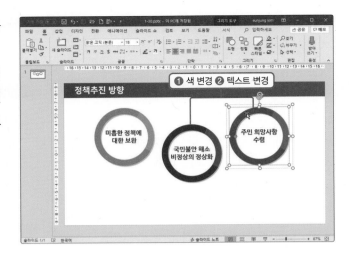

**10** [그리기] 그룹-[도형]을 클릭하고 [순서도] 범주에서 [순서도: 병합(▽)]을 클릭한 다음 가로로 넓은 삼각형을 그립니다.

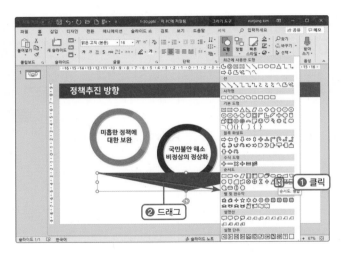

**11** [도형 서식] 설정 창의 선 항목에서 '선 없음'을 선택하고 채우기 항목에서 '그라데이션 채우기'를 선택한 다음 종류를 '선형', 각도를 '90°'로 설정합니다.

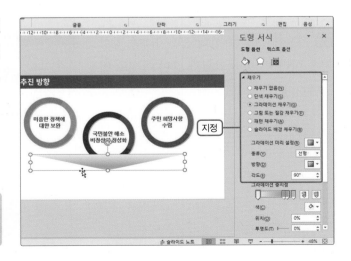

**POINT**

그라데이션 색은 방향성을 나타내는 화살표와 함께 사용하면 효과가 극대화됩니다.

**12** 그라데이션 중지점은 두 개만 남깁니다. 첫 번째 중지점의 색을 '검은색', 위치를 '0%', 투명도를 '100%'로 지정합니다.

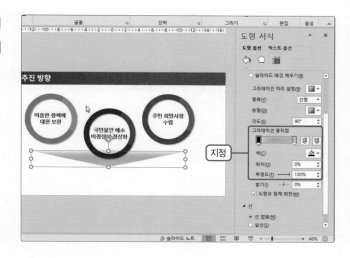

**13** 두 번째 중지점의 색을 '검은색', 위치를 '80%' 그리고 투명도를 '80%'로 지정합니다.

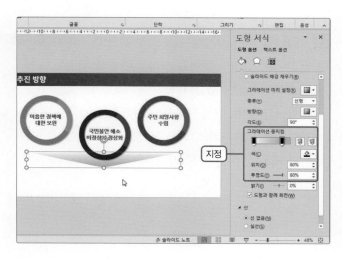

**14** 삼각형을 선택하고 Ctrl+C, Ctrl+V를 눌러 복제한 다음 기존 삼각형보다 약간 넓게 크기를 조정합니다. 아랫부분에 텍스트를 입력하고 작업을 마무리합니다.

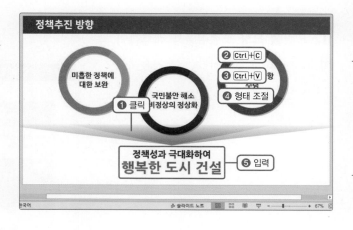

# 도형에
# 그림 채우기

슬라이드에 이미지가 들어가면 텍스트로 설명하는 것보다 훨씬 직관적으로 내용을 보여줄 수 있습니다. 그때 이미지 크기가 일정하지 않다면 도해의 균형이 깨지면서 산만한 느낌을 주게 됩니다. 도해 사이에 들어가는 이미지 크기를 똑같게 맞추려면 도형 채우기를 이용하면 됩니다.

**Keyword** 도형 서식, 그림으로 채우기      **예제 파일** Part 1 \ 1-31.pptx

**01** 내용 세 개가 사각형 도형으로 구성되어 있습니다. 그림이 들어갈 자리를 마련하기 위해 도형을 그리겠습니다.
[홈] 탭-[그리기] 그룹-[도형]-[사각형]-[사각형: 둥근 모서리(□)]을 선택한 다음 첫 번째 내용 상자 안을 드래그합니다.

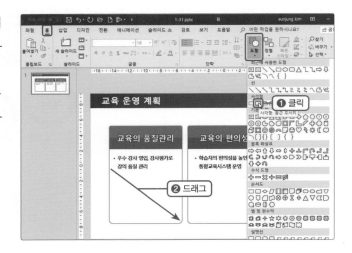

**02** 노란색 모양 조절점을 드래그하여 모서리 반경을 조절합니다.

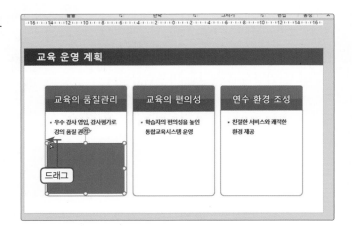

**03** 도형을 마우스 오른쪽 버튼으로 클릭한 다음 **[도형 서식]**을 실행합니다.

오른쪽 [도형 서식] 설정 창의 선 항목에서 '선 없음'을 선택하고 채우기 항목에서 '그림 또는 질감 채우기'를 선택합니다.

**POINT**
도형 채우기 색, 윤곽선 서식은 [홈] 탭-[그리기] 그룹이나 [그리기 도구]-[서식] 탭-[도형 스타일] 그룹에서도 설정할 수 있습니다.

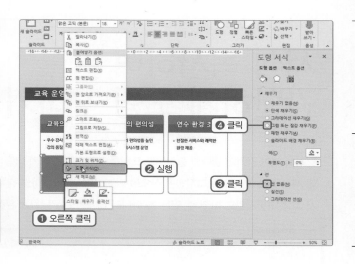

**04** 다음에서 그림 삽입에 있는 [파일] 버튼을 클릭하고 예제 폴더에서 '교육운영계획1.jpg'를 불러와 채웁니다.

Ctrl + Shift 를 누른 채 모서리가 둥근 직사각형을 드래그하여 두 개 더 복제합니다.

**POINT**
도형에 그림이 채워져 있기 때문에 [도형 서식] 설정 창이 [그림 서식] 설정 창으로 바뀌어 있습니다.

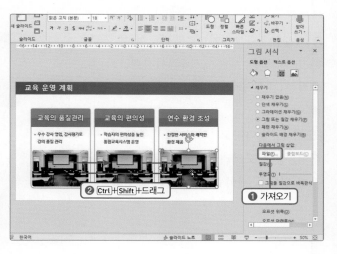

**05** 두 번째 도형을 선택하고 [그림 서식] 설정 창에서 [파일] 버튼을 클릭한 다음 '교육운영계획2.jpg' 이미지를 불러와 채웁니다. 같은 방법으로 세 번째 내용 박스 안에 이미지도 '교육운영계획3.jpg'로 변경합니다.

똑같은 크기의 이미지가 삽입되어 도해의 전체적인 밸런스도 흐트러지지 않고 깔끔합니다.

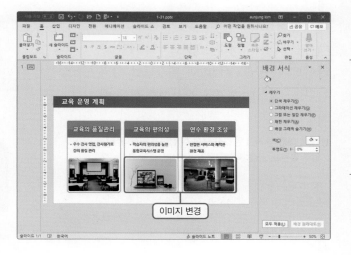

# 서식 복사하여
# 간단하게 도형 꾸미기

컬러에 대한 감각이 없다면 슬라이드 도해를 세련되게 꾸미기 어렵습니다. 그래도 나름 다양한 색상을 시도해 보는데 색상을 쓰면 쓸수록 디자인은 산으로 가기 일쑤입니다. 이럴 경우 다른 사람이 만들어 둔 디자인 서식을 복사해서 사용하면 시간도 아낄 수 있을 뿐 아니라 디자인도 무난하게 완성할 수 있습니다.

**Keyword** 클립보드, 서식 복사　　　　　**예제 파일** Part 1 \ 1-32.pptx

**01** [홈] 탭-[그리기] 그룹-[도형]을 클릭하고 [사각형] 범주에서 [직사각형(□)]을 클릭한 다음 슬라이드에 드래그하여 그려 줍니다.

[도형]을 클릭하고 [사각형] 범주에서 [사각형: 둥근 모서리(□)]를 클릭한 다음 사각형 위쪽에 제목 박스를 그려 줍니다.

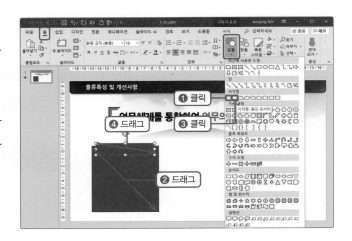

**02** [도형]을 클릭하고 [기본 도형] 범주에서 [텍스트 상자(回)]를 선택한 다음 슬라이드 빈 곳을 클릭하여 텍스트를 입력합니다. 텍스트 상자를 직사각형 위에 배치합니다.

▶ **입력 내용: ·** 새로운 조직 체제 / **·** 전략적 파트너십 / **·** 업무 일원화, 글꼴: 나눔고딕 ExtraBold, 글꼴 크기: 22

> **POINT**
> 사각형 도형 위를 클릭하면 사각형에 텍스트를 바로 입력하는 상태가 됩니다. 예제에서는 텍스트 상자를 별도로 삽입하여 원하는 위치에 배치하였습니다.

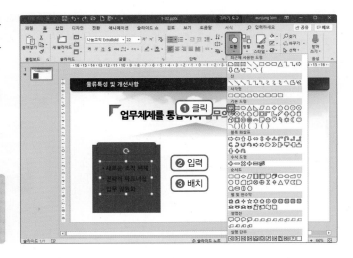

**03** 도형 서식을 직접 [도형 서식] 설정 창에서 바꿀 수도 있지만 미리 만들어진 서식으로 꾸미겠습니다.

슬라이드 오른쪽 바깥에 배치된 첫 번째 동그라미를 선택하고 [클립보드] 그룹-[서식 복사(✍)]를 클릭합니다. 마우스 포인터가 붓 모양으로 변경되면 직사각형 도형을 클릭합니다. 도형 스타일이 바뀝니다.

POINT
Ctrl + Shift + C , Ctrl + Shift + V 를 사용해도 됩니다.

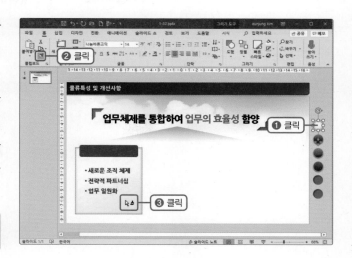

**04** 슬라이드 오른쪽 바깥에 배치된 두 번째 동그라미를 선택하고 [클립보드] 그룹-[서식 복사(✍)]를 클릭합니다.

마우스 포인터가 붓 모양으로 변경되면 모서리가 둥근 직사각형을 클릭합니다.

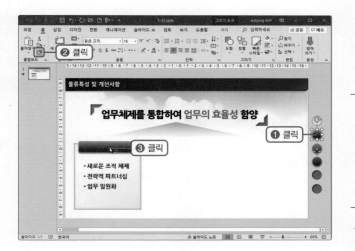

**05** 제목을 입력합니다. 직사각형, 모서리가 둥근 직사각형 그리고 텍스트 상자를 모두 선택하고 Ctrl + G 를 눌러 그룹으로 묶습니다.

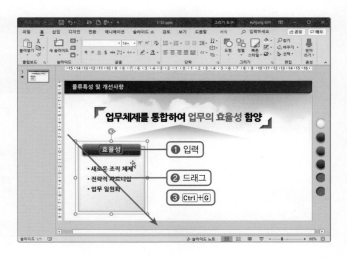

**06** Ctrl+Shift를 누른 채 오른쪽으로 드래그하여 그룹을 두 개 더 만듭니다.

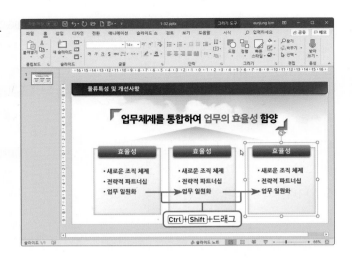

**07** 세 개의 그룹을 선택하고 [그리기] 그룹-[정렬]-[맞춤]-[가로 간격을 동일하게]를 클릭하여 간격을 일정하게 만듭니다.

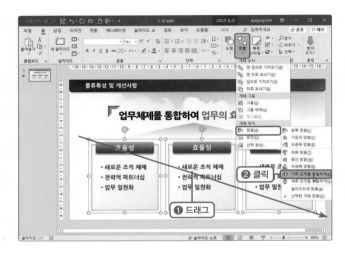

**08** 각 그룹에 들어있는 모서리가 둥근 직사각형 색상을 슬라이드 오른쪽에 미리 준비된 도형 서식으로 서식 복사합니다. 각 그룹 안에 텍스트도 변경합니다.

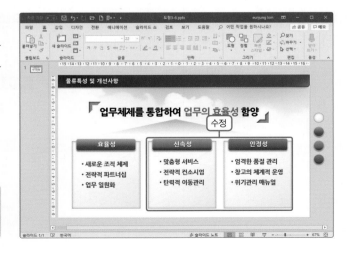

> **POINT**
> 그룹으로 묶인 개체는 그룹을 선택하고 한 번 더 개체를 클릭하면 별도로 개체 편집이 가능합니다.

## 시선 흐름

사람들의 시선은 위에서 아래로, 왼쪽에서 오른쪽으로 흐릅니다. 신문과 잡지 등의 지면 레이아웃에서도 시선 흐름이 있듯이 슬라이드에서도 시선 흐름이 중요합니다.

시선 흐름에서 중요한 것은 방향성입니다. 방향성에 맞추어 중요한 내용을 배치할 필요가 있고, 마지막에 최종적으로 시선이 머무는 곳에 결론을 배치하면 됩니다.

시선 흐름

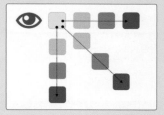

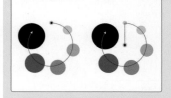

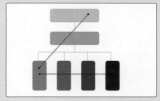

역방향 시선의 흐름(화살표가 반드시 필요)

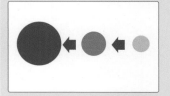

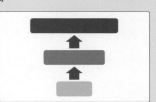

기본 & 텍스트

도형

개체 활용

표 & 차트

애니메이션 & 레이아웃

멀티미디어&출력

# 도형 회전과
# 대칭 사용하기

SECTION

# 22

도형을 복사하고 회전 대칭하여 재미있는 패턴 모양을 만들 수 있습니다. 도형에 그림 채우기를 하여 패턴에 다양성을 부여할 수 있습니다.

**Keyword** 도형 회전, 대칭, 도형 채우기 　　　　　**완성 파일** Part 1 \ 1-33_완성.pptx

**01** 새 슬라이드를 열고 기존에 있는 텍스트 상자를 모두 삭제합니다.
[홈] 탭-[그리기] 그룹-[도형]을 클릭하고 [기본 도형] 범주에서 [이등변 삼각형(△)]을 클릭한 다음 슬라이드에 드래그합니다. Ctrl+Shift를 누른 채 아래쪽으로 드래그하여 두 번째 삼각형을 만듭니다.

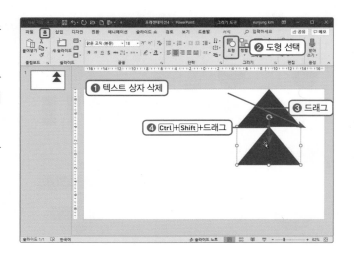

**02** 복제된 삼각형이 선택된 채로 [그리기] 그룹-[정렬]-[회전]-[상하 대칭]을 클릭해 상하가 대칭되도록 합니다.

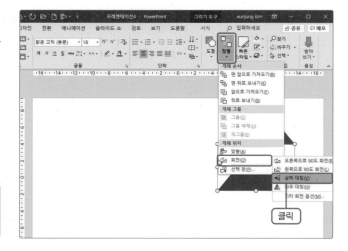

**POINT**
Shift를 누른 채 '회전 조절점'을 돌리면 15도 각도로 정확하게 돌릴 수도 있습니다.

**03** 첫 번째 삼각형을 다시 Ctrl+Shift를 누른 채 아래쪽으로 드래그하여 세 번째 삼각형을 만듭니다.

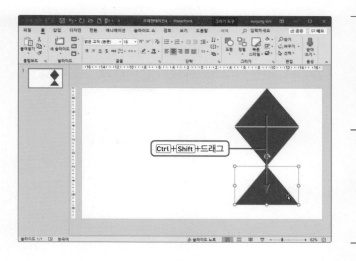

**04** 세 개의 삼각형을 드래그하여 모두 선택하고 [그리기] 그룹-[정렬]-[맞춤]-[세로 간격을 동일하게]를 클릭합니다.

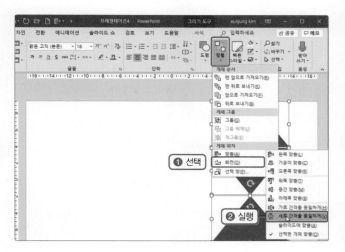

**05** 삼각형 크기가 슬라이드 크기보다 작습니다. 슬라이드 세로 크기에 딱 맞추기 위해 세 개의 삼각형이 모두 선택된 채로 Ctrl+G를 눌러 그룹으로 묶습니다. Shift를 누른 채 꼭짓점에 위치한 크기 조절점을 드래그하여 그룹 크기를 슬라이드 세로 크기에 맞도록 키웁니다.

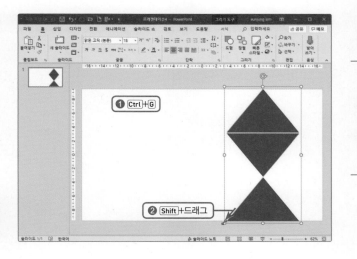

**POINT**
그룹을 묶어 크기 조절을 하면 세 개의 도형이 간격을 유지한 채 크기 조절이 됩니다.

**06** 그룹이 선택된 채로 Ctrl+Shift를 누른 채 왼쪽으로 드래그하여 복사합니다. [그리기] 그룹-[정렬]-[회전]-[상하 대칭]을 클릭합니다.

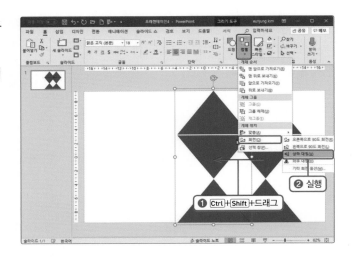

**07** 삼각형 개체를 선택합니다. 삼각형 개체를 마우스 오른쪽 버튼으로 클릭하고 **[도형 서식]**을 실행합니다. [도형 서식] 설정 창의 채우기에서 '그림 또는 질감 채우기'를 선택합니다. [파일] 버튼을 클릭하고 '고양이.jpg' 파일을 불러와 채웁니다.

고양이 사진도 회전이 됩니다. [도형 서식] 설정 창에서 '도형과 함께 회전'에 체크 표시를 지웁니다. 선 항목에서 '선 없음'을 선택합니다.

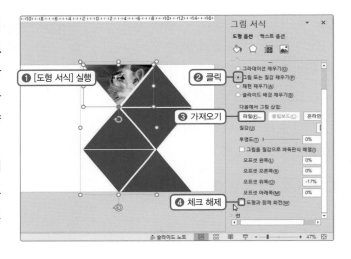

**08** 같은 방법으로 '강아지.jpg', '자전거.jpg'를 도형에 삽입합니다.

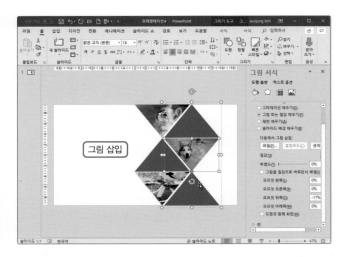

> **POINT**
> 오프셋 값을 조정하면 도형 안에 그림 위치를 조정할 수 있습니다.

**09** 나머지 삼각형 도형을 선택하고 채우기 항목에서 색을 '흰색', 선 항목에서 색을 '회색', 너비를 '1.5pt'로 설정합니다.
아래쪽 삼각형을 선택하고 채우기 항목에서 색을 지정한 다음 선 항목에서 '선 없음'을 선택합니다.

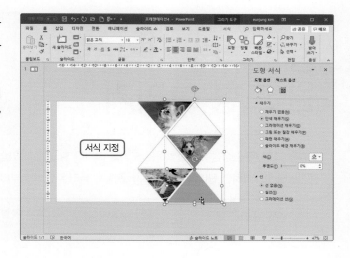

**10** [홈] 탭-[그리기] 그룹-[도형]을 클릭하고 [기본 도형] 범주에서 [이등변 삼각형(△)]을 선택한 다음 슬라이드에 그립니다. 회전 조절점으로 90도 돌려 줍니다. 채우기 항목에서 색을 '옅은 녹색'으로 지정하고 선 항목에서 '선 없음'을 선택합니다.

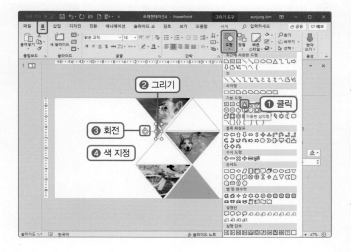

**11** [도형]을 클릭하고 [기본 도형] 범주에서 [텍스트 상자(圖)]를 선택한 다음 제목을 입력합니다.

▶ • 사랑으로 맺은 가족: 나눔손글씨 붓, 44
　• 『반려동물』: 다음_SemiBold, 60
　• 펫팸족 1000만 시대: 맑은 고딕, 28

**POINT**
「반려동물」에 사용된 겹낫표 특수문자는 한글 자음 'ㄴ'을 누르고 한자를 누르면 찾을 수 있습니다.

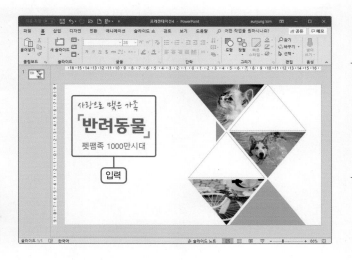

# 중심부터 시작하는 원 도형 그리기

도형을 그릴 때 중심점부터 출발하는 도형을 그려야 할 경우가 있습니다. 그런 도형을 그리려면 [Ctrl]을 누르면서 중심부터 드래그하면 됩니다. 이때 [Shift]를 함께 눌러 주면 중심부터 시작되는 정원을 그릴 수 있습니다.

**Keyword** [Ctrl], [Shift]를 이용하여 도형 그리기, 서식 복사 **예제 파일** Part 1 \ 1-34.pptx

**01** 지진의 진앙지부터 점점 약해지는 규모를 표현하기 위해 원 도형을 십자선 중심부터 그리겠습니다.

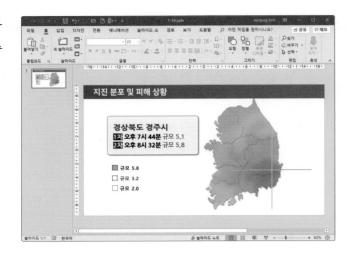

**02** [홈] 탭-[그리기] 그룹-[도형]-[타원(○)]을 선택하고 [Ctrl]+[Shift]를 누른 채 십자선 중심에서 드래그하여 중심부터 커지는 도형을 그립니다.

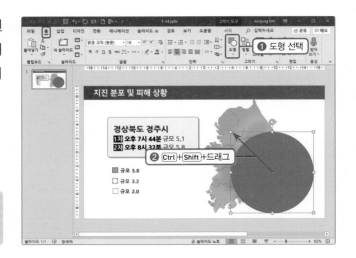

**POINT**
[Ctrl]은 중심부터 시작되는 도형을 그리는 단축키이고, [Shift]는 정원을 그릴 때 사용하는 단축키입니다.

**03** 왼쪽에 규모 2.0 옆에 있는 사각형 도형을 선택하고 [클립보드] 그룹-[서식 복사(🖌)]를 클릭합니다.

붓 모양으로 마우스 포인터가 변하면 방금 그린 타원 도형을 클릭합니다.

POINT
서식 복사 단축키 Ctrl+Shift+C 와 서식 붙여넣기 단축키 Ctrl+Shift+V 를 사용해도 됩니다.

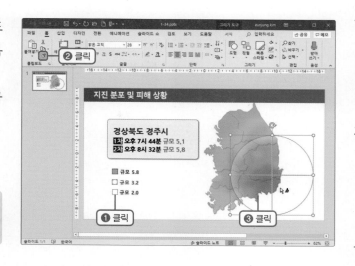

**04** 다시 [그리기] 그룹-[도형]-[타원(○)]을 클릭하고 Ctrl+Shift 를 누른 채 십자선 중심에서 드래그하여 첫 번째 타원보다는 조금 작게 원을 그립니다.

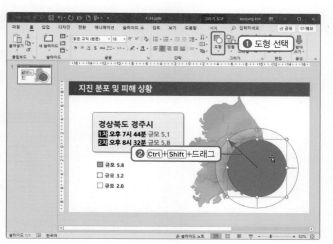

**05** 왼쪽에 규모 3.2 옆에 있는 사각형 도형을 선택하고 Ctrl+Shift+C 를 눌러 '서식 복사'합니다.

방금 그린 타원 도형을 선택하고 Ctrl+Shift+V 를 눌러 서식 붙여넣기 합니다.

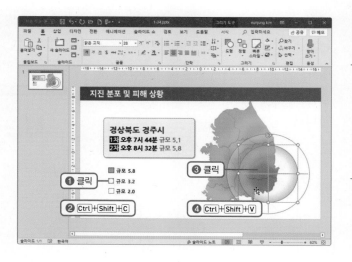

**06** 같은 방법으로 제일 작은 원을 그리고 규모 5.8 옆에 있는 사각형 도형의 서식을 복사해 붙여넣기 합니다.

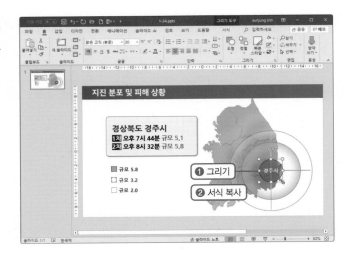

**07** [그리기] 그룹-[도형]을 클릭하고 [선] 범주에서 [자유형: 도형(⌒)]을 클릭합니다. 그림과 같은 선을 그립니다.

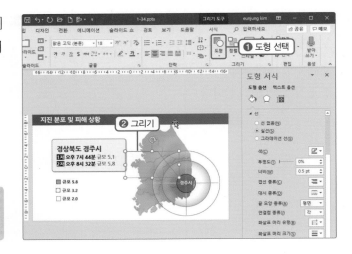

**POINT**
자유형 도형을 마무리할 때는 더블클릭이나, Enter 혹은 Esc 를 누르면 됩니다.

**08** [도형 서식] 설정 창을 표시합니다. 선 항목에서 색을 '빨간색', 너비를 '3pt', 화살표 꼬리의 유형을 '화살표', 화살표 꼬리 크기를 '오른쪽 화살표 크기 9'로 지정합니다.

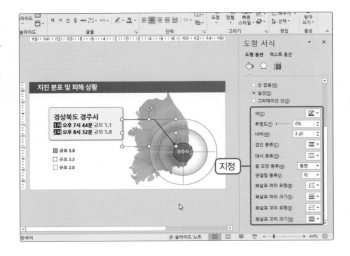

S E C T I O N

24

기본 & 텍스트

도형

개체 활용

표 & 차트

애니메이션 & 레이아웃

멀티미디어&출력

# 블록 화살표 도형으로
# 프로세스형 도해 만들기

파워포인트에서 제공하는 도형 중에 방향성을 가지는 도형들은 '블록 화살표' 범주에 있습니다. 블록 화살표는 뾰족한 화살표 머리 방향으로 청중의 시선을 이끌 수 있어 단계를 나타내는 프로세스형 표현에 적합합니다.

**Keyword** 블록 화살표, 도형 채우기, 도형 윤곽선　　　　**예제 파일** Part 1 \ 1-36.pptx

**01** [홈] 탭-[그리기] 그룹-[도형]-[화살표: 오른쪽(⇨)]을 클릭하고 슬라이드에 드래그하여 그려 줍니다.

화살표 머리 부분에 있는 노란 모양 조절점을 이용하여 모양을 다듬어 줍니다.

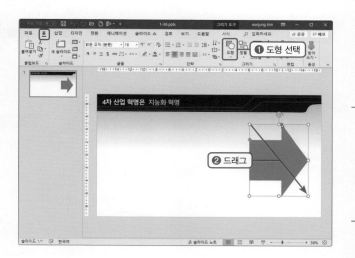

**02** [도형 서식] 설정 창을 표시합니다. 채우기 항목에서 색을 '짙은 파란색'으로 지정합니다. 선 항목에서 색을 '흰색', 너비를 '2.5pt'로 지정합니다.

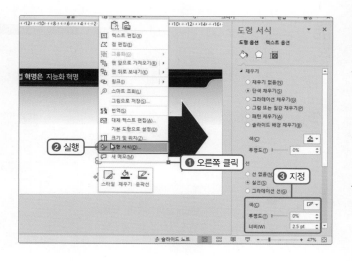

**03** Ctrl + Shift 를 누른 채 왼쪽으로 드래
그하여 화살표를 복제합니다. 오른쪽 큰
화살표의 꼬리 부분에 화살표 머리가 들
어갈 수 있도록 크기를 작게 조절합니다.

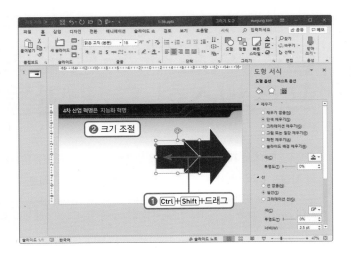

**04** 채우기 항목에서 색을 '밝은 파란색'으
로 지정합니다.

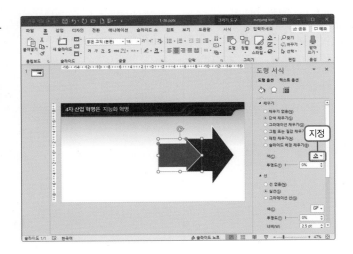

**05** 같은 방법으로 세 번째, 네 번째 화
살표도 복사해 주고 채우기 색을 변경합
니다.

**POINT**
프로세스 형 도해를 만들 때 결론이 들어갈 도형 색을
가장 진하게 만들어 주어야 결론에 시선이 갈 수 있습
니다.

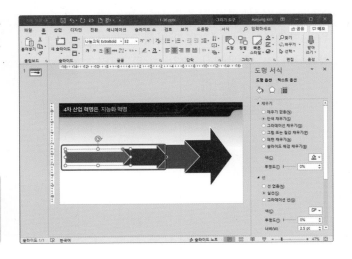

**06** [그리기] 그룹-[도형]-[선(＼)]을 선택하고 세로 선을 그어 줍니다. 색을 '회색', 너비를 '1pt'로 지정합니다.
Ctrl+Shift를 누른 채 선을 드래그하여 세 개 더 복제하고 길이를 조절합니다.

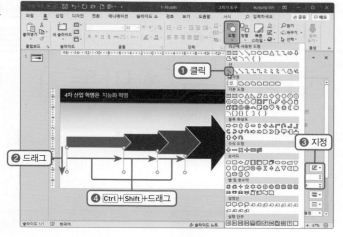

**07** [도형]-[선 화살표: 양방향(↖)]을 선택하고 가로 선을 그어 줍니다. 색을 '회색', 너비를 '2.25pt', 대시 종류를 '둥근 점선'으로 지정합니다.

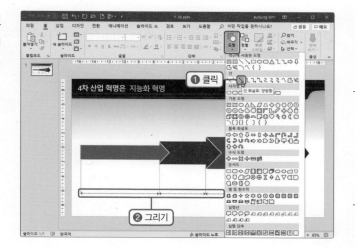

**08** [도형]-[텍스트 상자(🎬)]를 선택하고 텍스트를 입력합니다.

▶ 글꼴: 나눔고딕 ExtraBold

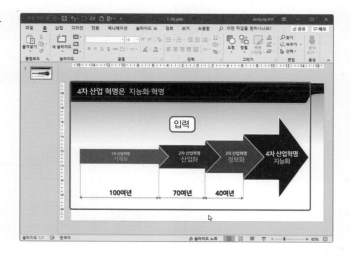

# 점 편집으로 곡선 블록
# 화살표 도형 만들기

오른쪽 윗부분으로 올라가는 화살표를 점 편집으로 곡선 처리하여 부드러움을 강조해 보겠습니다. 점 편집으로 곡선을 만드는 기능은 많은 연습이 필요한 작업입니다. 각 꼭짓점에서 나오는 곡선 핸들을 잘 제어할 수 있어야 깔끔한 곡선이 나옵니다.

**Keyword** 점 편집, 점 삭제, 곡선 핸들 제어, 그라데이션 채우기 **예제 파일** Part 1 \ 1-39.pptx

**01** [홈] 탭-[그리기] 그룹-[도형]-[자유형: 도형(⌁)]을 선택하고 각 꼭짓점마다 클릭해서 계단형 도형을 만듭니다.
마지막 종료 지점에서는 더블클릭하여 작업을 완료합니다.

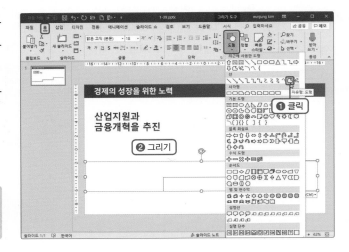

**POINT**
자유형 도형을 마무리할 때는 더블클릭을 하거나 Enter 혹은 Esc를 누르면 됩니다.

**02** [도형 서식] 설정 창을 표시합니다. 선색을 '청회색', 너비를 '7.5pt', 화살표 꼬리 유형을 '날카로운 화살표'로 지정합니다.

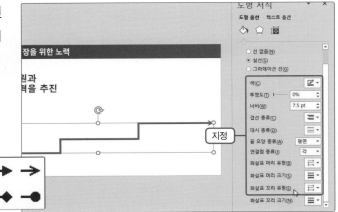

**03** [그리기] 그룹-[도형]-[타원(○)]을 선택하고 Shift를 누른 채 드래그하여 정원을 그립니다.

[도형 서식] 설정 창의 채우기 항목에서 색을 '보라빛이 도는 하늘색'으로 지정합니다. 선 항목에서 선 색을 '푸른색', 투명도를 '80%', 너비를 '30pt'로 지정합니다.

> **POINT**
> 도형 윤곽선을 굵게 설정하고 투명도까지 적용하면 도형 면과 겹쳐져 세련된 표현이 가능합니다.

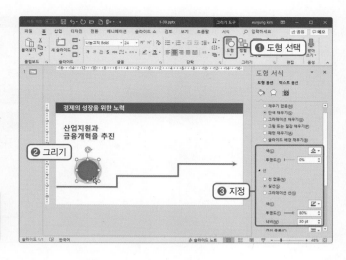

**04** Ctrl을 누른 채 원을 드래그하여 원을 두 개 더 만들고, 크기를 키웁니다. 각 도형의 채우기 색을 변경합니다. 예제에서는 '청록색'과 '파란색'으로 지정했습니다.

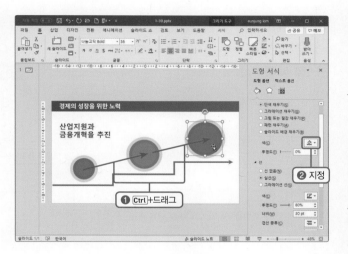

**05** [그리기] 그룹-[도형]-[화살표: 오른쪽(⇨)]을 선택하고 가로로 길쭉한 화살표를 그립니다.

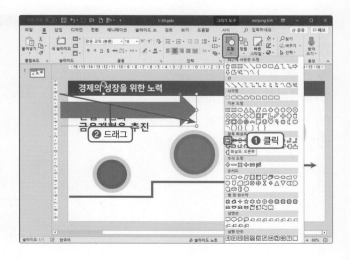

**06** 화살표를 마우스 오른쪽 버튼으로 클릭한 다음 **[점 편집]**을 실행합니다.

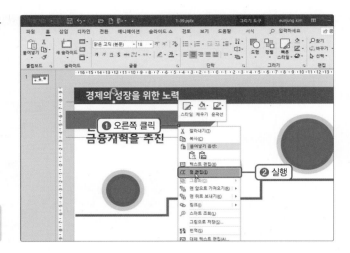

**07** 꼬리 부분에 있는 검은 색 점 하나를 선택하고 마우스 오른쪽 버튼을 클릭한 다음 **[점 삭제]**를 실행합니다.

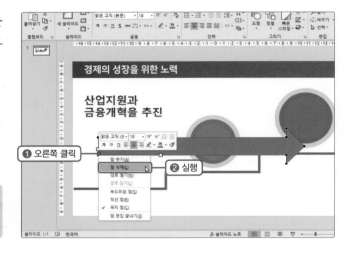

**08** 꼬리가 뾰족해졌습니다. 꼬리 부분에 남은 검은 점을 클릭하면 곡선 조절 핸들이 두 개 만들어집니다.
한쪽 사각형 핸들을 아래쪽으로 드래그하여 곡선으로 만듭니다.
다른 쪽 사각형 핸들도 아래쪽으로 드래그합니다.

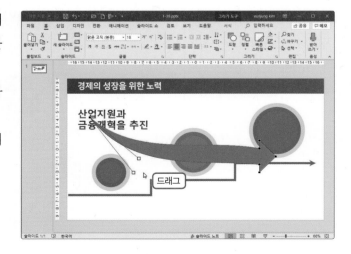

**09** 화살표 머리쪽에 있는 검은 조절점을 선택하면 핸들이 나타납니다. 아래쪽으로 드래그하여 자연스러운 곡선이 되도록 합니다.

반대쪽 검은색 조절점도 선택하고 곡선 모양을 다듬어 줍니다.

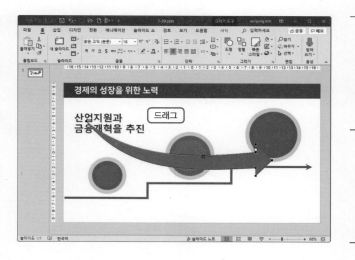

**10** 회전 조절점을 이용하여 오른쪽 윗부분으로 올라가도록 회전합니다.

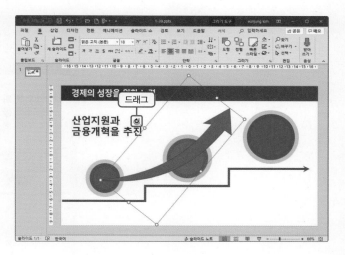

**11** 화살표를 선택하고 [도형 서식] 설정 창의 채우기에서 '그라데이션 채우기'를 선택합니다. 화살표 머리가 짙은 색이 되도록 다음과 같이 중지점 색을 변경합니다.

| 중지점 | 색상 | 위치 | 투명도 |
| --- | --- | --- | --- |
| 중지점 1 | 짙은 남색 | 0% | 100% |
| 중지점 2 | 짙은 남색 | 40% | 0% |
| 중지점 3 | 짙은 남색 | 100% | 0% |

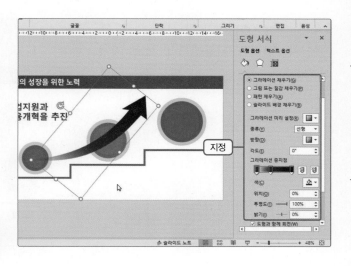

**POINT**
짙은 색 방향으로 시선이 흐릅니다.

**12** [홈] 탭-[그리기] 그룹-[도형 효과(🔲)]
-[미리 설정]-[기본 설정 3]을 선택하여 입
체적인 느낌을 줍니다.

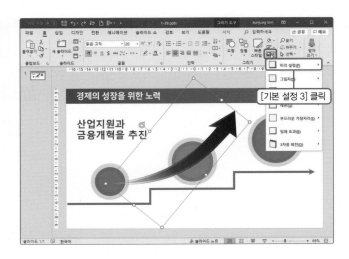

**13** 화살표를 마우스 오른쪽 버튼으로 클
릭한 다음 [맨 뒤로 보내기]를 실행합니다.

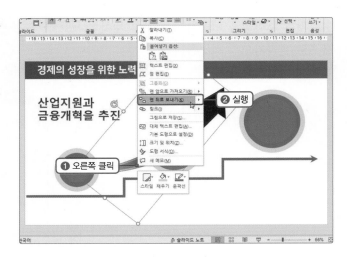

**14** 텍스트를 입력하고 마무리합니다. 예
제에서는 글꼴을 '나눔고딕 Bold'로 지정
했습니다.

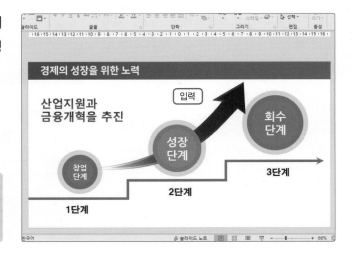

**POINT**
곡선 화살표는 다각형으로 만들어진 화살표보다 부드
러운 인상을 줄 수 있고 청중 시선을 자연스럽게 유도
하기 쉽습니다.

# 다른 색 슬라이드
# 자연스럽게 연결하기

짙은 배경 슬라이드에서 밝은 배경 슬라이드로 배경 전환을 하고 싶을 경우가 있습니다. 아무런 효과를 주지 않고 앞장 슬라이드는 어두운 배경을, 뒷장 배경은 밝은 배경을 설정해도 되지만 커튼이 올라가면서 흰색 배경이 나타나도록 표현하면 훨씬 자연스러울 것입니다. 자유형 도형으로 커튼 모양의 비대칭 도형을 만들어 보고 꺾어지는 부분마다 프로젝트 단계를 나타내는 원형 도형을 함께 넣어서 표현해 보겠습니다.

**Keyword** 자유형 도형, 아이콘 　　　　　　　　　**예제 파일** Part 1 \ 1-42.pptx

**01** 3번 슬라이드를 표시하고 [홈] 탭-[그리기] 그룹-[도형]-[선]에서 [자유형: 도형 (⌁)]을 선택합니다.

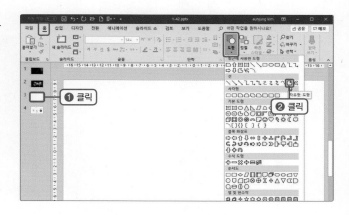

**02** 도형의 꼭짓점이 될 부분을 클릭하여 그림과 같은 자유형 도형을 만듭니다.

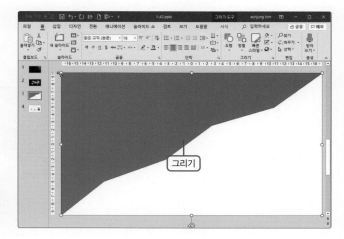

**POINT**
마지막 종료점을 시작점에 맞추어 클릭하면 닫힌 도형이 완성됩니다.

**03** [도형 서식] 설정 창을 표시합니다. 채우기 항목에서 색을 '짙은 회색'으로 지정하고 선 항목에서 '선 없음'을 선택합니다.

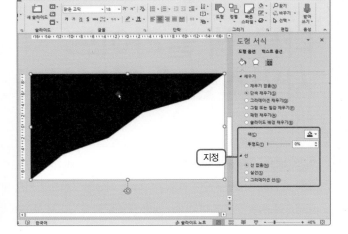

**04** [그리기] 그룹-[도형]-[타원(○)]을 선택하고 Shift를 누른 채 드래그하여 정원을 그립니다.

**05** 채우기 항목에서 '흰색'을 선택합니다. 선 항목에서 색을 '짙은 회색', 너비를 '4.5pt'로 지정합니다.

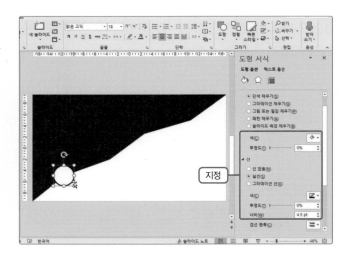

**06** Ctrl 을 누른 채 정원을 드래그하여 세 개 더 복제하고 그림과 같이 배치합니다.

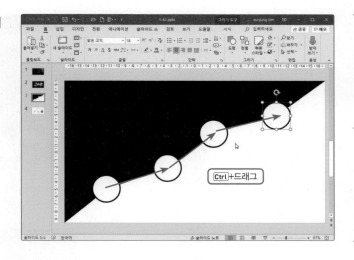

**07** [삽입] 탭-[일러스트레이션] 그룹-[아이콘]을 클릭합니다.

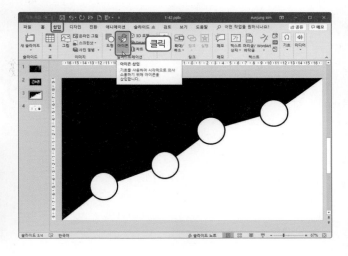

**POINT**
'아이콘'은 오피스 365 사용자에게 지원되는 벡터 형식 그래픽입니다. 크기를 조절해도 깨짐 현상이 없고, 색상을 변경할 수 있습니다. 오피스 365가 아닌 '아이콘' 기능이 없는 단품 파워포인트 2019 사용자라면 이미지나 직접 그린 아이콘을 사용해서 실습해 보세요.

**08** 슬라이드에 어울리는 아이콘을 선택하여 삽입하고 각 정원 도형 위에 배치합니다.

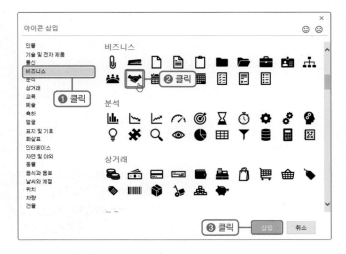

**09** [홈] 탭-[그리기] 그룹-[도형]-[텍스트 상자(囲)]를 이용하여 단계별로 텍스트를 입력하여 배치합니다.

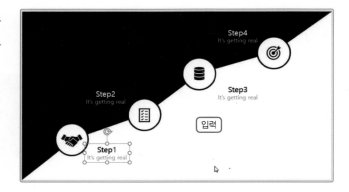

▶ **글꼴: 맑은 고딕, 글꼴 크기: 24, 18**

**10** 슬라이드 위쪽은 짙은 색, 아래쪽은 흰색으로 분할된 느낌의 슬라이드가 만들어졌습니다.

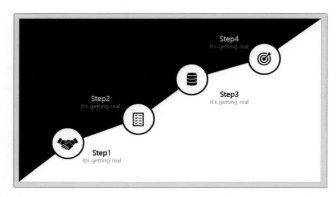

**POINT**
다음 슬라이드에는 흰색 배경 슬라이드가 와도 어색하지 않습니다.

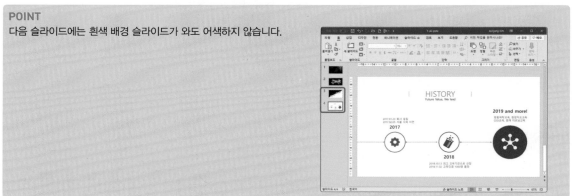

# 도형 병합 활용하기

앞에서 학습한 도형 채우기, 도형 효과, 도형 병합 기능을 모두 활용하여 실무용 도해를 만들겠습니다. 하나의 도형 그룹을 완성하면 나머지는 복사해서 색상과 텍스트만 수정하면 되기 때문에 그렇게 복잡한 작업은 아닙니다. 도형 채우기와 병합 기능부터 살펴봅니다. 천천히 잘 따라 학습해 보세요.

**Keyword** 도형 채우기, 도형 병합　　　　　　**예제 파일** Part 1 \ 1-44.pptx

**01** [홈] 탭-[그리기] 그룹-[도형]-[타원 (○)]을 선택하고 [Shift]를 누른 채 드래그하여 정원을 그립니다.

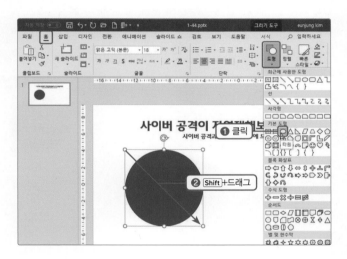

**02** [도형 서식] 설정 창의 채우기 항목에서 '그림 또는 질감으로 채우기'를 선택하고 [파일] 버튼을 클릭한 다음 '자연재해.jpg'를 채웁니다. 선 항목에서 색을 '연두색', 너비를 '12pt'로 지정합니다.

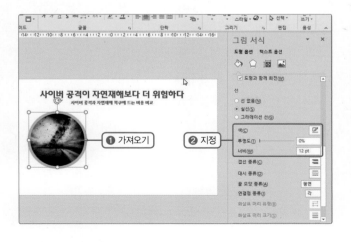

**03** [홈] 탭-[그리기] 그룹-[타원(○)]을 선택하고 Shift를 누른 채 드래그하여 첫 번째 원보다 작게 그립니다.

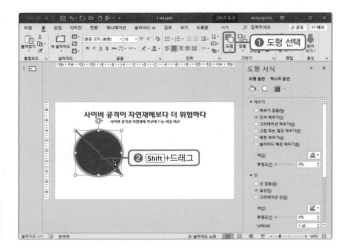

**POINT**
큰 원 테두리 안쪽으로 들어오게 만듭니다.

**04** [도형 서식] 설정 창의 채우기 항목에서 색을 '청록색', 투명도를 '50%'로 지정합니다. 선 항목에서 '선 없음'을 선택합니다.

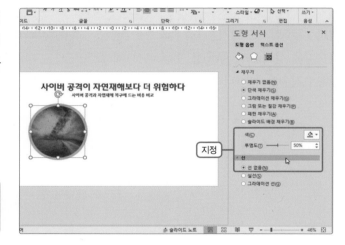

**POINT**
컬러 사진에 녹색 필름을 얹어 놓은 듯한 효과를 주었습니다.

**05** 녹색 반투명 도형을 Ctrl을 누른 채 오른쪽으로 드래그하여 복제합니다.
[그리기] 그룹-[도형]-[직사각형(□)]을 선택하고 원 위에 겹쳐지도록 그립니다. 윤곽선은 없음으로 지정합니다.
반투명 도형과 사각형 도형을 함께 선택합니다.

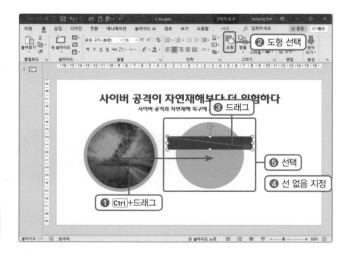

**POINT**
사각형과 원형 도형의 교차점만 남겨 줄 것입니다.

**06** [그리기 도구]-[서식] 탭-[도형 삽입] 그룹-[도형 병합(◎)]-[교차]를 클릭합니다. [도형 서식] 설정 창의 채우기 색 항목에서 색을 '검은색', 투명도를 '35%'로 지정합니다.

**POINT**
파워포인트 2013부터 [도형 병합] 기능이 리본 메뉴에 들어있습니다. 파워포인트 2010에서는 [도형 셰이프] 기능을 빠른 실행 도구 모음에 추가해야 사용할 수 있습니다.

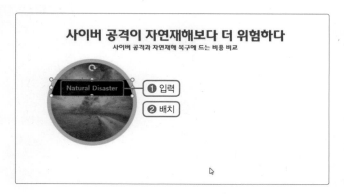

**07** 텍스트를 입력하고 원 도형 위에 올립니다.

▶ 입력: Natural Disaster

**08** [홈] 탭-[그리기] 그룹-[도형]-[텍스트 상자(⬚)]를 선택하고 슬라이드 빈 곳을 클릭하여 텍스트를 입력합니다. 입력한 텍스트 상자를 원 도형 위에 올립니다. 다음 예제도 이어서 작업합니다.

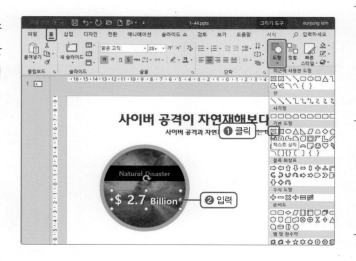

▶ 글꼴: 맑은 고딕, 글꼴 크기: 40, 스타일: 그림자

# 도형 효과
# 적용하기

도형에 그림자를 적용해 주면 배경과 분리되어 도형이 세워진 듯한 입체감을 줄 수 있습니다. 다양한 그림자 효과
를 적용해 보겠습니다.

**Keyword** 도형 효과, 그림자             **예제 파일** Part 1 \ 1-45_완성.pptx

**01** 이전 예제에서 연결하여 작업합니다.
그룹을 선택하고 [도형 서식] 설정 창에서
[효과(⬠)]를 선택합니다.
그림자 항목을 확장하고 미리 설정을 '원
근감: 오른쪽 위'로 지정합니다.

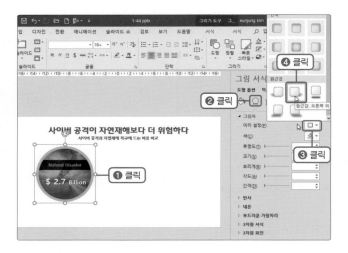

**02** 그룹 도형을 Ctrl을 누른 채 드래그하
여 복제합니다.

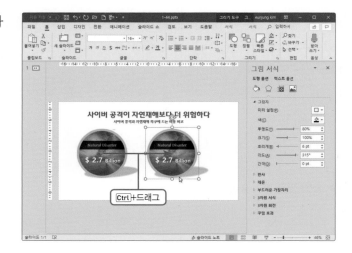

**03** [Shift]를 누른 채 크기 조절점을 드래그하여 그룹 크기를 살짝 키웁니다.

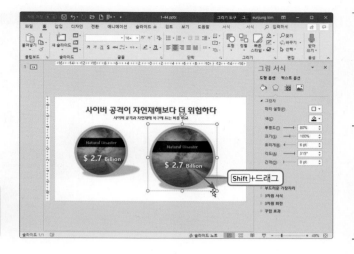

**04** 복사한 그룹 안에 들어 있는 큰 원의 색을 '옅은 파란색'으로 바꿉니다.

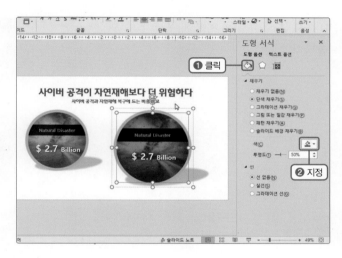

**05** 이미지 도형도 '스마트시계.jpg' 파일로 채웁니다. 도형 윤곽선 색도 '옅은 파란색'으로 변경합니다.

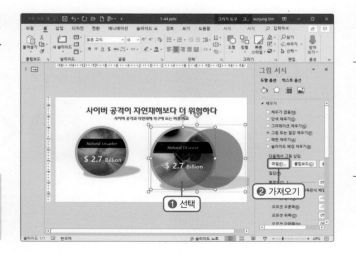

기본 & 텍스트

도형

개체 활용

표 & 차트

애니메이션 & 레이아웃

멀티미디어&출력

**06** [홈] 탭-[그리기] 그룹-[도형]-[½액자(⌐)]를 클릭하고 그룹 사이에 그려 줍니다. 노란색 모양 조절점을 드래그하여 액자 너비를 조절합니다.

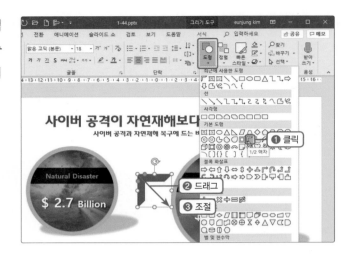

**07** 회전 조절점을 이용해 왼쪽으로 회전합니다.

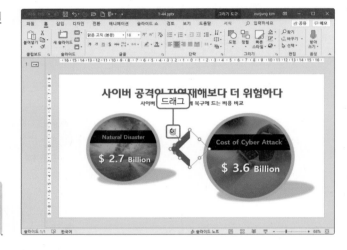

**POINT**
Shift 를 누른 채 회전 조절점을 돌리면 15도씩 정확하게 돌릴 수 있습니다.

**08** [도형 서식] 설정 창의 채우기 항목에서 색을 '짙은 회색'으로 지정하고, [효과(◻)]를 선택합니다.
그림자 항목에서 미리 설정을 '안쪽: 가운데'로 지정한 다음 작업을 마무리합니다.

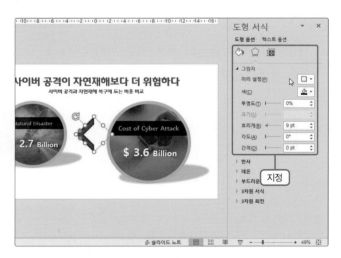

# 주기형 도해
# 삽입하기

도해를 직접 도형으로 만들 수 있으면 좋겠지만 시간이 없거나 도형을 잘 다루지 못하는 사람들에겐 도해 작업이 부담으로 다가옵니다. 그럴 때 스마트아트 기능을 이용하면 빠르게 세련된 도해를 만들 수 있습니다.

**Keyword** 스마트아트, 도형 추가, 스마트아트 스타일 　　**예제 파일** Part 1 \ 1-46.pptx

**01** [삽입] 탭–[일러스트레이션] 그룹–[Smart Art]를 클릭합니다.

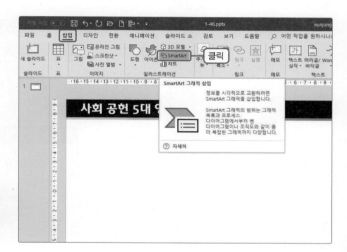

> **POINT**
> 스마트아트는 도해를 빠르게 만들어 주는 파워포인트의 자동화 기능입니다.

**02** [SmartArt 그래픽 선택] 대화상자에서 [주기형] 범주–[기본 주기형]을 선택합니다.

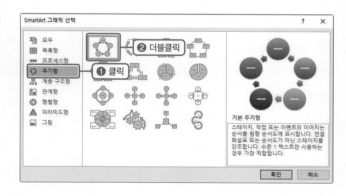

**03** 슬라이드에 자동으로 도해가 삽입됩니다.

[SmartArt 도구]-[디자인] 탭-[그래픽 만들기] 그룹-[도형 추가]를 클릭하면 원 도형이 추가되고, 추가된 도형이 필요 없다면 도형을 선택한 다음 Delete를 누르면 됩니다.

**POINT**
스마트아트를 선택하면 리본 메뉴에 [SmartArt 도구]가 표시됩니다. [디자인] 탭에서는 전체적인 스마트아트 디자인 설정을 할 수 있고 구성 요소를 추가할 수 있으며, [서식] 탭 명령은 스마트아트 안 각 개체 서식을 따로 바꿀 때 사용합니다.

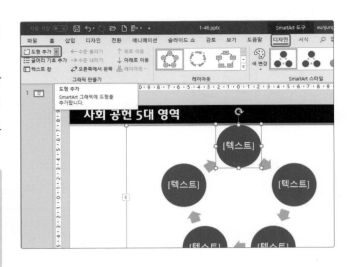

**04** [레이아웃] 그룹에서 다른 형식의 주기형 도해로 바꿀 수 있고, SmartArt 스타일] 그룹에서 스마트아트 색상과 효과를 간편하게 적용할 수 있습니다.

SmartArt 스타일을 펼쳐서 원하는 스타일을 적용합니다.

**POINT**
SmartArt 스타일에 원하는 색상이 없을 경우, [SmartArt 도구]-[서식] 탭-[도형 스타일] 그룹에서 각 도형을 원하는 색상으로 변경할 수 있습니다.

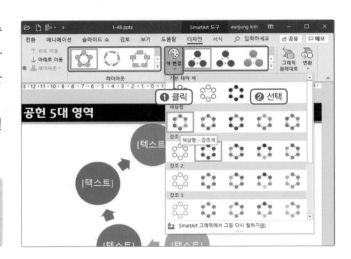

**05** 스마트아트에 텍스트를 입력하려면, 스마트아트 왼쪽에 있는 삼각형 확장 버튼을 클릭하여 '텍스트 창'을 열고 입력해도 되고, 도형에 직접 입력해도 됩니다.

**POINT**
파워포인트 버전별로 스마트아트 스타일과 색상이 차이가 날 수 있습니다.

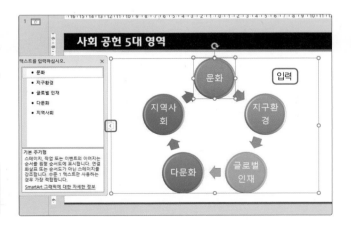

**06** [홈] 탭-[그리기] 그룹-[도형]-[원형: 비어 있음(◎)]을 이용하여 도넛형 도형을 그려 주고, 노란색 모양 조절점을 드래그하여 도넛 두께를 약간 가늘게 만듭니다.

**07** [도형 서식] 설정 창에서 색을 '옅은 회색'으로 지정하고 선 항목에서 '선 없음'을 선택합니다.
도형을 마우스 오른쪽 버튼으로 클릭한 다음 **[맨 뒤로 보내기]**를 실행하여 겹침 순서를 바꿉니다.

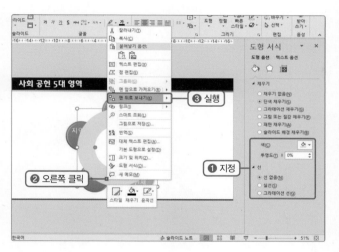

**08** 글자 서식을 변경하고 작업을 마무리합니다.

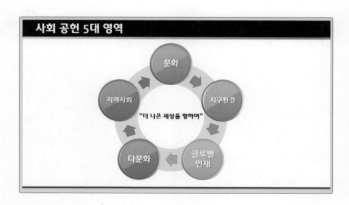

# POWER POINT 2019

INTEGRITY

INNOVATION

COMMITMENT

CREATIVITY

PASSION

GOALS

CONNECTION

GROWTH

# 2

# 청중들의
# 눈을 사로잡는
# 활용 기능 36가지

파워포인트는 발표할 때 필요한 시각적인 보조 자료를 만드는 프로그램입니다. 그렇기 때문에 시각적인 요소 즉 이미지, 차트, 동영상 등과 같은 멀티미디어 요소가 많이 사용될 수밖에 없습니다. PART 2에서는 슬라이드를 좀 더 돋보이게 해 주는 시각적 요소를 다루어 보고, 애니메이션과 화면 전환을 접목하여 정적인 슬라이드에 생명을 불어넣겠습니다.

# 저작권 없는 무료 이미지 다운로드하기

SECTION
01

이미지를 첨가하여 슬라이드를 만들면 보기도 좋을 뿐 아니라, 청중들에게 보다 쉽게 정보를 이해시키고 오래 기억하도록 할 수 있습니다. 하지만 인터넷에서 이미지를 다운로드할 때 이미지의 저작권 또한 고려해야 합니다. 다음 사이트는 고품질의 이미지를 제공하고, 영리 · 비영리 목적에 상관없이 자유롭게 수정, 배포할 수 있으며 출처와 저작권자를 표시할 의무가 없는 이미지를 제공하는 사이트입니다.

**Keyword** 저작권 없는 이미지, 이미지, 픽사베이

**01** 픽사베이(https://pixabay.com)에 접속하고 검색 창에 키워드를 입력하여 원하는 이미지를 검색합니다.

**POINT**
홈페이지 정책에 따라 화면 및 지원 기능이 바뀔 수 있습니다.

**02** 작은 섬네일 이미지를 클릭하면 큰 이미지를 볼 수 있는 페이지가 열립니다.

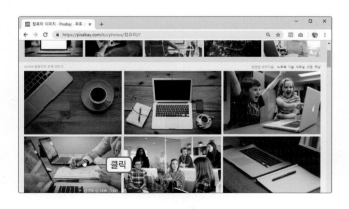

**03** 오른쪽 [무료 다운로드] 버튼을 누르면 이미지 크기를 선택할 수 있는 버튼이 나옵니다. 제일 큰 크기의 이미지는 회원 가입을 해야 다운로드할 수 있습니다. 크기를 선택하고 [다운로드] 버튼을 클릭합니다.

다운로드를 클릭하면 로봇이 아니라는 인증을 거칩니다. [다운로드] 버튼을 클릭하면 내 컴퓨터에 이미지가 다운로드됩니다.

---

**쌩초보 Level Up**

## 무료 고퀄리티 이미지 다운로드하기

• **웹 디자이너와 작가들이 운영하는 픽점보**(https://picjumbo.com)
이미지 양은 적지만 감성적인 느낌의 이미지를 많이 보유하고 있는 사이트입니다.

• **독창적인 이미지를 제공하는 그라피소그래픽**
(https://gratisography.com)
몇 명의 사진 작가의 사진을 정리한 사이트로, 독창적인 이미지를 찾을 수 있습니다.

# 그림 가장자리 부드럽게 하기

이미지는 기본적으로 사각형 모양입니다. 이미지 경계 부분과 슬라이드 배경을 자연스럽게 합성하고 싶다면 그림 효과 중 '부드러운 가장자리'를 사용하면 됩니다.

**Keyword** 그림 효과, 부드러운 가장자리 　　　　**예제 파일** Part 2\2-2.pptx

**01** [삽입] 탭-[이미지] 그룹-[그림]을 클릭합니다.

**02** '소년.jpg'를 불러옵니다. 그림을 선택하고 [그림 도구]-[서식] 탭-[그림 스타일] 그룹-[그림 효과]-[부드러운 가장자리]-[50 포인트]를 클릭합니다.

**POINT**
부드러운 가장자리는 이미지 경계를 흐리게 하여 배경과 자연스럽게 어울리도록 만드는 효과입니다.

**03** 그림 가장자리의 흰색 조절점을 [Shift]를 누른 채 드래그하여 크기를 조절하고 슬라이드에 적절히 배치합니다.
[홈] 탭-[그리기] 그룹-[도형]-[막힌 원호(◠)]를 선택하고 [Shift]를 누른 채 드래그합니다.

**POINT**
막힌 원호 도형으로 원형 차트 모양을 만들 것입니다.

**04** 노란 조절점을 이용하여 원 차트와 같이 만듭니다. 채우기 색을 '흰색', 투명도를 '20%', 선을 '없음'으로 지정합니다.

**05** 텍스트를 입력하고 작업을 마무리합니다.

# 그림 색 조정하기

이미지를 또렷하게 보여 주는 게 목적이 아니라 슬라이드 배경으로 사용하고 싶다면, 이미지가 가지고 있는 색상 채도를 낮추고 희미하게 만들어야 합니다. 그림 조정 기능 중 '다시 칠하기'를 이용하여 톤 다운된 이미지로 변경해 봅니다.

**Keyword** 그림 색 조정, 다시 칠하기　　　　　　　　**예제 파일** Part 2 \ 2-3.pptx

**01** 사이버 범죄에 관련된 이미지가 슬라이드 왼쪽에 들어가면 내용을 더 효과적으로 전달할 수 있을 것 같습니다.
[삽입] 탭-[이미지] 그룹-[그림]을 클릭하고 '사이버범죄.jpg'를 불러옵니다.

**02** 그림을 선택한 채로 [그림 도구]-[서식] 탭-[그림 스타일] 그룹-[그림 효과]-[부드러운 가장자리]-[50 포인트]를 클릭합니다.

**03** 그림을 선택한 채로 [조정] 그룹-[색]
을 클릭하고 [다시 칠하기] 범주에서 [밝은
회색, 배경색 2 밝게]를 클릭합니다.
컬러 이미지에서 밝은 무채색 이미지로 변
경되었습니다.

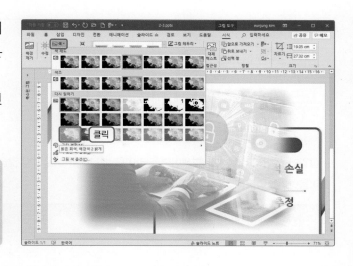

**04** 그림을 마우스 오른쪽 버튼으로 클릭
한 다음 **[맨 뒤로 보내기]**를 실행하여 이미지
를 글자보다 아래쪽에 배치합니다.

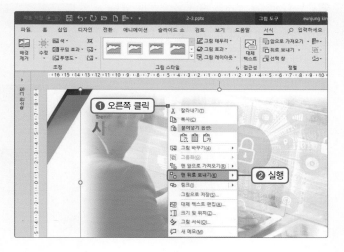

**05** 슬라이드 왼쪽 아랫부분에 이미지를
배치합니다.

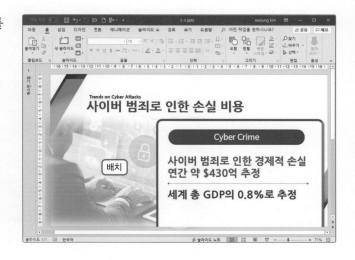

기본 & 텍스트

도형

개체 활용

표 & 차트

애니메이션 & 레이아웃

멀티미디어&출력

# 특정 색을
# 투명하게 만들기

삽입한 이미지 배경색이 흰색이면 슬라이드 배경색과 어울리지 않습니다. 이미지 조정 기능 중 '투명한 색 설정'을
이용하여 이미지의 특정 색을 제거해 보겠습니다.

**Keyword** 투명한 색 설정, 자르기, 그림 효과, 반사　　　　**예제 파일** Part 2 \ 길.jpg, 비행기.jpg

**01** [파일] 탭-[새로 만들기]-[새 프레젠
테이션]을 클릭하여 새 슬라이드를 열어
줍니다.
슬라이드 빈 영역을 마우스 오른쪽 버튼으
로 클릭한 다음 **[배경 서식]**을 실행하고, 오
른쪽 [배경 서식] 설정 창에서 '그림 또는
질감 채우기'를 선택합니다. [파일] 버튼을
클릭하고 '길.jpg'를 선택합니다.

**02** [배경 서식] 설정 창에서 [그림(🖼)]을
선택하고 그림 색 항목을 펼칩니다. 채도
를 '66%'로 낮춥니다.

> **POINT**
> 배경 채도를 낮추어 슬라이드에 들어가는 핵심 메시지
> 를 더 부각합니다.

**03** [삽입] 탭-[이미지] 그룹-[그림]을 클릭하고 '비행기.jpg'를 삽입합니다.

**04** 이미지를 선택한 채로 [그림 도구]-[서식] 탭-[조정] 그룹-[색]-[투명한 색 설정]을 클릭합니다. 이미지 흰색 배경을 클릭합니다.

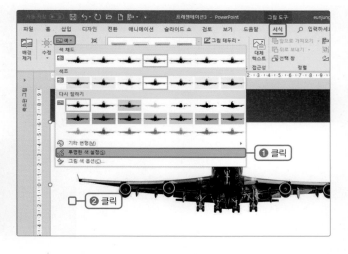

**05** 배경색이 제거되었습니다. 그림 크기를 작게 줄입니다.

기본 & 텍스트

도형

개체 활용

표 & 차트

애니메이션 & 레이아웃

멀티미디어&출력

**06** 이미지를 선택하고 [그림 스타일] 그룹-[그림 효과]-[반사]-[근접 반사: 터치]를 클릭합니다.

그림 아래쪽에 반사 효과가 들어가긴 했으나 비행기와 반사 사이 간격이 너무 멀어 표시가 잘 나지 않습니다.

**07** [크기] 그룹-[자르기]를 클릭하고 비행기 아랫부분을 잘라 줍니다.

POINT
자르기 기능으로 이미지의 필요 없는 부분을 가려 줍니다. 다시 [자르기]를 클릭하면 잘라진 부분을 복구할 수 있습니다.

**08** 반사된 모습이 비행기 아래쪽에 근접하게 붙어져 보입니다. 텍스트를 입력하고 마무리합니다.

▶ 글꼴: 나눔손글씨 붓, 효과: 네온 효과

# SECTION 05

# 배경색을
# 투명하게 만들기

앞 예제에서는 특정 단색을 투명하게 만드는 방법을 알아보았습니다. 이번 예제에서는 한 가지 색이 아닌 여러 색이 섞인 이미지의 특정 영역을 투명하게 만들겠습니다. 이미지 조정 효과에서 '배경 제거'를 이용하면 됩니다.

**Keyword** 배경 제거        **예제 파일** Part 2 \ 2-5.pptx

**01** 발표 순서를 나타내는 슬라이드에 목표 지향적인 느낌을 표현하고자 과녁 이미지를 사용했으나 노란색 톤의 배경색이 전체 슬라이드와 어울리지 않습니다.

**POINT**
이 예제에서 사용하는 여러 색상을 뚫는 배경 제거 기능은 파워포인트 2010부터 사용할 수 있습니다.

**02** 이미지를 선택하고 [그림 도구]-[서식] 탭-[조정] 그룹-[배경 제거]를 클릭합니다.

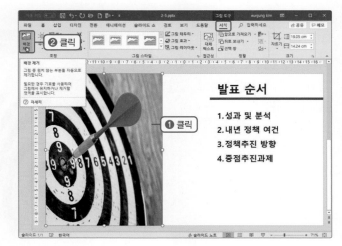

**03** 이미지 가장자리가 분홍색으로 변합니다.

리본 메뉴에서 [보관할 영역 표시]를 클릭하고 마우스 포인터가 연필 모양으로 바뀌면, 과녁 이미지 중 남길 부분을 드래그하여 영역을 추가합니다.

**POINT**
이때 분홍색은 제거될 영역이고, 원래 이미지 색이 보이는 곳은 보관될 영역입니다.
만약 제거할 영역 편집이 필요하다면 [제거할 영역 표시]를 클릭하고 제거할 부분을 드래그하여 영역을 제거합니다.

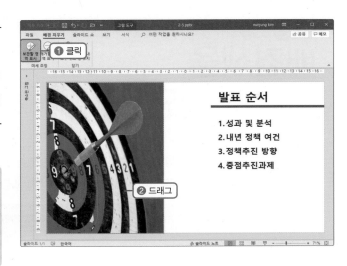

**04** 배경 제거 편집이 완료되었다면 리본 메뉴에서 [변경 내용 유지]를 클릭하거나, 이미지 바깥쪽을 클릭하면 됩니다.

**05** 노란색 배경이 제거되었습니다. 슬라이드에는 흰색, 빨간색, 검은색 세 가지 색만 사용되어 단순하고 세련된 느낌을 줄 수 있습니다.

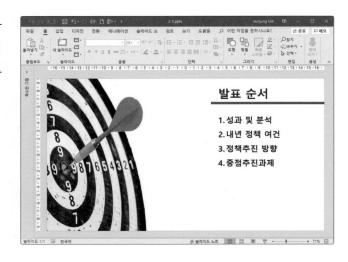

# 꾸밈 효과
# 설정하기

앞 예제에서 배운 '투명한 색 설정'과 '배경 제거' 기능을 이용하여 효과를 적용한 배경 이미지 슬라이드를 만들겠습니다.

**Keyword** 비율 자르기, 꾸밈 효과          **예제 파일** Part 2\가을.jpg

**01** [파일] 탭-[새로 만들기]-[새 프레젠테이션] 메뉴를 선택하여 새 슬라이드를 열어 줍니다. 기존에 있던 텍스트 상자는 모두 Delete 를 이용해 삭제합니다.

> **POINT**
> 기본 텍스트 틀을 다시 나타나게 하고 싶다면, [홈] 탭-[슬라이드] 그룹-[다시 설정(🖭)]을 클릭하면 됩니다.

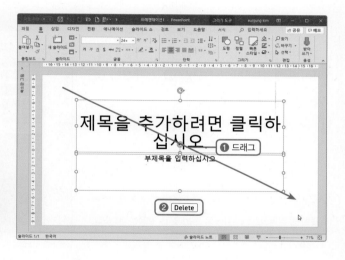

**02** [삽입] 탭-[이미지] 그룹-[그림]을 클릭하고 '가을.jpg'를 불러옵니다.

**03** 이미지를 선택한 채로 [그림 도구]-
[서식] 탭-[크기] 그룹-[자르기▼]-[가로
세로 비율]-[16:9]를 클릭하여 이미지를
슬라이드 비율에 맞게 잘라 줍니다.

**POINT**
파워포인트 2019 슬라이드 기본 비율이 16:9입니다.

**04** 이미지 가장자리 크기 조절점을 드래
그하여 슬라이드 크기에 맞게 키웁니다.
이미지를 선택하고 [조정] 그룹-[꾸밈 효
과]-[흐리게]를 클릭합니다.
다음 예제도 이어서 작업합니다.

**POINT**
포토샵 필터 효과를 적용해 주는 꾸밈 효과는 파워포
인트 2010부터 추가되었습니다.

---

**쌩초보 Level Up**

### 꾸밈 효과 사용하기

꾸밈 효과에는 연필 스케치, 파스텔 효과 등 포토샵 필터 같은 효과들이 들
어있습니다. 이미지가 크고 복잡할수록 처리 속도가 느려질 수 있습니다.

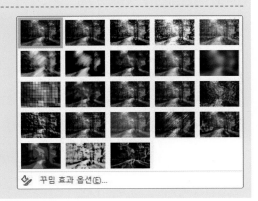

# SECTION 07

# 배경 제거 기능으로 감성 슬라이드 만들기

이미지 배경을 제거하는 '배경 제거'와 이미지를 단색 톤으로 변경하는 '그림 다시 칠하기' 기능을 이용하여 가을 감성이 느껴지는 슬라이드를 만들어 봅니다.

**Keyword** 배경 제거, 자르기, 다시 칠하기　　　　**예제 파일** Part 2\스마트폰.jpg

**01** 이전 예제에서 연결하여 작업합니다. [삽입] 탭-[이미지] 그룹-[그림]을 클릭 하고 '스마트폰.jpg'를 불러옵니다.

**POINT**
이 예제에서 사용하는 여러 색상을 뚫는 배경 제거 기 능은 파워포인트 2010부터 사용할 수 있습니다.

**02** 이미지를 선택한 채로 [그림 도구]-[서 식] 탭-[조정] 그룹-[배경 제거]를 클릭합 니다. 이미지 가장자리가 보라색으로 변합 니다.

**03** 스마트폰과 손 영역을 정확하게 남기기 위해 [보관할 영역 표시]를 클릭하고 스마트폰과 손 영역을 드래그합니다.
영역 설정이 끝났으면 [변경 내용 유지]를 클릭하거나, 이미지 바깥쪽을 클릭하면 됩니다.

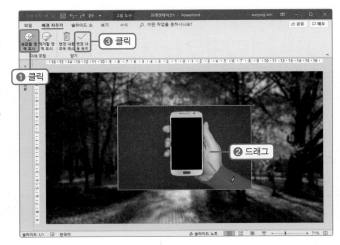

**04** 스마트폰 이미지를 선택하고 이미지 가장자리 크기 조절점을 드래그하여 크기를 키웁니다.

**05** [삽입] 탭-[이미지] 그룹-[그림]을 클릭하고 '가을.jpg'를 다시 불러온 다음 [그림 도구]-[서식] 탭-[크기] 그룹-[자르기]를 클릭하여 스마트폰 화면 크기로 자릅니다.

**POINT**
가장자리 자르기 영역을 먼저 스마트폰 화면 크기로 맞춘 다음 이미지를 옮기면 편하게 자를 수 있습니다.

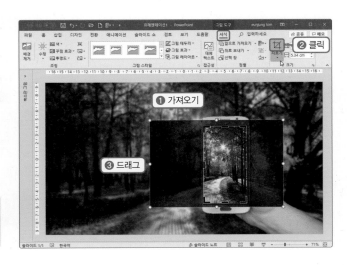

**06** [홈] 탭-[그리기] 그룹-[도형]-[직사각형(□)]을 클릭하고 직사각형을 그립니다. 도형 채우기 색은 '채우기 없음'으로, 선 색은 '흰색', 선 너비는 '1pt'로 지정합니다.

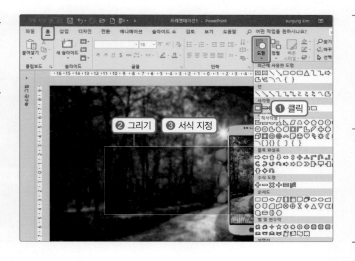

**07** 사각형과 흐림 처리가 된 배경 그림을 함께 선택하고 마우스 오른쪽 버튼을 클릭한 다음 **[맨 뒤로 보내기]**를 실행하여 겹침 순서를 바꿉니다.

**POINT**
스마트폰과 또렷한 가을 이미지가 가장 위로 올라옵니다.

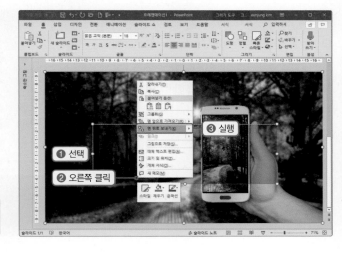

**08** [삽입] 탭-[이미지] 그룹-[그림]을 클릭하고 '낙엽.jpg'를 불러옵니다.
이미지를 선택하고 [그림 도구]-[서식] 탭-[조정] 그룹-[색]-[투명한 색 설정]을 클릭한 다음 낙엽 이미지 배경인 흰색을 클릭합니다.

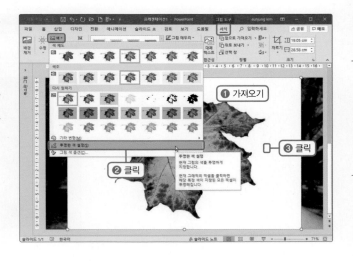

기본 & 텍스트

도형

개체 활용

표 & 차트

애니메이션 & 레이아웃

멀티미디어&출력

**09** 낙엽 이미지 크기를 작게 수정하고 Ctrl을 누르며 드래그하여 낙엽을 복제합니다.

**10** 첫 번째 낙엽 이미지를 선택하고 [그림 도구]-[서식] 탭-[조정] 그룹-[색]을 클릭한 다음 [다시 칠하기] 범주에서 [황금색, 밝은 강조색 4]를 클릭합니다.

**11** 두 개의 낙엽을 적절히 배치하고, 텍스트를 입력하여 마무리합니다.

▶ 글꼴: 조선일보명조

S E C T I O N

08

기본 & 텍스트

도형

개체 활용

표 & 차트

애니메이션 & 레이아웃

멀티미디어&출력

# 이미지에
# 그라데이션 효과 넣기

삽입된 이미지가 배경에 좀 더 자연스럽게 합성되려면 이미지 가장자리가 점진적으로 흐려지는 효과를 만들면 좋습니다. 이때는 도형의 그라데이션 기능을 이용하면 쉽게 만들 수 있습니다.

**Keyword** 도형, 그라데이션 채우기        **예제 파일** Part 2 \ 2-11.pptx

**01** [홈] 탭-[그리기] 그룹-[도형]-[자유형: 도형(⌓)]을 선택합니다.
다각형을 그리기 위해 슬라이드에 그림과 같이 꼭짓점마다 클릭하고, 시작점으로 돌아와 다시 한 번 더 클릭해 주면 닫힌 도형이 완성됩니다.

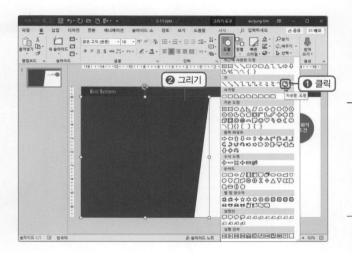

**02** 같은 방법으로 오른쪽에도 다각형을 자유형으로 그립니다.

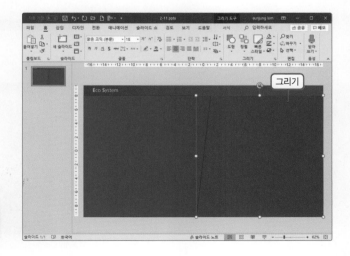

**POINT**
자유형 도형의 시작점과 종료점을 맞추면 닫힌 도형이 되어 도형 면이 채워집니다.

**03** 왼쪽 도형을 마우스 오른쪽 버튼으로 클릭하고 **[도형 서식]**을 실행합니다. 오른쪽에 나타난 [도형 서식] 설정 창에서 '그림 또는 질감 채우기'를 선택하고 [파일] 버튼을 클릭합니다. '에코롯지1.jpg'를 가져옵니다.

선은 '선 없음'을 선택합니다. 왼쪽 도형은 '에코롯지2.jpg' 이미지로 채웁니다.

**04** 두 개의 도형을 함께 선택하고 마우스 오른쪽 버튼을 클릭한 다음 **[맨 뒤로 보내기]**를 실행합니다. 이미지 색상이 진해서 앞에 있는 텍스트가 눈에 띄지 않습니다.

**05** [그리기] 그룹-[도형]-[직사각형(□)]을 선택하고 위쪽에 직사각형을 그립니다.

**06** [도형 서식] 설정 창에서 '그라데이션 채우기'를 선택하고 종류를 '선형', 각도를 '90°'로 지정합니다. 중지점을 두 개만 남기고 나머지는 모두 삭제합니다.
선 항목에서 '선 없음'을 선택합니다.

| 중지점 | 색 | 위치 | 투명도 |
|--------|------|------|--------|
| 중지점 1 | 흰색 | 57% | 0% |
| 중지점 2 | 흰색 | 100% | 100% |

**07** 그라데이션 도형과 아래쪽 자유형 도형 두 개를 모두 선택하고 마우스 오른쪽 버튼을 클릭한 다음 **[맨 뒤로 보내기]**를 실행합니다.

**08** 흰색 그라데이션 도형 때문에 이미지 경계가 부드럽게 처리가 되었습니다.

# 픽토그램을 활용한
# 슬라이드 만들기

## 09

파워포인트에서도 아이콘을 제공하지만 종류가 다양하지 않습니다. 이럴 때는 인터넷에서 무료로 다운로드할 수 있는 사이트를 이용하면 됩니다. flaticon.com이라는 사이트에서 픽토그램을 다운받는 방법과 슬라이드에서 활용하는 방법을 살펴봅니다.

**Keyword** 픽토그램                    **예제 파일** Part 2\2-13.pptx

---

**01** [홈] 탭-[그리기] 그룹-[도형]-[타원(○)]을 선택하고 Shift를 누른 채 드래그하여 정원을 그립니다. 채우기 색을 '하늘색', 선을 '선 없음'으로 지정합니다.

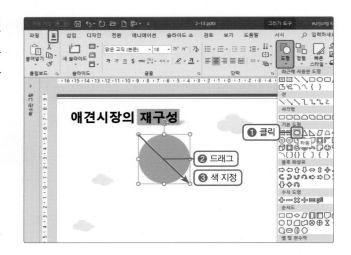

**02** Ctrl을 누른 채 드래그하여 정원을 여러 개 복제합니다.

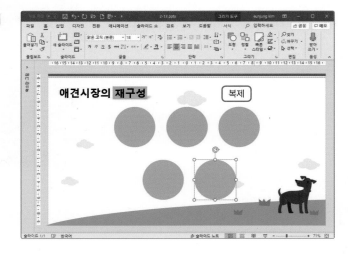

**03** [그리기] 그룹-[도형]-[텍스트 상자
(📄)]를 선택하고 정원 밑에 설명 글을 입
력합니다.

Ctrl 을 누른 채 드래그하여 텍스트 상자를
복제하고 내용도 변경합니다.

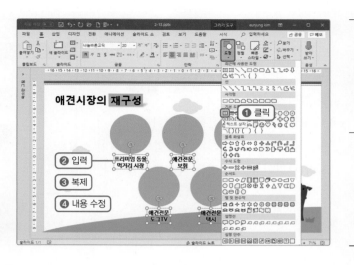

**04** 크롬 브라우저에서 flaticon.com에 접
속하고 'dog'를 검색합니다.

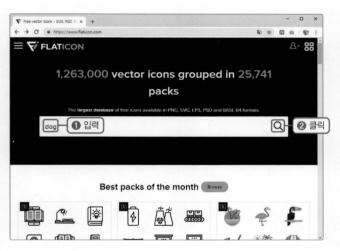

**05** 강아지에 관련된 여러 가지 픽토그램
이 검색 결과로 나옵니다. 원하는 이미지
를 클릭하고 들어갑니다.

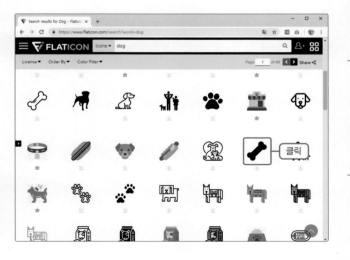

**06** 로그인한 사용자의 경우 아이콘 색을 변경할 수 있습니다. 예제에서는 해당 아이콘을 흰색으로 변경하였습니다. [PNG]를 선택합니다.

[Free Download] 버튼을 클릭하여 이미지를 다운로드합니다. 같은 방법으로 강아지와 관련된 픽토그램을 다운로드합니다.

**07** 예제 파일로 돌아와 [삽입] 탭-[이미지] 그룹-[그림]을 클릭하고 다운로드한 PNG 파일을 불러옵니다.

**08** 이미지 가장자리 조절점을 이용하여 크기를 줄이고, 원형 도형 위에 하나씩 올립니다.

# SVG 파일 다운로드하고 편집하기

flaticon.com에서 다운로드한 PNG 이미지는 비트맵 이미지로, 선택한 색상밖에 사용할 수 없습니다. 하지만 벡터 파일로 다운로드하여 사용하면 파워포인트에서 도형처럼 원하는 색상으로 변경할 수 있고, 이미지 중 필요한 부분만 추출하여 사용할 수도 있습니다. 파워포인트 2019 버전부터 SVG 벡터 파일 삽입이 가능해졌습니다.

**Keyword** SVG **예제 파일** Part 2 \ 2-15.pptx

**01** 크롬 브라우저에서 'flaticon.com'에 접속합니다. 'house hand'를 검색합니다. 사용할 이미지를 선택합니다.

**02** 픽토그램 아래쪽에 다양한 이미지 파일 형식들이 보입니다. 그중 [SVG] 버튼을 클릭하여 다운로드합니다.

**POINT**
파워포인트 2013 이하 사용자는 PNG 형식을 다운로드합니다.

**03** 예제 파일을 열어 줍니다. [삽입] 탭-[이미지] 그룹-[그림]을 클릭하고 앞에서 다운로드한 'house.svg' 파일을 불러 옵니다.

현재는 그림 개체로 취급됩니다([그림 도구]-[서식] 탭이 나타납니다).

**POINT**
벡터 형식인 SVG(Scalable Vector Graphic) 형식을 사용하면 확대를 해도 이미지가 깨지는 현상이 생기지 않습니다.

**04** 이미지를 선택하고 마우스 오른쪽 버튼 클릭한 다음 **[그룹화]-[그룹 해제]**를 실행합니다(Ctrl+Shift+G를 눌러 그룹을 해제해도 됩니다).

그리기 개체로 변환됩니다.

**POINT**
벡터 형식인 SVG(Scalable Vector Graphic) 형식을 사용하면 확대를 해도 이미지가 깨지는 현상이 생기지 않습니다.

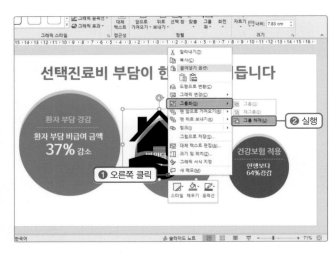

**05** 다시 Ctrl+Shift+G를 눌러 그룹을 한 번 더 해제하고, 필요 없는 부분을 선택한 다음 Delete를 눌러 삭제합니다.

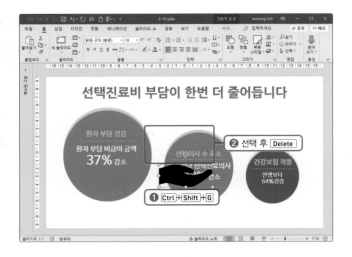

**06** [홈] 탭-[그리기] 그룹-[도형]-[사각형: 둥근 모서리(□)]를 선택하고 소매 부분을 그려 줍니다.
소매와 손의 채우기 색을 지정하고 선을 '선 없음'으로 지정합니다.

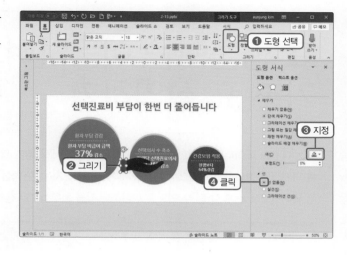

**07** 소매와 손을 Shift를 눌러 함께 선택하고 마우스 오른쪽 버튼을 클릭한 다음 **[그룹화]-[그룹]**을 실행하여 그룹으로 묶습니다(Ctrl+G를 눌러도 됩니다).
첫 번째 도형 아래에 배치합니다.

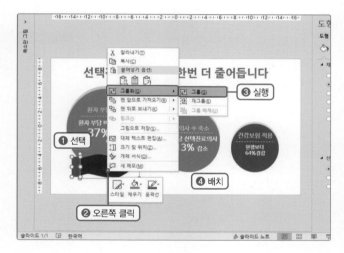

**08** 손 그룹은 Ctrl을 이용해 복사하고 크기와 색상을 조절하여 완성합니다.

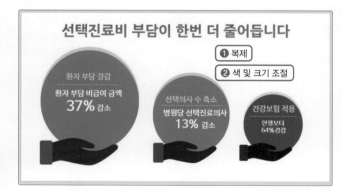

**POINT**
원형 도형과 비슷한 색상을 선택하면 좋습니다.

# 표 템플릿을 이용하여 기본 표 삽입하기

표는 다수의 데이터를 일정한 기준에 의해 가로 행과 세로 열에 맞춰 보기 좋게 정돈한 개체를 말합니다. 데이터를 가지런히 정리하는 목적으로 사용하거나, 강조하고자 하는 핵심 포인트, 즉 당월 순이익 값, 평균 성적 등이 다른 데이터보다 눈에 잘 띌 수 있도록 표현하는 것을 최우선으로 생각해야 합니다.

**Keyword** 표 삽입, 셀 병합, 셀 여백, 표 스타일      **예제 파일** Part 2\2-19.pptx

**01** [삽입] 탭-[표]를 클릭하고 6×8 표를 삽입합니다.

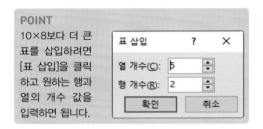

**POINT**
10×8보다 더 큰 표를 삽입하려면 [표 삽입]을 클릭하고 원하는 행과 열의 개수 값을 입력하면 됩니다.

**02** 표 가장자리에 있는 크기 조절점을 드래그하여 원하는 크기로 만들고, 각 셀에 데이터를 그림과 같이 입력합니다.

| 팀명 | 2018 | 2019 | | | |
| --- | --- | --- | --- | --- | --- |
| 분기 | 4분기 | 1분기 | 2분기 | 3분기 | 4분기 |
| 영업팀 A | 800 | 1,000 | 1,200 | 1,000 | 980 |
| 영업팀 B | 700 | 650 | 750 | 900 | 800 |
| 영업팀 C | 300 | 320 | 350 | 500 | 1200 |
| 영업팀 D | 20 | 25 | 30 | 40 | 50 |
| 영업팀 E | 50 | 60 | 70 | 80 | 90 |
| 총계 | 1,870 | 2,055 | 2,400 | 2,520 | 3,120 |

**03** 2019년도 셀들을 드래그하여 범위를 잡고 [표 도구]-[레이아웃] 탭-[병합] 그룹-[셀 병합]을 클릭하여 하나의 셀로 병합합니다.

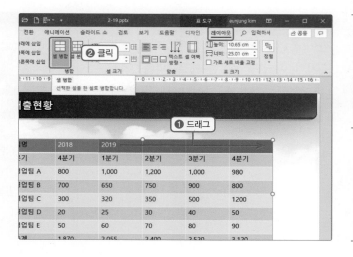

**04** 셀들을 모두 드래그하여 선택하고 [맞춤] 그룹-[가운데 맞춤(≡)], [세로 가운데 맞춤(⊟)]을 클릭합니다.

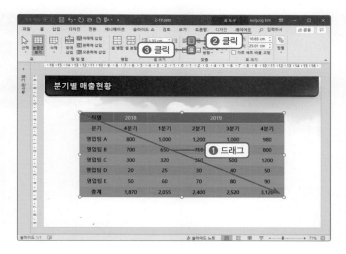

**05** 숫자 데이터들은 오른쪽 정렬이 되어야 하므로, 숫자 데이터만 선택하고 [오른쪽 맞춤(≡)]을 클릭합니다.

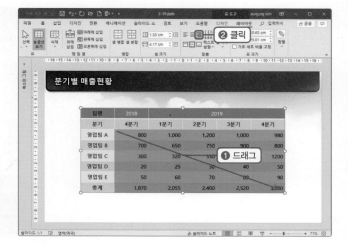

**POINT**
일반적으로 숫자는 오른쪽 정렬. 문자는 가운데 정렬합니다.

**06** 숫자 데이터들이 셀 경계선에 너무 가까이 붙어 있어 답답해 보입니다.
숫자 데이터만 선택한 채로 [맞춤] 그룹-[셀 여백]-[사용자 지정 여백]을 클릭한 다음 오른쪽으로를 '0.5cm'로 설정합니다.

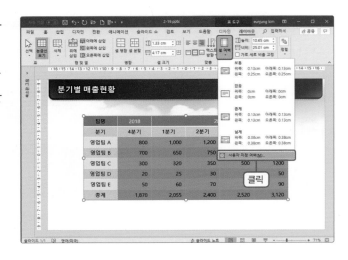

**07** 기본 표가 만들어졌습니다.
파워포인트에서 제공하는 표 템플릿으로 스타일을 바꾸겠습니다. [표 도구]-[디자인] 탭-[표 스타일 옵션] 그룹에서 '요약 행'과 '첫째 열'에 체크 표시합니다.

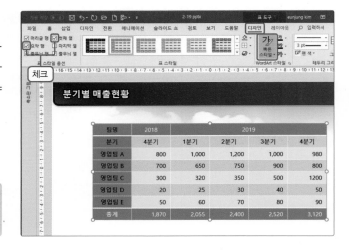

**POINT**
표 스타일을 이용하면 간단하게 표를 장식할 수 있습니다.

**08** [표 스타일] 그룹-[보통 스타일 3 - 강조 1]을 클릭합니다.

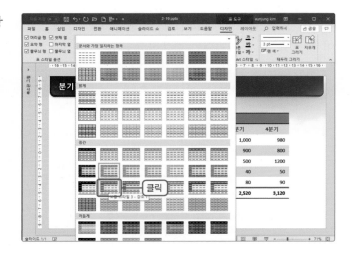

# 특정 셀 테두리와
# 음영 색으로 강조하기

## 12

표 안에 들어 있는 데이터를 청중들이 다 살펴보기는 어렵습니다. 그렇기 때문에 발표자가 강조하고 싶은 특정 셀이나 행 혹은 열만 눈에 띄게 표현하여 보여 주면 훨씬 전달력이 높아집니다.

**Keyword** 셀 테두리          **예제 파일** Part 2 \ 2-21.pptx

**01** 현재 만들어진 표에서 강조하고 싶은 행과 열이 있다면 그 부분의 테두리나 음영 색을 바꿔서 데이터를 강조할 수 있습니다.

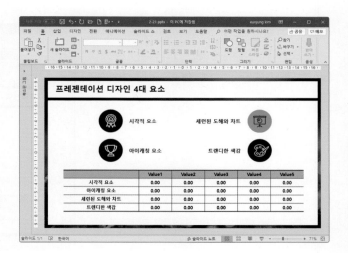

**02** 'Value4' 열을 선택하고 [표 도구]-[디자인] 탭-[테두리 그리기] 그룹에서 펜 스타일을 '실선', 펜 두께를 '2.25pt', 펜 색을 '청록색'으로 지정합니다.

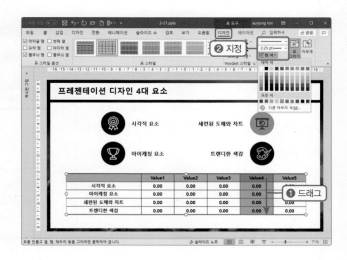

**03** 표 전체를 선택한 채로 [표 스타일] 그룹-[테두리▼]-[바깥쪽 테두리]를 선택합니다.

범위 지정한 영역의 바깥 테두리만 녹색으로 설정되어 눈에 띄게 강조됩니다.

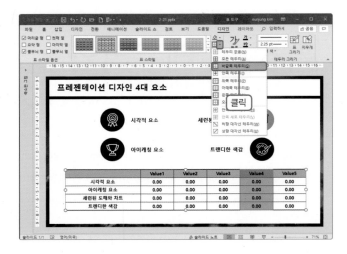

**04** '아이캐칭 요소' 행을 선택하고 [테두리 그리기] 그룹에서 펜 스타일을 '점선', 펜 두께를 '2.25pt', 펜 색을 '주황색'으로 지정합니다.

**POINT**
셀 테두리 색을 변경하는 대신에 사각형 도형을 올려두는 것도 셀을 강조하는 또 다른 표현 방법입니다.

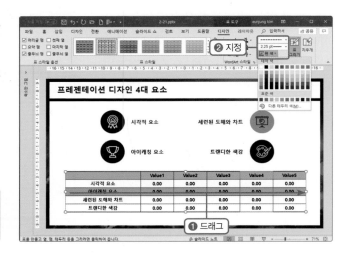

**05** [표 도구]-[디자인] 탭-[표 스타일] 그룹-[테두리▼]-[바깥쪽 테두리]를 선택합니다.

[음영]을 '엷은 주황색'으로 지정합니다. 해당 행만 음영 색과 테두리가 설정되어 눈에 띄게 강조됩니다.

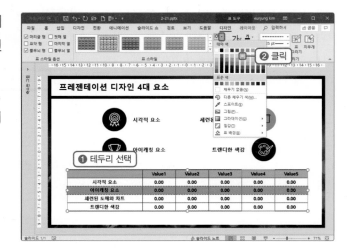

# 엑셀 표 가져오기

엑셀에서 만들어진 표가 있다면 그 데이터를 복사해 가져와 슬라이드에서 사용할 수 있습니다. 파워포인트에서 표를 다시 만드는 것보다 수월하겠지요?

**Keyword** 엑셀 표 복사, 원본 서식 유지      **예제 파일** Part 2 \ 2-23 엑셀표 연동.xlsx, 2-23.pptx

**01** 엑셀 파일 '2-23 엑셀표 연동.xlsx' 파일을 열어 줍니다. 엑셀 파일에서 표 데이터를 드래그하여 선택하고 Ctrl+C를 눌러 복사합니다.

**POINT**
이 예제는 파워포인트 2010부터 실습할 수 있습니다.

**02** '2-23.pptx' 파일을 열고 Ctrl+V를 눌러 줍니다.

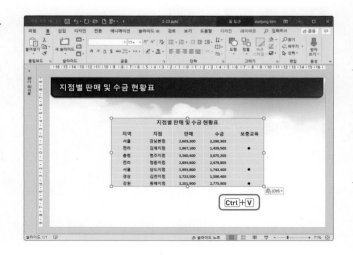

**03** 표 아랫부분에 '붙여넣기 옵션' 버튼이 나타납니다. '붙여넣기 옵션'을 클릭합니다. 엑셀 서식을 그대로 사용하고 싶으면 [원본 서식 유지(🖳)]를 클릭하면 됩니다.

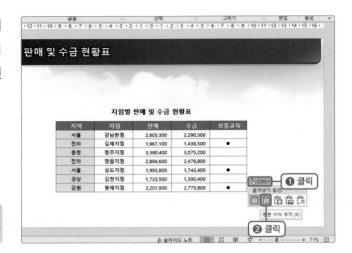

**04** [포함(🖳)]을 클릭하면 엑셀 프로그램이 포함되어, 표를 더블클릭하면 파워포인트에서 엑셀 프로그램이 열려 편집 가능한 모드로 바뀝니다.

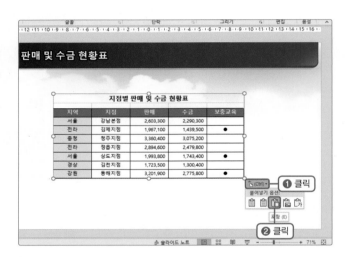

**쌩초보 Level Up**

**붙여넣기 옵션 선택하기**

[그림(🖳)]을 클릭하면 엑셀 표가 그림 형식으로 삽입됩니다. [텍스트만 유지(🖳)]를 누르면 아무런 스타일이 적용되지 않은 텍스트만 입력됩니다.

# 세로 막대 차트로 매출 목표 표현하기

차트는 계열의 막대 크기나 꺾은선 변화 추이, 원형 차트 면적 비교 등을 통하여 데이터의 많고, 적음, 그리고 비율 비교, 변화 값 등을 한눈에 보여 주는 시각적 데이터 표현 도구로, 사용 분야에 따라 알맞은 차트를 잘 선택하는 것이 중요합니다. 데이터의 많고 적음을 비교할 때 막대 그래프를 주로 사용합니다.

**Keyword** 세로 막대 그래프 　　　　　　**예제 파일** Part 2 \ 2-25.pptx

**01** 차트를 삽입하기 위해 [삽입] 탭-[일러스트레이션] 그룹-[차트]를 클릭합니다.

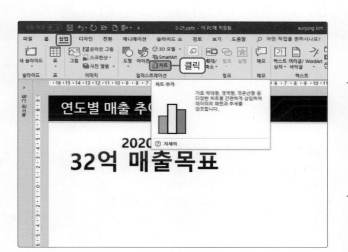

**02** 차트 종류를 선택하는 대화상자가 나타나면 [세로 막대형] 범주-[묶은 세로 막대형]을 선택합니다.

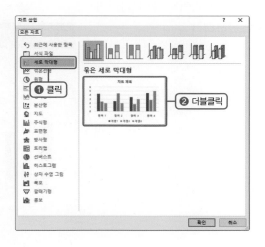

**03** 엑셀 창이 열리면, 다음과 같이 엑셀 창에 데이터를 입력하고, 엑셀 창을 닫습니다.

| | 매출 |
|---|---|
| 2015년 | 7 |
| 2016년 | 19 |
| 2017년 | 16 |
| 2018년 | 26 |
| 2019년 | 28 |
| 2020년 | 32 |

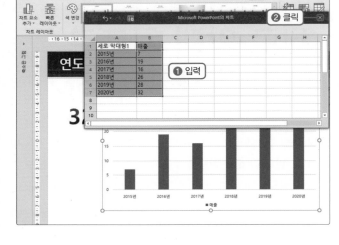

**04** 세로 막대 그래프가 삽입되었습니다. 차트 요소 중 필요 없는 차트 제목, 범례, 세로 축, 눈금선을 선택하고 Delete 를 눌러 삭제합니다.

**POINT**
만약 위에서 삭제한 요소들을 다시 보여준다면 차트 오른쪽에 [차트 요소(⊞)]를 클릭하여 다시 보이게 할 수 있습니다. 여기서는 차트의 '데이터 레이블'이 필요합니다.

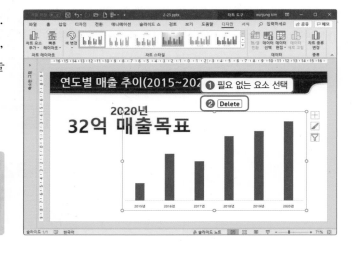

**05** [차트 요소(⊞)]-[데이터 레이블]-[바깥쪽 끝에]를 클릭합니다.

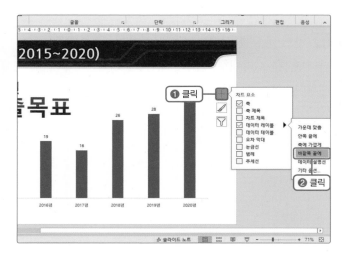

**06** 차트 막대 그래프를 마우스 오른쪽 버튼으로 클릭한 다음 [데이터 계열 서식]을 실행합니다.

[데이터 계열 서식] 설정 창이 나타나면 계열 옵션 항목에서 간격 너비를 '90%'로 설정하여 막대 너비를 넓힙니다.

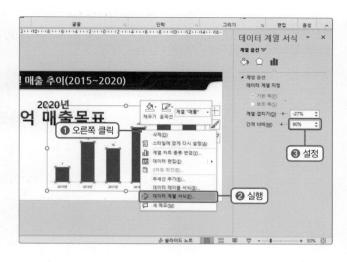

**07** [채우기 및 선(◇)]을 선택하고 '단색 채우기'를 선택한 다음 색을 '옅은 회색'으로 지정합니다.

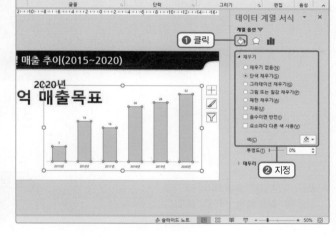

**POINT**
데이터 계열이 모두 선택되어 있기 때문에 한꺼번에 색상이 변경됩니다.

**08** 2020년 데이터를 강조해 보겠습니다. 세로 막대 데이터 계열이 선택된 상태에서 2020년 막대를 한 번 더 클릭하면 2020년 데이터 계열만 선택됩니다.

[데이터 계열 서식] 설정 창에서 색을 '파란색'으로 지정합니다.

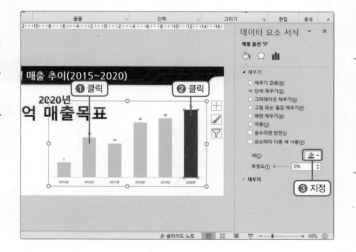

**09** 가로 축을 선택하고 오른쪽 [축 서식] 설정 창의 선 항목에서 색과 너비를 지정합니다.

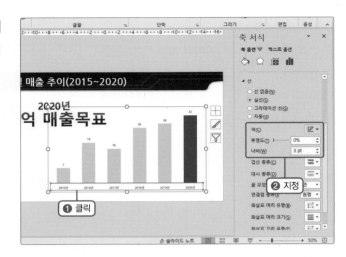

▶ 색: 짙은 회색, 너비: 3pt

**10** 가로 축과 데이터 레이블을 선택하고 [홈] 탭–[글꼴] 그룹에서 글꼴과 글꼴 크기 크기, 글꼴 색을 설정합니다.

▶ 글꼴: 맑은 고딕, 글꼴 크기: 14,
글꼴 색: 짙은 회색, 스타일: 굵게

**11** [그리기] 그룹–[도형]–[말풍선: 타원형(◌)]을 선택하고 둥글게 말풍선을 그립니다.
말풍선의 채우기 색과 윤곽선을 지정해 주고 '32억'을 입력합니다. 같은 방법으로 '16억' 도형도 그려 줍니다.

▶ 글꼴: 맑은 고딕, 워드아트 효과: 네온

**POINT**
차트를 선택한 채 도형을 그리게 되면, 도형이 차트 영역 안에서만 이동되기 때문에 위치 이동에 제약이 있습니다.

## 차트 요소 살펴보기

차트의 각 부분별 이름을 알아야 차트를 편집할 때 도움이 됩니다. 각 요소를 선택하고 [차트 도구]–[서식] 탭에서 [현재 선택 영역] 그룹을 보면 현재 어느 부분을 선택하고 있는지 알 수 있습니다.

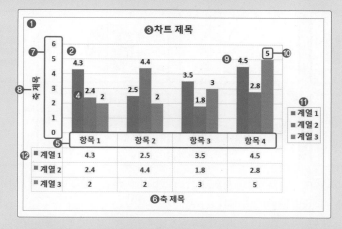

① **차트 영역**: 차트 전체 영역으로 모든 구성 요소를 포함합니다. 차트 위치, 크기 조절 및 글꼴 조절을 할 수 있습니다.

② **그림 영역**: 차트가 그려진 영역으로 X축과 Y축으로 이루어진 사각형 안에 데이터 계열, 항목, 항목 이름, 눈금선, 레이블 등을 포함합니다.

③ **차트 제목**: 차트 제목을 표시합니다.

④ **데이터 계열/요소**: 데이터 요소나 값을 막대, 영역, 점, 조각 등으로 표시합니다. 각 데이터 계열은 고유한 색이나 무늬를 가집니다.

⑤ **가로(항목) 축**: 데이터 계열 이름을 표시합니다.

⑥ **가로 축 제목**: 가로 축이 무엇을 의미하는지 나타냅니다.

⑦ **세로(값) 축**: 데이터 계열의 값을 표시합니다.

⑧ **세로 축 제목**: 세로 축이 무엇을 의미하는지 나타냅니다.

⑨ **눈금선**: 데이터 값을 알기 쉽게 가로 선이나 세로 선을 표시합니다.

⑩ **데이터 레이블**: 데이터 계열 또는 요소의 값과 이름을 표시합니다.

⑪ **범례**: 각 데이터 계열이나 항목을 식별할 수 있도록 데이터 계열별 이름과 색(무늬)을 표시합니다. 위치를 바꿀 수 있습니다.

⑫ **데이터 테이블**: 차트를 그리는 데이터의 원본 데이터를 표시합니다.

기본 & 텍스트 | 도형 | 개체 활용 | 표 & 차트 | 애니메이션 & 레이아웃 | 멀티미디어&출력

## 차트 종류와 용도 살펴보기

표현하려는 데이터 형식에 적합한 차트 종류를 선택하는 것이 중요합니다. 어떤 차트 종류를 선택하는가에 따라 그 데이터를 얼마나 잘 해석할 수 있는지가 결정됩니다.

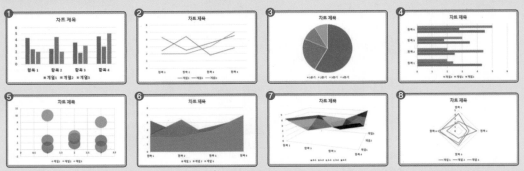

① **세로 막대형**: 시간적 추이나 일정 기간 동안에 각 항목 사이 데이터를 비교하여 증가 또는 감소를 표시할 때 사용합니다. 2차원/3차원 세로 막대, 원통, 원뿔, 피라미드 형태가 있습니다.

② **꺾은선형**: 일정한 기간 동안 데이터가 변하는 추이를 선으로 표시합니다. 두 개 이상의 데이터를 비교하며, 오랜 기간 데이터의 변화 추이를 비교할 때 주로 사용합니다. 막대 차트와 함께 혼합해서 사용하는 경우도 있습니다.

③ **원형**: 전체 비율을 100%로 보고 해당 항목이 차지하는 비율을 보여 주는 차트입니다. 데이터 계열이 하나일 때만 사용할 수 있습니다.

④ **가로 막대형**: 일정 기간보다는 각 계열의 항목 값을 비교할 때 사용합니다. 2차원/3차원 세로 막대, 원통, 원뿔, 피라미드 형태가 있습니다.

⑤ **분산형**: X, Y 좌표에 표식을 나타내어 데이터의 불규칙한 간격이나 분포를 나타낼 때 사용합니다. 주로 과학 데이터 분석에 많이 사용됩니다.

⑥ **영역형**: 시간 흐름에 따른 데이터 변화를 강조할 때 사용합니다. 항목별로 값의 합계를 표시함으로써 전체와 부분 사이 관계를 나타낼 수 있습니다.

⑦ **표면형**: 두 데이터 집합에서 최적의 조합을 찾을 때 유용합니다. 주로 지도에서 색과 무늬를 다르게 표시한 지형 지도를 그릴 때 사용합니다.

⑧ **방사형**: 각 데이터 계열의 값이 중심으로부터 바깥으로 퍼져 나가는 형태로 각각의 값을 모두 선으로 연결하여 표시합니다. 주로 두 개 이상의 데이터 계열의 대칭 비교를 통하여 정치, 사회 분야 여론 조사 분석이나 스포츠 기술 분석 등을 할 때 많이 사용합니다.

# 도넛형 차트로
# 남녀 비율 차트 만들기

## 15

백분율을 나타낼 때는 원형 차트와 도넛형 차트가 많이 사용됩니다. 도넛형 차트를 사용하는 이유는 단순한 원형 차트보다 세련되어 보이기도 하고, 차트 가운데 공간을 활용할 수 있기 때문입니다.

**Keyword** 도넛형 차트, 데이터 편집 　　　　　**예제 파일** Part 2 \ 2-29.pptx

**01** 증강 현실 게임 사용자 성별 비율을 나타내는 차트를 만들고자 합니다.
[삽입] 탭-[일러스트레이션] 그룹-[차트]를 클릭합니다. [원형] 범주-[도넛형]을 선택한 다음 [확인] 버튼을 클릭합니다.

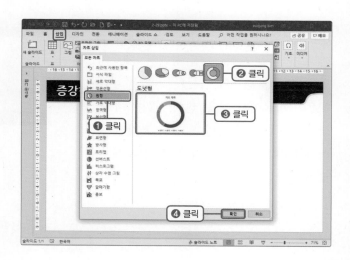

**02** 엑셀 창이 나타나면 다음과 같이 데이터를 입력하고 엑셀 창을 닫습니다. 불필요한 차트 제목과 범례를 선택하고 Delete를 눌러 삭제합니다.
차트 가장자리 크기 조절점을 드래그하여 크기를 줄입니다.

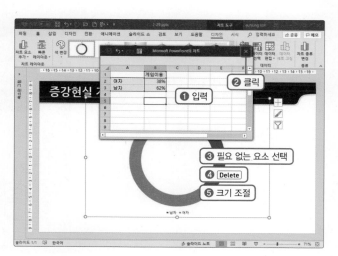

|  | 게임이용 |
| --- | --- |
| 여자 | 38% |
| 남자 | 62% |

**03** 도넛을 마우스 오른쪽 버튼으로 클릭한 다음 **[데이터 계열 서식]**을 실행합니다.
[데이터 계열 서식] 설정 창이 나타나면, 계열 옵션 항목에서 도넛 구멍 크기를 '60%'로 설정합니다.

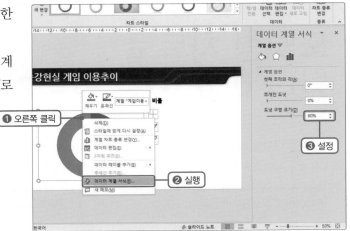

**04** 도넛의 큰 조각을 한 번 더 클릭하고 [데이터 계열 서식] 설정 창에서 [채우기 및 선(◇)]을 선택합니다.
채우기 항목에서 색을 '흰색, 배경1, 15% 더 어둡게'로 지정합니다. 작은 조각만 선택하고 채우기 항목에서 색을 '분홍색'으로 지정합니다.

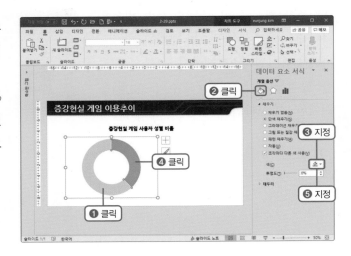

**05** 차트를 선택하고 복사(Ctrl + C), 붙여넣기(Ctrl + V)한 다음 복사된 차트를 오른쪽에 나란히 배치합니다. 작은 조각만 선택하고 채우기 색을 '청록색'으로 지정합니다.

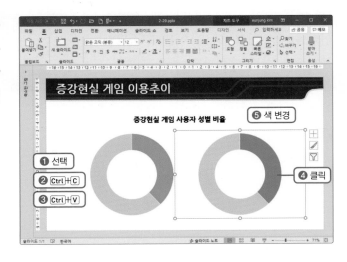

**06** 복사된 차트를 선택하고 [차트 도구]-[디자인] 탭-[데이터] 그룹-[데이터 편집]을 클릭하여 엑셀 창을 엽니다.
엑셀 창에서 다음과 같이 데이터를 변경해 주고 엑셀 창을 닫습니다.

|  | 게임 이용 |
| --- | --- |
| 남자 | 64% |
| 여자 | 38% |

**POINT**
위에 있는 데이터가 12시를 기준으로 먼저 나타납니다.

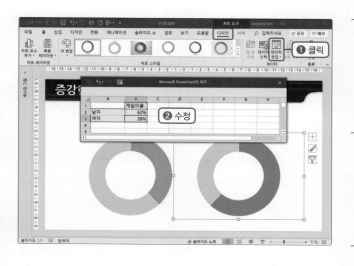

**07** [홈] 탭-[그리기] 그룹-[도형]-[타원(○)]을 클릭하고, Shift 를 누른 채 드래그하여 정원을 그립니다.

**POINT**
원의 크기는 차트의 도넛 너비와 같도록 하고, 색상도 분홍색, 청록색으로 맞춥니다. 왼쪽 차트의 데이터 계열 경계 부분에 정확히 위치시킵니다.

**08** [그리기] 그룹-[도형]-[텍스트 상자(回)]를 이용하여 차트 가운데 값을 직접 입력하고, [삽입] 탭-[이미지] 그룹-[그림]을 이용하여 픽토그램 이미지(도넛차트-여자.png, 도넛차트-남자.png)를 넣어 마무리합니다.

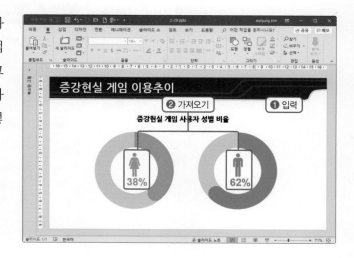

# 하나의 이미지로
# 시각 그래프 만들기

## 16

백 마디 텍스트보다는 이미지를 사용하여 설명하는 것이 효과적이고, 더 내용을 빠르게 전달할 수 있습니다. 차트에 이미지를 사용한다면 의미 전달이 더 쉽게 될 수 있습니다.

**Keyword** 데이터 계열 서식          **예제 파일** Part 2 \ 2-30.pptx

**01** 예제 파일에는 묶은 세로 막대형 차트가 만들어져 있습니다. 학생들의 학업 만족도를 나타내는 차트인데 너무 딱딱하고 재미가 없습니다. 교육이라는 주제에 맞는 이미지로 바꿔 봅니다.

묶은 세로 막대형 차트에서 막대를 마우스 오른쪽 버튼으로 누른 다음 **[데이터 계열 서식]**을 실행합니다.

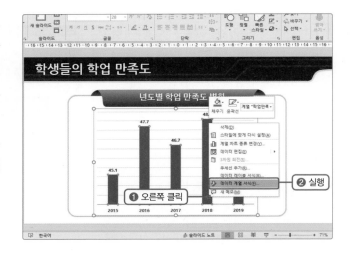

**02** [데이터 계열 서식] 설정 창이 나타나면 [채우기 및 선(⬧)]을 선택하고 채우기 항목에서 '그림 또는 질감 채우기'를 선택합니다.

[파일] 버튼을 클릭하고 '연필.png'을 선택합니다.

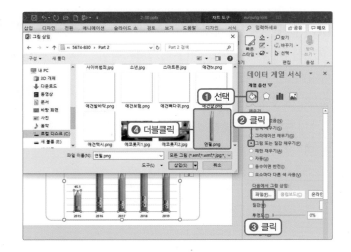

**03** 차트가 훨씬 시각적으로 표현이 잘 되었습니다. 눈금선을 선택하고 Delete를 눌러 삭제합니다.

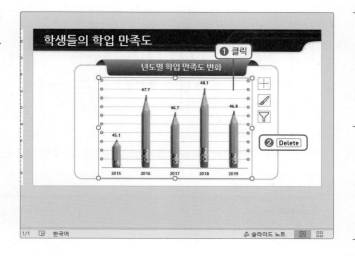

**04** 차트의 그림 영역을 선택하고, [그림 영역 서식] 설정 창의 채우기 항목에서 '그림 또는 질감 채우기'를 선택합니다. [파일] 버튼을 클릭하고 '공책.jpg'로 채웁니다.

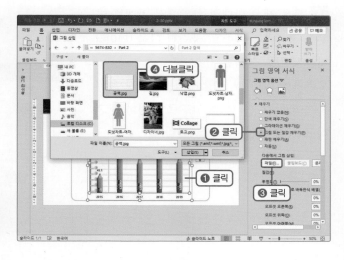

**POINT**
차트의 특정 영역을 선택하면 오른쪽 설정 창이 선택한 영역에 대한 설정 창으로 바뀝니다.

**05** 이미지를 사용하면 단순한 막대 그래프보다 훨씬 전달력이 높고 차트를 보는 사람으로 하여금 재미와 감동을 함께 느끼게 할 수 있습니다.

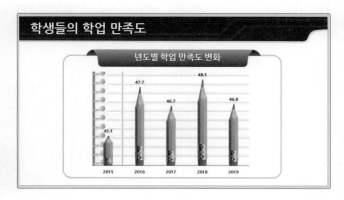

**POINT**
세로로 긴 이미지가 세로 막대 그래프에 잘 어울립니다.

# 다양한 이미지로
# 시각 그래프 만들기

SECTION

# 17

비전문가들에게는 특정 제품을 글로 설명하는 것보다 이미지로 보여 주는 것이 효과적입니다. 제품 이미지를 막대 그래프에 넣어 데이터 수치 분석과 제품 정보를 함께 제공할 수 있습니다.

**Keyword** 자르기, 투명한 색        **예제 파일** Part 2\2-31.pptx

**01** 묶은 세로 막대형 차트에서 막대를 마우스 오른쪽 버튼으로 클릭한 다음 **[데이터 계열 서식]**을 실행합니다.

오른쪽에 [데이터 계열 서식] 설정 창 계열 옵션에서 간격 너비를 '0%'로 설정하여 그래프 간격이 없어지도록 합니다.

**02** 2번 슬라이드에 삽입된 아사이베리 이미지를 선택하고 [그림 도구]-[서식] 탭-[크기] 그룹-[자르기]를 클릭한 다음 막대 그래프 비율대로 잘라 줍니다.

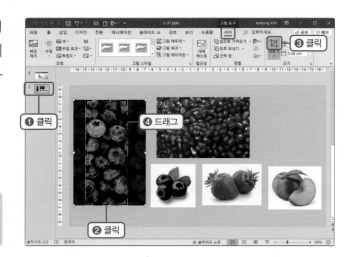

**POINT**
이미지를 자르지 않으면 가로로 큰 이미지가 세로 막대에 채워져 그림 비율이 많이 일그러집니다.

**03** 세로로 잘라진 아사이베리 이미지를 클릭하고 Ctrl+C를 눌러 복사합니다.

**04** 1번 슬라이드로 돌아와 가장 왼쪽 막대 그래프만 선택하고 Ctrl+V를 눌러 붙여넣기 합니다.

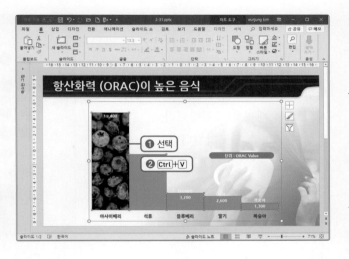

**POINT**
데이터 계열을 한 번 클릭하면 계열들이 모두 선택되고, 한 번 더 클릭하면 하나의 계열만 선택됩니다.

**05** 2번 슬라이드에 삽입된 석류 이미지를 선택하고 [그림 도구]-[서식] 탭-[크기] 그룹-[자르기]를 클릭한 다음 막대 그래프 비율대로 잘라 줍니다.
세로로 잘린 석류 이미지가 선택된 채로 Ctrl+C를 눌러 복사합니다.

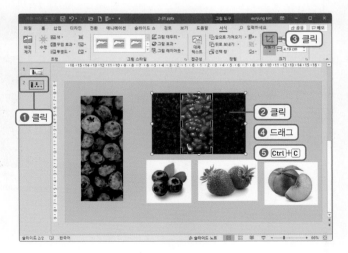

**06** 1번 슬라이드로 돌아와 두 번째 막대 그래프만 선택하고 [Ctrl]+[V]를 눌러 붙여 넣습니다.

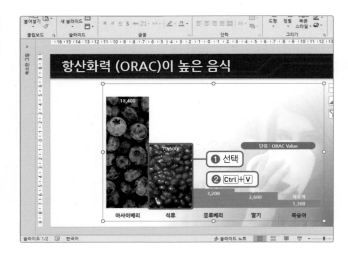

**07** 2번 슬라이드에 삽입된 블루베리 이미지를 선택하고 [그림 도구]–[서식] 탭–[조정] 그룹–[색]–[투명한 색 설정]을 클릭한 다음 마우스 포인터로 블루베리 이미지의 흰색 배경을 클릭합니다.
흰색이 투명하게 처리됩니다.

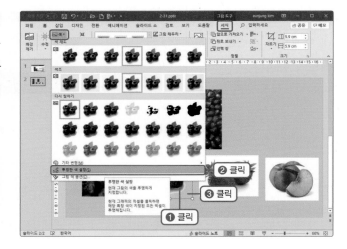

**08** 같은 방법으로 딸기와 복숭아도 처리합니다.
블루베리, 딸기, 복숭아 이미지를 복사하고 1번 슬라이드에 붙여넣기한 다음, 가장자리 크기 조절점을 이용해 크기 조절하고 그래프 위에 올립니다.

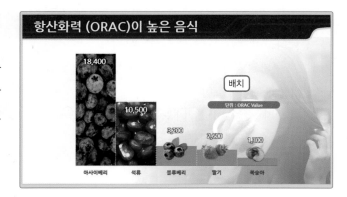

# 픽토그램으로
# 고용률 차트 만들기

막대 그래프를 픽토그램으로 표현하면 훨씬 직관적이어서 메시지 전달에 효과적입니다. 막대 그래프의 데이터 계열 서식에서 픽토그램으로 채워도 되지만, 사람 이미지 비율이 찌그러지면 보기 싫어질 수 있으니, 데이터 계열 서식의 색은 눈에 띄지 않게 처리하고 픽토그램 이미지를 그래프 위에 겹치는 방식으로 만들겠습니다.

**Keyword** 안내선, 데이터 계열 서식, 픽토그램 　　　　　 **예제 파일** Part 2 \ 2-32.pptx

**01** [보기] 탭-[표시] 그룹에서 '안내선'에 체크 표시하여 슬라이드에 안내선을 표시 합니다. 가로 안내선을 2018년 막대 그래 프 위쪽 경계에 갖다 둡니다.

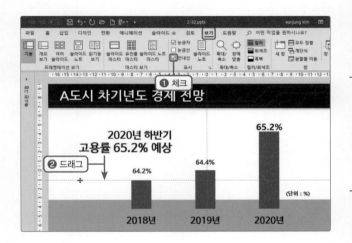

**02** Ctrl을 누른 채 안내선을 드래그하여 복제하고 2019년 막대그래프 위쪽 경계에 갖다 둡니다.
같은 방법으로 2020년 막대 그래프 위쪽 경계에도 안내선을 갖다 둡니다.

**POINT**
안내선을 복사할 때 차트가 없는 곳에서 드래그하여 복 사합니다. 실수로 차트가 복사될 수 있기 때문입니다.

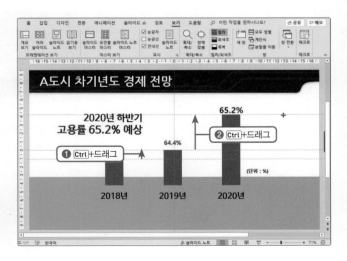

**03** 세로 막대를 마우스 오른쪽 버튼으로 클릭한 다음 **[데이터 계열 서식]**을 실행합니다.

[데이터 계열 서식] 설정 창에서 [채우기 및 선(◇)]을 선택한 다음 채우기에서 '채우기 없음'을 선택해 막대 그래프가 보이지 않도록 합니다.

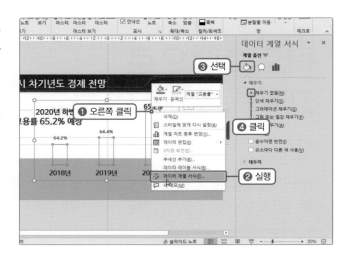

**04** 슬라이드 오른쪽 바깥에 배치된 픽토그램 중 왼쪽 사람을 2018년도에 갖다 둡니다.

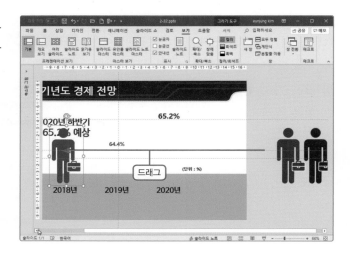

**05** Shift를 누른 상태에서 사람 모서리에 있는 크기 조절점을 드래그하여 안내선 높이에 맞게 크기를 조절합니다.

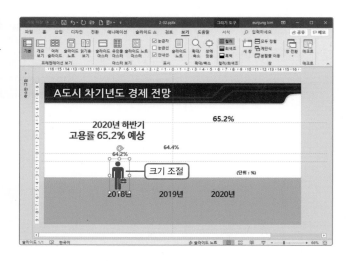

**06** 2019년도와 2020년도에도 픽토그램을 갖다 두고 Shift를 누른 상태에서 모서리에 있는 크기 조절점을 드래그하여 안내선 높이에 맞게 크기를 조절합니다.

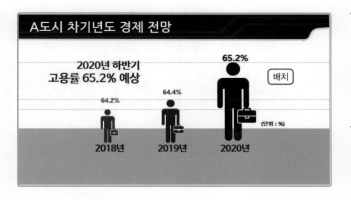

**07** [홈] 탭-[그리기] 그룹-[도형]-[텍스트 상자(▥)]를 클릭하고 데이터 레이블 값을 직접 입력합니다.

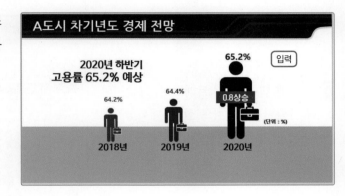

▶ 글꼴: 맑은 고딕

---

**쌩초보 Level Up**

**사람 모양의 픽토그램으로 차트를 만들 때 주의할 점**

간혹 사람 모양의 픽토그램으로 차트를 만드는 경우 신체 일부를 자르는 경우가 있습니다. 이는 자칫 청중에게 나쁜 인상을 줄 수 있으니 이런 표현은 지양하는 것이 좋습니다.

# 거품형 차트로
# 지역별 데이터 분석하기

## 19

우리나라 지도를 이용하여 각 지역을 나타내고 그 위에 버블 차트를 올려 두어 지역별 데이터 크기 비교를 쉽게
할 수 있습니다. 도형을 이용하여 버블형 차트를 만들면 정확하지 않은 데이터 비교가 될 가능성이 높습니다. 정확
한 버블형 차트를 만들기 위해서 파워포인트에서 제공하는 거품형 차트를 이용할 수 있습니다.

**Keyword** 거품형 차트, 선택하여 붙여넣기, 확장 메타 파일, 그룹 해제 　　**예제 파일** Part 2 \ 2-33.pptx

---

**01** [삽입] 탭-[일러스트레이션] 그룹-[차
트]를 클릭한 다음 [차트 삽입] 대화상자에
서 [분산형] 범주-[거품형]을 선택합니다.

**POINT**
이 예제는 파워포인트 2013부터 실습할 수 있습니다.
파워포인트 2010까지는 과정 05에서 그리기 개체로
변환할 때 원형 도형이 예제와 같이 만들어지지 않기
때문입니다.

**02** 엑셀 창에 다음과 같이 데이터를 입력
하고 엑셀 창을 닫습니다.

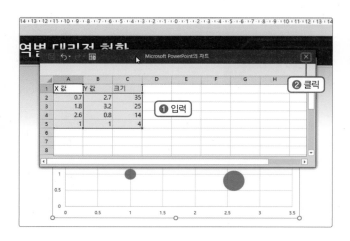

| X 값 | Y 값 | 크기 |
|------|------|------|
| 0.7 | 2.7 | 35 |
| 1.8 | 3.2 | 25 |
| 2.6 | 0.8 | 14 |
| 1 | 1 | 4 |

**03** 거품형 계열 요소는 위치 이동이 자
유롭지 못합니다. 차트를 지도 위에 두기
위해서 벡터 그림으로 변환하겠습니다.
Ctrl + X 를 눌러 차트를 자릅니다.
[홈] 탭-[클립보드] 그룹-[붙여넣기▼]-
[선택하여 붙여넣기]를 클릭합니다.

**POINT**
잘라내기 했던 차트를 벡터 그림 형식으로 붙여넣기
할 것입니다.

**04** [선택하여 붙여넣기] 대화상자에서 '그
림(확장 메타파일)'을 선택하고 [확인] 버
튼을 클릭합니다.

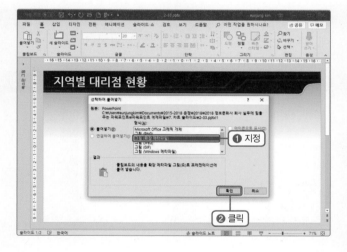

**05** 차트가 벡터 그림 형태로 삽입됩니다.
Ctrl + Shift + G 를 누릅니다. 그리기 개체로
변환할지 묻는 대화상자가 표시되면 [예] 버
튼을 클릭합니다.

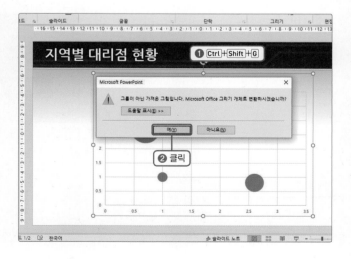

**06** 다시 Ctrl + Shift + G 를 눌러 그룹 해제합니다.

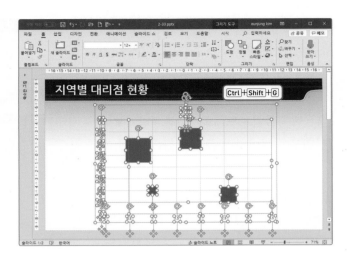

**07** 불필요한 요소는 모두 삭제하고 비율에 맞게 만들어진 원 도형 네 개만 남겨 둡니다.

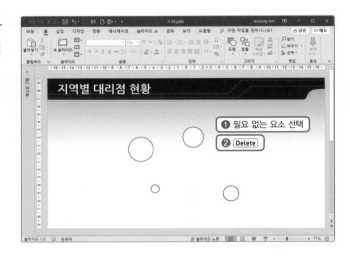

**08** 2번 슬라이드에 준비된 우리나라 지도 위에 원 도형 네 개를 올리고 그림과 같이 입력합니다.

**POINT**
만약 도형 네 개 크기를 조절해야 한다면 도형 네 개 모두 그룹으로 묶고 크기를 키워 줘야 도형 비율 차이가 흐트러지지 않습니다.

**09** 지역별로 도형을 위치시키고 각 도형의 색상을 변경합니다. 타 지역에도 가상 거품을 만들어 주어 슬라이드를 꾸밉니다.

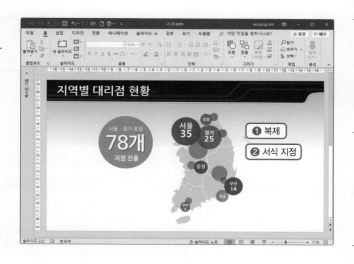

---

**쌩초보 Level Up**

## 거품형 차트를 도형으로 만든다면?

도형으로 거품형 차트를 만들 때 원 크기를 잘못 설정하는 경우가 많습니다. 만약 A의 값이 B의 값보다 네 배 차이가 난다고 하면, 반지름을 네 배로 설정하는 실수를 하게 됩니다. 버블 차트는 면적으로 나타내는 것인데 반지름을 네 배 확대할 경우 원 면적은 열여섯 배 커지게 되어 틀린 데이터 표현이 될 수 있습니다.

(원 면적 = $\pi r^2$ = 3.14 × 반지름 × 반지름).

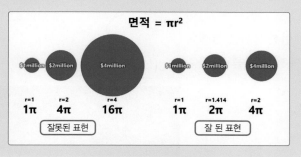

# 강조하기 애니메이션으로
# 키워드 부각하기

## 20

발표할 때 특히 강조해야 하는 내용이 있습니다. 그 부분을 반짝거리게 하거나 흔들리게 하면 청중의 시선을 한 번 더 모을 수 있습니다. 여기서는 특정 도형을 반짝거리게 만들고, 반복 횟수도 제어해 눈에 띄는 개체를 만들겠습니다.

**Keyword** 강조 애니메이션, 타이밍      **예제 파일** Part 2 \ 2-36.pptx

---

**01** 3번 슬라이드를 표시합니다. 세 개의 원 도형을 Shift를 눌러 순서대로 선택하고 [애니메이션] 탭-[애니메이션] 그룹-[강조하기]-[펄스]를 클릭합니다.
[타이밍] 그룹-[재생 시간]을 '0.3초'로 설정합니다.

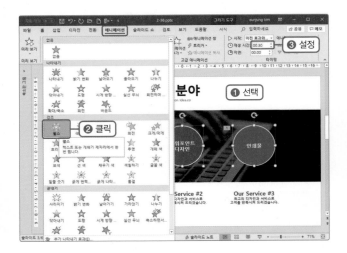

**POINT**
파워포인트 2007에서는 [전환] 탭-[사용자 지정 애니메이션] 그룹-[효과 적용]에서 애니메이션을 지정할 수 있습니다.

**02** [고급 애니메이션] 그룹-[애니메이션 창]을 눌러 오른쪽에 [애니메이션 창]을 열어 둡니다.
두 번째와 세 번째 애니메이션 목록을 함께 선택하고 [타이밍] 그룹에서 시작을 '이전 효과 다음에'로 지정합니다.

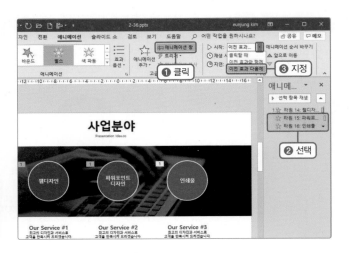

**POINT**
마우스를 한 번 클릭하면 첫 번째 도형의 애니메이션이 시작되고 연이어서 두 번째, 세 번째 도형의 애니메이션이 순차적으로 나타납니다.

**03** 펄스 애니메이션을 적용하면 한 번씩만 반짝거립니다. 두 번씩 반짝거리도록 반복 설정을 해 보겠습니다.

오른쪽 [애니메이션 창]에서 세 개의 애니메이션 목록을 Shift를 이용하여 모두 선택하고 오른쪽 아랫부분에 [확장 버튼 ▼]-[타이밍]을 선택합니다.

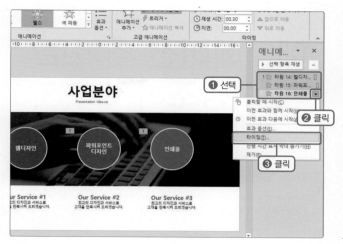

**04** 반복을 '3'으로 설정하고 [확인] 버튼을 클릭합니다.

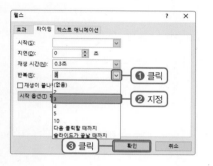

**05** Shift+F5를 누르거나 파워포인트 오른쪽 아랫부분에서 [슬라이드 쇼(모)]를 클릭하여 슬라이드 쇼에서 애니메이션을 확인합니다.

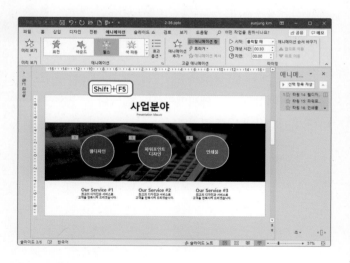

# 애니메이션 추가로
# 내용 강조하기

S E C T I O N

# 21

이미 적용되었던 애니메이션에 또 다른 애니메이션을 추가 적용하여 해당 개체를 더 강조할 수 있습니다. 애니메이션을 중복 적용할 때는 [고급 애니메이션] 탭–[애니메이션 추가]를 이용합니다.

**Keyword** 애니메이션 추가        **예제 파일** Part 2 \ 2-36.pptx

**01** 4번 슬라이드를 표시합니다.
Shift 를 이용하여 왼쪽부터 사각형 도형, 텍스트 상자, 별, 이름, History 그룹, 창의력 그룹, 근면성 그룹, 사교성 그룹을 순서대로 선택합니다.

**POINT**
파워포인트 2007에서는 [전환] 탭–[사용자 지정 애니메이션] 그룹–[효과 적용]에서 애니메이션을 지정할 수 있습니다.

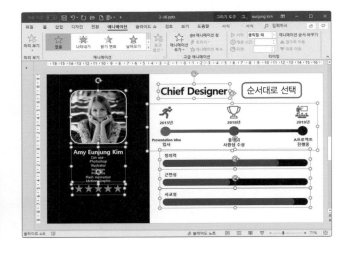

**02** [애니메이션] 탭–[애니메이션] 그룹–[나타내기]–[닦아내기]를 클릭합니다.

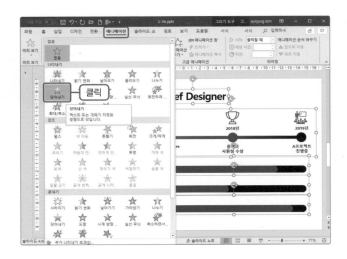

**03** [애니메이션] 그룹-[효과 옵션]을 클릭하여 각 개체의 닦아내기 애니메이션 방향을 설정합니다.

첫 번째 왼쪽 사각형 도형은 [위에서], 나머지 개체들은 [왼쪽에서]로 지정합니다.

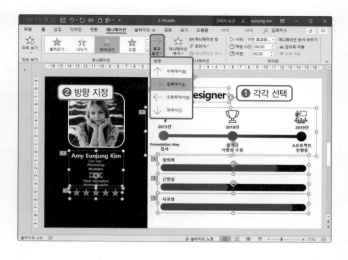

**04** 오른쪽 [애니메이션 창]에서 애니메이션 목록을 모두 선택하고 [타이밍] 그룹에서 시작을 '이전 효과 다음에'로 지정합니다.

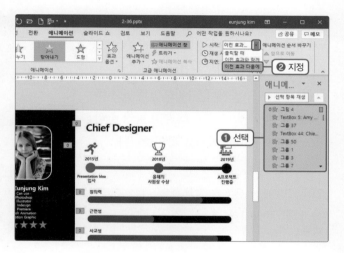

**05** 왼쪽 별 그룹만 애니메이션을 추가하여 강조하고자 합니다. 별 그룹을 선택하고 [고급 애니메이션] 그룹-[애니메이션 추가]-[강조]-[흔들기]를 클릭합니다.

**POINT**
애니메이션을 중복해서 적용할 때는 반드시 [애니메이션 추가]를 사용합니다.

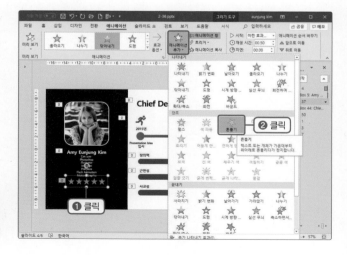

**06** 오른쪽 [애니메이션 창]에 '그룹 37'의 노란색 목록이 추가되었습니다.
목록을 선택하고 [타이밍] 그룹에서 시작을 '이전 효과 다음에'로 지정합니다.

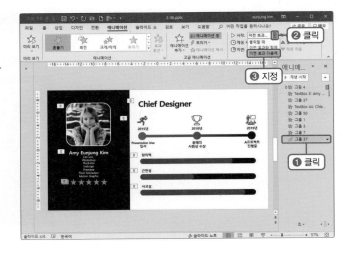

**07** 재생 시간을 '0.5'로 설정합니다. '그룹 37' 노란색 목록을 드래그하여 '그룹 37' 초록색 목록 아래로 이동시킵니다.
Shift+F5를 누르거나 파워포인트 오른쪽 아랫부분에서 [슬라이드 쇼(및)] 눌러 슬라이드 쇼에서 애니메이션을 확인합니다.

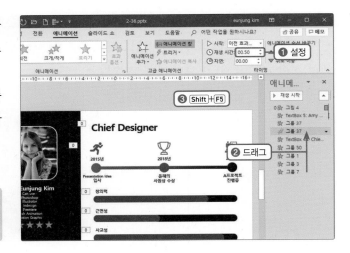

**POINT**
별 그룹이 닦아내기 애니메이션으로 나타난 다음 흔들리게 됩니다.

# 경로 애니메이션으로 찾아오는 길 표현하기

특정 길을 따라 움직이는 애니메이션 즉 길 찾기, 화재 대피로 등을 만들 때 경로 애니메이션을 사용합니다. 경로 애니메이션은 선, 타원, 회전 등 미리 지정된 모양도 있고, 사용자가 직접 경로를 만들 수 있는 사용자 지정 경로 애니메이션을 적용할 수도 있습니다.

**Keyword** 경로 애니메이션　　　　　**예제 파일** Part 2\2-36.pptx

**01** 6번 슬라이드를 표시합니다. 회사까지 찾아오는 로드맵이 준비되어 있습니다. 자동차 이미지를 선택하고 [애니메이션] 탭-[애니메이션] 그룹-[이동 경로]-[사용자 지정 이동 경로]를 클릭합니다.

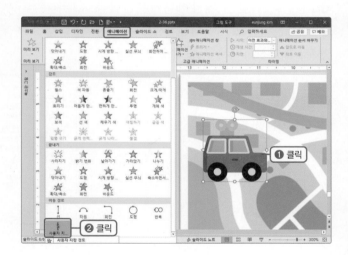

**02** 마우스 포인터가 십자 모양으로 변경되면, 시작 위치에서부터 목적지까지 길이 꺾이는 부분마다 클릭합니다.
목적지에서는 더블클릭을 하거나 Enter 또는 Esc를 눌러 완료합니다.

**POINT**
자유형 도형 그리는 방법과 동일합니다.

**03** 자동차가 경로를 따라 목적지까지 이동됩니다. [타이밍] 그룹에서 재생 시간을 '3'으로 설정합니다.

**04** [애니메이션 창]에서 애니메이션 목록을 더블클릭하고 나타나는 [사용자 지정 경로] 대화상자에서 부드럽게 시작과 부드럽게 종료를 모두 '0초'로 설정하여 가속도를 없앱니다.
[확인] 버튼을 클릭합니다.

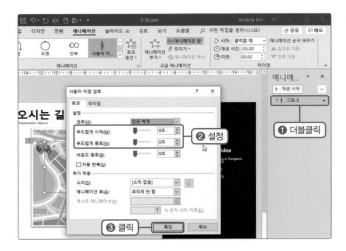

**05** '10분 소요' 도형을 선택하고 [애니메이션] 그룹-[나타내기]-[확대/축소]를 선택합니다. [타이밍] 그룹에서 시작을 '이전 효과 다음에'로 지정합니다.
Shift+F5를 누르거나 파워포인트 오른쪽 아랫부분 [슬라이드 쇼(🖵)]를 클릭하고 슬라이드 쇼에서 애니메이션을 확인합니다.

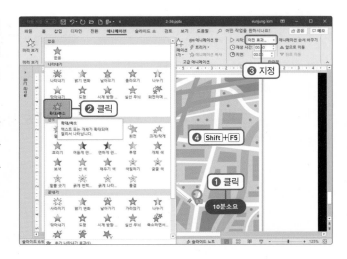

S E C T I O N

# 23

# 슬라이드 쇼 자동으로 넘기기

행사 전 안내사항을 스크린에 띄워 놓아야 하는 경우가 있습니다. 그럴 때는 마우스를 클릭하지 않아도 자동으로 슬라이드가 넘어가면서 내용을 보여 줘야 합니다. 그리고 마지막 슬라이드가 되었을 때 다시 시작 슬라이드로 넘어가 연속적으로 안내사항을 전달할 수 있습니다.

**Keyword** 전환, 타이밍, 슬라이드 쇼 설정          **예제 파일** Part 2 \ 2-43.pptx

**01** [전환] 탭-[슬라이드 화면 전환] 그룹-[은은한 효과]-[나누기]를 클릭합니다.

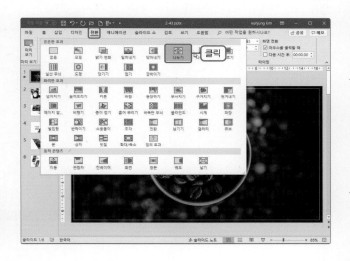

**POINT**
모든 슬라이드를 선택하고 전환 효과를 지정하면 한꺼번에 적용됩니다.

**02** [타이밍] 그룹에서 '다음 시간 후'에 체크 표시하고 시간을 '5'로 설정합니다. [모두 적용]을 클릭하여 모든 슬라이드에 나누기 효과와 시간 설정을 동일하게 적용합니다.

**03** [슬라이드 쇼] 탭-[설정] 그룹-[슬라이드 쇼 설정]을 클릭합니다.

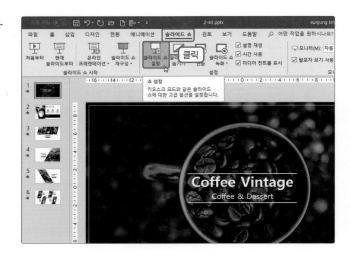

**04** [쇼 설정] 대화상자가 나타나면 보기 옵션 중 '〈Esc〉 키를 누를 때까지 계속 실행'에 체크 표시하고 [확인] 버튼을 클릭합니다.

**05** [슬라이드 쇼 시작] 그룹-[처음부터]를 클릭하거나, F5를 눌러 슬라이드 쇼를 실행하고 5초 후 마우스를 클릭하지 않아도 다음 슬라이드로 넘어가는지 확인합니다. 마지막 슬라이드에서 다시 처음 슬라이드로 넘어가는지도 확인합니다.

# 모핑 효과로
# 문자 전환하기

전환 효과 중 모핑 전환 효과를 이용하면 프레젠테이션 슬라이드 사이에 부드러운 애니메이션, 전환, 개체 이동을
수행할 수 있습니다.

**Keyword** 모핑 효과, 문자 모핑, 개체 모핑       **예제 파일** Part 2\2-44.pptx

**01** 1번 슬라이드가 표시된 상태로 텍스트 상자를 이용하여 텍스트를 한 자씩 입력합니다.

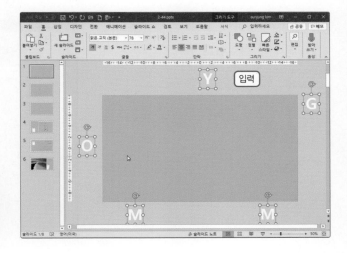

▶ **글꼴: 맑은 고딕, 글꼴 크기: 78**

**POINT**
모핑 효과는 파워포인트 2019, 오피스 365 이상에서만 지원됩니다. 파워포인트 2016에서는 모핑 효과를 재생할 수 있지만 만들 수는 없습니다.

**02** 2번 슬라이드에는 텍스트를 텍스트 상자 하나에 입력합니다.

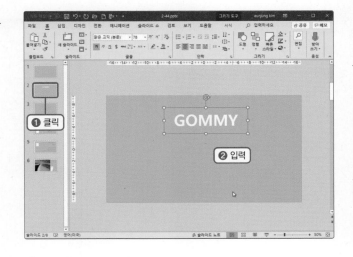

**03** 2번 슬라이드를 선택한 채로 [전환] 탭-[슬라이드 화면 전환] 그룹-[은은한 효과]-[모핑]을 클릭합니다.

**04** [슬라이드 화면 전환] 그룹-[효과 옵션]-[문자]를 클릭합니다.

**05** [삽입] 탭-[이미지] 그룹-[그림]을 클릭하고 '곰 캐릭터.png'를 삽입한 다음 슬라이드 아랫부분에 배치합니다.
곰 캐릭터과 텍스트 상자를 복사합니다.

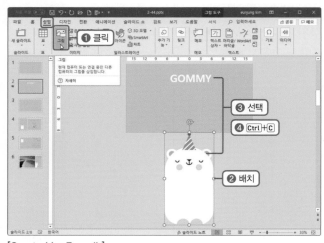

[Created by Freepik]

**06** 3번 슬라이드로 이동한 다음 곰 캐릭터를 그림과 같이 슬라이드 가운데 배치합니다. 텍스트 상자는 글꼴 크기를 키워 줍니다.

▶ 글꼴: 맑은 고딕, 글꼴 크기: 200

**07** 3번 슬라이드를 선택한 채로 [전환] 탭-[슬라이드 화면 전환] 그룹-[은은한 효과]-[모핑]을 클릭합니다.

**08** [슬라이드 화면 전환] 그룹-[효과 옵션]-[개체]를 클릭합니다.

**POINT**
F5 를 눌러 확인해 보면 문자는 확대되고, 캐릭터가 아래에서 위로 올라오는 화면 전환 효과가 적용되어 있습니다.

# 3D 모델 사용하기

파워포인트 2019의 새로운 기능인 3D 모델을 사용하면 3D 모델을 쉽게 삽입할 수 있고 360도 회전하여 프레젠테이션에서 시각적이고 창의적인 효과를 만들 수 있습니다. 모핑 전환으로 프레젠테이션에 모델을 구현하여 슬라이드를 영화 같은 애니메이션으로 만들 수 있습니다.

**Keyword** 3D 모델, 모핑 효과        **예제 파일** Part 2\2-46.pptx

**01** [삽입] 탭-[일러스트레이션] 그룹-[3D 모델]-[온라인 원본에서]를 클릭합니다.

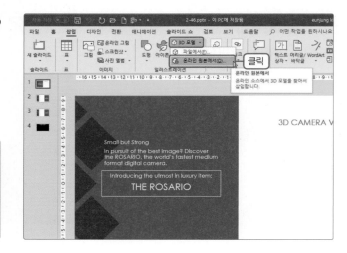

**POINT**
3D 모델은 파워포인트 2019, 오피스 365 이상에서만 지원됩니다. [파일에서]를 클릭하면 내 컴퓨터에 저장된 3D 개체만 보입니다. 마이크로소프트 오피스 온라인에서 제공하는 3D 파일을 사용하려면 로그인이 되어야 합니다.

**02** [온라인 3D 모델] 대화상자에서 'Electronics and Gadgets'을 클릭하고 카메라 이미지를 선택한 다음 [삽입] 버튼을 클릭합니다.

**03** 1번 슬라이드에 적당한 크기로 배치합니다.

카메라를 복사합니다.

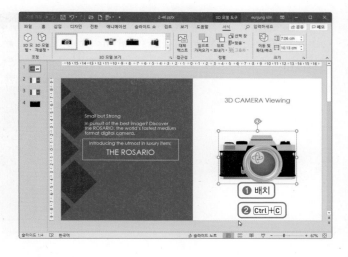

**04** 2번 슬라이드에 붙여넣기 합니다. 카메라의 크기를 줄인 후 Ctrl 을 누른 채 드래그하여 카메라 세 대를 만듭니다.

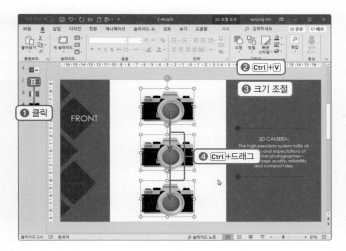

**05** 첫 번째 카메라를 선택하고 [3D 모델 도구]-[서식] 탭-[3D 모델 보기] 그룹-[왼쪽]을 클릭합니다. 세 번째 카메라를 선택하고 [오른쪽]을 클릭합니다.

카메라 세 대를 모두 선택하고 복사합니다.

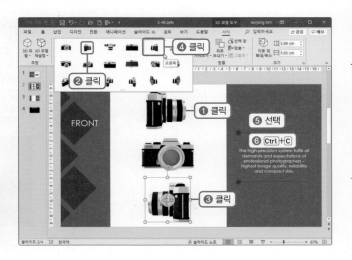

> **POINT**
> 3D 모델을 선택하고 나타나는 '3D 회전 조절점'을 이용하여 돌려도 됩니다. 그러나 메뉴를 이용하는 것이 더 정확합니다.

**06** 3번 슬라이드에 붙여넣기 합니다. 3번 슬라이드 카메라 방향을 그림과 같이 수정합니다.

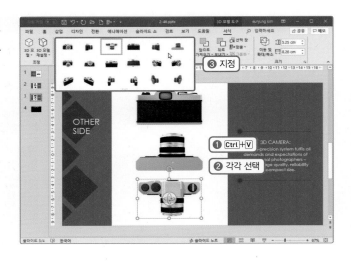

**07** 1번 슬라이드에 있던 카메라를 복사해서 4번 슬라이드 가운데 배치합니다.

**08** 1번부터 4번 슬라이드까지 모두 선택하고 [전환] 탭-[슬라이드 화면 전환] 그룹-[은은한 효과]-[모핑]을 클릭합니다. F5를 눌러 슬라이드 쇼에서 모핑이 적용된 3D 모델을 확인합니다.

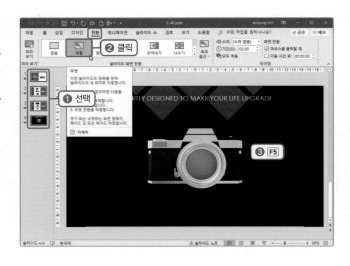

# 확대/축소 기능 사용하기

# 26

확대/축소 기능은 프레젠테이션을 더 동적으로 만들 때 사용하면 좋은 기능입니다. 확대/축소를 이용하면 발표 중에 프레젠테이션의 특정 슬라이드, 섹션 및 부분을 원하는 순서대로 보여 줄 수 있습니다.

**Keyword** 슬라이드 확대/축소                **예제 파일** Part 2\2-47.pptx

**01** [삽입] 탭-[링크] 그룹-[확대/축소]-[슬라이드 확대/축소]를 클릭합니다.

**POINT**
이 예제는 파워포인트 2019, 오피스 365 이상부터 실습할 수 있습니다.

**02** [슬라이드 확대/축소 삽입] 대화상자가 나타나면 2번 슬라이드를 선택하고 [삽입] 버튼을 클릭합니다.

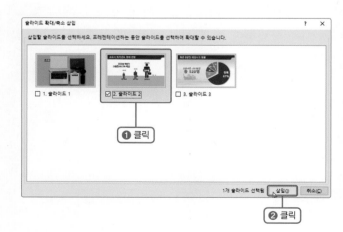

**03** 2번 슬라이드가 그림 형태로 나타납니다. 크기를 적당히 늘려 왼쪽 흰색 종이 위에 올려 줍니다.

**04** 삽입된 개체를 선택한 채로 [확대/축소 도구]-[서식] 탭-[확대/축소 옵션] 그룹에서 '확대/축소로 돌아가기'에 체크 표시하여, 이미지를 클릭하면 확대되고 또 클릭하면 다시 축소되도록 만듭니다.

**05** [확대/축소 스타일] 그룹-[확대/축소 배경]을 클릭하여 흰색 부분을 투명하게 만듭니다.

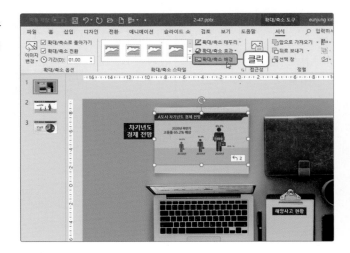

**06** [삽입] 탭-[링크] 그룹-[확대/축소]-
[슬라이드 확대/축소]를 다시 클릭합니다.

**07** [슬라이드 확대/축소 삽입] 대화상자
가 나타나면 3번 슬라이드를 선택하고 [삽
입] 버튼을 클릭합니다.

**08** 삽입된 개체를 위치 이동하고 [확대/
축소 도구]-[서식] 탭-[확대/축소 옵션]
그룹에서 '확대/축소로 돌아가기'에 체크
표시합니다. [확대/축소 스타일] 그룹-[확
대/축소 배경]을 클릭하여 흰색 부분을 투
명하게 만듭니다.

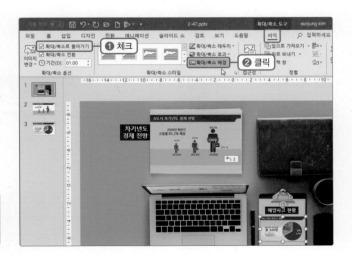

> **POINT**
> F5 를 눌러 슬라이드 쇼에서 각 이미지를 클릭해 보면
> 확대/축소가 작동됩니다.

# 오피스 테마 슬라이드 마스터 디자인하기

슬라이드 마스터는 배경, 글꼴, 색, 효과, 개체 틀 크기, 위치 등 모든 슬라이드에 들어가는 공통적인 요소를 미리 설정해 두는 곳입니다. 슬라이드 마스터를 사용하면 공통된 정보가 한꺼번에 입력 관리되기 때문에 만드는 시간을 절약할 수 있습니다. 특히 슬라이드 마스터는 슬라이드 양이 많은 프레젠테이션에 사용하면 편리합니다.

**Keyword** 슬라이드 마스터 　　　　　　　　　　**예제 파일** Part 2 \ 마스터_background.jpg, 로고.png

---

**01** 새 프레젠테이션을 열고 [보기] 탭－[마스터 보기] 그룹－[슬라이드 마스터]를 클릭합니다.

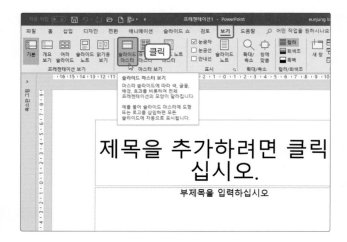

**POINT**
Shift 를 누른 채 [기본 보기]를 클릭해도 됩니다.

**02** 왼쪽에서 [Office 테마 슬라이드 노트]를 선택하고 슬라이드 빈 곳을 마우스 오른쪽 버튼으로 클릭한 다음 **[배경 서식]**을 실행합니다.

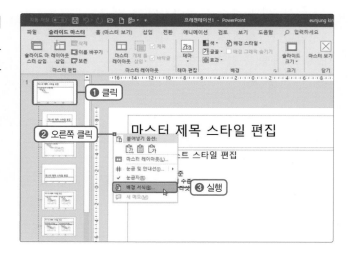

**03** [배경 서식] 설정 창에서 슬라이드 배경 이미지로 사용할 '마스터_background. jpg'를 불러옵니다.

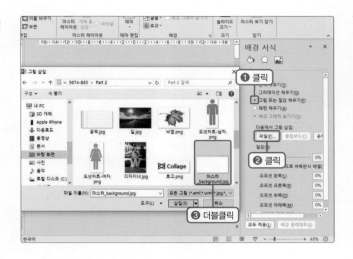

**04** 제목 글 상자의 위치를 위쪽으로 옮기고 [홈(마스터 보기)] 탭-[글꼴] 그룹에서 글자 서식도 바꿉니다. 바닥글 상자와 슬라이드 번호의 위치와 서식도 바꿉니다.

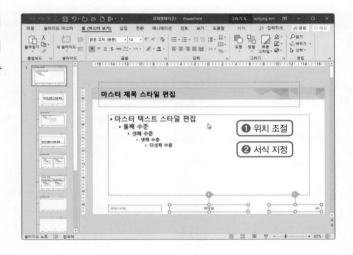

**05** [삽입] 탭-[이미지] 그룹-[그림]을 클릭하여 '로고.png'를 불러와 왼쪽 아랫부분에 배치합니다.

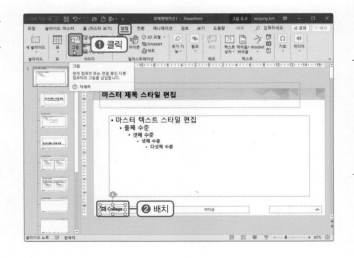

## 마스터에 있는 텍스트 상자에 텍스트를 입력해도 될까요?

마스터에 기본적으로 배치되어 있는 마스터 레이아웃 텍스트 상자들은 위치와 서식만 바꿔야 하며 그 상자에 직접 글자를 입력하면 안 됩니다. 입력을 한다고 해도 마스터 편집 상태 밖으로 나가면 입력한 글자가 나타나지 않습니다.

## 마스터 슬라이드와 슬라이드 레이아웃

• 마스터 편집 상태는 일반 슬라이드 편집 상태와 비슷해 보이지만 왼쪽 부분과 리본 메뉴 [슬라이드 마스터] 탭을 보면 슬라이드 마스터 편집 상태와 일반 슬라이드 편집 상태 차이점을 알 수 있습니다. 왼쪽에 나오는 많은 흰색 페이지들 중 첫 번째 큰 슬라이드가 'Office 테마 슬라이드 노트(마스터 슬라이드)'이고, 하위에 포함되어 있는 슬라이드 양식들이 '레이아웃'입니다.

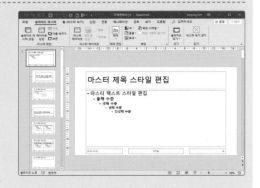

• 슬라이드 마스터는 '마스터 슬라이드'와 '레이아웃'으로 구분됩니다.
'마스터 슬라이드'는 '레이아웃'들의 상위 개념으로서, 전체적인 배경과 제목, 내용 서식 등과 같이 모든 슬라이드에 공통적으로 적용되는 서식을 정하는 슬라이드입니다. '마스터 슬라이드'에서 설정한 사항이 하위 '레이아웃'으로 적용되어 내려갑니다.

▲ 마스터 슬라이드

• '레이아웃'은 '마스터 슬라이드' 하위 개념으로 '마스터 슬라이드'에서 적용한 서식이 적용되며, 각각 다른 슬라이드 구성을 위해 독립적으로 세부적인 옵션(텍스트 상자 위치, 그림 배치) 등을 조절할 수 있습니다.
각 레이아웃에 독립적으로 수정한 내용이 마스터 슬라이드보다 우선적으로 적용됩니다. 즉, '마스터 슬라이드'에서 공통 요소, 배경을 설정하면 하위 열한 개의 레이아웃에 모두 적용됩니다. 그리고 '제목 레이아웃'에서 제목에 어울릴 배경과 서식을 독립적으로 수정한다면, 마스터 슬라이드 서식보다 현재 수정한 내용이 우선적으로 적용된다는 말입니다.

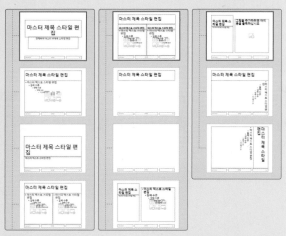

▲ 열한 개의 레이아웃

• 열한 개의 레이아웃 각각에 독립된 디자인을 설정할 수 있지만, 일반적으로 '마스터 슬라이드', '제목 슬라이드 레이아웃', '구역 부제목 슬라이드 레이아웃' 정도만 만듭니다.

# 제목 레이아웃 사용하기

Office 테마 슬라이드 마스터는 모든 슬라이드에 공통적으로 적용되는 서식을 미리 설정하는 곳입니다. 제목 슬라이드에만 적용되는 서식을 미리 만드는 곳은 제목 레이아웃입니다.

**Keyword** 제목 마스터        **예제 파일** Part 2\마스터_표지.jpg

---

**01** 제목 슬라이드의 배경 서식을 설정하기 위해 Office 테마 슬라이드 노트 아래에 [제목 슬라이드 레이아웃]을 선택합니다.

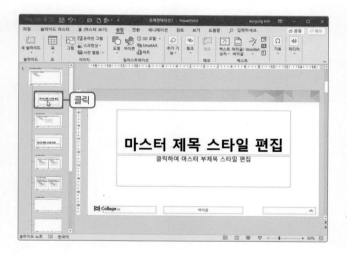

**02** 빈 화면을 마우스 오른쪽 버튼으로 클릭하고 **[배경 서식]**을 실행합니다. [배경 서식] 설정 창의 채우기 항목에서 '그림 또는 질감 채우기'를 선택하고 [파일]을 클릭합니다. 슬라이드 배경 이미지로 사용할 '마스터_표지.jpg'를 불러옵니다.

**03** Office 테마 슬라이드 마스터에 삽입해 두었던 로고를 삭제하기 위해 오른쪽 [배경 서식] 설정 창에서 '배경 그래픽 숨기기'에 체크 표시합니다.

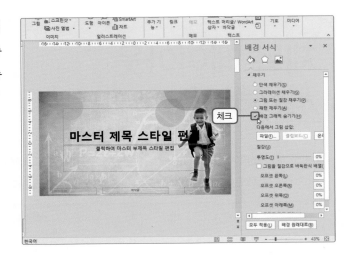

**04** 슬라이드 마스터 설정이 끝나면 [슬라이드 마스터] 탭-[닫기] 그룹-[마스터 보기 닫기]를 클릭하여 마스터 설정 상태에서 나옵니다.

> **POINT**
> 작업창 아랫부분에서 [기본(▣)]을 클릭해도 됩니다.

**05** 왼쪽 슬라이드 섬네일에서 Enter 를 눌러 슬라이드를 추가해 보면 슬라이드마다 공통 배경이 설정된 것을 확인할 수 있습니다.
제목 슬라이드에만 표지 배경이 설정되었습니다.

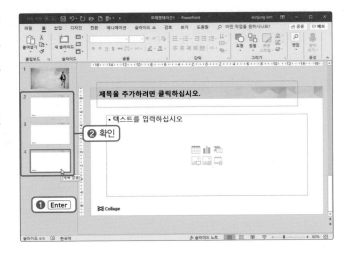

# 오디오
# 삽입하기

슬라이드에 오디오를 삽입하면 발표할 때 배경 음악을 재생하며 발표할 수 있습니다. 파워포인트에서는 MP3, WMA 등 대부분 오디오 파일을 재생할 수 있으며, 삽입된 슬라이드 한 장에서, 혹은 여러 슬라이드에서 연속적으로 재생할 수도 있습니다.

**Keyword** 오디오 삽입, 오디오 연속 재생 설정        **예제 파일** Part 2 \ 2-51.pptx

**01** [삽입] 탭-[미디어] 그룹-[오디오]-[내 PC의 오디오]를 선택하고 'New_Land. mp3' 파일을 삽입합니다.

**POINT**
파워포인트 2010부터 MP3 파일이 파워포인트에 삽입됩니다.
파워포인트 2007에서는 삽입이 아닌 연결 방식이기 때문에 파워포인트 파일과 오디오 파일이 한 폴더에 있어야 프레젠테이션에서 오디오 파일이 재생됩니다.

**POINT**
삽입된 오디오는 현재 파워포인트 파일에 '포함'됩니다. 만약 오디오를 연결한 상태로 삽입하고 싶다면 오디오를 삽입하는 창에서 [삽입 ▼] 버튼을 클릭하고 [파일에 연결]을 실행하면 됩니다. 단 '파일에 연결'을 하면 파워포인트 파일과 오디오 파일을 함께 발표장에 가져가야 합니다.

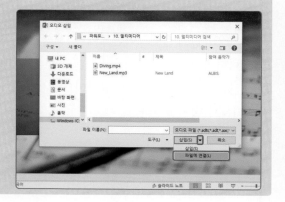

**02** 오디오 아이콘을 선택하고 [오디오 도구]-[재생] 탭-[편집] 그룹-[오디오 트리밍]을 클릭하여 [오디오 트리밍] 대화상자를 열고 오디오 앞부분과 뒷부분을 재단할 수 있습니다.

**03** [오디오 옵션] 그룹에서 시작을 '자동 실행'으로 지정하고 '쇼 동안 숨기기'에 체크 표시합니다.

**04** F5를 눌러 슬라이드 쇼를 실행해 보면 첫 번째 슬라이드에만 음악이 나오고 두 번째 슬라이드부터는 음악이 종료됩니다. 여러 슬라이드에서 오디오를 재생하고 싶으면 [오디오 도구]-[재생] 탭-[오디오 스타일] 그룹-[백그라운드에서 재생]을 클릭하면 됩니다.
F5를 눌러 오디오가 모든 슬라이드에서 재생되는지 확인합니다.

**POINT**
youtube.com/audiolibrary에서 저작권 없는 음악을 다운로드할 수 있습니다.
• 파워포인트에 삽입할 수 있는 오디오 파일: aiff, au, mid 또는 midi, mp3, m4a, mp4, wav, wma

S E C T I O N

# 30

기본 & 텍스트

도형

개체 활용

표 & 차트

애니메이션 & 레이아웃

멀티미디어&출력

# 비디오
# 삽입하기

발표할 때 뉴스의 한 장면을 보여 주거나 관련 영상을 영화에서 발췌하여 보여 주어 발표 내용을 강조할 수 있습니다. 파워포인트 2019에서는 비디오 파일 대부분을 삽입할 수 있으며, 이미지를 다루듯이 편집할 수도 있습니다.

**Keyword** 비디오 삽입, 비디오 전체 화면 재생　　**예제 파일** Part 2 \ 2-52.pptx

**01** [삽입] 탭-[미디어] 그룹-[비디오]-[내 PC의 비디오]를 선택하고 'Diving.mp4' 파일을 삽입합니다.
비디오를 선택하고 조절점으로 크기를 조절할 수 있습니다.

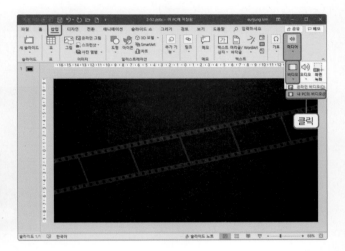

**POINT**
파워포인트 2010에서 MP4 파일을 삽입하려면 PC에 퀵 타임 플레이어가 설치되어야 합니다. 따라서 MP4 대신 윈도우에 최적화된 WMV 파일로 변환해서 많이 사용합니다.

**02** 비디오 아랫부분에서 재생 아이콘을 클릭하여 재생해 보면 비디오의 위와 아래에 검은 여백이 나타납니다.
[비디오 도구]-[서식] 탭-[크기] 그룹-[자르기]를 클릭하고 비디오 위와 아래를 자르기 핸들을 이용하여 잘라 줍니다.

**POINT**
[비디오 도구]-[서식] 탭에서 원하는 비디오 스타일을 선택할 수 있습니다.

**03** 비디오 재생 아이콘을 클릭하여 원하는 장면을 열어 둡니다.

[비디오 도구]-[서식] 탭-[조정] 그룹-[포스터 프레임]-[현재 프레임]을 클릭하여 비디오 시작 장면을 현재 장면으로 설정합니다.

**04** [비디오 도구]-[재생] 탭-[편집] 그룹-[비디오 트리밍]을 클릭하여 [비디오 트리밍] 대화상자를 열고, 비디오의 앞과 뒷부분을 재단할 수 있습니다.

**05** 비디오를 전체 화면에서 감상하고 싶다면 [비디오 옵션] 그룹에서 '전체 화면에서 재생'에 체크 표시합니다.

[F5]를 눌러 슬라이드 쇼를 실행하고 비디오를 클릭하여 감상합니다.

이 예제는 파워포인트 2010부터 실습할 수 있습니다.

# SECTION
# 31

# 쇼 재구성하기

슬라이드 쇼를 하기 전 펜 색상을 설정해 놓을 수 있으며, 특정 슬라이드만 보여 주고 싶은 경우 쇼 설정 기능을 통해 몇 가지 옵션을 미리 설정해 주는 것이 좋습니다.

**Keyword** 슬라이드 쇼 재구성, 슬라이드 쇼 설정 　　**예제 파일** Part 2\2-54.pptx

**01** 이전 예제에서 연결하여 작업합니다. [슬라이드 쇼] 탭-[슬라이드 쇼 재구성]-[쇼 재구성]을 클릭합니다. [쇼 재구성] 대화상자에서 [새로 만들기] 버튼을 클릭합니다.

**02** 원하는 슬라이드를 선택하고 체크 표시합니다. 가운데 [추가] 버튼을 클릭하여 선택한 항목이 오른쪽으로 가도록 합니다.

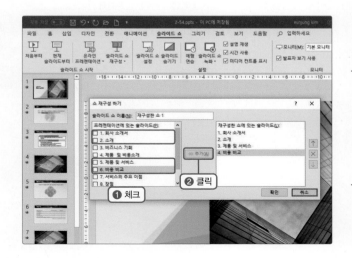

**03** [닫기] 버튼을 클릭하여 대화상자를 닫습니다.

**04** [설정] 그룹-[슬라이드 쇼 설정]를 클릭합니다.

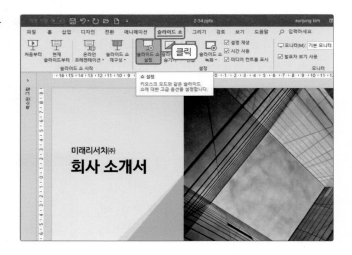

**05** [쇼 설정] 대화상자의 슬라이드 표시 항목에서 '재구성한 쇼'를 선택하고 목록을 선택합니다.

발표를 위해 펜 색을 미리 바꿔 주고 싶다면 펜 색에서 원하는 색을 선택해 줍니다. [확인] 버튼을 클릭하고 F5를 눌러 슬라이드 쇼를 확인해 보면 재구성한 슬라이드만 표시됩니다.

다음 예제도 이어서 작업합니다.

> **POINT**
> 밝은 배경에는 '빨간색' 펜이 좋지만, 어두운 배경에서는 '노란색' 펜이 더 잘 보입니다.

## [쇼 설정] 대화상자 살펴보기

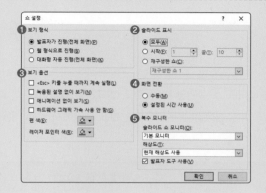

① 보기 형식

- 발표자가 진행(전체 화면): 일반적인 쇼 보기 상태입니다. 발표자가 [Enter]를 누르거나 마우스를 클릭하면 다음 슬라이드로 전환되는 방식입니다.
- 웹 형식으로 진행: 인터넷 웹 페이지처럼 표시됩니다.
- 대화형 자동 진행(전체 화면): 슬라이드 쇼에서 [Enter]를 누르거나 마우스 클릭으로는 다음 화면으로 전환할 수 없고, 하이퍼링크가 설정된 개체를 클릭하는 방법으로만 슬라이드가 실행되는 방식입니다.

② 슬라이드 표시

- 모두: 모든 슬라이드를 재생합니다(숨겨진 슬라이드 제외).
- 시작/끝: 슬라이드 시작과 끝 범위를 지정할 수 있습니다.
- 재구성한 쇼: [슬라이드 쇼 재구성] 메뉴를 이용하여 슬라이드를 재구성하여 원하는 특정 슬라이드들만 보여 주는 방식입니다.

③ 보기 옵션

- 〈Esc〉 키를 누를 때까지 계속 실행: 마지막 슬라이드에서 종료되지 않고 다시 첫 번째 슬라이드로 되돌아가는 표시 형식입니다. [Esc]를 눌러야만 종료됩니다. 슬라이드를 반복적으로 보여 줘야 할 때 많이 사용됩니다.
- 녹음된 설명 없이 보기: 설명 녹음이 되어 있는 경우 이 옵션에 체크 표시하면 녹음 오디오 없이 슬라이드를 볼 수 있습니다.
- 애니메이션 없이 보기: 적용된 애니메이션을 사용하지 않고 빠르게 내용만 보여 주는 옵션입니다.
- 펜 색: 마킹할 때 기본 펜 색을 설정합니다.
- 레이저 포인터 색: 레이저 포인터 기본 색을 지정합니다.

④ 화면 전환

- 수동: 발표자가 [Enter]를 눌러야 다음 슬라이드로 전환할 수 있는 모드입니다.
- 설정된 시간 사용: 슬라이드에 재생 시간이 설정되어 있는 경우 그 시간에 따라 쇼를 진행합니다.

⑤ 복수 모니터

- 슬라이드 쇼 모니터: 슬라이드 쇼를 통해 보이는 모니터를 선택할 수 있습니다.
- 해상도: '현재 해상도 사용'이 선택되어 있다면 현재 컴퓨터의 기본 해상도를 사용해 쇼를 진행합니다. 발표하는 프로젝터에는 별도로 해상도를 설정할 수 있습니다.
- 발표자 도구 사용: 이 옵션을 선택하면, 쇼를 시작했을 때 자동으로 발표자 컴퓨터에 발표자 도구가 실행됩니다.

# 발표자 도구
# 사용하기

S E C T I O N

# 32

발표를 할 때 청중들에게는 슬라이드 쇼 화면만 보여 주고, 발표자는 슬라이드 쇼 화면과 함께 슬라이드 노트에 입력해 둔 내용을 볼 수 있도록 하는 설정입니다. 긴장되는 발표 환경에서 발표 내용을 잊어버리지 않게 도와 주는 모드입니다.

**Keyword** 발표자 도구         **예제 파일** Part 2 \ 2-54.pptx

**01** 이전 예제에서 연결하여 작업합니다. [슬라이드 쇼] 탭-[모니터] 그룹에서 '발표자 도구 사용'에 체크 표시하고, 컴퓨터를 프로젝트에 연결하면 자동으로 발표자 도구가 실행됩니다.

만약 프로젝트에 연결하지 않고 발표자 도구를 보고 싶다면, 슬라이드 쇼 보기 왼쪽 아랫부분에서 [슬라이드 쇼 옵션 더 보기]-[발표자 도구 표시]를 클릭하면 됩니다.

> **POINT**
> 이 예제는 파워포인트 2010부터 실습할 수 있습니다.

**02** 왼쪽이 현재 슬라이드 쇼 화면이고, 오른쪽에 다음 슬라이드 미리 보기가 나타나며, 오른쪽 아랫부분에 슬라이드 노트에 입력한 내용이 보입니다.

다음 예제도 이어서 작업합니다.

> **POINT**
> 청중들이 보는 스크린에는 슬라이드 쇼 화면만 표시됩니다.

## 발표자 도구 살펴보기

① 작업 표시줄 표시: 모니터 아랫부분에 윈도우 작업 표시줄이 표시되어 다른 프로그램을 실행하거나 다른 자료를 여는 등의 작업을 할 수 있고, 청중들은 이런 작업을 볼 수 없습니다.

② 표시 설정: 발표자 도구와 슬라이드 쇼를 서로 바꾸거나 기본 보기 상태인 슬라이드 쇼 복제를 선택할 수 있습니다.

③ 슬라이드 쇼 마침: 쇼를 마칩니다.

④ 시간 표시: 슬라이드 쇼 진행 시간을 표시합니다.

⑤ 현재 화면: 현재 청중들이 프로젝트를 통해 보는 화면입니다.

⑥ 펜 및 레이저 포인터 도구: 펜과 레이저 포인터를 실행하거나 지우개를 불러오는 메뉴입니다.

⑦ 모든 슬라이드 보기: 모든 슬라이드가 작은 섬네일 형태로 나타나 특정 슬라이드로 빠르게 이동할 수 있습니다.

⑧ 슬라이드 확대: 슬라이드의 특정 부분을 확대할 때 사용합니다.

⑨ 슬라이드 쇼를 검정으로 설정/취소: 검은색 화면으로 변하며 [Esc]를 누르면 원래 화면이 나타납니다.

⑩ 슬라이드 옵션 더 보기: 추가 슬라이드 쇼 관련 옵션이 들어있습니다.

⑪ 슬라이드 내비게이터: 이전 또는 다음 슬라이드로 넘길 수 있습니다.

⑫ 다음 슬라이드: 다음에 발표할 슬라이드를 미리 보여 줍니다.

⑬ 슬라이드 노트: 풀어서 써 놓은 발표 내용이 표시됩니다.

⑭ 텍스트 확대/축소: 슬라이드 노트 텍스트 크기를 조절할 수 있습니다.

기본 & 텍스트

도형

개체 활용

표 & 차트

애니메이션 & 레이아웃

멀티미디어&출력

# 인쇄하기

발표한 내용의 유인물을 나눠 주면 청중들의 이해도를 높일 수 있습니다. 슬라이드 한 장씩 한 장의 종이에 인쇄할 수도 있고, 여러 슬라이드를 한 장의 종이에 인쇄할 수도 있습니다. 여러 슬라이드를 한 장에 인쇄할 때는 슬라이드 사이 여백을 줄여 슬라이드를 크게 보여 주는 것이 좋습니다.

**Keyword** 인쇄 설정, 유인물　　　　　　　　　　**예제 파일** Part 2 \ 2–54.pptx

**01** 이전 예제에서 연결하여 작업합니다. [파일] 탭–[인쇄]를 클릭합니다. 인쇄할 프린터를 선택하고, 설정 항목에서 [모든 슬라이드 인쇄]를 클릭합니다.

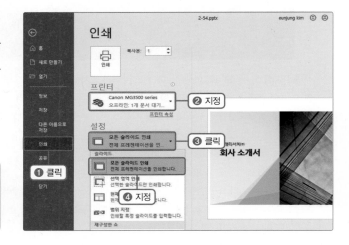

**POINT**
이 예제는 파워포인트 2010부터 실습할 수 있습니다. 이 설정에서 '모든 슬라이드'를 인쇄할 건지, '원하는 슬라이드'만 인쇄할 건지를 지정합니다.

**02** 인쇄 모양에서 [유인물]–[4슬라이드 가로]를 클릭합니다.

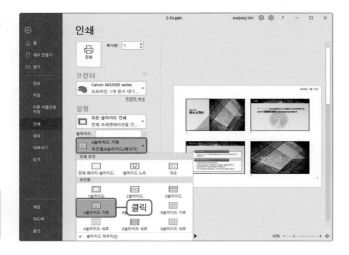

**POINT**
슬라이드 혹은 발표자 노트만 인쇄하거나 개요 또는 유인물을 인쇄할 경우 선택합니다.

**03** 방향에서 [가로 방향]을 선택합니다.

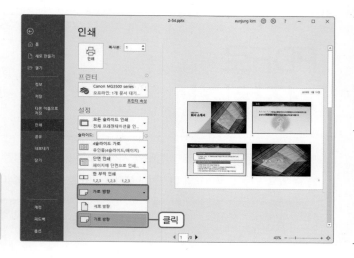

**POINT**
방향에서는 인쇄할 유인물의 용지 방향을 선택할 수
있고 색에서는 컬러, 회색조 또는 흑백을 선택할 수 있
습니다.

**04** 아랫부분에서 '머리글 및 바닥글 편
집'을 클릭하고, 머리글과 바닥글을 편집
합니다.

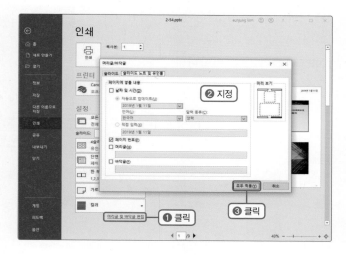

**05** 오른쪽에서 인쇄 미리 보기를 확인하
고 [인쇄] 버튼을 클릭하여 인쇄합니다.
다음 예제도 이어서 작업합니다.

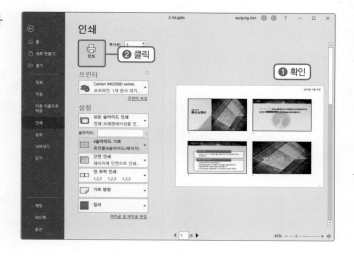

# PDF로
# 저장하기

프레젠테이션을 PDF 파일로 저장하면 서식과 레이아웃이 고정됩니다. 파워포인트가 없는 사용자도 슬라이드를 볼 수 있고, 만든 슬라이드의 변경이나 복제를 방지할 수도 있습니다.

**Keyword** PDF로 저장                **예제 파일** Part 2\2-54.pptx

**01** 이전 예제에서 연결하여 작업합니다. [파일] 탭-[내보내기]를 클릭합니다. [PDF /XPS 만들기]를 클릭합니다.

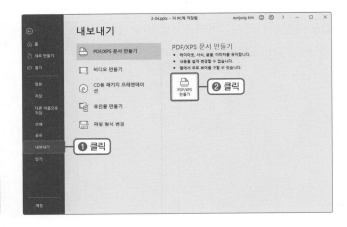

**POINT**
이 예제는 파워포인트 2010부터 실습할 수 있습니다.

**02** [PDF 또는 XPS로 게시] 대화상자에서 파일을 저장할 위치를 선택합니다. 최적화에서 고품질을 사용하려면 '표준'을 선택합니다(예: 인쇄할 경우).
파일을 더 작게 만들려면 '최소 크기'를 선택합니다(예: 전자 메일 첨부 파일로 보낼 경우). [게시] 버튼을 클릭하고 저장된 PDF 파일을 확인합니다.
다음 예제도 이어서 작업합니다.

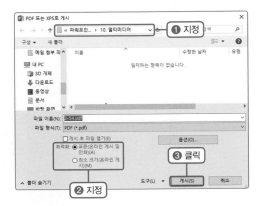

**POINT**
다른 이름을 사용하여 저장하려면 파일 이름에 이름을 입력합니다.

# 그림 프레젠테이션으로 저장 및 비밀번호 설정하기

SECTION

## 35

만든 슬라이드 변경이나 복제를 방지하기 위해 PDF 저장 외에 그림 프레젠테이션으로 저장하기도 합니다. 그림 프레젠테이션으로 저장된 PPT 파일을 열면 각 슬라이드는 있지만 슬라이드에 포함된 개체들은 선택되지 않고 모든 개체가 한 장의 그림으로 선택됩니다.

**Keyword** 그림 프레젠테이션, 비밀번호          **예제 파일** Part 2 \ 2-54.pptx

**01** 이전 예제에서 연결하여 작업합니다. [파일] 탭-[다른 이름으로 저장]-[찾아보기]를 클릭합니다.

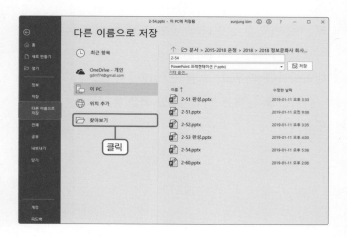

**POINT**
이 예제는 파워포인트 2010부터 실습할 수 있습니다.

**02** 파일 형식에서 'PowerPoint 그림 프레젠테이션 (*.pptx)'을 선택하고 [저장] 버튼을 클릭합니다.

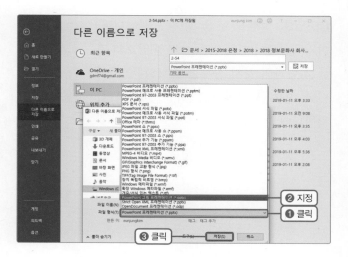

PART 2 _ 청중들의 눈을 사로잡는 활용 기능 36가지 **467**

**03** 저장된 그림 프레젠테이션 파일을 열어 보면 각 슬라이드에 개체가 한 장의 그림으로 들어가 있어서 내용은 똑같이 볼 수 있으나 개체 수정을 할 수 없습니다.

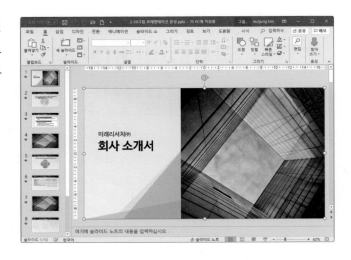

**04** 다음은 문서를 저장할 때 보안을 위해 비밀번호를 설정하는 방법에 대해 알아보겠습니다. 먼저 [다른 이름으로 저장] 대화상자를 띄우고, 오른쪽 아래에서 [도구] 버튼을 클릭한 다음 **[일반 옵션]**을 실행합니다.

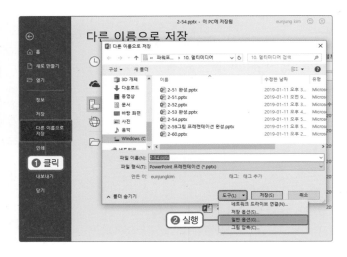

**05** 암호 설정을 위한 창이 표시됩니다. 여기에서 설정하는 암호는 파일 암호와 다른 사람과의 문서 공유할 때 쓰는 암호입니다. 암호를 설정하고 [확인] 버튼을 클릭합니다.

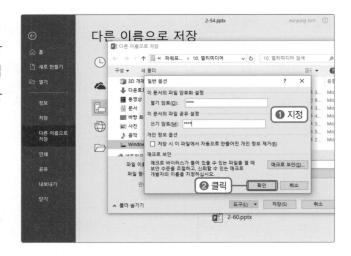

**06** 또 다른 암호 설정 창이 표시됩니다.
파일을 열 때와 편집할 때 필요한 암호를
입력합니다.

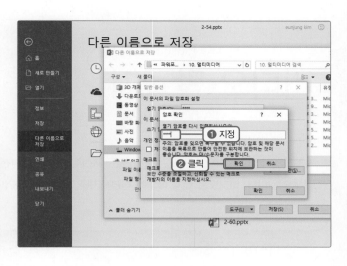

**07** 열기에 대한 암호를 설정했을 때 표시
되는 창입니다.

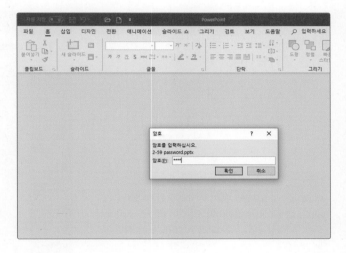

**08** 쓰기에 대한 암호를 설정했을 때 표시
되는 창입니다.

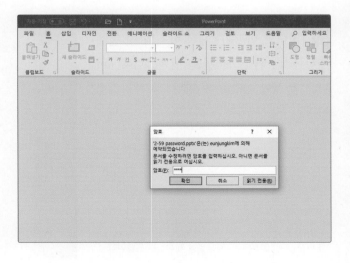

# 비디오 만들기

프레젠테이션을 비디오로 만드는 경우 모든 요소(설명, 애니메이션, 포인터 움직임, 시간 등)가 프레젠테이션 자체에 저장됩니다. 비디오는 전자 메일에 첨부하거나, 웹에 게시하거나, CD/DVD에 구워 동료나 고객에게 제공하려는 경우에 사용합니다.

**Keyword** 비디오 만들기                 **예제 파일** Part 2 \ 2-60.pptx

**01** [파일] 탭-[내보내기]-[비디오 만들기]를 클릭합니다.

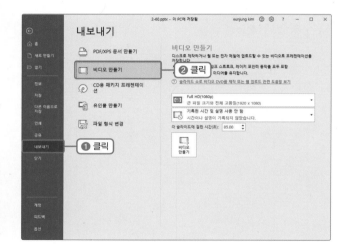

**POINT**
이 예제는 파워포인트 2010부터 실습할 수 있습니다.
[파일] 탭-[저장]을 클릭하여 모든 작업이 PowerPoint
프레젠테이션 형식(.pptx)으로 저장되었는지 확인 후
작업합니다.

**02** [비디오 만들기] 제목 아래의 첫 번째 메뉴에서 비디오 품질을 선택합니다. 비디오 품질이 높을수록 파일 크기가 커집니다.

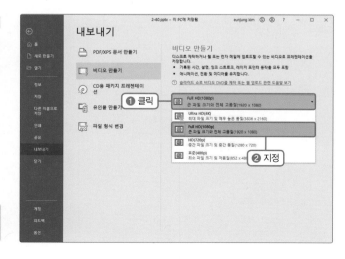

**POINT**
파워포인트 2019부터 4K 동영상 제작을 지원합니다.

**03** 비디오 만들기 제목 아래 두 번째 메뉴에서 프레젠테이션에 설명과 시간이 포함되는지 여부를 지정합니다.

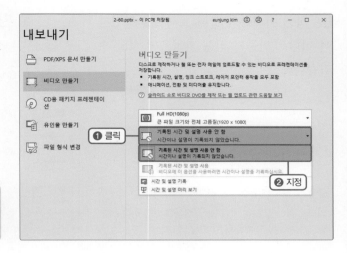

**04** 각 슬라이드에 소요되는 기본 시간은 5초입니다. 각 슬라이드에 걸리는 시간(초)에서 해당 시간을 변경할 수 있습니다. [비디오 만들기] 버튼을 클릭합니다.

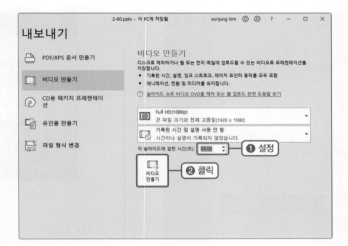

**05** 파일 이름에 비디오 파일 이름을 입력하고, 파일 형식을 'MPEG-4 비디오' 또는 'Windows Media 비디오'로 지정합니다.

**06** 화면 아래쪽의 상태 표시줄을 확인하여 비디오 만들기 진행 과정을 추적할 수 있습니다.

**07** 만든 비디오를 재생하려면 지정한 폴더 위치로 이동한 다음, 파일을 더블클릭하여 확인합니다.

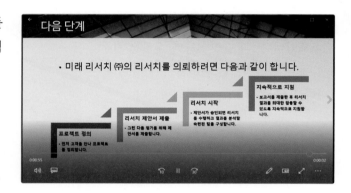

**쌩초보 Level Up**

## 파워포인트에서 저장할 수 있는 여러 가지 파일 형식들

확장자 형식을 크게 분류하자면 이미지와 동영상, 파워포인트 형식으로 나눌 수 있습니다.

| 확장자 | 파일 형식 이름 | 설명 |
|---|---|---|
| .bmp | 장치 독립적 비트맵 | 웹 페이지에서 사용할 그래픽으로 저장되는 슬라이드입니다. |
| .emf | 확장 Windows 메타 파일 | 32비트 그래픽으로 저장되는 슬라이드입니다(Microsoft Windows 95 이상 버전용). |
| .gif | GIF 그래픽 교환 형식 | 웹 페이지에서 사용할 그래픽으로 저장되는 슬라이드입니다. 최대 256가지 색을 표시할 수 있어서 그림을 표현하기 좋습니다. |
| .jpg | JPEG 파일 교환 형식 | 웹 페이지에서 사용할 그래픽으로 저장되는 슬라이드입니다. 16만 가지 색을 표현할 수 있어 사진을 표현하기 좋습니다. |
| .mp4 | MPEG-4 비디오 | 비디오로 저장되는 프레젠테이션입니다. |
| .odp | OpenDocument 프레젠테이션 | OpenDocument 프레젠테이션 형식을 사용하는 프레젠테이션 응용 프로그램(예: Google Docs 및 OpenOffice.org Impress)에서 열 수 있는 형식입니다. 파워포인트 2013 이상에서 ODP 형식의 프레젠테이션을 열 수도 있습니다. 사용자가 ODP 파일을 저장하고 열 때 일부 정보가 손실될 수 있습니다. |

| 확장자 | 파일 형식 이름 | 설명 |
|---|---|---|
| .pdf | PDF | PDF(Portable Document Format)는 Adobe Systems에서 개발한 PostScript 기반 전자 파일 형식입니다. 이 파일 형식은 문서 서식을 유지하며 파일 공유를 지원합니다. |
| .png | PNG 형식 | 웹 페이지에서 사용할 그래픽으로 저장되는 슬라이드입니다. |
| .pot | PowerPoint 97-2003 서식 파일 | 파워포인트 97~2003용 서식 파일입니다. |
| .potm | PowerPoint 매크로 사용 서식 파일 | 매크로가 포함된 파워포인트 프레젠테이션용 서식 파일입니다. |
| .potx | PowerPoint 서식 파일 | 새 파워포인트 프레젠테이션을 만드는 데 사용되는 서식 파일입니다. |
| .ppa | PowerPoint 97-2003 추가 기능 | 파워포인트 97~2003 추가 기능입니다. |
| .ppam | PowerPoint 추가 기능 | 사용자 지정 명령, VBA(Visual Basic for Applications) 코드 및 전문화된 기능을 저장하는 추가 기능입니다. |
| .pps | PowerPoint 97-2003 쇼 | 항상 기본 보기 대신 슬라이드 쇼 보기에서 열리는 프레젠테이션입니다. |
| .ppsm | PowerPoint 매크로 사용 쇼 | 매크로가 포함된 슬라이드 쇼입니다. |
| .ppsx | PowerPoint 쇼 | 항상 기본 보기 대신 슬라이드 쇼 보기에서 열리는 프레젠테이션입니다. |
| .ppt | PowerPoint 97-2003 프레젠테이션 | 기본 파워포인트 97~2003 형식입니다. |
| .pptm | PowerPoint 매크로 사용 프레젠테이션 | VBA(Visual Basic for Applications) 코드가 포함된 프레젠테이션입니다. |
| .pptx | PowerPoint 프레젠테이션 | 기본 파워포인트 XML 기반 파일 형식입니다. |
| .pptx | PowerPoint 그림 프레젠테이션 | 각 슬라이드가 그림으로 변환되는 파워포인트 프레젠테이션입니다. 파일을 파워포인트 그림 프레젠테이션으로 저장하면 파일 크기가 줄지만 일부 정보가 손실됩니다. |
| .rtf | 개요/서식 있는 텍스트 | 같은 버전의 파워포인트 또는 운영 체제가 없을 수 있는 다른 사용자와 매크로 제외 파일을 공유할 수 있는 텍스트 전용 문서로 저장되는 프레젠테이션 개요입니다. 파일 크기가 작고, 메모 창의 텍스트는 이 파일 형식에서 저장되지 않습니다. |
| .thmx | Office 테마 | 색 테마, 글꼴 테마 및 효과 테마에 대한 정의가 포함된 스타일 시트입니다. |
| .tif | TIFF 태그 이미지 파일 형식 | 웹 페이지에서 사용할 그래픽으로 저장되는 슬라이드입니다. |
| .wmf | Windows 메타 파일 | 16비트 그래픽으로 저장되는 슬라이드입니다(Microsoft Windows 3.x 이상 버전용). |
| .wmv | Windows Media 비디오 | 비디오로 저장되는 프레젠테이션입니다. 파워포인트 2013 이상에서는 고화질(1024×768, 30fps(초당 프레임)), 보통 화질(640 x 480, 24fps(초당 프레임)) 및 저화질(320×240, 15fps(초당 프레임))로 저장할 수 있습니다. WMV 파일 형식은 Windows Media Player와 같은 여러 미디어 플레이어에서 재생됩니다. |
| .xml | PowerPoint XML 프레젠테이션 | 파워포인트에서 지원되는 XML 형식입니다. |
| .xps | XPS 문서 | XPS(XML Paper Specification)는 최종 형식의 문서를 교환하는 전자 문서 형식입니다. |

# POWER POINT 2019

 INTEGRITY
 INNOVATION
 COMMITMENT
 CREATIVITY
 PASSION
 GOALS
 CONNECTION
 GROWTH

# 3

# 실무
# 프레젠테이션
# 활용 예제 10가지

Part 1과 Part 2에서 전반적인 파워포인트 기능을 모두 살펴보았습니다. 이번 파트에서는
단편적으로 학습했던 기능을 모두 모아 완전한 발표 자료들을 만들어 볼 것입니다.
예제를 따라 하다 보면 프레젠테이션 시각 자료를 만드는 전체적인 제작 프로세스를 알 수
있을 것입니다.

# 카페 프랜차이즈 소개
# : 표지 슬라이드

사업체를 홍보하는 슬라이드를 만들 때 그 업체와 연관이 있는 색과 이미지를 사용하여 만드는 것이 좋습니다. 이 번 슬라이드는 카페 홍보 자료이므로, 커피 색을 메인 컬러로 설정하고 커피라는 주요 테마를 나타내는 이미지들과 도형의 조합으로 감각적인 느낌의 슬라이드를 만들겠습니다.

**Keyword** 꾸밈 효과 　　　　　　　　　**예제 폴더** Part 3 \ 02

**01** 새 프레젠테이션을 열고 [삽입] 탭-[이미지] 그룹-[그림]을 클릭한 다음 '커피_표지.jpg'를 삽입합니다.

**POINT**
이 예제는 파워포인트 2010부터 실습할 수 있습니다.

**02** 그림이 선택된 채로 [그림 도구]-[서식] 탭-[크기]-[자르기▼]-[가로 세로 비율]-[16:9]를 선택해서 그림을 16:9 비율로 잘라 줍니다.

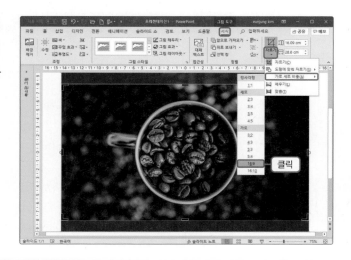

**03** 그림의 크기 조절점을 드래그하여 슬라이드 크기에 맞춰서 확대합니다.

**04** 그림을 선택한 채로 [그림 도구]-[서식] 탭-[조정] 그룹-[꾸밈 효과]-[파스텔 부드럽게]를 클릭하여 파스텔 효과를 적용합니다.

**POINT**
꾸밈 효과는 포토샵 필터와 같은 효과로, 처리되는데 약간의 시간이 소요됩니다.

**05** [홈] 탭-[그리기] 그룹-[도형]-[사각형]에서 직사각형(□)을 클릭하고 슬라이드보다 조금 작게 그려 줍니다.

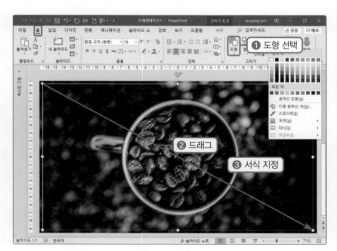

▶ 채우기 색: 없음, 선: 흰색, 두께: 1pt

**06** [그리기] 그룹-[도형]-[선(＼)]을 클릭하고 슬라이드 가운데 가로 선을 그려줍니다. Ctrl+Shift를 누른 채 선을 아래쪽으로 드래그하여 복제합니다.

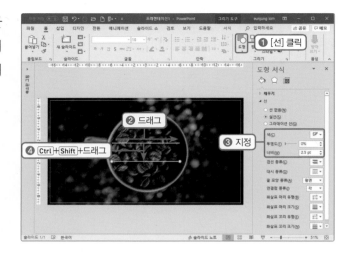

▶ 선 색: 흰색, 너비: 2.5pt

**07** [그리기] 그룹-[도형]-[기본 도형]-[텍스트 상자(⛶)]를 클릭하고 제목을 입력합니다.

▶ 글꼴: 맑은 고딕, 글꼴 크기: 44/24, 스타일: 굵게

**08** 가운데 선 두 개와 텍스트 상자를 모두 선택하고 [그리기 도구]-[서식] 탭-[정렬] 그룹-[맞춤(⧈)]-[가운데 맞춤]을 클릭합니다.

# 카페 프랜차이즈 소개
: 카페 특징과 장점

픽토그램을 이용하여 카페의 주요 장점을 표현하겠습니다. 사용하는 도형의 색도 커피와 연관이 있는 색으로 선택하면 주제와 잘 부합되게 만들 수 있습니다.

**Keyword** 자르기, 스포이드, 픽토그램          **예제 폴더** Part 3\02

**01** [홈] 탭-[슬라이드] 그룹-[새 슬라이드 ▼]-[빈 화면]을 선택합니다.

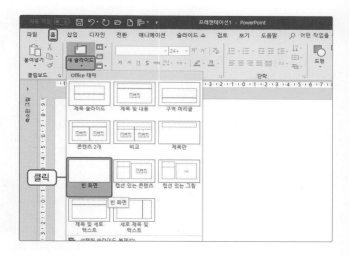

**02** [삽입] 탭-[이미지] 그룹-[그림]을 선택하고 '커피1.jpg'를 삽입합니다.
그림을 선택하고 [그림 도구]-[서식] 탭-[크기] 그룹-[자르기]를 클릭한 다음 슬라이드 왼쪽에 들어갈 만한 크기로 잘라 줍니다.

**POINT**
이미지를 자르기 않고 크기를 줄이면 비율이 찌그러져 보기 싫게 됩니다.

**03** [홈] 탭-[그리기] 그룹-[도형]-[사각형]-[직사각형(□)]을 선택하고 슬라이드 아랫부분에 사각형을 그려 줍니다.

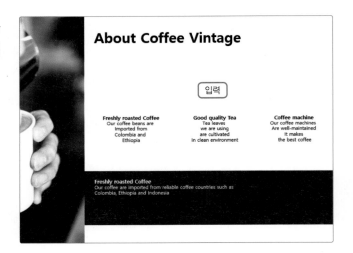

▶ 채우기 색: 스포이드로 이미지의 갈색 부분 추출, 선: 선 없음

**04** [홈] 탭-[그리기] 그룹-[도형]-[기본 도형]-[텍스트 상자(回)]를 선택하고 텍스트를 입력합니다(맑은 고딕).

**05** [삽입] 탭-[이미지] 그룹-[그림]을 선택하고 '커피픽토그램1~3.png'를 삽입합니다. 세 개의 이미지가 동시 선택된 상태에서 Shift를 누른 채 아래쪽 방향키(↓)를 눌러 이미지 크기를 한꺼번에 작게 만듭니다.

> **POINT**
> 픽토그램 이미지는 flaticon.com에서 다운로드할 수 있습니다.

# 카페 프랜차이즈 소개
# : 카페 살펴보기

카페의 이미지 컷을 보여 주는 슬라이드를 만듭니다. 먼저 도형을 같은 크기로 여러 개 만들어 가지런히 배분하고, 도형에 분위기 있는 이미지를 채워 표현하겠습니다.

**Keyword** 평행사변형, 그림 채우기, 가로 간격 동일하게, 그룹 **예제 폴더** Part 3 \ 02

**01** [홈] 탭-[슬라이드] 그룹-[새 슬라이드▼]-[빈 화면]을 클릭합니다.

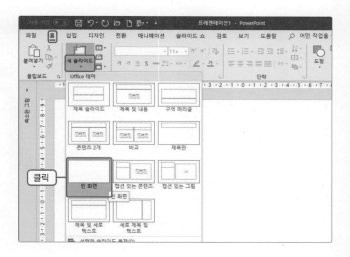

**02** [홈] 탭-[그리기] 그룹-[도형]-[기본 도형]-[평행 사변형(▱)]을 클릭하고 세로로 긴 평행사변형 도형을 삽입합니다.

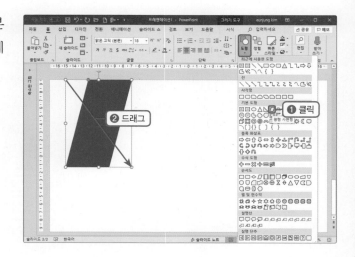

**03** Ctrl+Shift를 누른 채 드래그하여 도형을 다섯 개 만듭니다.
[그리기 도구]–[서식] 탭–[정렬] 그룹–[맞춤(⊨)]–[가로 간격 동일하게]를 클릭하여 도형 간격을 맞춥니다.

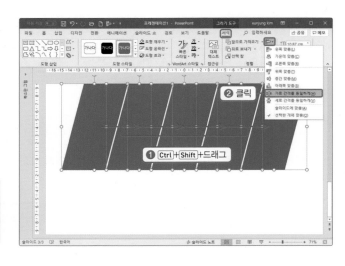

**04** 첫 번째 도형을 마우스 오른쪽 버튼으로 클릭한 다음 [도형 서식]을 실행합니다.

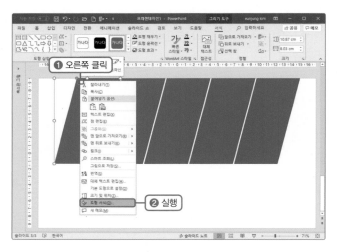

**05** [도형 서식] 설정 창의 채우기 항목에서 '그림 또는 질감 채우기'를 선택하고 [파일] 버튼을 클릭하여 '커피2.jpg'를 채웁니다(선 없음).

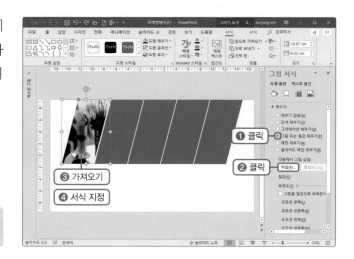

**06** '그림을 질감으로 바둑판식 배열'에 체크 표시하여 이미지가 도형에 억지로 맞춰져서 들어가는 것이 아니라 원본 이미지 크기로 도형에 삽입되도록 합니다.

**POINT**
오프셋 값을 조금씩 수정하여 이미지 위치를 옮겨도 됩니다.

**07** 같은 방법으로 다섯 번째 도형까지 그림으로 채워 줍니다(커피3~6.jpg).

**08** [홈] 탭-[그리기] 그룹-[도형]-[텍스트 상자(▣)]를 클릭하여 텍스트를 입력하고 마무리합니다.

# 카페 프랜차이즈 소개
## : 카페 인테리어

P R O J E C T

# 04

여러 도형 안에 하나의 이미지가 채워지도록 만들어 보겠습니다. 마치 창살 넘어 카페 안을 들여다보는 느낌을 받을 수 있는 표현입니다.

**Keyword** 회전, 그룹, 그림 채우기 　　　　　　　**예제 폴더** Part 3 \ 02

**01** [홈] 탭-[슬라이드] 그룹-[새 슬라이드▼]-[빈 화면]을 클릭합니다.
[홈] 탭-[그리기] 그룹-[도형]-[이등변삼각형(△)]을 클릭하여 그려 줍니다.

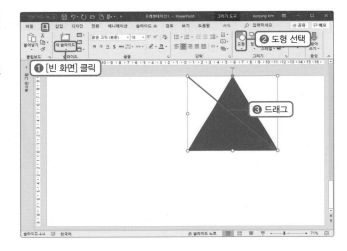

**02** 도형을 선택하고 Ctrl+Shift를 누른채 아래쪽으로 드래그하여 복제한 다음 [그리기 도구]-[서식] 탭-[정렬] 그룹-[회전(⟳)]-[상하 대칭]을 클릭합니다.

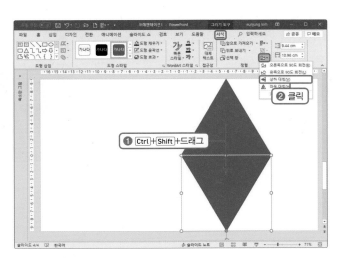

**POINT**
도형 크기를 한꺼번에 조정하고 싶다면 그룹으로 묶어서 크기를 변경합니다.

**03** 삼각형을 Ctrl을 누른 채 드래그하여 복사하고, 그림과 같이 회전하여 배치합니다.
슬라이드에 배치된 삼각형들을 모두 선택하고 Ctrl+G를 눌러 그룹으로 묶습니다.

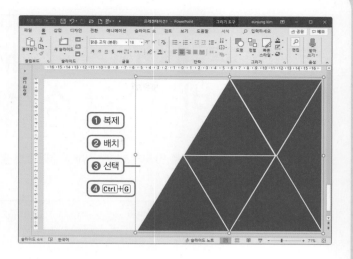

**04** 그룹을 선택한 채로 마우스 오른쪽 버튼을 클릭한 다음 [도형 서식]을 실행하여 오른쪽에 [도형 서식] 설정 창이 나타나게 합니다.
그룹 도형의 채우기 항목에서 '그림 또는 질감 채우기'에 체크 표시하고 [파일] 버튼을 클릭한 다음 '인테리어.jpg' 이미지로 채웁니다.

▶ 선: 선 없음

**05** [홈] 탭-[그리기] 그룹-[도형]-[텍스트 상자(📝)]를 클릭하고 텍스트를 입력한 다음 작업을 마무리합니다.

POINT
앞 슬라이드 텍스트를 복사 및 붙여넣기 하여 글자를 수정하는 것이 편리합니다.

# 카페 프랜차이즈 소개
## : 대표 바리스타 소개

PROJECT
**05**

직원들을 소개하는 슬라이드를 만들어 봅니다. 앞에서 사용했던 평행사변형 도형을 재사용하여 전체 슬라이드 분위기를 맞춰서 만들겠습니다.

**Keyword** 그림 채우기, 그림의 바둑판식 배열, 오프셋 　　**예제 폴더** Part 3\02

---

**01** [홈] 탭-[슬라이드] 그룹-[새 슬라이드▼]-[빈 화면]을 클릭합니다.

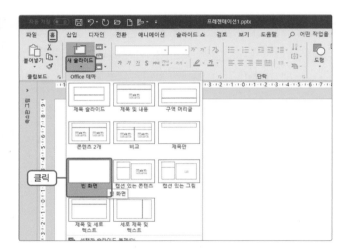

**02** 세 번째 '카페 살펴보기' 슬라이드에서 만들어진 평행사변형 도형을 복사(Ctrl+C)하고, 현재 슬라이드에 붙여넣기(Ctrl+V)합니다.

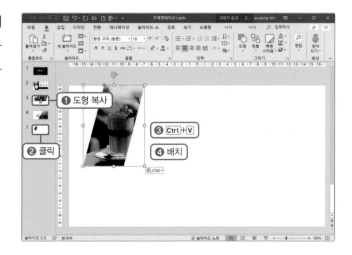

**03** 도형을 선택하고 Ctrl 을 눌러 도형을 세 개 더 복사한 다음, 그림과 같이 배치합니다.

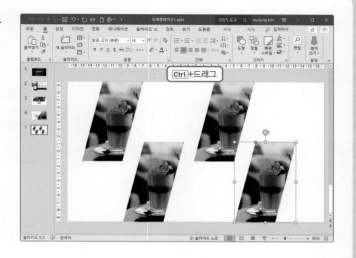

**04** 도형을 선택하고 마우스 오른쪽 버튼을 클릭한 다음 **[그림 서식]**을 실행하여 오른쪽에 [그림 서식] 설정 창을 표시합니다. 채우기 항목에서 '그림 또는 질감 채우기'를 선택하고 [파일] 버튼을 클릭하여 '바리스타1.jpg' 이미지로 채웁니다.

**POINT**
도형에 그림이 채워져 있으면 설정 창 이름이 '도형 서식'에서 '그림 서식'으로 바뀝니다.

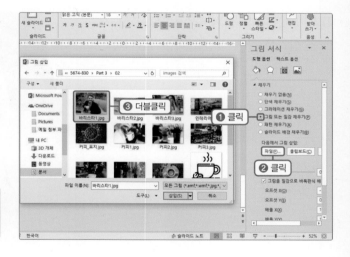

**05** 사람 비율이 많이 찌그러졌습니다. [그림 서식] 설정 창에서 '그림을 질감으로 바둑판식 배열'에 체크 표시합니다.

**POINT**
실제 이미지보다 도형이 작으므로 그림이 강제로 줄어들어서 채우기가 됩니다. 바둑판식으로 채우면 원본 그림 크기가 반복적으로 나타나게 됩니다.

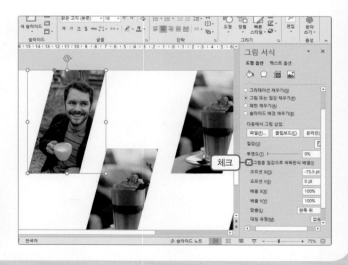

**06** 같은 방법으로 2~3번 도형에도 '바리스타2~3.jpg'를 채우고, 오프셋 X, 오프셋 Y를 조절하여 사람이 도형 안에 제대로 들어오도록 합니다.

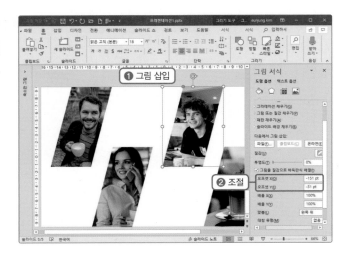

**07** 마지막 도형은 회색으로 채우고, 텍스트를 입력한 다음 작업을 마무리합니다.

# 카페 프랜차이즈 소개
## : 커피 관련 설문 조사

커피를 마시는 이유에 관한 설문 조사 결과를 슬라이드로 만들어 봅니다. 설문 결과 데이터 값은 도넛형 차트로 나타내는데 정확한 데이터 값을 표현하기보다는 시각적으로 비교가 잘 되도록 만드는 것이 포인트입니다.

**Keyword** 도넛형 차트, 픽토그램, 데이터 계열 서식      **예제 폴더** Part 3 \ 02

---

**01** [홈] 탭-[슬라이드] 그룹-[새 슬라이드▼]-[빈 화면]을 클릭합니다.

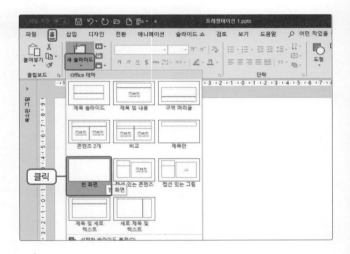

**02** [삽입] 탭-[이미지] 그룹-[그림]을 클릭하여 '설문조사 (1)~(3).png'를 삽입하고, 크기를 적당히 줄여 줍니다.

**POINT**
픽토그램 이미지는 'https://flaticon.com'에서 다운로드했습니다.

**03** [일러스트레이션] 그룹-[차트]를 클릭하고 [원형] 범주-[도넛형 차트]를 삽입합니다.

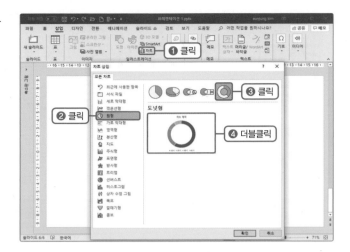

**04** 엑셀 창이 열리면 그림과 같이 데이터를 입력하고 엑셀 창을 닫습니다.

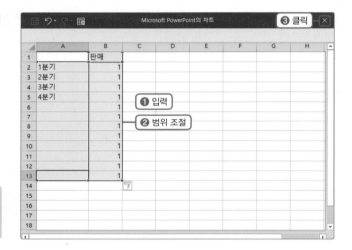

**POINT**
같은 비율로 열두 개 조각을 만들기 위해 '1'을 열두 번 넣어 줍니다.

**05** 도넛형 차트에서 필요 없는 '차트 제목, 범례'를 Delete 를 눌러 삭제합니다. 차트 크기를 그림과 같이 작게 줄입니다. 가져온 이미지를 차트 가운데에 배치합니다.

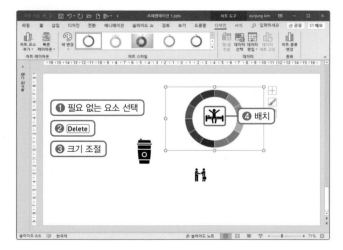

**06** 차트 데이터 계열을 선택하고 마우스 오른쪽 버튼을 클릭한 다음 [채우기]를 클릭합니다. 색을 '흰색, 배경1, 25% 더 어둡게'로 채웁니다.

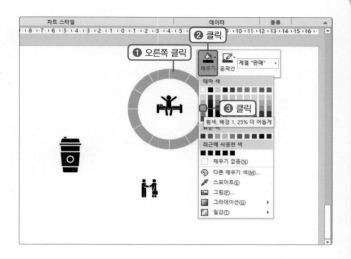

**07** 첫 번째 조각만 다시 선택하고 색을 '짙은 갈색'으로 지정합니다.

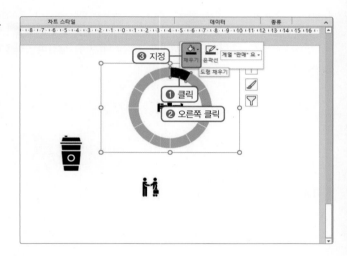

**08** 같은 방법으로 다섯 번째 조각까지 채웁니다.

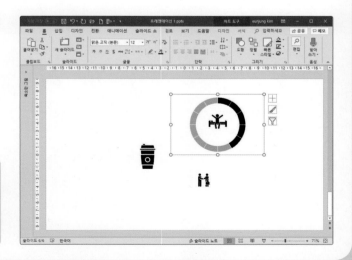

**POINT**
도넛 차트의 링 두께를 조절하고 싶다면 차트의 링 부분을 선택하고 마우스 오른쪽 버튼을 클릭한 다음 [데이터 계열 서식]을 실행합니다. 표시되는 [데이터 계열 서식] 설정 창에서 도넛 구멍 크기를 조절할 수 있습니다.

**09** 도넛형 차트를 [Ctrl]을 누른 채 드래그 하여 두 개 더 복제하고 크기를 조절합니다. 데이터 계열 색상을 백분율 비율에 맞게 변경합니다.

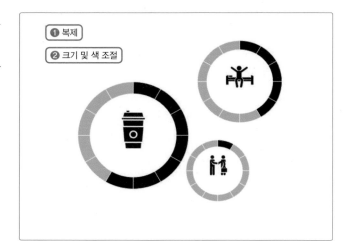

**10** [홈] 탭-[그리기] 그룹-[도형]-[텍스트 상자(▥)]를 클릭하고 그림과 같이 내용을 입력합니다.

▶ 글꼴: 나눔바른고딕

# 애견 사업 슬라이드
## : 표지 슬라이드

최근 급증하고 있는 애견 사업에 관한 통계 자료를 설명하는 슬라이드를 만들어 봅니다. 강아지의 귀여운 이미지를 배경 이미지로 사용하여 강렬하게 어필하고, 전달 내용은 단순하게 표현하여 정확한 전달에 집중하도록 합니다.

**Keyword** 이미지, 투명도          **예제 폴더** Part 3\04

**01** 새 프레젠테이션을 열고 [삽입] 탭-[이미지] 그룹-[그림]을 클릭한 다음 '애견 표지.jpg'를 불러옵니다.

**02** 그림을 선택한 채로 [그림 도구]-[서식] 탭-[크기] 그룹-[자르기▼]-[가로 세로 비율]-[16:9]를 클릭하여 이미지를 비율에 맞게 자릅니다.

**03** 이미지 크기 조절점을 드래그하여 슬라이드 크기에 맞게 확대합니다.

**04** [홈] 탭-[그리기] 그룹-[도형]-[타원(○)]을 클릭하고 Shift 를 누른 채 드래그하여 정원을 그립니다.

▶ 채우기 색: 갈색, 투명도: 30%, 선: 선 없음

**05** [홈] 탭-[그리기] 그룹-[도형]-[기본도형]-[텍스트 상자(⊞)]를 클릭하고 텍스트를 입력합니다.

▶ 글꼴: 나눔손글씨 붓/다음_SemiBold/맑은 고딕

# 애견 사업 슬라이드
## : 시장 전망

차트를 이용하여 국내 반려동물 시장 규모를 비교해 보는 슬라이드를 만들겠습니다. 세로 묶은 막대형 그래프와 화살표 이미지를 이용하여 반려동물 시장이 급증하고 있다는 것을 강조합니다.

**Keyword** 이미지 자르기, 도형 그리기, 세로 묶은 막대형 그래프      **예제 폴더** Part 3\04

**01** [홈] 탭-[슬라이드] 그룹-[새 슬라이드▼]-[빈 화면]을 추가합니다.
[삽입] 탭-[이미지] 그룹-[그림]을 클릭하고 '강아지1.jpg'를 불러옵니다.

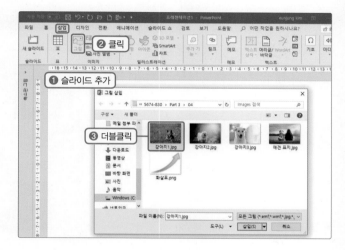

**02** 그림을 선택하고 [그림 도구]-[서식] 탭-[크기]-[자르기▼]-[가로 세로 비율]-[16: 9]를 클릭한 다음 이미지를 비율에 맞게 자릅니다.

> **POINT**
> 이미지 크기 조절점을 드래그하여 슬라이드 크기에 맞게 확대합니다.

**03** [홈] 탭-[그리기] 그룹-[도형]-[직사각형(□)]을 클릭하고 사각형을 그립니다.

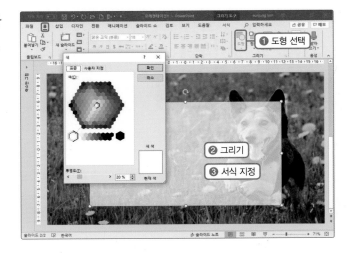

▶ 채우기 색: 흰색, 투명도: 20%, 선: 선 없음

**04** [홈] 탭-[그리기] 그룹-[도형]-[사각형: 둥근 모서리(□)]를 클릭하고, 제목 도형을 그려 줍니다. 텍스트도 입력합니다.

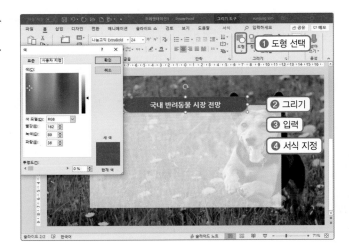

▶ 글꼴: 나눔고딕 ExtraBold, 채우기 색: 갈색,
　선: 선 없음

**05** [삽입] 탭-[일러스트레이션] 그룹-[차트]를 클릭하고 [세로 막대형] 범주-[묶은 세로 막대형 그래프]를 삽입합니다.

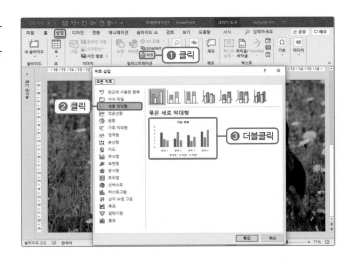

**06** 엑셀 창에 다음과 같이 데이터를 입력
하고 엑셀 창을 닫습니다.

| | 계열 1 |
|---|---|
| 2017년 | 22900 |
| 2020년 | 58100 |

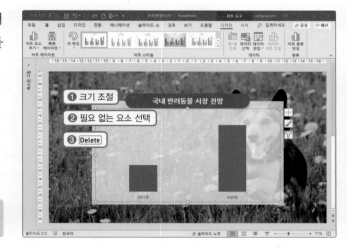

**07** 그래프 크기를 사각형 도형 안에 들어
갈 수 있도록 조절하고, 필요 없는 요소들
은 선택하여 삭제합니다.

**08** 막대를 선택하고 마우스 오른쪽 버튼
을 클릭한 다음 **[데이터 계열 서식]**을 실행
하여 [데이터 계열 서식] 설정 창을 표시
합니다.
계열 옵션 항목에서 간격 너비를 '200%'로
설정합니다.

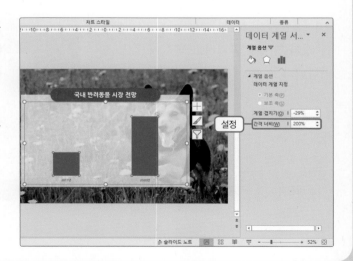

**09** 데이터 계열을 선택하고 마우스 오른쪽 버튼을 클릭한 다음 [채우기]를 실행합니다. 채우기 색을 '연두색'으로 지정합니다.

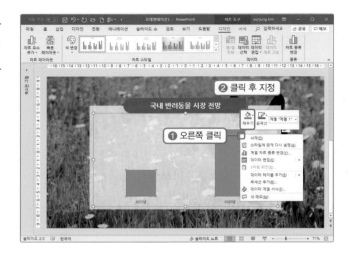

**10** 차트를 선택하고 [홈] 탭-[글꼴] 그룹에서 글꼴을 '나눔고딕 ExtraBold'으로 변경합니다.
[삽입] 탭-[이미지] 그룹-[그림]을 클릭하고 '화살표.png'를 삽입하여 그림과 같이 배치합니다.

**11** [홈] 탭-[그리기] 그룹-[도형]-[텍스트 상자(🔲)]를 클릭하고 데이터 값을 입력합니다. '2배 이상 증가'도 입력합니다.

▶ 글꼴: 나눔고딕 ExtraBold

> **POINT**
> 데이터 값의 단위가 '억원'입니다. 이 경우에는 엑셀에 입력한 데이터 값으로 표현하기보다는 직접 텍스트 상자를 이용하는 것이 편리합니다.

# 애견 사업 슬라이드
# : 산업의 특징

P R O J E C T

# 09

반려동물 산업의 특징을 크게 세 개의 범주로 묶어서 표현하는 슬라이드를 만들겠습니다. 세 개의 같은 크기 도형을 이용하여 같은 비중 중요도로 나타내며, 단순한 원으로 내용에 집중할 수 있도록 합니다. 원 도형의 색상도 배경이미지의 톤과 어울리도록 선택하는 것이 좋습니다.

**Keyword** 자르기, 도형, 스포이드, 미리 설정          **예제 폴더** Part 3\04

**01** [홈] 탭-[슬라이드] 그룹-[새 슬라이드▼]-[빈 화면]을 클릭하여 슬라이드를 추가합니다. [삽입] 탭-[이미지] 그룹-[그림]을 클릭하고 '강아지2.jpg'를 불러옵니다. 그림을 선택한 채로 [그림 도구]-[서식]-[크기]-[자르기▼]-[가로 세로 비율]-[16: 9]를 클릭하고 이미지를 비율에 맞게 자릅니다. 이미지의 크기 조절점을 드래그하여 슬라이드 크기에 맞게 확대합니다.

**POINT**
그림이 너무 밝아서 반투명 도형을 위에 덮어 주겠습니다.

**02** [홈] 탭-[그리기] 그룹-[도형]-[직사각형(□)]을 클릭하여 슬라이드 크기에 맞게 사각형을 그립니다.

▶ 채우기 색: 밤색, 투명도: 65%, 선: 선 없음

**03** 앞 슬라이드에 만들어 둔 '모서리가 둥근 직사각형'을 복사해 오고 문구를 그림과 같이 변경합니다.

**04** [홈] 탭-[그리기] 그룹-[도형]-[타원(○)]을 클릭하고 Shift를 누른 채 드래그하여 정원을 그립니다.

**05** 도형을 마우스 오른쪽 버튼으로 클릭하고 [채우기]-[스포이드]를 클릭한 다음 강아지 그림 중 밝은 톤 부분을 클릭하여 추출합니다.
선은 '선 없음'으로 지정합니다.

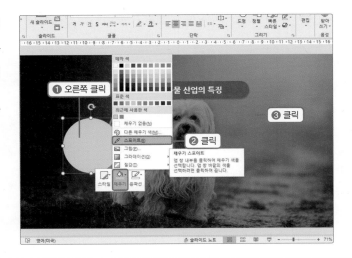

**06** 도형을 선택한 채로 [그리기 도구]–
[서식] 탭–[도형 스타일] 그룹–[도형 효
과(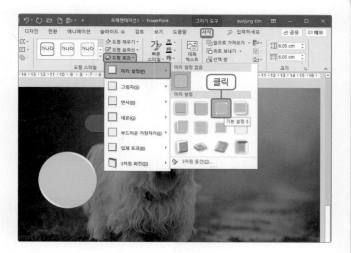)]–[미리 설정]–[기본 설정 3]을 클
릭합니다.

**07** Ctrl 을 누르고 드래그하여 원을 두 개
더 복제한 다음 도형 채우기 색을 배경 이
미지와 어울리도록 스포이드로 추출하여
적용합니다.

**POINT**
원하는 색이 안 나올 경우 [다른 색 채우기]에서 선택
해도 됩니다.

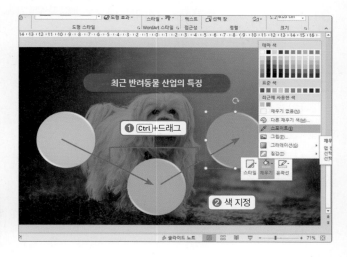

**08** 텍스트를 입력하고 작업을 마무리합
니다.

# 애견 사업 슬라이드
## : 시장 성장 그래프

데이터 항목이 여러 개면 콤보 차트를 이용해 표현하는 것이 좋습니다. 그리고 각 차트별 항목 구분을 설명선 도형으로 지시해 주면 더욱 효과적입니다.

**Keyword** 콤보 차트, 데이터 계열 서식, 설명선 도형 　　**예제 폴더** Part 3\04

**01** 새 슬라이드를 추가하고 [삽입] 탭－[이미지] 그룹－[그림]을 선택하여 '강아지 3.jpg'를 불러옵니다.

그림을 선택하고 [그림 도구]－[서식]－[크기]－[자르기▼]－[가로 세로 비율]－[16:9]를 클릭한 다음 이미지를 비율에 맞게 자릅니다.

이미지 크기 조절점을 드래그하여 슬라이드 크기에 맞게 확대합니다.

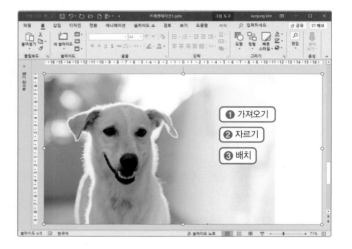

**02** 앞 슬라이드에 만들어 둔 '모서리가 둥근 직사각형'을 복사해 오고 문구를 그림과 같이 변경합니다.

**03** [삽입] 탭-[일러스트레이션] 그룹-[차트]를 클릭하고 [세로 막대형] 범주-[묶은 세로 막대형]을 선택하여 추가합니다.

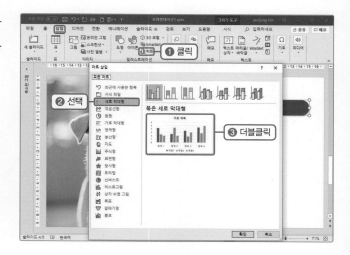

**04** 엑셀 창에 다음과 같이 데이터를 입력하고 엑셀 창을 닫습니다.

| | 계약건수 | 보험료 |
|---|---|---|
| 2015 | 1199 | 405 |
| 2016 | 1683 | 572 |
| 2017 | 1826 | 731 |
| 2018 | 1701 | 670 |

**05** 필요 없는 요소들을 Delete를 눌러 삭제합니다.

**POINT**
차트 제목, 눈금선, 세로 축, 범례를 삭제합니다.

**06** 계약건수 데이터 계열을 선택하고 마우스 오른쪽 버튼으로 클릭한 다음 [계열 차트 종류 변경]을 실행합니다.

**07** [콤보] 범주를 선택하고 계약건수 차트 종류를 '표식이 있는 꺾은선형'으로 변경합니다. [확인] 버튼을 클릭합니다.

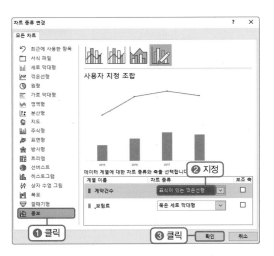

**08** 보험료 데이터 계열을 마우스 오른쪽 버튼을 클릭하고 [채우기]를 클릭한 다음 채우기 항목에서 색을 '연두색'으로 지정합니다.

**09** '보험료' 데이터 계열을 선택하고 [차 트 도구]-[서식] 탭-[도형 스타일]-[도형 효과(⬭)]-[그림자]-[원근감]-[원근감 - 왼쪽 위]를 클릭합니다.

**10** '계약건수' 데이터 계열을 선택하고 [데 이터 계열 서식] 대화상자에서 [채우기 및 선(◇)]을 선택한 다음 선 항목에서 색을 '분홍색', 너비를 '4.25pt'로 지정합니다.

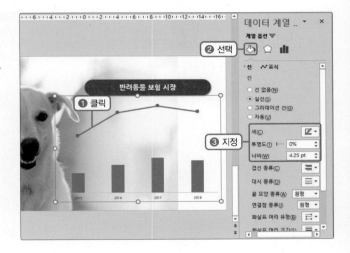

**11** '표식'을 선택하고 표식 옵션 항목에서 '기본 제공'을 선택합니다. 형식을 '다이아 몬드', 크기를 '20'으로 지정합니다.

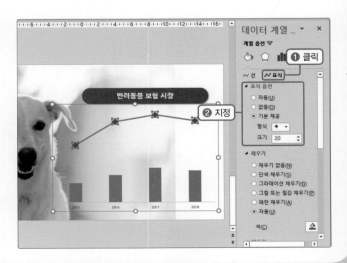

**12** 표식의 채우기 항목에서 색을 '분홍색'으로 지정하고, 테두리 항목에서 '선 없음'을 선택합니다.

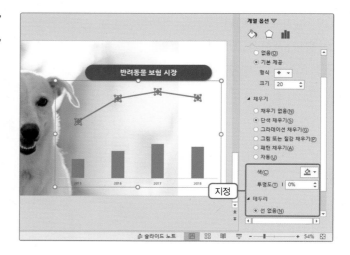

**13** [차트 도구 서식]-[도형 스타일] 그룹-[도형 효과(⌐)]-[그림자]-[오프셋: 오른쪽 아래]를 클릭합니다.

**14** '보험료' 데이터 계열을 선택하고 [차트 요소(+)]를 클릭한 다음 [데이터 레이블]-[바깥쪽 끝에]를 선택합니다.

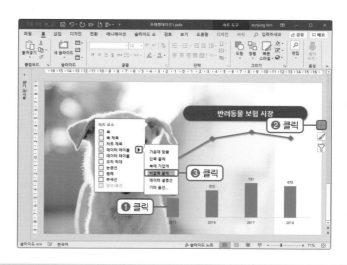

**15** '계약건수' 데이터 계열을 선택하고 [차트 요소(➕)]를 클릭한 다음 [데이터 레이블]-[위쪽]을 선택합니다.

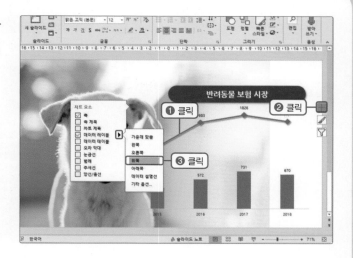

**16** 계약건수의 데이터 레이블을 선택하고 [데이터 레이블 서식] 대화상자에서 [레이블 옵션(▮▮)]을 클릭한 다음 표시 형식을 '숫자'로 지정합니다. '1000단위 구분 기호'에 체크 표시합니다.

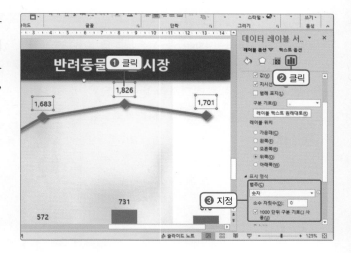

**17** 차트를 선택하고 [홈] 탭-[글꼴] 그룹에서 글꼴을 바꿉니다.

▶ 글꼴: 나눔고딕 ExtraBold

**18** [홈] 탭-[그리기] 그룹-[도형]-[말풍선: 타원형(⬭)]을 클릭하고 슬라이드에 그려 줍니다.
오른쪽 변에 있는 조절점을 왼쪽으로 드래그하여 정원이 되도록 조절합니다.

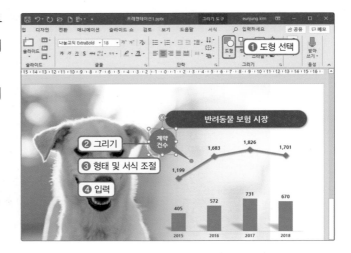

▶ 채우기 색: 분홍색, 선: 선 없음

**19** [홈] 탭-[그리기] 그룹-[도형]-[부분 원형(◔)]을 클릭하고 Shift 를 누른 채 드래그하여 원을 그립니다.
노란 모양 조절점을 드래그하여 반원으로 만들고 크기를 말풍선 안에 들어갈 정도로 조절합니다.

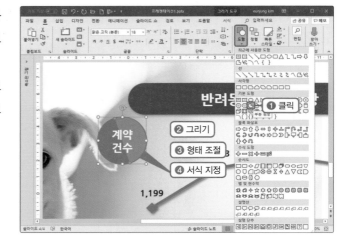

▶ 채우기 색: 흰색, 투명도: 80%, 선: 선 없음

**20** 말풍선과 원호 도형을 Ctrl 을 누른 채 드래그하여 복제하고 말풍선 색을 녹색으로 변경합니다. 나머지 텍스트를 입력하고 작업을 마무리합니다.

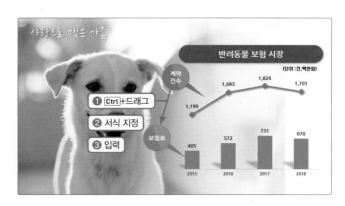

# 파워포인트 2019 새로운 기능

## SPECIAL

2018년 10월 2일에 마이크로소프트가 오피스 2019를 발표하였습니다. 기존 오피스 365 사용자들이라면 주기적으로 업데이트를 받았기 때문에 크게 변화를 못 느끼겠지만, 오피스 2016 이하를 사용한 사용자라면 새로운 그래픽과 부드러운 전환 작업에 놀라움을 감추지 못할 것입니다. 파워포인트 2019의 주요 특징은 압력 감지, 기울임, 반복 재생 등 개선된 잉크 기능과 데이터 분석용 새 차트, 모핑(Morph)과 확대(Zoom) 등 시각 애니메이션을 들 수 있습니다.

## 시각 효과

① **모핑 전환**: 파워포인트 2019에는 슬라이드 전환 효과 중 모핑 전환이 추가되었습니다. 모핑 효과란 A개체에서 B개체로 자연스럽게 바뀌는 효과를 말하며 슬라이드가 넘어갈 때 훨씬 자연스러운 애니메이션을 만들어 줍니다. 모핑 전환을 효과적으로 사용하려면 공통된 개체가 하나 이상 포함된 두 개의 슬라이드가 있어야 하며, 가장 쉬운 방법은 슬라이드를 복제한 다음 두 번째 슬라이드의 개체를 다른 위치로 이동하는 것입니다. 그런 다음, 두 번째 슬라이드에 [전환] 탭-[슬라이드 화면 전환] 그룹-[모핑]을 이용하면 됩니다. <sup>441쪽 참고</sup>

② **요약 확대**: 슬라이드들의 미리 보기 이미지를 만들어 발표 전에 대략적인 내용을 예고할 수 있습니다. 그리고 발표 중에 슬라이드를 원하는 순서대로 보여 줄 수 있고, 슬라이드 사이 이동에는 확대/축소 효과가 나타납니다. 확대/축소를 추가하려면 [삽입] 탭–[링크] 그룹–[확대/축소]를 이용합니다.

• 전체 프레젠테이션을 한 슬라이드에서 요약하려면 [요약 확대/축소]를 클릭합니다.

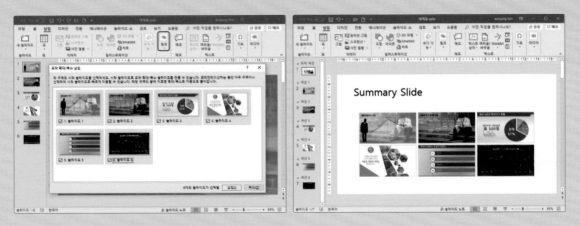

• 단일 섹션만 표시하려면 [구역 확대/축소]를 클릭합니다.
• 선택한 슬라이드만 표시하려면 [슬라이드 확대/축소]를 클릭합니다. <sup>447쪽 참고</sup>

③ **텍스트 강조**: 워드와 마찬가지로 파워포인트 2019에서도 텍스트 형광펜을 사용할 수 있게 되었습니다. 다양한 형광펜 색을 선택하여 프레젠테이션에서 텍스트 특정 영역을 강조할 수 있습니다. 텍스트 상자를 선택하거나, 텍스트를 블록 설정하고 [홈] 탭–[글꼴] 그룹–[텍스트 강조 색▼]을 클릭한 다음 원하는 색상을 선택하면 텍스트가 강조됩니다.

# 그림 및 미디어

① **SVG 벡터 그래픽**: 프레젠테이션에 SVG(Scalable Vector Graphic) 이미지를 삽입 및 편집하여 선명하고 보기 좋은 콘텐츠를 만들 수 있습니다. SVG 이미지는 벡터 그래픽으로 크기가 조정되어도 화질이 저하되지 않습니다. [삽입] 탭-[일러스트레이션] 그룹-[아이콘]을 클릭하여 SVG 벡터 그래픽을 삽입할 수 있습니다. <sup>365쪽 참고</sup>

- SVG 아이콘 편집 및 도형으로 변환: 삽입한 SVG 아이콘을 선택하면 [그래픽 도구] 탭이 표시됩니다. 해당 탭에서 아이콘의 채우기, 윤곽선, 효과 등을 설정할 수 있습니다. [그래픽 도구]-[서식] 탭-[변경] 그룹-[도형으로 변환]을 클릭하여 SVG 이미지 또는 아이콘 그룹을 해제하여 도형으로 변환하고 개별 부분을 편집할 수 있습니다.

② **3D 모델 삽입**: 3D 모델을 사용하여 입체적인 슬라이드 효과를 줄 수 있습니다. [삽입] 탭-[일러스트레이션] 그룹-[3D 모델]을 클릭하여 3D 모델을 삽입하고 조절점을 이용하여 360도 회전합니다. <sup>444쪽 참고</sup>

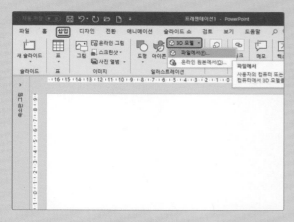

[3D 모델 도구]–[서식] 탭–[3D 모델 보기] 그룹에서는 3D 이미지에 사용할 수 있는 미리 설정된 보기 모음을 제공합니다. 모핑 전환과 함께 3D 모델을 구현하면 슬라이드 사이에 영화 같은 애니메이션을 만들 수 있습니다. <sup>445쪽 참고</sup>

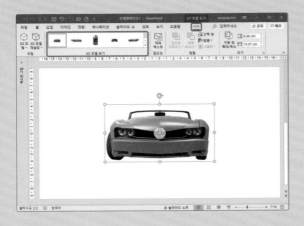

③ **사진 배경 정리**: 그림에서 배경을 제거하여 그림 주제를 강조하거나 주의를 분산시키는 세부 요소를 제거하는 기능으로, 파워포인트 이전 버전에서 이미지 배경 영역을 자동으로 감지하여 사진 둘레에 있던 직사각형 조절점이 사라졌습니다. 제거할 영역을 표시할 때 직선만 그릴 수 있는 것이 아니라 자유 곡선으로도 그릴 수 있습니다. <sup>387쪽 참고</sup>

**POINT**
배경 제거는 SVG(확장 가능한 벡터 그래픽 파일), AI(Adobe Illustrator 파일), WMF(Windows 메타 파일), DRW(벡터 드로잉 파일) 등 벡터 그래픽 파일에서는 사용할 수 없습니다.

④ **4K로 내보내기**: 프레젠테이션을 동영상으로 내보낼 때 4K 해상도를 선택할 수 있습니다. [파일] 탭-[내보내기]-[비디오 만들기]를 클릭하고, 제목 아래의 첫 번째 목록에서 완성된 비디오 해상도와 관련된 원하는 비디오 품질을 선택합니다. 비디오 품질이 높을수록 파일 크기가 커집니다. 470쪽 참고

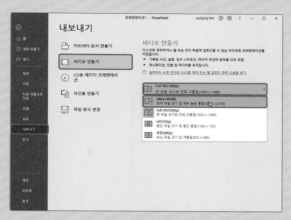

⑤ **녹음/녹화 기능**: 비디오 또는 오디오 내레이션을 녹음/녹화할 수 있고, 디지털 수동 입력 제스처를 기록할 수 있습니다. 리본 메뉴의 [녹화] 탭에서 모든 녹음/녹화 기능을 사용할 수 있습니다.

## 디지털 잉크로 그리기 또는 쓰기

디지털 펜 또는 마우스를 사용하거나, 터치 사용 장치에서 손가락을 이용하여 그립니다. 만약 터치 기능이 없는 기기에서는 [그리기] 탭 기능을 사용합니다.

① **잉크 세그먼트 지우개**: 잉크 그리기를 깔끔하게 정리할 때 정밀한 제어를 위해 세그먼트 지우개를 사용할 수 있습니다.

② **펜 집합**: 펜 갤러리, 수동 입력에 사용할 개인 펜, 형광펜, 연필 집합을 선택하여 모든 오피스에서 사용할 수 있습니다.

③ **잉크 효과**: 다양한 색상과 함께 금속 펜과 잉크 효과(예: 무지개, 은하계, 용암, 바다, 골드, 실버)를 사용하여 아이디어를 멋지게 표현할 수 있습니다.

④ **잉크 리플레이**: 슬라이드에서 잉크 그림을 재생할 수 있습니다. 앞으로 또는 뒤로 재생할 수 있으며, 이 특수 효과를 사용하면 슬라이드에서 콘텐츠를 숨기거나 표시하고 그룹 또는 시리즈의 개별 요소를 강조할 수 있습니다. 잉크가 그려진 순서를 보고, 재생을 일시 정지하고, 다시 재생을 시작할 지점을 선택할 수 있습니다.

## 새로운 차트

① **깔대기형 차트**: 깔대기형 차트로 점진적으로 감소하는 비율을 표시할 수 있습니다. 예를 들어 깔때기형 차트를 사용하여 영업 파이프라인의 각 단계에서 잠재 고객 수를 표시할 수 있습니다. 일반적으로 값은 점차 줄어들고 막대가 깔때기와 비슷한 모양이 됩니다. [삽입] 탭-[일러스트레이션] 그룹-[차트]를 클릭하고 [깔때기형] 범주를 클릭합니다.

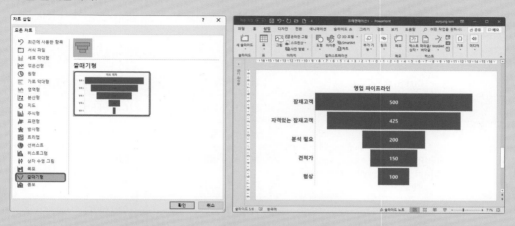

② **2D 지도 차트**: 지리적 데이터를 지도 차트로 변환할 수 있습니다. [삽입] 탭-[일러스트레이션]-[차트]를 클릭하고 [지도] 범주를 클릭합니다. 엑셀 창에 지리적 데이터를 입력하면 자동으로 그 지역에 해당하는 지도가 나타나 2D 지도 차트가 만들어집니다.

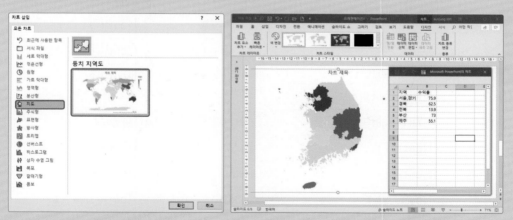

## 파워포인트 단축키 모음

파워포인트에서 다양한 기능을 빠르게 실행할 수 있는 단축키를 정리하였습니다. 단축키를 사용하면 다양한 기능을 빠르게 실행하여 업무 효율성을 높일 수 있습니다. 단축키를 하나씩 눌러보며 연습하는 것도 도움이 됩니다.

### 파일/슬라이드 단축키

| | |
|---|---|
| 새 프레젠테이션 만들기 | `Ctrl` + `N` |
| 저장 | `Ctrl` + `S` |
| 닫기 | `Ctrl` + `Q` |
| 다음 슬라이드 | `Page Down` |
| 이전 슬라이드 | `Page Up` |

### 편집/서식 단축키

| | |
|---|---|
| 복사 | `Ctrl` + `C` |
| 붙여넣기 | `Ctrl` + `V` |
| 선택하여 붙여넣기 | `Ctrl` + `Alt` + `V` |
| 잘라내기 | `Ctrl` + `X` |
| 서식만 복사 | `Ctrl` + `Shift` + `C` |
| 서식만 붙여넣기 | `Ctrl` + `Shift` + `V` |
| 애니메이션 복사 | `Alt` + `Shift` + `C` |
| 애니메이션 붙여넣기 | `Alt` + `Shift` + `V` |
| 마지막 작업 실행 취소 | `Ctrl` + `Z` |
| 마지막 작업 다시 실행 | `Ctrl` + `Y` |
| 왼쪽 문자 하나 삭제 | `Backspace` |
| 왼쪽 단어 하나 삭제 | `Ctrl` + `Backspace` |
| 오른쪽 문자 하나 삭제 | `Delete` |
| 커서를 단어 사이에 두고 오른쪽 한 단어 삭제 | `Ctrl` + `Delete` |

### 문자 서식 단축키

| | |
|---|---|
| 글꼴 변경하기 | `Ctrl` + `Shift` + `F` |
| 글꼴 크기 늘리기 | `Ctrl` + `Shift` + `〈` |
| 글꼴 크기 줄이기 | `Ctrl` + `Shift` + `〉` |
| 문자 서식 변경하기 | `Ctrl` + `T` |
| 대소문자 전환 | `Shift` + `F3` |
| 굵게 | `Ctrl` + `B` |
| 밑줄 | `Ctrl` + `U` |
| 기울임꼴 | `Ctrl` + `I` |
| 하이퍼링크 삽입 | `Ctrl` + `K` |
| 단락 가운데 맞춤 | `Ctrl` + `E` |
| 단락 양쪽 맞춤 | `Ctrl` + `J` |
| 단락 왼쪽 맞춤 | `Ctrl` + `L` |
| 단락 오른쪽 맞춤 | `Ctrl` + `R` |

### 개체 단축키

| | |
|---|---|
| 개체 복제 | `Ctrl` + `D` |
| 그룹화 | `Ctrl` + `G` |
| 그룹 해제 | `Ctrl` + `Shift` + `G` |
| 개체 특성 복사 | `Ctrl` + `Shift` + `C` |
| 개체 특성 붙여넣기 | `Ctrl` + `Shift` + `V` |
| 오른쪽 한 문자 선택 | `Shift` + `→` |
| 왼쪽 한 문자 선택 | `Shift` + `←` |

# 찾아보기

## [파워포인트]

# 찾아보기